G. W. F. Hegel Werke in zwanzig Bänden
Enzyklopädie der philosophischen Wissenschaften im Grundrisse (1830)
Zweiter Teil. Die Naturphilosophie Mit den mündlichen Zusätzen

黑格尔著作集

第 9 卷

哲学科学百科全书 II
自然哲学

刘哲 译

人民出版社

Georg Wilhelm Friedrich Hegel Werke in zwanzig Bänden
9
Enzyklopädie der philosophischen Wissenschaften im Grundrisse (1830)
Zweiter Teil. Die Naturphilosophie Mit den mündlichen Zusätzen

Auf der Grundlage der Werke von 1832-1845 neu edierte Ausgabe
Redaktion Eva Moldenhauer und Karl Markus Michel
Suhrkamp Verlag Frankfurt am Main 1970

"十四五"国家重点图书出版规划项目

黑格尔著作集（二十卷，理论著作版）

第 1 卷　早期著作

第 2 卷　耶拿时期著作（1801—1807）

第 3 卷　精神现象学

第 4 卷　纽伦堡时期和海德堡时期著作（1808—1817）

第 5 卷　逻辑学 I

第 6 卷　逻辑学 II

第 7 卷　法哲学原理

第 8 卷　哲学科学百科全书 I 逻辑学

第 9 卷　哲学科学百科全书 II 自然哲学

第 10 卷　哲学科学百科全书 III 精神哲学

第 11 卷　柏林时期著作（1822—1831）

第 12 卷　历史哲学讲演录

第 13 卷　美学讲演录 I

第 14 卷　美学讲演录 II

第 15 卷　美学讲演录 III

第 16 卷　宗教哲学讲演录 I

第 17 卷　宗教哲学讲演录 II

第 18 卷　哲学史讲演录 I

第 19 卷　哲学史讲演录 II

第 20 卷　哲学史讲演录 III

总　序

张世英

　　这套黑格尔著作集的中文版，其所根据的版本是二十卷本的"理论著作版"（Theorie-Werkausgabe），即《格·威·弗·黑格尔二十卷著作集》（*G.W.F.Hegel Werke in zwanzig Bänden*），由莫尔登豪尔（E.Moldenhauer）和米歇尔（K.M.Michel）重新整理旧的版本，于20世纪60年代末开始出版。这个版本，虽不及1968年以来陆续出版的历史批判版《黑格尔全集》那样篇幅更大，包括了未曾公开发表过的黑格尔手稿和各种讲课记录以及辨析、重新校勘之类的更具学术研究性的内容，但仍然是当前德国大学科研和教学中被广泛使用的、可靠的黑格尔原著。我这里不拟对黑格尔文集的各种版本作溯源性的考察，只想就黑格尔哲学思想在当今的现实意义作点简单的论述。

　　黑格尔是德国古典唯心主义之集大成者，他结束了西方传统形而上学的旧时代。黑格尔去世后，西方现当代哲学家大多对黑格尔哲学采取批评的态度，但正如他们当中一些人所说的那样，现当代哲学离不开黑格尔，甚至其中许多伟大的东西都源于黑格尔。在中国，自20世纪初就有些学者致力于黑格尔哲学的介绍、翻译与评论。1949年中华人民共和国成立到1976年所谓"文化大革命"结束，大家所广为传播的观点是把黑格尔哲学看成是马克思主义的三个来源之一，一方面批判黑格尔哲学，一方面又强调吸取其"合理内核"，黑格尔是当时最受重视的西方哲学家。1976年以来，哲学界由重视西方古典哲学转而注意西方现当代哲学的介绍与评论，黑格尔哲学更多地遭到批评，其总体地位远不如从前了，但不少学者对黑格尔哲学的兴趣与研究却比以前更加深沉、更多创新。黑格尔无论在西方还是在中国，其名声的浮沉，其思想影响的起伏，正说明他的哲学在人类思想史上所占的历史地位时刻不容忽视，即使是在它遭到反对的时候。他的哲学体系之庞大，著述之宏富，思想内容之广博和深邃，在中西哲学史上都是罕见的；黑格尔特别熟悉人类思想史，他的哲学像一片汪洋大海，融会了前人几乎全部的思想精华。尽管他个人文笔之晦涩增加了我们对他的哲学作整体把握的难度，特别是对于不懂德文的中国读者来说，这种难度当然要更大一些。但只要我们耐心琢磨，仔细玩味，这气象万千的世界必能给我们提供各式各样的启迪和收益。

一、黑格尔哲学是一种既重视现实
又超越现实的哲学

一般都批评黑格尔哲学过于重抽象的概念体系，有脱离现实之弊。我以为对于这个问题，应作全面的、辩证的分析和思考。

黑格尔一方面强调概念的先在性和纯粹性，一方面又非常重视概念的具体性和现实性。

黑格尔明确表示，无时间性的"纯粹概念"不能脱离有时间性的人类历史。西方现当代人文主义思想家们一般都继承了黑格尔思想的这一方面而主张人与世界的交融合一。只不过，他同时又承认和允许有一个无时间性的逻辑概念的王国，这就始终会面临一个有时间性的环节（认识过程、历史过程）如何与无时间性的环节（纯粹概念）统一起来的问题，或者用黑格尔《自然哲学》中的话语来说，也就是有时间性的"持久性"与无时间性的"永恒性"之间的鸿沟如何填平的问题。无论黑格尔怎样强调认识和历史的"持久性"多么漫长、曲折，最终还是回避不了如何由"持久性"一跃而到"永恒性"、如何由现实的具体事物一跃而到抽象的逻辑概念的问题。黑格尔由于把抽象的"永恒性"的"纯粹概念"奉为哲学的最终领域，用普遍概念的王国压制了在时间中具有"持久性"的现实世界，

他的哲学被西方现当代哲学家贬称为"概念哲学"或"传统形而上学"的集大成者。但无论如何，黑格尔哲学既是传统形而上学的顶峰，又蕴含和预示了传统形而上学的倾覆和现当代哲学的某些重要思想，这就是黑格尔哲学中所包含的重视具体性和现实性的方面。

黑格尔早年就很重视现实和实践，但他之重视现实，远非安于现实，而是与改造现实的理想紧密结合在一起的，为此，他早在 1800 年的而立之年，就明确表示，要"从人类的低级需求"，"推进到科学"（1800 年 11 月 2 日黑格尔致谢林的信，*BRIEFE VON UND AN HEGEL*, Verlag Von Felix Meiner，Hamburg，Band 1，s.59）。他所谓要"推进到科学"的宏愿，就是要把实践提高到科学理论（黑格尔的"科学"一词远非专指自然科学，而是指系统的哲学理论的意思）的高度，以指导实践，改造现实。黑格尔在 1816 年 10 月于海德堡大学讲授哲学史课程的开讲词里说过这样一些话：一段时间以来，人们过多地忙碌于现实利益和日常生活琐事，"因而使得人们没有自由的心情去理会那较高的内心生活和较纯洁的精神活动"，"阻遏了我们深切地和热诚地去从事哲学工作，分散了我们对于哲学的普遍注意"。现在形势变了，"我们可以希望……除了政治的和其他与日常现实相联系的兴趣之外，科学、自由合理的精神世界也要重新兴盛起来"。为了反对先前轻视哲学的"浅薄空疏"之风，我们应该"把哲学从它所陷入的孤寂境地中拯救出来"，以使在"更美丽的时代里"，让人的心灵"超脱日常的兴趣"，而"虚心接受那真的、永恒的和神圣的事物，并以虚心接受的态度去观察并把握那最高的东西"（黑格尔：《哲学史讲演录》，生活·读书·新知三联书店 1956 年版第 1—3 页）。黑格尔所建立的庞大的哲学体系，其目的显然是要为改造现实提供理论的、哲学的根据。黑格尔的这些话是差不多两百年以前讲的，但对我们今天仍有很大的启发意义。针对当前人们过分沉溺于低级的现实欲求之风，我们的哲学也要既面对现实，又超越现实。"超越"不是抛弃，而是既包含又高出之意。

二、黑格尔哲学是一种揭示人的自由本质、以追求自由为人生最高目标的哲学

黑格尔哲学体系包括三大部分:逻辑学、自然哲学和精神哲学。在1949 年中华人民共和国成立到改革开放以前的大约 30 年里,我们的学界一般都只注重逻辑学,这是受了列宁《哲学笔记》以评述逻辑学为主的思想影响的缘故。其实,黑格尔虽然把逻辑学看成是讲事物的"灵魂"的哲学,而自然哲学和精神哲学不过是"应用逻辑学",但这只是就逻辑学所讲的"逻辑概念"比起自然现象和人的精神现象来是"逻辑上在先"而言,离开了自然现象和精神现象的"纯粹概念",必然失去其为灵魂的意义,而成为无血无肉、无所依附的幽灵,不具现实性,而只是单纯的可能性。

黑格尔明确承认"自然在时间上是最先的东西"的事实,但正因为自然的这种时间上的先在性,而使它具有一种与人的精神相对立的外在性。人的精神性的本质在于克服自然的外在性、对立性,使之包含、融化于自身之内,充实其自身,这也就是人的自由(独立自主的主体性)本质。黑格尔认为,精神的最高、最大特征是自由。所谓自由,不是任性。"自由正是精神在其他物中即在其自身中,是精神自己依赖自己,是精神自己规定自己"(黑格尔:《逻辑学》,人民出版社 2002 年版,第 72 页)。所以精神乃是克服分离性、对立性和外在性,达到对立面的统一;在精神中,主体即是客体,客体即是主体,主体没有外在客体的束缚和限制。精神所追求的目标是通过一系列大大小小的主客对立统一的阶段而达到的最高的对立统一体,这是一种最高的自由境界。黑格尔由此而认为精神哲学是"最具体的,因而是最高的"(*G. W. F. Hegel Werke in zwanzig Bänden* 10, s.9)。也就是说,关于人生的学问——"精神哲学"是最具体的、最高的学问(比起逻辑学和自然哲学来)。黑格尔哲学体系所讲的这一系列大大小小对立统一的阶段,体现了人生为实现自我、达到最终的主客对立统一

的最高自由之境所经历的漫长曲折的战斗历程，这对于我们中国传统哲学把主体——自我湮没于原始的、朴素的、混沌的"天人合一"的"一体"（自然界的整体和封建等级制的社会群体）之中而忽视精神性自我的自由本质的思想传统来说，应能起到冲击的作用。

三、"辩证的否定性"是"创新的源泉和动力"

黑格尔认为克服对立以达到统一即自由之境的动力是"否定性"。这种"否定性"不是简单抛弃、消灭对立面和旧事物，而是保持又超越对立面和旧事物，他称之为"思辨的否定"或"辩证的否定"。这种否定是"创新的源泉和动力"，是精神性自我"前进的灵魂"。一般都大讲而特讲的黑格尔辩证法，其最核心的实质就在于此种否定性。没有否定性，就没有前进的动力，就不能实现人的自由本质。我以为，我们今天讲弘扬中华传统文化，就用得着黑格尔辩证哲学中的否定性概念。辩证法"喜新"，但并不"厌旧"，它所强调的是在旧的基础上对旧事物进行改造、提高，从而获得前进。中华文化要振兴、前进，就得讲辩证哲学，就得有"否定性"的动力。

2013 年 8 月 27 日于北京北郊静林湾

目　录

第二部分　自然哲学

§ 245—376

导　论 ………………………………………………………………… 3
　　自然的诸种研究方法 § 245 ……………………………………… 5
　　自然的概念 § 247 ……………………………………………… 17
　　【自然哲学的】划分 § 252 ……………………………………… 29

第一篇　力学 § 253—271 ………………………………………… 33
　　A. 空间和时间 § 254 ……………………………………………… 33
　　　a. 空间 § 254 ……………………………………………… 33
　　　b. 时间 § 257 ……………………………………………… 39
　　　c. 位置与运动 § 260 ……………………………………… 46
　　B. 物质和运动:有限力学 § 262 ………………………………… 51
　　　a. 惯性物质 § 263 ………………………………………… 53
　　　b. 碰撞 § 265 ……………………………………………… 56
　　　c. 落体运动 § 267 ………………………………………… 63
　　C. 绝对力学 § 269 ……………………………………………… 69

第二篇　物理学 § 272—336 ……………………………………… 92
　　A. 普遍个体性的物理学 § 274 ………………………………… 93

a. 自由的物理物体 §274 ⋯⋯⋯⋯⋯⋯⋯⋯⋯⋯⋯⋯ 93

　　α. 光 §275 ⋯⋯⋯⋯⋯⋯⋯⋯⋯⋯⋯⋯⋯⋯⋯ 94

　　β. 对立的物体 §279 ⋯⋯⋯⋯⋯⋯⋯⋯⋯⋯⋯ 107

　　γ. 个体性物体 §280 ⋯⋯⋯⋯⋯⋯⋯⋯⋯⋯⋯ 112

b. 元素 §281 ⋯⋯⋯⋯⋯⋯⋯⋯⋯⋯⋯⋯⋯⋯⋯⋯⋯ 114

　　α. 空气 §282 ⋯⋯⋯⋯⋯⋯⋯⋯⋯⋯⋯⋯⋯⋯ 117

　　β. 对立的元素 §283 ⋯⋯⋯⋯⋯⋯⋯⋯⋯⋯⋯ 120

　　γ. 个体元素 §285 ⋯⋯⋯⋯⋯⋯⋯⋯⋯⋯⋯⋯ 123

c. 元素进程 §286 ⋯⋯⋯⋯⋯⋯⋯⋯⋯⋯⋯⋯⋯⋯⋯ 124

B. 特殊个体性的物理学 §290 ⋯⋯⋯⋯⋯⋯⋯⋯⋯⋯⋯ 136

a. 比重 §293 ⋯⋯⋯⋯⋯⋯⋯⋯⋯⋯⋯⋯⋯⋯⋯⋯⋯ 138

b. 内聚性 §295 ⋯⋯⋯⋯⋯⋯⋯⋯⋯⋯⋯⋯⋯⋯⋯⋯ 142

c. 声音 §300 ⋯⋯⋯⋯⋯⋯⋯⋯⋯⋯⋯⋯⋯⋯⋯⋯⋯ 149

d. 热 §303 ⋯⋯⋯⋯⋯⋯⋯⋯⋯⋯⋯⋯⋯⋯⋯⋯⋯⋯ 162

C. 整全个体性的物理学 §308 ⋯⋯⋯⋯⋯⋯⋯⋯⋯⋯⋯ 173

a. 形态 §310 ⋯⋯⋯⋯⋯⋯⋯⋯⋯⋯⋯⋯⋯⋯⋯⋯⋯ 175

b. 个体物体的特殊化 §316 ⋯⋯⋯⋯⋯⋯⋯⋯⋯⋯⋯ 195

　　α. 与光的关系 §317 ⋯⋯⋯⋯⋯⋯⋯⋯⋯⋯⋯ 199

　　β. 特殊化物体性中的差别 §321 ⋯⋯⋯⋯⋯⋯ 238

　　γ. 特殊个体性中的整全体；电 §323 ⋯⋯⋯⋯ 241

c. 化学进程 §326 ⋯⋯⋯⋯⋯⋯⋯⋯⋯⋯⋯⋯⋯⋯⋯ 254

　　α. 化合 §330 ⋯⋯⋯⋯⋯⋯⋯⋯⋯⋯⋯⋯⋯⋯ 267

　　　　1. 电流 §330 ⋯⋯⋯⋯⋯⋯⋯⋯⋯⋯⋯⋯ 267

　　　　2. 火的进程 §331 ⋯⋯⋯⋯⋯⋯⋯⋯⋯⋯ 280

　　　　3. 中和作用，水的进程 §332 ⋯⋯⋯⋯⋯ 283

　　　　4. 作为整全体的进程 §333 ⋯⋯⋯⋯⋯⋯ 285

　　β. 分解 §334 ⋯⋯⋯⋯⋯⋯⋯⋯⋯⋯⋯⋯⋯⋯ 289

第三篇　有机物理学 § 337—376 ⋯⋯⋯⋯⋯⋯⋯⋯⋯⋯ 297

　　A. 地质自然 § 338 ⋯⋯⋯⋯⋯⋯⋯⋯⋯⋯⋯ 302

　　B. 植物自然 § 343 ⋯⋯⋯⋯⋯⋯⋯⋯⋯⋯⋯ 330

　　C. 动物有机体 § 350 ⋯⋯⋯⋯⋯⋯⋯⋯⋯⋯ 384

　　　　a. 形态 § 353 ⋯⋯⋯⋯⋯⋯⋯⋯⋯⋯⋯⋯ 391

　　　　b. 吸收作用 § 357 ⋯⋯⋯⋯⋯⋯⋯⋯⋯⋯ 416

　　　　c. 种属进程 § 367 ⋯⋯⋯⋯⋯⋯⋯⋯⋯⋯ 446

　　　　　α. 属和各个种 § 368 ⋯⋯⋯⋯⋯⋯⋯⋯ 447

　　　　　β. 性关系 § 369 ⋯⋯⋯⋯⋯⋯⋯⋯⋯⋯ 461

　　　　　γ. 个体的疾病 § 371 ⋯⋯⋯⋯⋯⋯⋯⋯ 465

　　　　　δ. 个体的自行死亡 § 375 ⋯⋯⋯⋯⋯⋯ 479

主要译名德汉对照及索引 ⋯⋯⋯⋯⋯⋯⋯⋯⋯⋯ 484

译后记 ⋯⋯⋯⋯⋯⋯⋯⋯⋯⋯⋯⋯⋯⋯⋯⋯⋯ 491

哲学科学教学纲要
（1830）

第二部分　自然哲学

导　论

【附注】人们或许可以说,哲学在我们这个时代并不享有特别的宠爱和青睐;至少不像先前那样得到认可,即学习哲学要构成所有其他科学教育和职业学习不可或缺的先导和基础。而**自然哲学**尤其地遭人厌恶,这一点无疑被视为是正确的。我在此不想详细讨论在多大程度上这种反对自然哲学的先入之见是合法的;然而我也不能对此完全忽略不谈。无论如何,这里所发生的是在兴奋期通常难以避免的事情:**自然哲学理念**,像在最近时期所展示的那样,可以说在它的发现刚刚提供了初步满足时就被生手粗糙地抓去了,而不是通过思的理性来精心养护;而且自然哲学的理念与其说是遭到自己反对者还不如说是遭到自己朋友们广泛而无聊的打击。在很多方面,甚至是在绝大多数方面,自然哲学理念已经转变成为一种外在的形式主义,而且颠倒成为肤浅思想和虚幻想象力之概念匮乏的工具。理念,或毋宁说是其缺失生命的形式已被用于偏离正道;我在此不想进一步刻画这种偏离。很久以前,在《精神现象学》的序言中我已经对此做过更多的讨论。这样就毫不奇怪,无论富有意义的自然直观还是粗糙的经验论,无论由理念所引导的认知还是外在抽象的知性都不再理睬这类既古怪又狂妄的造作。这种造作本身就是把粗糙的经验论,未被理解的思想形式,想象的彻底随意以及最平庸的表面类比,杂乱无章地混合在一起;并用这种劣质混合饮料来冒充理念,理性,科学和神圣知识,用所有方法和科学性之缺失来冒充科学性的最高顶峰。由于这样的欺诈,自然哲学,特别是谢林哲学就丧失了信誉。

3

　　然而,出于这种对理念的歪曲和误解而抛弃自然哲学本身的做法则是
[10]　另外一回事。不少发生的情况是:滥用和颠倒哲学被那些对哲学深恶痛绝
的人们所期盼,因为他们可以借此来诋毁科学本身,并且他们有根据地抛
弃这种颠倒也是想以含混不清的方式来证明他们已经击中了哲学本身。

　　鉴于目前反对自然哲学的**误解**以及**先入之见**,看起来首先要做的是
建立这门科学的**真**概念。然而,我们首先遇到的这个对立要被视为是偶
然的和外在的;而且我们可以立即把这种对立置于一旁。这种变得越来
越像论战的讨论本身并不是什么愉快的事情;这种讨论中部分有教益的
内容会被归入科学本身,当中一部分也不会那么有教益,乃至需要进一步
压缩这部《教学全书》相对其丰富材料而言本身就很有限的空间。我们
因此停留在前面已经提及的内容中,这可以被视为是对那类做自然哲学
的方式提出一种抗议,一种反对;尽管那类自然哲学的做法常常显得光彩
夺目,引人入胜,或至少令人称奇,而且可以满足宣称自己在自然哲学中
看到灿烂火花因而可以不动脑筋的人们,但这种做法是无法在本书的展
示中被期待的。我们这里所要追求的既不是想象力的事情,也不是幻想
的事情,而是概念的事情,理性的事情。

　　按照**这种**考虑,我们在此不会辩论自然哲学的概念,目的以及方式方
法。然而,对于一门科学研究而言无论如何相关的是,事先界定它的对象
和目标,规定其中应予考察的内容以及考察方法。当我们进一步界定了
自然哲学的概念后,自然哲学与其颠倒形式的对立自然就消除了。哲学
这门科学是一个圆,其中每一个环节都有自己的先行者和后继者,而在教
学全书里自然哲学仅是整体中的**一个**圆;由此,自然之产生于永恒理念,
自然之创造以及自然必然存在之证明就都依赖于先前的内容(§244);
我们在此把这些内容假定为已知。如果我们要一般性地界定自然哲学
是什么,那么我们最好把它与其相对立者区分开来;任何界定都要涉及相
互对立的双方。首先,我们在与一般自然科学,物理学,自然史,生理学的
[11]　特殊关系中寻求自然哲学;自然哲学本身是物理学,但却是**理性物理学**。
正是在这一点上,我们必须要把握自然哲学,特别是要确立它与物理学的

关系。在此，人们可以认为自然哲学与物理学的对立是个新鲜事物。自然哲学首先被视为是一门新的科学；在一种意义上这无疑是正确的，而在另一种意义上则并不正确。因为它是古老的，像一般的自然研究一样古老（它与后者没有分别），甚至比物理学还要古老，就像例如亚里士多德物理学更是自然哲学而不是物理学。只有到了近代，这两者才彼此分离开来。我们已经在一门科学中看到了这种分离，这门科学在沃尔夫的哲学中作为宇宙论与物理学区分开来，而且要成为一门关于世界或自然的形而上学；然而这门形而上学却将自身彻底地限制在抽象的知性规定中。这门形而上学比我们今天所谓的自然哲学离物理学的距离更远。首先，就物理学和自然哲学之间的区分以及它们彼此相对的界定而言，我们需要指出的是两者的区分并不像人们最初认为的那样大。物理学和自然史首先是经验科学，而且它们自认完全属于知觉和经验，并以这种方式与自然哲学、与思想构成的自然知识相对立。但事实上首先必须向经验物理学指出的是，它包含着比它自己所承认和所知道的多得多的思想；它的情形比它自己认为得要好，或者说，如果思想在物理学中被作为是坏东西的话，那么物理学的情形就比它自己认为得要坏。物理学和自然哲学之间并不像知觉和思那样彼此分别，而只是**通过思的方式和方法**来相互区分；它们两者都是关于自然的思的知识。

　　这就是我们**首先**要考察的，也即思如何存在于物理学当中。此后，我们**第二步**要考察的是何为自然，然后**第三步**是给出自然哲学的内容划分。

自然的诸种研究方法

　　【附注】为了找到**自然哲学的概念**，我们**首先**要给出一般性的自然知识概念，然后**第二步**是建立物理学和自然哲学之间的区分。

　　什么是自然？我们要通过自然知识和自然哲学来回答这个一般性问　[12] 题。我们发现自然是我们面前的迷和问题，我们既感到要解决这个问题，又被它所排斥。我们之所以被自然所吸引,这是因为精神在其中预感到自己;我们之所以被这一陌生的东西拒斥,因为精神在其中无法找到自己。因此亚里士多德说,哲学始于惊诧。[1] 我们始于感知,我们汇集众多自然形态和规律的知识;这种做法本身向外、向上、向下和向内都趋向无穷无尽的细节;而正是由于终点根本无法被预见,因此这种做法无法令人满意。在这些知识财富中,什么是自然这个问题会在我们面前反复出现甚至重新产生。它始终都是个问题。当我们看到自然的进程和变化时,我们想要把握它们的单纯本质、强迫这位普洛透斯(Proteus)停止变化并向我们显现和说明其自身,以便他不仅向我们呈现多重多样、不断更新的形式,而且以更简单的方式通过语言使我们意识到他**是**(ist)什么。这个关于**是**(Sein)的问题有多重含义,而且常常只有名称上的意义,像人们问:这是一种什么植物时那样;或者,当有了名称时,该问题只有直观的意义;如果我不知道什么是罗盘仪的时候,我就请人展示一下这个工具,并且说:现在我知道罗盘仪是什么了。当我们问:这位是什么人的时候,"**是**"(ist)这个词这里也有地位的含义。但这些都不是我们问什么是自然时所指的意义。当我们想要了解自然哲学时,我们在什么意义上问"什么是自然?",这正是我们在此所要探究的。

我们或许可以直接飞进哲学理念中,说关于自然的哲学应该提供给我们自然的理念。如果我们这样开始的话,那么事情就可能变得模糊不清。因为我们必须把理念本身理解为具体的,以此来认识它的不同界定,然后把这些界定总结在一起;为了获得理念,我们必须通过一系列界定,因为只有通过这些界定,理念才会对我们形成。现在,如果我们以熟知的形式来接纳这些界定,并说我们想以思的方式来对待自然,那么首先还存在着其他对待自然的方式。这里我并非出于完整性的原因要提到这些方式,而是因为我们在其中会找到一些基石与环节;它们对于认识理念是必[13]须的,而且分别通过其他**自然研究方式**已然被我们意识到了。由此我们

1　《形而上学》,卷1,第2节,第982b页及以后。

就达到了这样一点，可以使我们所从事活动的独特特征凸显出来。我们或者以实践的态度对待自然，或者以理论的态度对待自然。在理论考察中，一对矛盾会展现给我们，它将在第三步把我们导向自己的立场；为了解决这个矛盾，我们还必须要采纳实践态度所特有之处，由此，实践态度就将自己整合进一个整体并与理论态度统一起来。

§245

以**实践的**方式，人自身作为一个直接外在的以及感性的个体来把自然对待成为一个直接的和外在的东西；由此该个体也有理由作为与自然对象对立的**目的**来行动。按照这样的关系考察自然就会产生有限—**目的论立场**（§205）。这个立场包含如下正确假设（§207—211），即自然在其自身中并不包含绝对的终极目的（Endzweck）。然而，当这个考察从具体的**有限**目的出发时，它一方面把这种目的作为假设，而该假设的偶然性内容本身甚至可以是无足轻重和乏味的；另一方面，这个目的关系自身又要求比外在和有限关系更加深刻的理解方式——概念的考察方式。概念就其本性而言总是内在的，因此是内在于自然本身的。

【**附注**】与自然之间的实践关系是完全通过利己的欲望来规定的；这需要让自然为我们所用；砍伐它，消磨它，简言之，消灭它。这里会立即出现两重规定。α）实践关系仅仅涉及自然的个别产物或说该产物的个别方面。人的必需和智慧已经发明了无穷多样使用和支配自然的方式。索福克勒斯这样说：

……世上没有什么比人更伟大，……

……他做什么都不会束手无策。[2]

2　《安提戈涅》卷5，第334、360页。——德文版原注　引文原文为希腊文，德文编者在脚注中提供了德文翻译。本文译者依据希腊文原文，同时参考德文翻译完成。说明：后文页下注中提示原文为非德文者，均与此同理，不再一一说明；本译稿页下注，除特别说明，均为德文版原注，只有在一个注释里，既有德文版原注和译者注时，才分别标示。——译者注

[14]　　　无论自然形成和释放出什么样的反对人的力量——严寒、野兽、洪水、大火,人都有手段来对付它们,而且人从自然中获得这些手段,并用之来反对自然。人类理性的狡黠确保他把其他自然物推到自然力量面前,让这些事物去承受那些力量的磋磨,并在这些事物后面来维护和保存自己。然而人既无法以这种方式来掌控自然本身、掌控自然的普遍内容,也无法使它们服从自己的目的。β)实践态度的另一重规定是,因为我们的目的而不是自然物本身是最后的目的,我们把自然物当成手段;这些手段不是通过自身而是通过我们来获得规定,就像我们把饭食转变为血液那样。γ)最终所获得的是我们的满足、我们的自我感觉,这种自我感觉曾由于任何种类的缺乏而被扰乱。在我的饥饿中所包含的对我自身的否定同时作为一个异于我自己的他者而存在,作为一个要被消除掉的内容而存在;我的行动就是要否定这个对立,也就是要把这个他者和我等同起来,或说通过牺牲事物来重建我与我自身的统一。

　　尽管这个以前曾被如此青睐的目的论考察方式把同精神的关系作为基础,但是它仍固着于外在的合目的性,并让精神限于有限事物的意义和自然目的之中;该考察为了有限目的而把自然物视为是有用的;由于这个有限目的之乏味,它辜负了自己展示神性智慧的信誉。然而,目的概念对于自然而言不仅仅是外在的,就像当我说:"羊毛之所以存在,只是因为我能借此而有衣服穿"时那样;这类愚蠢的事情确实常常出现,例如神的智慧会被如此赞美,就像在《讽喻短诗》[3]中所说的那样,他让软木树为瓶塞而生,让本草为治胃病而生,让朱砂为制作胭脂而生。而作为内在于自然物的目的概念则是该事物最单纯的规定性,例如植物的种子,按照实在可能性而言,包含着树木上长出的一切;因而这个目的概念作为合目的之行动性正是指向自我保存。亚里士多德已经在自然中认识到这种目的概念,并把它的效应称为**事物之本性**;因此,真正的目的论式考察——并且也是最高的考察——在于把自然视为在其特有的生命性中是自由的。

────────────

3　　参考:《歌德和席勒的讽喻短诗》,15 号,《目的》。

§246　　　　　　　　　　　　　　　　　　　　[15]

　　所谓的**物理学**以前曾被称为**自然哲学**,而且它同样也是**理论性的**,也即对自然**以思的方式**加以考察。这种考察并不从外在于自然的各种规定出发,就像上述的外在目的那样;而试图认识自然之普遍物——力、规律、类,以致该普遍物也是内在**确定的**;另外,这些普遍物的内容并非单纯的集合,而必须置于秩序和纲目之中,并呈现为一个有机整体。当自然哲学**以概念的方式**进行考察时,它也把该**普遍物**作为对象,但却是以该普遍物之自为方式,并按照概念的自我规定来在其**本己的内在必然性**中加以考察。

　　在全书的导论中我们已经谈论过哲学与经验科学之间的关系。哲学不仅必须与自然经验相吻合,而且哲学科学的**起源**与**培育**必须以经验物理学作为假设和条件。然而,科学的起源进程以及准备过程是一回事,科学本身则是另外一回事;在后者中前者不再作为基础,这里真正的基础应该是概念的必然性。——我们已经提到,在哲学进程中除了要按照**概念规定**来给出对象外,还要列举出与该概念规定相对应的**经验显现**,并且展示该显现确实与该概念规定相对应。然而,就与内容必然性的关系而言,这样的做法绝不是要依赖经验。这也更不是依赖所谓的**直观**以及通常所谓的按照**类比**进行的表象和幻想(以及妄想);这些类比可能比较偶然,也或许比较重要,但它们 [16] 只是**外在地**强加给对象的规定和图式(§231 注释)。

　　【**附注**】在理论活动中,α)我们首先从自然物中退出,让它们如其所是地保留在那里,并且让我们指向它们。这样,我们从对于自然的感性了解开始。然而,如果物理学仅依赖感知,而感知不是别的就只是感官的见证,那么物理学活动就只是看、听等等。这样的话,动物也都成了物理学家。然而,在理论活动中正是精神,思想者在看,在听等等。我们现在可以说,如果在理论活动中我们听任事物自由,那么这种做法仅仅部分地涉及外感官,因为外感官部分是理论的,而部分则是实践的(§358);只有

9

通过表象,理智才有这样对待事物的自由态度。尽管我们可以按照实践态度把事物看作手段,可这样的话,认知也就成为手段而不再以自身为目的。β)在理论活动中,事物与我们的第二重关系是,它们为我们而获得普遍性规定,或者说我们把它们转变为普遍性事物。表象中思得越多,事物自然性、个体性以及直接性就消失得越多:通过思的闯入,自然的无限多样变得贫瘠了,自然的青春夭折了,自然的色彩变幻也消失了。自然中来自生命的响声沉寂在思之静默中;它在千万种动人奇迹中形成的丰盈热烈的生命萎缩成枯燥的形式和无形的普遍性,就像欧洲北部的阴雾一样。γ)上述这两种特征不仅与两种实践活动相对立,而且我们发现理论活动自身就是矛盾的,因为它看起来立即就与自己的打算相反。我们本想认识实际存在的自然而不是不存在的某物;现在我们却不是对自然听之任之,不是如其真实所是的那样来把握它,不是去感知它,而是从中做出完全不同的东西。通过我们的思,我们把事物变成为普遍之物;然而事物都是个体性的,普遍性狮子并非实存的。我们把这些事物变成为主观的、由我们所产生的、属于我们的,即我们人所特有的;因为自然物是不思的,而且也不是表象或思想。按照我们前面看到的第二个规定,这种颠倒确实发生了;的确,甚至看起来,我们刚开始要做的事情都会立刻变得不

[17] 可能。理论活动开始于对欲望的抑制,是不自利的,是让事物得以持存;带着这样的立场,我们立即固定了客体和主体以及它们二者的分离,一个在此岸,另一个在彼岸。然而我们的目标则是把握自然,概念化自然,使自然成为我们的,即自然不再对我们是陌生的和彼岸的。在此就出现了如下问题:我们如何超出主体而通达客体?如果让我们着手跳过这个鸿沟,并且让我们为此所牵引,那么我们就思考自然;我们使自然这个异于我们之他者成为异于其自身之他者。另外,上述两种理论活动也彼此直接相互对立:我们要把事物变成普遍的或纳入我们本身,然而它却应该作为自然物而是自由和自为的。这就是在认知本性方面所涉及的关键点所在,就是哲学的兴趣点所在。

　　而自然哲学就是处于如此不利的境遇中,以致它必须要证明自身的

存在;为了辩护自然哲学,我们必须要把它归结到我们熟知的东西上。关于主体和客体矛盾的解决,我们要提到一个特有的形态。这种形态一方面通过科学,另一方面通过宗教而为我们所熟知,在宗教中它是一个过去了的东西,简言之排除了全部困难。两种规定的统一就是人们所谓的**无罪的本原状态**,在此精神与自然是同一的,并且精神之目就直接处于自然的中心;而意识的分裂立场则是离开永恒的神性统一的原罪。这种统一被视为是本原直观,是同时处于想象中的理性,也即构建感性形态并甚至由此理性化所有这些感性形态。这种直观理性就是神性的理性;因为神,如果我们有权谈论的话,就是精神与自然的统一所在,理智同时具有存在(Sein)和形态。自然哲学的离心性一方面根源于这样一个观念,如果当下的个体不再处于伊甸园的状态,但仍然存在着一些幸运儿,神在沉睡中把真正的知识和科学传授给他们;或者即便不是幸运儿,人们至少通过相信自己是幸运儿而碰上这类时机,那时自然的内在内容可以自己直接地显现给他;为了先知般地宣布真理,他只需要让自己冒险灵机一动,也即让自己的幻想支配一切。这种我们再也无法给出根源的满足状态,已被 [18] 完全视为科学能力的完成;人们也许还可以补充说:这种完满的科学状态是先于现在的世界历史的,而且,在我们从统一中堕落后,在神话、传统以及其他痕迹中仍为我们存留着那种精神澄明状态的些许瓦砾和弥远微光,在宗教中人类的进一步发展都与之关联,所有的科学知识也都由此生发。如果认知真理没有让意识感到艰难,相反人们只要坐在三脚凳上谈论神谕就行的话,那么思的工作就的确可以被省掉了。

为了简略地指出这种观念的缺陷所在,我们就必须首先承认在其中存在某种高超的东西,它使得这种观念初看起来极具吸引力。然而,理智与直观之间的统一,精神的内在存在同精神与外在之关联的统一,不应是起点而应是目标,不应是直接性的统一而应是被产生出来的统一。思与直观之间的自然统一是儿童式的、动物式的统一;人们把这样的统一称为最高的感觉而不是精神性。然而人必须通过善恶知识之树来取食,彻底通过思想的工作和活动来克服其与自然之间的分离,成为其所是。那个直接性的统一因而只是抽象的、自在存在的真理，并不是真正的真理；不仅内容而且形式也必须是真。对此分裂的解决必须具备如下形式：其形式是知的理念，而解决的环节必须在意识自身中寻找。这并不是要走向抽象和空洞，遁入知的虚无当中；相反，当我们要凭借日常意识本身来拒斥矛盾所由产生的假定，意识必须保存自身。

[19] 自然物与我们僵持对立并且无法穿透这个难题是理论意识的片面假定，通过实践态度而被直接拒斥；正是在实践态度中存在下面这个绝对的唯心论信念——个体事物并非自在之物。欲望中的缺乏在于它与事物的关联，而不在于它实在地与事物对立，相反欲望是彻底地唯心论式地与事物对立。哲学上真正的唯心论不在别处就在这样的规定中：事物的真理才是存在的（ist），而作为这种直接性个体，即感性物的事物则仅仅是假象，现象。按照我们时代一种流行的形而上学观点，我们无法认知事物，因为事物与我们绝对地对立；关于这种形而上学，我们可以说动物都从没有像这些形而上学家们一样愚蠢；因为动物会扑向事物、逮住它们、抓住它们、吞噬掉它们。这种特征存在于上述理论活动的第二个侧面，即我们思考自然物。理智并不通过事物的感性存在与之相熟悉，而是通过思考它们，通过内在地设定它们的内容；因为理智为作为自为之否定性的实践观念性添加形式或普遍性，它就为个体性中的否定性内容提供了一个肯定性的规定。事物的普遍内容不是我们的主观性内容，而是作为与暂时性现象对立的本体（Noumen），作为事物本身的真、客观性和实在性，就像是柏拉图的理念并不存在于遥远的某处，而是作为个体事物中的实质性的类而存在。只有我们抑制普洛透斯，即不关注感性显现的时候，他才会被迫说出真理。伊西斯（Isis）面纱上的题词是："我是，曾经、现在和将要所是的，并且没有一个尘世的人曾掀起我的面纱"。这一题词将在思想面前消融。因此哈曼（Hamann）合理地说道："自然是一个用单纯辅音写出来的希伯来语词，知性要为之加上元音"。⁴

4　《致康德书信》（附件），1759 年 12 月末。

如果现在经验性自然观察与自然哲学共同使用普遍性范畴，那么它有时会摇摆在该普遍内容是否是主观的还是客观的之间；我们常听到有人说，这个归类和纲目是人为的以方便我们的认知。这个摇摆更进一步存在于如下情形中，人们寻找事物的标记并不认为这些标记构成了事物本质的和客观的规定，而是方便我们由此识别事物。假如没有其他什么，那么人们例如可以把其他动物所没有的耳垂当作人的标志；然而，人们会立刻感觉到，这样的规定不足以认识人的本质。然而，如果普遍性内容被界定为规律、力以及物质，那么人们不愿把这些内容仅仅视为是一种外在 [20] 的形式和主观补充；相反，人们给这些规律赋予客观实在性，力是内在的，物质是事物的真正本性。在关于类的问题上，人们也多少相似地承认，例如类既不是相似物的集合，也不是由我们所做的抽象；类不仅具有共同性，而且是对象自身固有的内在本质，纲目也不单纯为了我们的概观，而是对于自然阶梯的构建。标记应该同样是类的普遍性和实质性内容。物理学自身把这种普遍性视为是它们的胜利；人们甚至可以说，可惜它只是过于沉浸在这种普遍化当中了。人们把现今的哲学称作同一哲学；人们有更多的理由把这个名字用在物理学上，因为它遗弃了所有确定性内容。例如，在今天的电化学中，它就把磁、电和化学作用全看作是一个东西。物理学的缺陷正是它过于沉浸在同一性东西中；因为同一性是知性的基础范畴。

在物理学所达到的立脚点上，自然哲学采纳物理学通过经验为其准备好的材料，并进一步改造这些材料，而不把经验作为最终的证明基础；因此物理学必须帮助哲学，以便哲学可以把提供给它的知性的普遍内容转译成为概念，因为哲学会展示普遍者如何作为一个内在必然的整体从概念中产生出来。哲学性的展示方式不是这样一种任性，即在人们长久用腿走路之后，有朝一日要用头来行走，或者看到我们的日常面容也有朝一日被涂上油彩；相反，因为物理学的方式无法满足概念，因而必须进一步前进。

更进一步，自然哲学与物理学不同之处在于两者所使用的形而上学之方式;因为形而上学就意味着全部普遍性的思之规定,就像是透明的网,我们把所有材料放进其中并由此使其获得理解。每一个被教化的意识都有它的形而上学、直觉般的思和在我们当中的绝对力量;当我们把该力量作为我们认知对象时,它就为我们所掌控。作为哲学,哲学一般具有不同于日常意识的范畴;所有的教化都可以归结为范畴之间的差别。无[21] 论在世界史中还是在科学中,所有革命都来源于此,精神通过更真正、更深刻、更紧密和更自相一致地把握自身,来改变它的范畴以便认识和了解自己,拥有自己。物理学中思之规定的不足可以归结为彼此紧密关联的两点。α)物理学的普遍性是抽象的或者仅仅是形式的;它在自身中没有规定或者说不向特殊性过渡。β)因此规定性内容是外在于普遍性的,由此分得支离破碎、各自孤立、自身中没有必然联系,因而也只是有限的。例如,如果我们有一朵花,知性就会指出它的各个性质;化学则会撕碎它并分析它。这样我们区分出颜色、叶片形状、柠檬酸、芳香油、碳和氢等等;接着我们就说花是由这些部分构成的。正如歌德所说的,

> 自然分析被命名为化学,
>
> 它是在开自己的玩笑,而且还莫名其妙。
>
> 它手里虽然握着所有的部分,
>
> 但是很遗憾却缺失了精神的联结纽带。[5]

精神无法停留在这种方式的知性反思中;我们有两条路可以走出这种方式。α)像我们看到在歌德那里常常以深思熟虑的方式所做的那样,当没有成见的精神以活的方式直观自然时,它就感受到生命和在其中的普遍联结:它把宇宙看作一个有机的整体和一个理性的全体,同样它也在个体生命中感受到它自身中的一种内在统一;而如果我们只是把所有花的成分汇总在一起,我们是根本得不到花的。这样,在自然哲学中人们召回直观并把它置于反思之上;但是,这是一条歧途,因为人不可能通过直观来

5　《浮士德》第1部分,书房,卷5,1940—1941行以及1938—1939行。——德文版原注　中文翻译参考梁志学先生译本所引郭沫若翻译,略有改动([德]黑格尔:《自然哲学》,梁志学等译,商务印书馆1980年版,第16页)。——译者注

进行哲学思考。β)直观也必须被思考,那些零碎的东西要通过思的方式被重新带回到简单的普遍性中;这种思的统一就是概念,它虽然包含确定的区分,但是这种区分是内在的自我运动的统一。对于哲学的普遍性而言,各种规定并非毫不相干;哲学的普遍性是自我充实的普遍性,它在自己透明的同一性中同时内在地包含差别。

真正的无限是无限自身与有限的统一;它是哲学的范畴,因而也是自　[22]
然哲学的范畴。如果类和力构成了自然的内在之物,而与这个普遍内容相对立的外在和个体性内容则是消逝的东西,那么人们还要要求第三步,即内在之内在,按照前面所言这应该是普遍和特殊的统一。

《进入自然的内部》

啊,你这个凡夫俗子!

说什么"没有哪个创造性的精神

会进入自然的内在本质。"

你们可不要对

我和兄弟们

再提这类的话。

我们逐步进行思考,

我们就在自然的内在深处。

"自然让谁光看到外壳,

谁也够有福气的了!"

这话我六十载来听人一再念叨,

我诅咒这种说法,——不过只是悄悄地;

我千百次地自语:

自然慷慨好施,

她既没内核,

也没外壳,

她同时就是一切;

你倒最好检验一下自己:

你是内核还是外壳。[6]

通过把握这种内在之物,理论态度和实践态度的片面性就被否定了,而且这两种规定同时得到了满足。前者包含普遍性而没有确定性,而后者包含个体性而没有普遍性;概念化认知是中间项,其中普遍性并不是在我之中的此岸而与对象的个体性相对立;而是当它以否定性方式反对事物并将其吸纳于自身的同时,它在其中同样找到个体性,让事物得以保存并且自由的、内在的自我规定。因此,概念化认知是理论态度和实践态度的统一:作为对否定者的否定,对于个体性的否定就是肯定的普遍性,它把持存赋予确定者;因为真正的个体性同时内在地就是普遍性。

[23]　　就对这种立场的反对意见而言,首先的一个反对意见是如下问题:普遍者如何可以自我规定? 无限如何可以进入到有限? 这个问题的具体形式是:神如何可以创造世界? 尽管人们或许认为神是一个主体,一个自为的实在性,而且远离世界;然而外在于特殊者的这样一个抽象无限性,这样一个普遍性自身仅仅是一个**侧面**,由此自身仅是一个特殊者和有限者。知性无意识地否定了它所设定的目的,并且做了与自己意愿相悖的事情;特殊者要和普遍者分离开来;然而正是由此特殊者要被设定在普遍者当中,而且只存在普遍者与特殊者的统一。神有双重启示,作为自然和作为精神;神的这两种形态就是他的庙堂,他充满两者,并现存于两者当中。作为抽象物的神并不是真正的神;相反只有作为设定他者——世界之生命进程,他才是真正的神,这个他者如果以神性的形式来把握的话就是圣子;而只有同他者的统一中,在圣灵中,神才是主体。这就是自然哲学的目的和目标,精神在自然中找到他自己的本质,即概念,在自然中找到自己的相似者(Gegenbild)。这样自然研究就是精神在自然中的解放;因为在自然中,精神不是与他者相关联,而是与自身相关联。同样,这也是对

　　6　歌德:《论形态学》第1卷第3分册,Stuttgart 和 Tübingen:1920 年,第304 页;以"然而"为标题和"致物理学家"为副标题收录在诗集《上帝与世界》之中。——德文版原注
中文翻译参考梁志学先生中译文,略有改动([德]黑格尔:《自然哲学》,梁志学等译,商务印书馆1980 年版,第17 页)。——译者注

于自然的解放；自然自在地就是理性，但只有通过精神，理性本身才在自然中进入实存。精神具有亚当在看到夏娃时的确定性："这是我的肉中肉；这是我的骨中骨"。这样自然就是新娘，精神与之结成配偶。但这种确信也是真理吗？如果自然的内在之物仅仅是普遍者，那么当我们拥有思想时，我们在自然的内在之物这里就是在我们自身当中。如果真理在主观意义上意味着表象与对象的吻合，那么在客观的意义上的真就是对象，事物与自身的吻合，即它的实在性与其概念相匹配。我在我的本质中就是概念，自我相同者，是贯穿一切的东西，这种东西在保持对特殊差别统治的同时，也是返回自身的普遍者。这个概念就是真正的理念，宇宙的神性理念，并且只有这个理念是实在的。因此，按照柏拉图，只有神是真理，是不朽的生命者，其躯体和灵魂是自然为一的。这里的首要问题是：为什么神自我决定要创造自然？

自然的概念

[24]

§247

自然是理念以**他在**的形式出现。因为在这样的形式中，理念是其自身的否定者或者说**外在于自身**，所以自然并非仅仅在同理念（以及理念的主观性实存——精神）的相对关系中是外在的，而是这个**外在性【本身】**构成了理念之为自然的规定。

【附注】如果神是完满无缺的，那么他何以会决定使自己成为一个绝对的不一致者呢？神性的理念就在于决定把这个他者置于自身之外，并又重新把它纳入自身之中，以便成为主体性和精神。自然哲学就在这个折返的路途上；因为它要否定自然与精神的割裂，并使精神在自然中认识自己的本质。这是作为整体之自然的立场；其规定性在于，理念自身规定自身，即在自身中设定差异、他者；不过这个设定的方式在于，不可分割的理念是无限质,它把全部内容给予和提供给他在。这样,神在规定中与自身保持一致;这些环节中的每一个都是全部理念,而且必须被设定为神性的整全。这个差异者可以通过三种形式来把握:普遍性、特殊性和个体性。一方面,这个差异者被保存在理念的永恒统一体中;就像斐洛所说的那样,这是逻各斯,神永恒的儿子。与这一极相对,他者是个体性,是有限精神的形式。尽管作为向自身的返回,个体性是精神,但是却是作为排除所有其他有限或人类精神的他在;因为其他作为人的有限精神与我们无关。如果个体的人同时被认为与神性本质统一,那么他就成为基督宗教的对象;这是能向个体的人所提出的最不同寻常的苛求。与我们相关的第三种形式,即特殊性的理念,就是自然,它处于两个极端之间。对于知性而言,这种形式是最易接受的:精神被设定为自为存在的矛盾,因为无限自由的理念和个体性形式的理念之间具有客观的矛盾;在自然中,这个

[25] 矛盾只是自在的或说是为我们的,因为他在展示为理念的静止形式。在基督身上,这个矛盾作为生命、受难和复活而被设定并获得否定;自然是神的儿子,然而却不是作为儿子,而是作为在他在当中的滞留,——神性的理念暂时被固定为是外在于爱的。自然就是自我异化的精神;精神在自然中是**放纵的**,是一位放荡不羁的神,它对自身既不管束也不把握;概念之统一体把自身隐匿在自然当中。

　　对自然以思的方式加以考察就必须考察,自然在自身当中如何构成一个转变向精神的进程,如何构成一个否定其他在的进程,——以及在自然中的每个阶段理念是如何存在的;如果从理念中异化出来,那么自然就只是知性处置的尸体。而自然自在地就是理念,所以谢林把自然称为僵化的理智,而其他人甚至把自然称为僵冷的理智;然而,神既不会僵也不会死,而是石头会叫喊起来并把自身提升为精神。神是主体性、行动性以及无限的行动现实性(Aktuosität),其中他者只是一个环节,而且他者始终自在地处于理念统一体中,因为他者本身就是理念的整全。如果自然是处于他在形式中的理念,那么按照理念的概念,理念在自然中就并非自在自为的,尽管自然还是理念各种自我展示方式之一并且必须以此方式

出现。理念的这种方式是自然,这个命题是要被讨论和证明的第二点;最后,我们必须比较,该定义是否与后面出现的表象内容相对应。另外,哲学并不关心这些表象,也根本无须完成这些表象所要求的,因为它们是随意的;然而两者一般来说还是需要相互吻合的。

在自然的这个根本界定上,我们要注意该界定与形而上学方面的关系,而后者过去是通过追问**世界的永恒性**这样的问题形态来被研究的。或许表面看起来我们在此可以把形而上学置于一旁;然而,这里正是讨论它的地方,而且我们也没什么好顾虑的,因为它不会被讲得很详尽,可以立即了结。作为关于自然之差异性的本质思想界定,自然形而上学认为自然就是他在形式的理念;因此,自然本质上是个观念物,或者说它只是相对的、在与第一者的关系中才获得其规定性。关于世界(因为世界是精神物和自然物的集合,所以人们认为世界和自然是可以互换的概念)永恒性的追问,首先涉及时间观念的意义,永恒性的意义,或如人们所认 [26] 为的那样,无限长时间的意义,乃至它在时间中没有起点;其次,关于世界永恒性的追问涉及,自然被认为是与不被创造的、永恒的、独立自为的神相对立的。就这第二个方面而言,它通过自然的规定性——作为以他在为形式的理念,被疏远和彻底抛弃。就第一方面而言,撇开世界之绝对性的意义后,就只剩下与时间观念相关联的永恒性了。

关于这一点,我们要说:α)永恒既不先于也不后于时间,既不先于世界的创造,也不存在与世界毁灭之时;相反,永恒是绝对的当下,是既无先也无后的现在。世界是被造的,是现在被造的,而且是永恒被造的;这以世界保存的形式出现。创造是绝对理念的行动;像理念本身那样,自然的理念也是永恒的。β)如果人们问有限性的世界或自然是否在时间上具有开端,那么人们所表象的是世界或自然一般,即普遍性的东西;而真正的普遍者是理念,前面我们已经说过理念是永恒的。有限物是时间性的,它有前和后;当人们关注有限物的时候,他们就处在时间当中。有限物有开端,但没有绝对的开端;有限物的时间始于其开端,而时间仅仅属于有限物。哲学是没有时间性的概念把握,既是按照永恒的规定,对于时间也是对于所有事物一般之没有时间性的概念把握。如果我们由此排除时间的绝对起点，那么就会出现无限的时间这个相反观念；然而，如果无限的时间仍被视为是时间而不是时间被否定，那么它就仍然与永恒性不同。如果思想不能通过永恒来消解有限物，那么无限时间就不是这一时间，而是另一时间，以及再一个时间，如此等等（§258）。所以物质是无限可分的；这意味着物质的本质在于，被设定为整体的事物，作为一是绝对的外在于自身，是内在的多。然而实际上物质并不是被分割之物，乃至它由原子构成；这只是一种可能性，也就是说，这些趋于无穷的部分并不是某种肯定的、现实的东西，而是一种主观表象。同样，无限的时间也只是一种表象，是始终处于否定事物中的超越；只要人们始终把有限物当作有限物来考察，这种关于无限时间的表象就是必然的。然而，如果我们转向普遍者，转向非有限者，那么我们就放弃了个体性及其变化得以产生的立场。在表象中，世界只是有限物的集合；然而，如果它被把握为普遍的和整全的，那么关于开端的问题立刻就会消失。在哪里肇始开端是不确定的；即便要肇始开端的话，开端也只是相对的。虽然人们超出了开端，但还超出转向无限，相反只是达到了另一个开端；这也还只是一个有条件的开端；简言之，因为我们处于有限物中，这里所表达的只是相对物的本性。

[27]

　　这就是形而上学，它徘徊在抽象的规定中并把这些规定当作绝对的。对于世界在时间中是否有开端这个问题是没有圆满、肯定的答案的。一个圆满的答案应该是**非此即彼**。而这里的圆满答案更应该是，这个问题，这种非此即彼是不恰当的。如果你们处于有限物中，那么你们就既有开端也没有开端；这两个对立的规定在有限物中成了无法解决和无法妥协的冲突；这样有限事物就消失了，因为它是矛盾。有限物在自身面前有他者；如果要追随有限性关联，那么人们就必须寻找这个"之前"，例如在地球或人类的历史中。由此，人根本无法到达终点，但也可以在任何一个有限物这里达到终点；时间掌控着有限物的杂多。有限物拥有一个开端，但是这个开端并不是第一个；有限物是自立的，但这个直接性同样也是受限的。如果表象摆脱这个有前后的、确定的有限物，并转移到关于时间的空的表象或世界一般当中,那么它就是在空洞的表象,即单纯抽象的思想中兜圈子。

§248

基于这样的外在性,所有概念规定之间仿佛是**彼此无关的持存**和彼此相对的**个体化**;由此,概念是作为内在之物而存在。因此,自然在其存在中并没有显示出任何自由,而只是**必然性**和**偶然性**。

因此,根据自然由以作为自然的确定实存,自然不应该被神化;太阳、月亮、动物、植物等等也尤其不该先于人的活动和事件而被看作神的作品。——自然**自在地**、在理念中是神性的,但如其**当下所是**,它的存在并未对应它的概念;毋宁说它是一个**没有解决的矛盾**。自然的固有特征是**被设定的存在**,是否定者,就像古代人把**物质**完全理解为非存在。这样,自然也被宣称是理念从自身中的**堕落**,因为作为这种外在性形态的理念处于自身与自身的不相符合当中。——只有对于自身首先是外在的和直接的意识而言,也即对于**感性**意识而言,自然才显现为首位的、直接的和当下存在的。——尽管处于这样的外在性要素中,自然仍然是**理念的自我**展示,因此人们可以并应该在自然中赞美神的智慧。可梵尼尼[7]说,一根干草就足以认识神的存在;如果是这样,那么精神的每一种表象、精神的最恶劣想象、它最偶然情绪的表现、每一个词,都是比任何个体自然对象都更加出色的认识神存在的基础。在自然中,各种形式的表现不仅具有毫无关联、不受约束的偶然性,而且每种形态就其自身而言都缺乏其自身的概念。自然在其存在中所诉求的最高内容是**生命**;但是仅仅作为一个自然的理念,生命臣服于外在性的非理性,而且个体的生命性在自己实存的每一刻都受到一个异于他的个体性所牵制;与此相反,自由的普遍的自我关联被包含在每一种精神性表达当中。——一个相同

[28]

7　卢奇里奥·梵尼尼(Lucilio Vanini,1585—1619),由于亵渎神明而被烧死。

[29]

的误解是,精神物一般被认为比自然物低微,**人的艺术作品**被排在自然物之后,因为对于艺术作品而言材料必须从外面获得,而且艺术作品是没有生命的。仿佛精神形式并不包含更高的生命性,仿佛精神形式并不比自然形式更加与精神相称,仿佛一般形式并不比物质更高级,仿佛在所有伦理事物中人们称为质料的东西并不属于精神,仿佛在自然中,更高级的、生命性的东西并不从外面获得它的质料。——作为自然的优点,人们还会提到自然在其实存的偶然性中始终遵循永恒的规律;可自我意识的王国也同样如此! 在信仰中已经得到认可的是,某种天意在引导着人类的事件;——或者说,在人类事件的领域,对于这种天意的规定应该只是偶然的和无理性的吗? ——然而,如果精神的偶然性,**意愿**,前进到**罪恶**当中,那么这比星球合规律的变迁或者植物的纯洁仍然更高;因为让自己如此误入歧途的还是精神。

【附注】物质的无限可分性意味着它是一个自我外在之物。令感官首先感到惊奇的自然之不可测量性同样是这种外在性。因为每个物质点看起来都彻底独立于其他物质点,所以在自然中居于统治地位的是概念的缺失,自然并没有把自己的思想聚集在一起。太阳、行星、彗星、元素、植物和动物都各自分别、独立地存在着。太阳是与地球对立的另一个个体,只有重力才把这个个体同行星连接在一起。只有通过生命才出现主体性,才出现彼此外在性的反面;心脏、肝脏、眼睛并不是各自独立的个体,而手如果离开身体就坏死了。有机体仍然是杂多的、彼此外在的存在者;然而每一个体部分都只存于主体中,概念则作为每一组成部分的力量而存在。这样,在概念缺失【的领域】中,概念只是一个内在的东西;而只有在生命中,概念才作为灵魂存在。对于灵魂而言,有机物的空间性毫无真理可言,否则我们就必须像有许多点那样有许多灵魂;因为灵魂在身体的每一个点上都有感觉。人们不应被彼此外在的假象所迷惑,而必须认识到,彼此外在之存在者恰恰构成了统一体;天体只是看起来各自独立,

[30]

而实际上它们是**同一个**天域的哨兵。然而,因为在自然中的统一体是看起来各自独立的事物之间的联结,所以自然不是自由的而是具有必然性和偶然性。必然性是看起来仍然彼此不相干的差异事物之间的不可分割;而外在自身之存在这一抽象也具有合法性,这是偶然性,是外在的必然性,并不是概念的内在必然性。在物理学中,人们对于**极性**谈论过很多;这个概念是物理学在其形而上学中的一个巨大进步,因为极性的思想就是对两个构成统一体的差异物之间必然关联关系的确定;其中一极的设定就会带来另一极的设定。这种极性仅将自身限制在对立之中;然而通过对立,从对立向统一体的返回也被设定了,这是第三个环节。这也就是概念的必然性比极性所多出的内容。在作为他在的自然中,属于必然性完整形式的还有四合体或四一体,例如在四种要素,四种颜色中等等;另外还有五一体,例如在手指,感官当中;在精神中,必然性的基础形式是三一体。在自然中之所以存在概念分为四一体的整体,这是因为第一位的是普遍性本身,而第二位的或差异在自然中显现为双重事物;在自然中,他者本身必须作为他者而存在,乃至普遍性和特殊性的主观统一构成了第四个环节,这个环节同其他三个环节相对也拥有特殊实存;的确,因为一元体和二元体本身构成了完整的特殊性,所以概念的整全本身就继续成了五一体。

自然是否定性事物,因为它是理念的【自身】否定者。雅各布·波墨(Jakob Böhme)说,神的第一产物是启明星(Luzifer),这一发光体沉浸在对自身的想象之中并成为罪恶;这就是差异的环节,他在,这与作为在爱中的他在之圣子截然对立。这类的在东方趣味中混乱出现的观念,其基础和意义就在于自然的否定性本性。他在的另一种形式是直接性,这种直接性就在于彼此差异者是抽象地独立存在的。这种存在只是暂时的,并不是真正的存在;只有理念才永恒地存在,因为它才是自在和自为的存在,才是返回自身的存在。在时间上,自然是第一位的,然而绝对在先的东西是理念;这个绝对在先的东西也是最后的,是真开始,起点就是终点。[31]人们常常把直接性的东西视为是更优越的,而认为间接性的东西是依赖性的;可概念拥有两个侧面:它通过否定中介构成中介,并因此也成为直接的。有人用这种方式来谈论对神的直接信仰;然而,这只是一种降级的存在方式,而不是最高的方式,就像原始的、最初的宗教也是自然宗教那样。自然中的肯定者就是概念的呈现;概念展示力量的最接近方式是这种外在性之暂时性;同样所有实存物也是**同一个**身体,灵魂寓于其中。概念在这广大的构成环节中显现自身,但并未显现为其自身;概念如其所是般地实存,这只出现在精神当中。

§249

自然要被视为**由各阶段组成的体系**,其中的一个阶段必然从另一个阶段而来,是它所由得出的那个阶段的最近的真理;但这并不是说一个阶段仿佛会从另一个阶段**自然地**产生,而是在内在的、构成自然基础之理念中产生。**形变**只属于概念本身,因为只有概念的变化才是发展。在自然中,概念一方面仅作为内在者而存在,另一方面则仅作为有生命的个体而实存;因此,**实存的**形变就仅局限于这种生命个体之上。

把一种自然形式和领域向更高级形式和领域的演进与过渡视为一种外在—现实的生产,这是古代也是近代自然哲学的一个笨拙的看法;然而,为了使这个看法**更清楚**,有人还把它置于过去的**黑暗**之中。让差异者彼此外在存在,并让它们作为毫无相关的实存出现,这种外在性正是自然所特有的;引导所有**阶段**的辩证概念则是这些阶段的内在者。一些模糊的、根本上来说是感性的表象,特别是像,例如,所谓的植物和动物从水中**演进出来**,以及继而从低级到高级动物组织的演进等等,这些必须在以思的方式考察中被放弃。

[32]

【附注】对于自然物有用性的观察本身包含这样一个真理,即自然物并不是自在自为的绝对目的;然而,这种否定性对于这些自然物而言并非外在的,而是它们理念的一个内在环节,这造成这些自然物的暂时性以及向另一个实存,同时也是更高概念的过渡。概念以普遍性的方式把所有特殊性一起设定为实存。把各种类看作在时间中自己逐渐演进的，这是完全空洞的；思想对于时间差异根本毫无兴趣可言。如果仅是要罗列，把一系列生命体按照它们通常的纲目划分那样逐一展示给感官，——无论它们是在规定和内容上越来越进化、越来越丰富，因而是从最贫乏的规定开始；还是依照相反的方向——那么，这种做法总会受到人们的普遍青睐。这里一般的秩序，就像自然分成三个领域那样，它比我把所有事物都混在一起要好一些；后者或许立即会令一般的感觉，具有模糊概念的理智反感。然而我们不要认为，当我们使用演进这个看法的时候，我们就把这样一个枯燥的序列变得具有动态性了，哲学性了，概念性了，或者无论人们怎么称呼它。动物的自然是植物自然的真理，而植物自然则是矿物自然的真理；地球是太阳系的真理。在体系中，最抽象的是第一个，每一个领域中为真的是最后一个；而这最后一个也是更高阶段的第一个。一个阶段由另一个阶段来补充是理念的必然性，而且形式之间的差异必须被把握为必然的和确定的。从水生动物中并非自然地演进出陆生动物，陆生动物也没有自然地飞到空中去，而鸟类后来也没有再返回过陆地。如果有人愿意比较自然的各个阶段的话，那么或许正确地做法是，我们注意到这种动物具有**一个心房**，而另一种则有两个；但他不能因此就说，有些个被添加了进来，好像真发生过类似事情似的。我们同样无法用早先阶段的范畴来说明其他阶段；就像人们说植物是碳极，动物是氮极那样，这是一种形式化的胡闹。

　　把握自然阶程的两种形式分别是**演进**和**流溢**。演进的过程开始于不完善的和没有形式的事物，【因而】首先出现的是湿润的和水生物，从水中出现植物、水螅类和软体类动物，然后是鱼类，继而是陆生动物；从动物中最终出现了人。人们把这种渐进的变化称作说明和概念化把握，这种由自然哲学所促成的看法仍然很盛行；然而这种量上的区分，尽管最容易被理解，但却什么也没有说明。流溢过程的观念则是东方国家所特有的；流溢进程是一种倒退的阶段进程，它从完满的，从绝对的整全，从神开始：神进行创造，出现了星光、闪电和神的映像，以致最初的映像与神是最相 [33]

似的。这最初的造物再接着进行创造,不过创造的是更不完善的东西,并且如此这般地继续向下创造,以致每个被造物总又成为创造者,直到否定者、物质以及罪恶的顶点。这种流溢的进程终结于所有形式的匮乏。上述这两种进程都是片面的和肤浅的,而且都设定了一个不明确的目标。相比而言,从完善到不完善的进程更有优势,因为这样人们就有了一个完整有机体的原型;这个原型必须被表象,以便我们理解萎缩了的有机体。在萎缩的有机体中表现为附属物的东西,例如那些毫无机能的器官,只有通过更高的有机组织才能被认识清楚;在后者中人们认识到这类附属物具有什么位置。如果完整者要更有优势的话,那么它就不仅需要存在于表象中,而且必须也是实存的。

形变的观念也是以**一个**理念作为基础,这个理念无论在不同的类中还是在个体器官中都被保持着,以致它们只是同一个原型所具有形式的变形。因此,人们也谈论昆虫的形变,例如幼虫、蛹和蛾是同一个体;在个体那里,发育的确是时间性的,而在类那里则不然。如果类以特定方式实存的话,那么其他方式的实存也同时被设定了;既然水是存在的,那么空气、火等等也同时被设定了。坚持同一性是重要的,然而同样重要的是坚持区别:只讲量的变化就会忽略区别;而这会使单纯关于形变的观念变得不令人满意。

[34] 这里还有关于形成自然物,特别是生命物之**系列**的观念。认识这个演进必然性的努力试图要找到系列的规律,即一个根本规定;当系列设定差异时,这个根本规定也在该差异中反复出现,并由此同时又产生新的差异。但对概念的规定却不是以这种方式来构成,并非总是通过以相同形式规定的、新的附加物来增殖自身,并非总是在所有构成要素之间考察相同的关系。对所有形态之必然性加以概念化把握的进展而言,这种关于阶段系列的观念以及相似观念大概是尤为有害的。即使以这样的方式可以把星球、金属或一般化学物、植物和动物排成系列,并找到该系列的规律,那么这也是一种徒劳的努力,因为自然并不把它们的各种形态摆成系列和环节,而且概念是按照质的规定性来进行区分的,并在这种情况下造

成飞跃。自然里无跳跃,这个先前的说法或所谓的规律与概念的分裂过程完全不相符;概念自身的连续性具有另一种本性。

§250

由于作为自然的理念是自身外在于自身的,因此它的**矛盾**更确切地看就是这样两个方面的矛盾:一方面是由概念所造成的理念物之**必然性**与其在有机整体中之理性规定;另一方面则是这些理念物之间互不相关的偶然性与不可规定的无规则性。偶然性和外在可规定性在自然领域中有其合法性。偶然性在具体形成物的领域最显著,而这些形成物作为自然物同时又只是**直接**具体的。这种直接的具体物是一定量的属性,这些属性彼此外在并或多或少地互不相关;与这些属性相对,甚至仅仅是自为存在的主体性也是与之不相干的,使它们听任外在的、偶然的规定去支配。自然的**无能**就在于,仅仅抽象地保持各种概念规定,将特殊物的实现置于外在可规定性下。

有人把自然形式的无限丰富性和多样性誉为自然的高度自由,也誉为自然的神性或至少**在自然中**的神性,而且彻底荒谬的是对混 [35]杂在自然物外在秩序中的偶然性也同样赞誉。把偶然性、任意和无序当作自由和理性,这是一种感性表象的考虑方式。——上述自然的无能为哲学设定了边界,而且最不相关的就是要求概念以概念化的方式来把握这些偶然,——并像已经提到的,来建构,演绎这些偶然;甚至在有人看来,自然形成物越细小、越个体化,这个任务越容易被完成。*概念规定的踪迹当然可以追寻到最细微的事物,但是后者

---

　　*　克鲁格先生按这个和其他方面也天真的意义上严肃地要求自然哲学要把戏,**完全把他手里的笔演绎出来。**[8]——假使科学有朝一日如此大步前进了,并且彻底把握了天上地下、古往今来的所有重要事物,以致没有更多重要的事物要被概念化把握,那么或许有人会使他做出想要的演绎并使他的笔受到尊重。

　　8　参考:黑格尔的论文《人的常识是如何看待哲学的,——评克鲁格先生的著作》,载《哲学批判杂志》卷1,第1辑,1802年;本版全集第1卷。

绝不会被前者穷尽。这种规定活动延续及内在关联的痕迹常常令考察者吃惊,但对于那些习惯在自然和人类历史中只看到偶然物的人来说,则尤其令他们吃惊或毋宁说不相信。然而我们也应该当心,这种痕迹不要被当作自然构型物之全部规定,这会导致前面所提到的类比。

[36]

通过经验观察来为分类和纲目找到确定区分,这是困难的,而且在很多领域是不可能的,因为自然没有能力在【具体物】的实现中坚守概念。自然到处通过中等的和次等的形成物来混淆本质的界限,这些形成物为反对每一个固定区分提供依据;由于畸形产物,同样情况甚至也出现在一些特定的类(例如人)当中;人们一方面必须把畸形产物归给这个类,而另一方面这些畸形产物又缺乏作为该类的本质特性的一些规定。——为了可以把这类形成物看作有缺陷的、次等的、和畸形的,某种固定的原型就要为此被假设;而这个原型不可能从经验中获得,因为经验也提供所谓的畸形产物、畸形形态、中间物等等:而原型则毋宁要假设的是概念规定的独立性和尊严。

§251

自然**自在地**是一个有生命的整体;进一步看来,通过自然阶段进程的运动就是理念把自身**设定**为其**自在**所是的过程;或者同样可以说,理念走出它作为**死亡**的直接性和外在性并返回**到自身当中**,以便首先作为**有生命者**;进一步这个仅仅作为生命的规定性也被扬弃,并把自身带入到精神的实存当中;精神是自然的真理和终极目的,也是理念的真的现实性。

【附注】按照概念的规定、按照它的目标,或者如果人们愿意,按照它的目的,概念的发展要被把握为是对其自在所是的设定:概念内容的各种规定进入到实存当中,被展示出来;但同时它们并不是被设定为独立的、自立的,而是被设定为处于整体中的环节和观念性的。既然概念的主体性消失在其规定的彼此外在当中,上述的这种设定可以由此被理解为一种表达、展示、呈现和来到自身之外。尽管如此,概念在这些规定中将自己保持为它们的统一和观念性;而且从相反的方面看来,这个由中心走到边缘的活动也是使外走的东西聚合到内在性的活动,是一种回忆——正是概念实存于这样的表达当中。从一种最初包含概念的外在性出发,概念的进程就是一种回到自身、向着圆心的活动,也即把与概念不匹配的直接性、外在性的实存带到主观同一性中,带到内在存在中;这种活动的方式不是概念将自身从直接性、外在性的实存中脱离出来并把后者作为僵死的外壳留在原处,而毋宁是该实存本身就是内在的或者说是与概念匹配的,内在存在本身作为生命而实存。概念要破坏外在性的皮壳并变成为自为的。生命就是自我展示的概念,是变得清楚和陈列出来的概念,但它同时对于知性而言是最为费解的,因为对于知性而言,抽象的、僵死的事物作为最简单的东西才是最容易理解的。

[37]

【自然哲学的】划分

§252

作为自然的理念是:

I.存在于彼此外在、无限**个体化**的规定当中;形式的统一则是外在于这种个体化的,是作为**观念性的**、仅仅**自在**存在的以及**被寻找的**事物。这就是**物质及其观念性体系——力学**;

II.存在于**特殊性**的规定当中,以致现实性通过内在的形式规定性以及其中实存的差别而被设定。这是一个反思性关系,其内在存在就是自然的**个体性——物理学**;

III.存在于主体性的规定当中;其中,形式的实在差别被带回到自我寻找到的、自为的**观念性统一体中——有机论**

【**附注**】上述这个划分是从概念的立场来进行的,就像概念在其整全

[38] 性中所被理解的那样,而且这个划分提供了概念向其规定的分裂;因为概念在这个分裂中展示了它的各种规定而且给予后者仅仅是暂时的自立性,概念在其中实现自身并由此把自身设定为理念。然而,正是概念既陈列它的环节并把自身区分为它的不同内容,又把这些貌似自立的阶段逐回它们的观念性、统一性和概念自身当中,并以这样的方式使自己实际上成为一个具体的概念、理念和真理。这样似乎可以提出两种划分以及科学路径的方式:一种方式是从具体概念出发,在自然中这样的概念是生命;考察这个自为的生命并由此导向生命的表达,这些表达是生命从自身中抛出的自立的自然领域,而且生命把自己同这些表达联系起来,就像同生命另外的并由此是抽象的实存方式联系起来那样,最终终结于生命的彻底凋亡。另一种方式则是与之相反,它从概念实存的最直接方式,即从概念最终的外在于自身之存在开始,终结于概念真正的现实存在,或者说概念全部展示的真理。前面第一条路径类似于流溢的观念,而第二条则类似于进化的观念(§249附注)。这两种形式中的任何一种就其自身而言都是片面的,它们两者是并存的;永恒的神性进程是按照两个对立方向的流动,而这两个对立方向完全相会并贯穿为一。即使我们给予最初的东西以至上的称呼,它也只是一个直接性事物,虽然我们以为它是具体的。当例如物质作为非真正的实存而否定了自身,并且一个更高的实存继而出现,那么一方面早期的阶段通过进化被否定了,另一方面它始终留在那里作为背景并通过流溢被再次产生。物质要把自身包含到生命当中,这样既是进化也是退化。通过理念努力成为自为的,自立之物就成了环节,就像例如动物的感官被变成为客观外在的东西时,就是太阳、月亮和彗星。在物理学当中,尽管这些物体仍然通过一些改变而保有同一的形态,它们已经失去了它们的自立性并因此成了要素;主观视觉被投射于外部就成了阳光,味觉成了水,嗅觉成了空气。既然我们要设定各种概念规定,我们就不能从真正的领域开始,而必须从最抽象的事物开始。

物质是这样一种形式,在其中自然之外在于自身存在达到其最初的自在存在,达到了抽象的自为存在;这种抽象的自为存在是排斥性的,因而是一种杂多;这种杂多同时既在自身当中又在自身之外具有它的统一,该统一把自为存在着的杂多统摄为一个普遍的自为存在——这种统一就是重力。在力学中,自为存在还不是个体性的、安静的统一体,没有力量把杂多纳入自身之下。因此,重的物质还不具有使不同规定可以保存其中的个体性;因为概念的各种规定仍然是彼此外在,所以这里的差别还只是彼此不相关的,或者说还只是量的而不是质的。作为单纯材料的物质是没有形式的。在物理学中的单个物体那里形式出现了,由此我们立即首先把重力揭示为自为存在对于杂多的掌控;这里的自为存在不再是一种奋斗,而是稳定下来,尽管首先还只是表面的方式:例如,金子的每一个原子都包含着整个金的所有规定和属性。物质在其自身中被特殊化和个别化了。第二个规定是,这里仍然作为质的规定性之特殊性和作为个体性点的自为存在相合为一,由此物体是以有限方式被规定的;而个体性仍与单个的、排他的特殊属性联系在一起,还未以完整的方式存在。如果这样的物体被带入到进程当中,那么当它失去这些属性的时候,它就不再是其所是;质的规定性只是以肯定的方式被设定了,而不是同时也以否定的方式被设定。有机物是自然—整全体,是自为存在的个体性,它在自身中把自身向差别方向发展;但是这个发展是以这样的方式,即首先这些规定同时也是具体的整全体,而不仅仅是特殊属性;其次,这些规定仍然在质上彼此对立,并因此被生命以观念性方式设定为有限的,而生命则在这些环节的进程中保持着自己。这样我们就有了不同的自为存在,但是它们要被带回到自为存在着的自为存在,这样的自为存在作为自我目的(Selbstzweck)要征服那些构成环节,并把它们降为手段;在生命中,质的确定存在和重力的统一出现了。

每一个阶段都是一个独特的自然领域,它们每一个看起来都独立地存在着;然而,后面的一个阶段是所有前面阶段的具体统一,就像每个后继阶段一般都在自身中包含较低阶段一样;然而它们同样也作为无机的自然彼此相互对立。**一个**阶段是对于另一个的作用,并且这种关系是相互的;正是在此存在着力能(Potenzen)的真正含义。无机物是与所有个体和主观之物相对的力能,——无机物摧毁着有机物;但是同样有机物也是反对无机物普遍作用(即水与气)的力量,后者既被不断释放,也被削弱和吸纳。自然的永恒生命首先是理念在每一个领域中展示自身,就像理念能够在这样的有限性中展示自身那样,仿佛每一个水滴都有太阳的映像;其次是突破这个领域的概念辩证法,因为概念无法满足这些不匹配的要素而必然要登上一个更高的阶段。

[40]

第一篇 力 学

§253

力学要考察：

A.完全抽象的彼此外在之物——**空间和时间**。

B.**个体化的**彼此外在之物以及它们在该抽象规定下的关系——**物质和运动**——**有限力学**。

C.在自在存在的概念之自由中，在**自由运动**中的**物质**——**绝对力学**

【**附注**】：外在自身存在立即分裂成为两种形式：一种是肯定形式，空间；另一种是否定形式，时间。第一个具体物，即对这两个抽象环节的统一和否定，就是物质；物质与其环节相关联，空间和时间这两个环节本身就在运动中彼此关联。如果这个关联不是外在的，那么我们就获得了物质和运动的绝对统一，即自己运动的物质。

A. 空间和时间

a. 空间

§254

自然的第一个或直接性的规定是**其外在于自身之存在**的抽象**普遍**

33

性——其没有中介的彼此无关,**空间**。因为空间是外在于自身之存在,所以它是完全观念性的**彼此毗邻**;因为这种彼此外在仍然是完全抽象的而且没有任何确定的内在区分,所以空间是绝对**连续性的**。

[42]

关于空间的本性历来就有很多说法。在此,我仅仅提到康德的规定:空间就像时间那样是**感性直观的形式**。在其他地方,人们也习以为常地把下述关于空间的界定作为基础,即空间必须仅仅被看作表象中主观性的事物。如果忽略康德空间概念中属于主观唯心论及其各种规定的话,那么所剩下的唯一正确的规定就是,空间是一种纯粹形式,即**抽象**,而且是直接**外在性**的抽象。——认为空间点仿佛构成了空间的肯定要素,这种关于**空间点**的说法是不允许的;由于丧失分别,空间仅仅只是彼此外在存在和否定者之可能性,而不是它们被设定的存在,因而它是绝对连续性的;因此,点,这个自为存在,毋宁是对空间的**否定**,是在空间内被设定的对空间的**否定**。——关于空间无限性的问题同样由此获得了解决(§100说明)。一般而言,空间是一个纯粹的**量**,【这里的量】不再只是作为逻辑规定,而是作为直接和外在的存在者。——因此,自然并不是从质的内容而是从量的内容开始,因为自然的规定并不像逻辑学中的存在概念那样是抽象的—第一的和直接性的东西,而在本质上就是内在**被中介的**外在性存在和他在。

【**附注**】:如果我们的做法是询问那些通过概念确立的必然思想,它在我们的表象中是什么样的,那么我们就有了下面这个进一步的想法,在直观中空间对应着纯粹外在于自身之存在这个思想。如果我们在这里弄错了,那么这也无损于我们思想之真理本身。在经验科学中,人们提出了另外一条相反的道路;在经验科学中对于空间的经验直观是第一位的,然后人们才达到关于空间的思想。为了证明空间与我们的思想相匹配,我们就必须把关于空间的表象与我们概念的规定相比较。空间的填充物与空间本身是毫不相干的;空间中的"这里"是彼此平列,没有相互干扰的。

"这里"还不是一个具体的位置,而是位置的可能性;所有的"这里"都是完全一样的,而且由于没有真正的断裂和边界,因此这种抽象的杂多恰恰 [43]就是外在性。所有的"这里"也是彼此区分的;然而这种区分同样不是差别,换言之,它只是抽象差别。因此,空间是具有否定作用的点性,完全的连续性。假如我们设定一个点,那么我们就使空间断裂了;然而,空间并未由此绝对地断裂。点有意义的条件在于,它是空间性的,因而它相对于自己和其他点而言是外在的;"这里"在自身中还包含上、下、右和左。[有人也许会假设]点不再在它自身中是外在的,而只是外在于他者;可是这样的点根本不存在,因为没有任何一个"这里"是最终的。如果我把星球的位置定得再远些,我还可以超出这个位置定得更远;世界根本没有尽头。这就是空间的完全外在性。点的他者与这个点一样也是外在于自身之存在,因此这两者彼此没有差别,并不相互分离;超出作为其他在的界限,空间仍然处于自身当中,这种在彼此外在中的同一就是连续性。离散和连续这两个环节的统一就是客观规定的空间概念;然而,这个概念只是对于空间的抽象,可人们常常把这个抽象当作绝对空间来看待。人们认为,这就是空间的真理;可是,相对空间是某种更高的东西,因为它是任一个物质体的确定空间;抽象空间的真理毋宁说是作为物质体的存在。

形而上学的主要问题曾经是,空间是否本身是实在的还是仅仅只是事物的属性。有人说,空间本身就是实体性的东西;因此它一定像个箱子,即使当中没有什么东西,它自己也是一个特殊之物。可空间是绝对柔软的,它完全没有任何抵抗力;而对于一个实在物,我们要求它与他物不相容。人们无法说明任何空间是独立存在的;相反,空间总是被填充的空间,并与填充物不可区分。所以,空间是非感性的感性和感性的非感性;自然物存在于空间当中,而空间始终是一个基础,因为自然处于外在性的联结当中。如果有人像莱布尼茨那样说,空间是与本体无关的事物秩序,而且空间的承载者是事物,那么我们就会注意到,如果我们拿走填充空间的事物,空间关系仍会脱离这些事物而保存。人们或许可以说,空间是一种秩序,因为它无论如何是一种外在性的规定;但是空间并不仅仅是一外在性的规定,而是在其自身中就是外在性。

[44]
§255

作为自在的概念,空间一般来说在自身中就具有概念的各种**区别**;具体而言,α)直接的在彼此无关中,作为单纯不同的、**彻底缺乏规定的三个维度**。

我们无法要求几何学来演绎,空间就具有三个维度这个必然性,毕竟几何学不是哲学科学,而且它要假设它的对象——空间及其普遍规定。另外,几何学也没有考虑过要证明该必然性。该必然性依赖于概念的本性,而其各种规定在最初的彼此外在的形式中,在**抽象的量**中完全是肤浅的,也是彻底缺乏差别的。因此,人们不能说,**高、长和宽**彼此如何区分,因为它们仅仅是**应该**被区分,但还未作为有差别者**存在**;人们是否要把一个方向命名为高、长或宽,这仍然是不确定的。——**高**最初的规定是指朝向地球中心点的方向;但是这个具体的规定与空间本性自身毫不相关。即使这个具体规定被假定了,我们同样也既可以把这同一个方向视为高或深;对于长和宽来说也一样,人们也常常把它们称为深;由此,什么也没被规定。

§256

β)然而这个差别是本质确定的、质的差别。作为这样的差别,它 1)首先是对于空间本身的**否定**,因为空间是直接的、无差别的自我外在自身之存在,是**点**。2)但是,这个否定是**空间自己的**否定,也即这个否定本身是空间性的;作为本质上的这样一种关联,即作为自我扬弃,点就是**线**,点

[45]
的第一个他在,即空间性**存在**;3)然而,这个他在的真理是否定之否定。因此,线过渡到**面**;一方面,面是同线和点相对的规定,因而是一般意义的面;而另一方面,面是空间被扬弃的否定,由此是对于空间整体的重建,该整体从此把否定性环节包含在自身当中——**封闭的表面**,它分离出一个**单个的**、完整的空间。

　　线不是由点构成的,面不是由线构成的,这个命题来自它们的概念,因为这里毋宁说线是**外在自身**存在的点,也就是说,点既与空间**关联**,又自我扬弃,同样面是被扬弃的和外在自身存在的线。——这里点是作为第一个和肯定的内容被表象的,并且被当作开端。反过来也一样,如果空间是实际上肯定的东西,面就是第一个否定,线是第二个;而作为第二个否定,线就其真理性而言是自我关联的否定,是点;这种过渡的必然性是一样的。在关于点、线等等的外在把握和定义中,我们无法思考这种过渡的必然性;用定义的方式说,如果点**移动**的话,那么就出现了线等等,在此虽然第一种方式的过渡被表象了,但却被表象为一种偶然性的东西。几何学所进一步考察的空间图形是,对于空间抽象、对于面或对于一个被限定出来的完整空间做进一步质的限定。这里也会出现必然性的各个环节,例如三角形是最初的直线图形,如果所有其他图形要被规定的话,它们就必须要还原为三角形或四方形,诸如此类。——这种构图的原则是知性的同一性,把图形规定为**合规则性**并由此奠基可能被认识的关系。

　　我们可以顺便指出,下面这个想法是康德的一个特例:直线是两 [46]
点间最短的距离,这个关于**直线**的定义是一个综合命题;因为我关于**直**的**概念中**并没有包含关于尺寸的概念,而仅仅包含的是一个质的概念。[1]　在这个意义上,每一个定义都是一个综合命题;被定义项,即**直线**,仅仅是直观或表象,而规定——它是两点间最短距离——构成了**概念**(就像概念在这类定义中所出现的那样,参见:§229)。**概念**并不存在于**直观**当中,这是概念与直观之间的差别,这带来了对定义的需求。然而,我们很容易看出上述康德的定义是分析性的,因为直线被还原到方向的单一性上,而就量而言这个单一性就意味着**最小量**的规定,在这里就是指最短距离。

1　比较《纯粹理性批判》,B16。

【附注】:只有直线是对于空间性的第一个规定,曲线自在地也是二维的;圆是二次方的线。作为第二个否定,面具有两重维度;因为二既属于第二者也属于【数字】2。

几何学必须要找出,如果其他规定内容被假设了的话,可以由此得出什么;它的主要论题就是,被假设的和被推导出的内容要构成**一个**被发展出的整体。几何学的基本定理就是这样一些命题,在其中整体被设定了,而且这个整体被表达在它的各种规定当中。就三角形而言,存在着两个这样的基本定理,由此三角形的规定性可以被建立。α)如果我们知道三角形的三个要素,其中一个必须是边(这里有三种可能性),那么这个三角形就被完全确定了。几何学还采用两个在上述条件中全等的三角形这种迂回做法;这种迂回虽然是比较容易的想法,但却很多余。真正的要害在于,就这个定理而言我们仅仅需要**一个**三角形,这个三角形本身就具有下述关系,即如果它的三个要素被确定了的话,那么它另外的三个要素也就被确定了;三角形通过两条边和一个角,或两个角和一条边等方式来被规定。规定性或概念是这前三个要素;另外三个要素则属于三角形的外在实在性,它们对于概念而言是多余的。在这样的设定中,规定仍然是完全抽象的,并且一般而言是依附性的;因为确定的规定性之间的关系仍然是缺乏的,无论三角形的三个要素是多大。β)这在毕达哥拉斯定理中被建立了;毕达哥拉斯定理是对三角形的完全规定,因为如果直角的两个邻角和与直角相等的,那么直角就被完全确定了。所以,作为理念的图像,这个定理比所有其他定理都更出色;这里是一个内在地自我切分的整体,就像哲学中作为概念和实在的每个形态都内在地被切分。首先是斜边的平方,然后分割成为两个直角边的平方和,我们在此得到的是同一个量。一个比半径相等这个定义更高的关于圆的定义是去考察圆里的区分;这样它的完全确定性就被建立了。这是在分析性研究中被完成的,而且其内容就是毕达哥拉斯定理;直角的两条边是正弦和余弦——或者说是横坐标和纵坐标,斜边就是半径。这三条边的关系就是确定性,但并不像在前面定义中那样简单,而是差别性事物之间的关系。欧几里得几何学正

[47]

是通过毕达哥拉斯定理来结束其第 1 卷的;这以后他仍然关注把差别向等同还原。这样,欧几里得几何学第 2 卷结束于把矩形还原到正方形。就像给定任一条斜边可以有无数多的直角三角形的话,那么给定一个正方形可以对应有众多矩形;这两个命题都可以在圆中被证明。这就是作为一门抽象知性科学的几何学如何以科学的方式进行研究的。

b. 时间

§257

作为点同空间相关联并在空间中把自身规定发展成为线和面,这样的否定性在外在于自身之存在的领域中同样是**自为的**;另外,它把其中它的规定同时设定为在外在于自身之存在的领域中,由此看起来同寂然不动、彼此并列的东西是漠不相干的。[2] 否定性以这样的方式被独立地设定,就是**时间**。 [48]

【附注】:空间是直接的、确定存在的量,其中所有东西都保持存在,甚至界限都具有持续存在的方式;这是空间的缺陷所在。空间的矛盾在于,在自身中包含否定;然而其方式是该否定分成为彼此不相干的持存。因为空间只是它自身的这种内部否定,所以其环节的自我扬弃就是它的真理;而时间恰恰是这种持存性自我扬弃的确定存在,因此空间在时间中具有实性。差别从空间中涌出,这意味着空间放弃彼此无关的存在,它自身就不再是停滞不动的,而是完全的不平静。这种作为独立确定存在差别的纯粹量就是自在的否定者,就是时间;时间是否定之否定,是自我

2　米希勒(Karl Ludwig Michelet)版写作"…ebensowohl für sich, ihre Bestimmungen jedoch darin zugleich als in der Sphäre des Außersichseins setzend, dabei aber als gleichgültig…"。(其中转折词"jedoch"替代了目前版本中的"aber",另外这个转折词的位置前移到"darin"之前。——译者注)

关联的否定。空间中的否定是在他者中的否定;在空间中,这个否定者还没有获得应有的重视。虽然在空间中面是否定之否定,但是就其真理而言,面是有别于空间的。空间的真理是时间,所以空间过渡到了时间;我们并不是主观地过渡到时间,而是空间自身过渡。在表象中,空间与时间相去甚远,因为我们既有空间,然后**也**有时间;哲学就是要与这个"也"斗争。

§258

作为外在于自身存在的否定性统一,时间同样是绝对抽象和观念性的事物。——它是这样一种存在,它因为**存在**所以**不存在**,它因为**不存在**所以**存在**;这是被**直观到**的变化,也就是说,这个绝对**瞬间的**,即直接性自我扬弃的差别被规定为**外在的**、但却是外在于**自身**的东西。

[49] 同空间一样,时间是**感性**或**直观**的**纯粹形式**,是非感性的感性,——然而像空间一样,时间根本不涉及对象性和与之相对的主观意识之间的差别。如果这样的规定被运用在空间和时间上的话,那么前者或许就是抽象的对象性,而后者则是抽象的主观性。时间同纯粹自我意识的我=我是同一个原则;然而这个原则或纯粹概念仍然处于其完全的外在性和抽象当中——作为被直观到的、单纯**变化**,而那个纯粹内在存在则作为绝对的来到自身之外。

时间与空间一样是**连续性的**,因为它是抽象的**自我关联**否定性,而且这个抽象中还不包含任何实在的区别。

人们说,所有事物都**在**时间**中出现**和**消逝**;如果抽象掉**所有**事物,即时间的填充物,还有空间的填充物,那么剩下的就是空的时间和空的空间,——也就是说这两种对外在性的抽象被设定和表象了,仿佛它们是独立存在的。然而并不是**在**时间**中**所有事物出现和消逝,而是时间本身就是这种**变化**——出现和消逝,就是**现实存在着的抽象**,就是让使所有事物诞生又摧毁其生产的克洛诺斯【时间之神】。——实在之物(das Reelle)是与时间不同的,但同样在本质上也与时间同一。实在之物是受限的,这个否定的他者**外在于**有限之物;因此在实在之物中,规定性是**外在**自身的,由此成为实在之物存在的矛盾;对实在之物矛盾外在性以及其不稳定状态的抽象就是时间本身。因此,有限物是暂时的和**有时间性**的,因为与概念不一样,有限物在自身中并不是完全的否定性(Negativität);反之,尽管有限物在其自身中把该否定性包含作为其普遍本质,但却与该普遍本质不匹配,因而是**片面的**;有限物与该否定性的关系就如同与其**力量**的关系一样。在自由的、自为实存的自我同一性,我=我中,概念自在自为地是绝对否定性和自由,因此时间并不是其力量,概念也不在时间当中、不是时间之物;概念毋宁是时间的力量,作为该力量这个否定性仅作为外在性而存在。只有自然物是服从时间的,因为它是有限的;相反,真、理念和精神则是**永恒的**。——然而永恒性的概念不该以如此否定的方式被把握为是抽象掉时间,以至于仿佛是外在于时间的实存;总归永恒性也并不意味着好像它要在时间**之后**到来;按照这样的方式,永恒性似乎被弄成了未来,弄成了一个时间中的环节。 [50]

【附注】:时间并不像一个容器,而是犹如一条流动的江河,一切事物都被置于其中,并被席卷而去。时间仅仅是对于这个毁灭活动的抽象。因为事物是有限的,所以它们是在时间中的;并不是因为它们在时间中,所以它们消失;而是事物本身就是时间性的;以这种方式存在就是它们的规定。因此,实在事物的进程本身构成了时间;如果时间被称为是最具力量的,那么它也就成为最没有力量的了。当下(Jetzt)具有无与伦比的权利——它就是作为单个的当下而**存在**;但是这个自命排斥一切的东西,在我要言说它的时候,就立即瓦解了,消逝了,变成了灰尘。持续是这个当下和那个当下的普遍内容,是非持续事物之进程被扬弃的存在。即使事物持续,时间也在流逝,并不停滞;在此,时间看起来是独立于事物,是与事物有差别的。然而,如果我们认为即使事物持续,时间也在流逝,这仅仅意味:如果一些事物是持续的,那么在其他事物那里仍会表现变化,例如在太阳的运行中,因此事物还是在时间中的。这样,逐渐的变化成了最后的肤浅的遁词,以便仍然可以把停滞和持续归给事物。假如所有事物,包括我们的表象都是静止不动的,那么我们就会是持续的,时间就不会存在了。然而,所有有限事物都是有时间性的,因为它们迟早都会服从变化;因而它们的持续就只是相对的。

　　绝对的无时间性是与持续不同的;它是没有自然性时间的**永恒性**。然而,时间本身在其概念中是永恒的;因为不是任何时间,也不是现在,而是作为时间的时间是时间的概念;就像任何一个一般概念那样,这个时间的概念也是永恒的,因而也是绝对的现在。永恒既不在将来也不在过去存在,而是**现在存在**。因此,持续也同永恒性是有别的,因为持续只是对于时间的相对否定;而永恒则是无限的,即不是相对的,而是返回自身的
[51]　持续。不在时间中存在的事物是没有进程的;最不完善的和最完善的东西都不存在于时间中,而是持续的。最不完善的东西是持续的,因为它是抽象的普遍性,例如,空间、时间本身,太阳、元素、石头、山岳、一般的无机自然,还有人工产物,如金字塔;它们的持续并不是优点。持续的事物会被视为比转瞬即逝的事物要更高级一些;然而所有花卉,所有美妙生命都会较早地凋亡。另外,那些最完善的东西也持续存在,不仅是那些无生命的、无机的普遍物,而且还有其他普遍性事物,例如内在具体的事物、类、规律、理念和精神。这样,我们就必须区分,一个事物是否是一整个进程还是只是进程中的一个环节。作为规律,普遍物内在地具有进程而且仅仅作为进程才是有生命的;但它不是进程的一部分,不在进程中,而是包含着进程的两个侧面,并且自身是没有进程的。按照显现这一侧,规律是在时间中出现的,因为概念的环节具有独立性这个假象;但是在这些环节的概念中,这些彼此排斥的区分则表现为得到调解并返回到和平的状态中。理念、精神是超出时间的,因为这样的事物是时间概念本身;它是永恒的,自在自为的,没有被卷入到时间当中,因为它没有把自己丢失在其进程的一个侧面当中。在个体本身中,情况则不然,一方面它是类;最美

妙的生命是要把普遍性和其个体性彻底统一在**一个**形态中。而另一方面,个体也和普遍事物相分离,由此它是进程的一个侧面,是可变性;按照这个可朽性环节,个体是在时间当中的。阿奚里(Achill)这位古希腊生命之花,亚历山大大帝(Alexander der Große),这些具有无限力量的个体都不再坚持下去了;只有他们的事迹、他们的功勋还留存,也就是说由他们所创立的世界还留存;平常之物会持续并最终统治了世界;而思想也有这样的平常性,说服了现存世界,剔除了精神的生命性,使之成为单纯习以为常之物,并由此持续下去。它们的持续就意味着它们在非真(Un-wahrheit)当中存在,不要求它们的权利,也不尊重概念;真理在它们那里也没有展示为进程。

§259

现在、**未来**和**过去**是时间的向度,它们就是外在性**变化**(Werden)本身,就是这种变化之分解为向无(Nichts)过渡的存在和向存在过渡的无这样的差别。这种区别在**个体性**中的直接消失就是作为**当下**的现在;作 [52] 为个体性,这个当下既是**排他性的**又是在其他环节中绝对**连续性的**,它本身就是其存在于无中的消失和无在其存在中的消失。

    有限性的现在就是被固定为**现在存在**(seiend)的当下;作为具体的统一体,作为肯定者,它同**否定者**,同过去和未来这些抽象环节是有别的;然而,这种存在本身仅仅是抽象的、在无中消失的存在。——此外,在时间就是**当下的自然界**,并不具有这些向度之间的**持续固定**的区别;这些向度必然只存在于主观表象中,存在于**回忆**以及**担心**或**希望**中。然而,作为**自然**中的**现在存在**,时间的过去和未来是空间,因为空间是被否定的时间;这样,被扬弃的空间首先是点,当它自为地发展后就是时间。

    并不存在一门关于时间的科学同关于空间的科学,几何学相对立。时间的区别并不具有外在于自身之存在的**互不相干的**性质,而正是这个性质构成了空间的直接确定性;因此,时间的区别并不像空间的区别那样可以用图形来表示。只有时间成为停滞的,其否定性被知性设定成为单位的时候,时间的原则才能获得图形表示这样的可能性。这个僵死的单位,这个思想的最高外在性,就是外在的联结,而且这些联结,这些**算术**图形可以接着按照相等与不相等,以及相同与不同来获得知性的界定。

[53]

有人或许还会进一步提出一种**哲学数学**的想法,这门哲学数学要用概念来认识普通数学按照知性的方法从一些假设的规定中推导出来结果。可是既然数学是研究有限的数量规定的科学,这些规定停留在这些量的有限性中并只在其中有效,而且不应该超出【这个范围】,那么数学本质上仍然是一门知性科学;而且因为数学有能力以彻底的方式成为这样一门科学,所以数学保持了相较其他同类科学的优点,既没有被掺杂进的异质概念所污染,也没被经验的目的所污染。在此仍有可能的是,无论在算术运算还是在几何定理中,概念为一个确定意识提供根据,该意识既涉及指导性的知性原则也涉及顺序及其必然性。

其次,试图使用空间图形和数字这些不顺心和不充分的媒介来表达**思想**,并用强制办法使它们服从这个目的,这样的努力是多余的和徒劳无益的。由于它们的简单性,这些简单的、最初的图形和数字适合作为**符号**并不产生误解;但是这些符号如果用于思想则总是异质的和蹩脚的表达。纯粹思想最初的努力曾采取过这种应急的办法;**毕达哥拉斯**数字体系就是一个著名的例证。然而在更加丰富的概念那里,这种媒介就变得根本不够,因为它们的**外在性**关联以及这个关联的偶然性根本不匹配概念的本性,而且还会使下述问题变得十分含混,在这些被连接一起的数字和图形之众多可能关系中到底哪一个应该被坚持。无论如何,概念的流动性内容在这样的外在性媒介中消失了,因为在这种媒介中各个规定之间都是互不相干地彼此外在的。上述的含混性或许只有通过**解释**才可以被消除。可这样

[54]

的话,思想的本质表达就是这种解释,而那种符号化则成为空洞多余

的东西。

其他数学规定,例如**无限、无限关系、无限小、因子、幂**等等,都在哲学中具有它们的真正概念;想把这些数学规定拿出来并借用到哲学中,这样的做法是不适宜的;因为在数学中,这些规定被认为是没有概念的,甚至常常被认为是没有意义的;毋宁说,它们的证明和意义要寄望于哲学。只有懒惰的人,才为了省去思考和概念规定,而逃避到根本不是直接性思想表达的公式及其现成的图式中。

真正关于作为**量的理论**之数学的哲学科学,应该是关于**量度**(Maße)的科学;然而这门科学已经假设了事物的实在特殊性,这种特殊性只存在于具体自然中。由于量的**外在**本性,这门科学或许是最为困难的科学。

【附注】:时间的各种向度使得直观的确定内容变得完整,因为为了直观它们把作为变化的时间概念设定在其整全性或实在性中;这种整全性或实在性依赖下述条件,作为变化的统一体的各个抽象环节中每一个都被独立地设定为整体,尽管这些整体的规定彼此对立。这两种规定中的每一个都是存在与无的统一体;然而它们也彼此区别。这种差别仅仅是出现和消逝之间的差别。一方面,在过去(地狱)中,存在是基础和出发点;过去实际上是曾经作为世界历史,自然世界存在过,但它是在外加的非存在的规定中被设定的。另一方面则与之相反;在未来中,非存在是第一规定,存在是后来的,尽管这不是在时间的意义上。中间项则是这两者的中性统一,以致没有任何一方构成规定者。现在要依赖过去的不存在;反过来,当下存在具有不存在的规定性,并且其存在之非存在就是未来;现在正是这种否定性的统一体。为当下所代替的存在之非存在,就是过去;被包含在现在中的非存在之存在就是未来。在时间的肯定意义上,人们可以说:只有现在才是存在的,而之前和在之后都是不存在;然而,这个具体的现在是过去的结果,并且它孕育着未来。因此,真正的现在就是永恒。 [55]

此外,数学这个名字可以被使用在对于空间和时间所进行的哲学考察上。如果有人想要以哲学的方式来处理空间和单位的图形,那么这些图形将会失去它们自身的意义和形态;关于这些图形的哲学或许会成为某种逻辑性的内容,或者,按照人们赋予概念的更为具体的意义而成为另一门具体哲学科学的内容。数学仅仅考察对象中量的规定,而且如前所述,关于这些对象,也并不考察时间本身而是在其图形及连接中的单位;这样尽管在运动理论中时间也是该科学的对象,但是应用数学通常并不是一门内在(immanent)科学,这恰恰因为它要把纯粹数学应用到特定的材料以及该材料从经验中获得的规定上。

c. 位置与运动

§260

空间内在地是彼此漠不相关的外在存在同无差别的连续性之间的矛盾,是其自身的纯粹否定性,是**首先向时间的过渡**。同样,因为时间所统摄在一起的对立环节直接地否定了自身,所以时间直接**消融于**无差别性中,消融于无差别的彼此外在或**空间**中。由此,在空间这里,**否定性**的规定,即**排斥性**的点不再只是按照概念的自在(an sich)存在,而是通过时间所构成的完整否定性成为**被设定的**,成为内在**具体的**;——这种具体性的点就是**位置**(§255,256)。

[56]　　**【附注】**:如果我们回顾一下对持续这个概念的展示,那么【我们就会看见】这个直接的空间和时间统一体已经构成了基础,使得后两者得以存在;因为空间的否定者就是时间,——肯定者,同时间区别的存在就是空间。然而,这两者在其中并非等价地被设定,或者说它们的统一体仅仅被展示为从一方到另一方的过渡运动,以致开端、实现和结果陷于分离当中。可是,结果恰恰表达了它们的基础以及真理。持续者就是时间向之

消退的自我相同性;而这个自我相同性就是空间,因为空间的规定性就是一般无差别的确定存在。如其事实所是,点就是"这里",即作为一种普遍者;点甚至由此作为整个空间,作为各种向度整体而存在。这种"这里"同样也是时间,是直接扬弃自身的现在,是过去曾经所是的当下。这种"这里"同时是当下;因为它是持续的点。"这里"和当下的这种统一就是位置。

§261

位置,即**被设定的**空间和时间的同一,首先同样也是被设定的**矛盾**,该矛盾就是空间和时间各自在自身中所是。位置是空间性的,因而是无差别的**个体性**;正是作为**空间性的当下**,作为时间,位置才是如此这般,以致位置是直接同作为空间性当下的自身漠不相关的,它是外在于自身的,是其自己的否定,是**另一个**位置。这种空间在时间中以及时间在空间中的**消逝**和**自我再造**,也就是时间使自身以空间性方式被设定为**位置**,而这个彼此无关的空间性同样直接被设定为**时间性的**,这就是**运动**。——这种变化本身同样是其矛盾的内在消融,是两者直接的、同一的、确定存在的统一,是**物质**。

从观念性到实在性,从抽象到具体性定在,这里从空间和时间到显现为**物质**的实在性,这种过渡对于知性而言是不可被概念化把握的,因此对于它来说永远是外在的和被给予的。流行观点认为,空间和时间要被视为**空的**,同它们的填充物毫不相干的,尽管空间和时间总被认为是满的;要让空的空间和时间**从外面借助物质来填充**;而 [57] 且,一方面以这样的方式,物质性事物被认为是同空间和时间毫不相干的,另一方面它们同时被认为本质上是空间和时间性的。

物质被认为是,α)它是**组合的**;——这涉及物质抽象的彼此外在,空间。——如果在物质中抽象掉时间,而且一般地抽象掉所有形式,那么物质就被认为是永恒的和没有变化的。实际上,这个结论可以直接得出来;然而这样的物质也仅仅是不真的抽象物。β)物质是**不可穿透**并且具有**抵抗力的**,是可感的,可见的等等。这些谓述不意味着别的而只就意味着物质部分是为了确定的感知,一般性而言是**为了他者的**,而部分也同样是**自为**的。这两个方面就是物质具有的全部规定,而物质是作为空间和时间的同一,作为直接的**彼此外在同否定性**或作为**自为存在的个体性**之同一。

  观念性向实在性的过渡也以一种清晰的方式表现在众所周知的力学现象中,就是说,观念性可以代替实在性,实在性反过来也可以代替观念性;如果对于表象和知性而言,从这种可替换性中没有产生观念性与实在性之同一的话,这只能归咎于表象和知性的思想匮乏。例如在**杠杆作用中**,**距离**可以代替**质量**,反之亦然,而且一定量的观念环节可以产生与对应的实在环节一样的作用结果。——同样,在**运动量**中,作为空间和时间之间量的关系的**速度**可以替代**质量**;反过来,如果质量增加而速度相应地减少的话,也会出现同样的实在结果。砖瓦自己并不能砸死人,但是这个结果可以通过所获得的速度而得到,就是说,人是被**空间**与**时间**砸死的。——在此,一方面正是关于**力**的反思性规定被知性固定下来作为终极的东西,另一方面它也阻止知性去进一步询问该规定之间的关系。但是,这至少也让人们看到,力的**作用结果**是实在和显著之物,**在力中**和在其**表现**中包含着相同之物;**另外**,**就其实在表现而言**,力恰恰是通过观念性环节,即空间和时间来获得的。

[58]

  这种缺乏概念的反思进一步认为,所谓的力是**移植**到物质中的,即原本**外在于**物质的,结果在关于力的反思规定中所呈现出来并真正构成物质**本质**的时间与空间的同一,被设定为是同力**相异的**、**偶然的**并从外部给予它的。

  【附注】:一个位置仅指向另一个位置,以这种方式否定自身并成为另一个;然而这个区分也同样要被否定。每一个位置本身(für sich)就是

这个位置,也就是说位置之间是彼此相同的;或者说位置就是绝对普遍的
"这里"。事物占据它的位置,又改变它;这样它就变成了另外一个位置,
但无论怎样事物从始至终都占据自己的位置,并且没有脱离它。芝诺已
经表述过这种位置自在具有的辩证关系,他这样来说明不动性:移动或许
就是要改变位置,但是飞矢并没有离开它的位置。时间在自身中被设
定,这种辩证关系恰恰就是"这里"所是的无限的概念。存在着三个有
差别的位置:现在所处的位置,将要占据的位置,以及被放弃的位置;时
间向度的这种消失方式是僵化的。然而,同时存在的也只有**一个**位置,
那些位置中的一个普遍者,在所有变化中的不变者;这就是持续,如同
它直接按其概念所是的那样,而这样的持续就是运动。运动就是我们
所讨论的那些内容,这是自明的;这种运动的概念符合我们对于运动的
直观。运动的本质是作为空间与时间的直接统一;它是通过空间而实
在的、持存的时间,后者说是通过时间而真正被区别的空间。这样我们 [59]
就知道,空间和时间属于运动;速度,运动量就是在同流逝掉的确定时间
之关系中的空间。人们也会说,运动是空间和时间之间的关系;然而,两
者关系的进一步方式需要被概念化把握。空间和时间只有在运动中才具
有实在性。

　　就像时间是单纯形式的自然灵魂,根据牛顿空间是神的感知,那么运
动就是世界真正灵魂的概念;我们习惯把运动看作谓语或状态;然而实际
上运动是自我,是作为主体的主体,是消失的留驻。但是,运动显现为谓
语,这是它自我熄灭的直接必然性。直线运动并不是自在自为的运动,而
是服从于一个他者,在其中该运动成为谓语或成为被扬弃者,【成为】环
节。把点的持续重建为与其运动相对立,这就是把位置重建为不动的。
然而,这个被重建的位置不是直接性的,而是从变化中复归的,是运动的
结果和基础;位置作为向度而存在,也就是与其他环节相对立,这样它就
是中心。这种直线的折返是圆周:自相联合的当下、先前和以后,这些向
度之间的互不相干,以致**先前**就是以后,**以后**也是**先前**。这就是在空间中
被必然设定的这些向度的丧失作用。圆周运动是时间各向度空间性或持

存性的统一。点趋向一个位置,这个位置是它的未来,同时放弃一个位置,这个位置是它的过去;然而,在它之后的东西同时就是它所要到达的东西;而且它已经在它所要达到的先前那了。它的目标就是构成其过去的点;时间的真理就在于,不是未来而是过去才是目标。与中心点自相关联的运动本身就是**面**,就是作为综合整体的运动,在其中它的环节持存——在中心点运动的熄灭,运动本身,以及运动与其熄灭的关系,圆的半径。然而,这个面自我移动,变成为自己的他在,即整个空间,——或者说向自身返回之存在,不动的中心,成为普遍的点,在其中整体归于沉寂。正是运动在其本质中扬弃了当下、先前和以后之间的差别,扬弃了运动的各个向度或它的概念。在圆中,这些向度甚至是合为一体;圆是重建的持

[60] 续之概念,是在自身中熄灭的运动。正是被设定的**质量**,这个持续者,自我增加,并把运动展现为其可能性。

现在我们立即获得了这样一种观念:如果运动存在,那么某物在移动;而这个持存的某物就是物质。空间和时间是由物质来填充的。空间与其概念不匹配;因此正是空间概念本身在物质中获得了实存。人们往往从物质开始,然后把空间和时间视为物质的形式。这里正确之处在于,物质是空间和时间中的实在者。然而,由于它们的抽象,空间和时间在此作为初始者而为我们获得;之后必须展示的是,物质是它们的真理。就像没有物质就没有运动,同样没有运动也没有物质。运动就是进程,是时间向空间的过渡,也是空间向时间的过渡;与之相反,物质是空间与时间关系作为静止同一体。物质是最初的实在性,是定在的自为存在;它不仅仅是抽象的存在,而且是空间肯定性持存,然而这个持存排斥其他空间。点**应该**也具有排斥性;但因为它还只是抽象的否定,所以它没有进行排斥。物质是排他性的自相关,并由此构成空间中最初的实在边界。那些所谓的时间和空间的填充物,可被抓住、可被感觉、具有抵制力的东西,在其为他存在(Sein-für-Anderes)中成为自为的,这在时间和空间的一般统一中被达到了。

B. 物质和运动:有限力学

§262

通过其否定性环节,通过其抽象的**个体化**环节,物质反对其自我同一,坚持彼此外在,这就是物质的**排斥**(Repulsion)。同样本质的是这种彼此外在存在着的自为存在之否定性统一,因为这些差异者是完全同一的;由此,物质是连续的,这就是它的**吸引**(Attraktion)。物质是这两者的不可分割,并且是这些环节的否定性统一,是个体性(Einzelheit);然而,该个体性仍然与物质**直接的**彼此外在**相区分**,因而还**没有被设定成为物质性的**,而是**观念性的**个体性,是**中心**;这就是**重力**。 [61]

康德还有一项特别的贡献,那就是在《自然科学的形而上学基础》[2a]中,他通过对于所谓的物质**构造**的尝试,为物质**概念**创造了起点并借助这个努力再一次唤醒了**自然哲学**的概念。然而,在那里,他把**吸引力和排斥力**这两个反思规定视为固定地彼此对立的;另外当从这两者中出现了**物质**,而物质被假设为是**完成的**,物质就应该是被吸引和被排斥的东西。我在自己的《逻辑学体系》(第 1 卷,第 1 部分,第 119 页及以后)[3]中详细指出了在康德阐释中的混乱。另外只有重的物质是整体和实在者,在此可以出现吸引力和排斥力;重的物质具有概念、个体性或主体性这个观念性环节。因此,这些环节不应该被认为是独立的或自为的力;物质从这些仅仅作为概念环节的力中产生;而【物质】却是这些环节显现的前提。

重力在本质上同单纯的**吸引**有别。吸引只是一般性地对于彼此外在存在的否定,而且导致的只是单纯的连续性。与之相反,重力是

2a　参考:第二部分:"动力学的形而上学起始基础"。
3　1812 年第 1 版。参考:1830/1831 年修订版,本版全集第 5 卷,第 200 页及以后。

[62] 把既彼此外在又彼此连续的特殊性还原为作为否定性自我关联的统一体,还原为**个体性**,还原为**一种**(尽管仍然抽象的)**主体性**。然而,在自然最初的**直接性**领域中,这种彼此外在的连续性还仍然作为**持存者**被设定;只有在物理学中,物质性的自我返回才开始。由此,**个体性**虽然作为理念规定而存在,但在这个阶段它仍**外在于物质性事物**。因此,物质自身首先是**重的**;这并非一种外在的并与物质可分离的属性。重力构成了物质的实体性,而物质自身则趋向于一个外在于它的**中心**(这是物质的另一个本质规定)。我们可以说,物质被中心所**吸引**,也就是说,它彼此外在存在的、连续性的持存被否定了;然而,如果这个中心本身被表象为物质的,那么吸引就只是相互的,同时也是被吸引,而且这个中心再次成为与二者不同之物。可这个中心并不被认为是物质的;因为物质恰恰是要把它的中心设定**在自身之外**。不是这个外在的中心,而是朝向这个中心的趋向是内在于物质的。可以说,重力所揭示的就是,物质在其自为存在中彼此外在存在的虚无性、它的不独立性以及它的矛盾性。

恰恰就重力在其自身还不是中心,还不是主体性而言,它仍然是未被确定的、未被发展的和未被敞开的,形式也还不是物质;在这个意义上,我们也可以说,重力是物质的**内在存在**。

中心在**哪里**,这是要通过重的物质来规定,【因为】这个中心是该物质的中心;因为重的物质是质量,所以它是确定的,它的趋向由此也是确定的,这种趋向就是对中心的规定,就是对中心的确定性设定。

【附注】:物质在空间上有距离,作出抵抗,而且互相排斥;这就是斥力,由此物质设定它的实在性并填充空间。而所有彼此排斥的个体都是单一体,因而是很多单一体;作为单一体,它们彼此都一样。这种单一体互相排斥;这就是对于自为存在者之间距离的扬弃,是吸引。作为重力,[63] 两者一起构成了物质的概念;重力是物质的谓词,构成了物质这个主词的实体。重力的统一只是一个应然,一个被渴望的东西,是物质永远无法推脱掉的最不幸的趋向;因为统一还没有来到其自身,还没有达到自身。如果物质达到了它在重力中要寻找的东西,那么它就会凝结成一个点。在此,统一仍然还没有出现,因为排斥力同吸引力一样仍然是物质的本质环节。这种模糊的、朦胧的统一并未变成自由;然而,当物质的规定仍然是把杂多设定为统一,那么它就不像某些哲学意愿者那样愚蠢,这些人把一与多彼此分离,因而就会遭到物质的拒斥。尽管排斥力和吸引力这两种统一是重力不可分离的环节,它们仍然还没有统一成为一个观念性的统一体;像我们后面将要看到的,只有在光这里,才会出现这种自为存在的统一。物质在杂多之外寻求位置;因为在各种寻求之间尚无差别,因此就无法看出为什么一个就比另外一个要更接近这个位置。这些杂多之物处于等距的边缘,而被寻找的点则是中心,而且这个中心朝各个方向拓展,以致我们所达到的最近的规定就是**球体**。重力是物质一种内在性的方式,不是它僵死的外在性;但在这个阶段,这种内在性还没有它的位置,相反现在物质还是缺乏内在性的,还是缺乏概念的概念。

我们现在要考察的第二个领域是有限力学,因为在此物质仍然与其概念不相匹配。这种物质的有限性正是运动与物质本身的分别;由于物质的生命、运动都外在于它,所以物质是有限的。一方面物体是静止的,或者运动是从外部传给它的;在物质本身中的最初差别就在于此;这可以通过物质的本性,即重力来被扬弃。在此,我们获得了有限力学的三重规定:**第一**是惯性物质,**第二**是碰撞,**第三**是构成向绝对力学过渡的落体;在绝对力学中,物质在其实存中也是与概念匹配的。重力不仅来到自在的物质中,而且由于这个自在已经显现出来;这就是重力最先出现的落体。

a. 惯性物质 [64]

§263

作为单纯普遍的和直接性的东西,物质最初只有**量**的差别,并被区分成为不同的份额——**质量**;在整体或单一体的肤浅规定中,质量是**物体**。同样直接的是物体与其观念性的分别;尽管物体**本质上**是空间性和时间性的,但是它是作为**在空间中的**,**在时间中的**,而且显现为与这种形式无关的**内容**。

【**附注**】:物质填充空间,这就意味着它是空间中的一个实在界限,因为它作为自为存在是排他性的,而空间本身并没有这种排他性。立即同这个自为存在一起出现的是杂多性这个规定,然而这是一个完全未被规定的差别,而不是物质自身的差别;物质之间是彼此排他的。

§264

按照扬弃时间所需要的[4]空间规定,物体是**持续着的**;按照扬弃互不相关的空间持存之时间规定,物体是**消逝着的**;一般而言,物体是一个完全**偶然的单一体**。尽管物体是把两个**彼此对立**的环节联结在一起的统一体——**运动**,但作为同空间和时间(上节)以及它们两者之关联——运动的漠不相关,运动是**外在于**物体的,就如同其否定,即静止一样,——物体是**惯性的**。

物体的有限性就是它与其概念的不匹配。在这个领域,这种有限性依赖于物体作为物质只是时间与空间**抽象的**、直接的统一,而不是在**一个**它们展开的、不平静的统一体中,运动被设定为是**内在于该**统一体的。——在物理力学中,物体一般被如此规定,以致它的一个公理是:物体绝对只能通过**外因**才能被置于运动**状态**或者静止。这里呈现在表象面前的只是地球上**没有自我的物体**,对于这些物体而言上述的那些规定是有效的。然而这些只是直接的以及由此**抽象的**和有限的物体性。作为物体之物体意味着这种物体的抽象物。这种抽象实存的非真会在具体实存的物体中被扬弃,而且这种扬弃已经在没有自我的物体中开始被设定了。惯性、碰撞、压力、吸引、落体等

[65]

4　此处的指代连词在 1817 和 1827 年版中写作"welchem",在 1830 年版中写作"welche"。(本卷编者修改为"welcher",指代"空间规定"——译者注。)

等的规定,是不允许从普通力学,从有限物体的领域,因而从**有限运动**的领域搬到绝对力学中去的;在绝对力学中,物体性和运动毋宁说是在它们的自由概念中实存的。

【附注】:被直接设定的质量在自身中把运动包含为**抵抗**,因为这种直接性是为他之存在(Sein-für-Anderes)。差别这个实在环节是外在于质量的;运动或是作为这种概念,或是作为在质量中自身被扬弃的内容。在这种意义上被固定下来的质量就是指惯性;但这并非意味着静止同时被表达。持续是在下述关系中的静止,即作为概念的持续被设定为与其实现,运动相对立。质量是静止与运动两个环节的统一;两者在其中作为被扬弃者而存在,或者说这个统一对两者漠不相关,它既能够运动也可以静止,但其自身则既非运动也非静止。质量自己既不会静止,也不会运动,而是通过外在的推动,从一个状态进入到另一个状态;这就是说,静止和运动是通过一个他者来被设定在质量当中。如果质量静止了,那么它就保持静止,而不会自己又进入运动;如果它处于运动状态,那么它就保持运动而不会自己进入到静止状态中。物质自在地(an sich)是具有惯性的,这就是说,物质作为它自己的概念被设定为与其实在性相对立。物质的实在性以此方式分离自身,并且与物质相对立,这只是物质要被扬弃的实在性,或者说在这种实在性中,物质仅仅作为抽象而实存;在感性实在性是其实在内容,而抽象形式是其自在(Ansich)这样的事物中,上述这种抽象就是自在(Ansich)与本质。

[66]

如果有限物质从外部获得运动,那么自由物质则自我移动;自由物质在自己领域内部是无限的,因为整体而言物质处于有限性阶段。所以伦理的人在法律中才是自由的,只有对非伦理的人而言法律才是外在的。自然界的每一个领域不仅存在于其无限性中,而且自身是作为有限关系而存在的。这些有限关系,例如压力与碰撞,具有如下优点,它们为我们的反思所熟知,而且它们通过经验来被构成。其缺陷仅仅在于,其他的关系也必须服从这样被构成的关系。有人认为,就像在我们这里那样,天上的事物也应该同样如此。而有限关系是无法展示一个领域之无限性的。

b. 碰撞

§265

惯性物体如果从外部被带入运动——正因为如此,这种运动是有限的——从而与另外一个物体相关联,就会暂时与这个物体构成**一个物体**,因为它们是仅仅在量上有区别的质量;以此方式,运动就是这两个物体共有的**一个运动**(即**运动的传递**)。然而,它们同样彼此抵制,因为每一个都同样被假设为直接的单一物体。它们这种彼此对立的**自为存在**,可以通过质量的量来被进一步区分,并构成了它们相对的**重力——重量**,这是拥有具体量的质量之**重力**,(在广延上是重的部分之集合,在内涵上则是确定的**压力**,参见:§103 说明);作为实在的规定性,重量与运动,**速度之**观念性的、量的规定一起构成了**同一个规定性**(运动量),在其内部相互对立的那两者能够彼此替代(参考:§261 说明)。

【**附注**】:在这个阶段的第二个环节是,物质被设定在运动中并且在运动中自相接触。因为位置对物质而言无所谓,所以也就出现了物质被[67] 移动的情况。这是偶然的;在此,所有必然的内容要以偶然的方式被设定;后面我们就会看到物质的运动在实存中也是必然的。在两个物体的相互碰撞中,两者都被视为是自我移动的,因为这是争夺**一个位置**的斗争。碰撞者夺取了静止者的位置;而后者,被碰撞者则坚守其位置,因此同样要自我移动,想要重新夺取为另外物体所占据了的位置。但是,因为这些质量相互碰撞和挤压,在它们之间没有任何空隙,所以在这种**接触**中就开始有了物质的一般观念性;而且有趣的是来观察物质这种内在性是如何出现的,就像概念如何达到实存那样一般总是有趣的。这些质量相互接触,也即彼此为了对方,这就意味着:在**一个点**或在同一体中存在两

个物质点或原子,它们的自为存在并**不**是自为存在。无论物质被想象得
如何坚硬易碎,人们总可以认为在它们中间存在着某物——一旦这些物
质相互接触,它们就被设定存在于同一点中,无论人们愿意把这个点想得
多么小。这就是最高存在的物质连续性,它不是外在和单纯空间性的,而
是实在的。同样,时间点是过去与未来的统一体:两者存在于同一体中;
而且由于它们存在于同一体中,它们也同样不存在于同一体中。运动就
是如此,它既在一个位置,同时也在另一个位置;同样也可以认为运动不
在另一个位置,而只在这个位置。

　　质量既存在于同一体中,同样也自为存在;这是排斥的另一个环节;
或者说,物质是有弹性的。单一体仅仅是表面,或说整体是连续性的,这
是由于物体是完全**坚硬的**。但由于只有整体是单一体,而这个单一体没
有被设定,所以物体会完全软化,或是绝对**柔软的**。可是物体离开整体,
就是一个更加具有强度的单一体。正是柔软性构成了对物体得到传播
的、外在自身存在的力之扬弃,因为柔软性返回到自身,是这种力的重建。
这两个方面的直接颠倒就是**弹性**。柔软物体也有排斥性,有弹性;它软缩
回去,但只是在**这样的**限度内:它不能从**一个**位置中被赶出来。由此,显
现给我们的首先是物质的自为存在,借助这种自为存在物质肯定自身是
与外在性相对的内在性(这也被称为力),在这个阶段这种外在性就是为
他存在,或者说他者之在物质中存在。自为存在的观念性是,他者使自身
在质量中有作用,而且质量也使自身在他者中有作用。这种看上去来自
外部的观念性规定,把自身显示为物质的固有本质,这本身同时也属于物　　[68]
质内在性;因此,物理学就转入到对力的反思表象中。

　　作为效力大小的碰撞强度只是物质赖以保持其自为存在或作出抵抗
的强度,因为碰撞同样是抵抗;而抵抗指的就是物质。做出抵抗者是物质
性的,反过来,之所以它是物质性,是因为它做出抵抗;抵抗是两个物体的
运动;被规定的运动和被规定的抵抗是同一件事情。只有物体是独立的,
它们才彼此相互作用,而且它们只有凭借重力才能如此。因此,物体只有
通过它们的重力才彼此相互抵抗;然而,这个重力并不是表达物质概念的

绝对重力,而是相对重力。物体的一个环节是它的重量,借此它在自己力求达到地球中心的时候,对另一个抵抗它的物体施加压力;这样,压力就是运动,以便扬弃同其他质量的分离。物体的另外一个环节是设定在物体内部的横切线方向上的运动,这个运动同寻找中心的运动相偏离。物体运动的量通过如下两个环节来规定:质量以及把运动作为速度的规定性。如果我们把这个量设定为内在的,那么这就是我们所谓的力;然而,我们可以放弃这些力的领域,因为有关它们的力学原理非常重复。因为只有**一种**规定性,即力的规定性,所以,虽然速度同物质部分的量相互替换,我们仍然得到相同的物质效力(因为物质效力只是自我移动的);然而,观念性要素只能部分地,而不是全部地替代实在性要素,反之亦然。假如质量6磅,运动速度是4,那么力就是24;如果质量增加到8磅,而运动速度改为3,那么力会仍然保持不变,如此等等;这就像重量支点一边的臂长和另一边负荷的质量所达到的平衡一样。压力与碰撞是外在性机械运动的两个原因。

§266

[69]

重量是**在物体自身中**集于一点的密集量,是该物体的**重力点**;然而,有重的物体要**外在自身**设定并拥有其中心点。所以,碰撞与抵抗,以及由此设定的运动,在为所有单个物体共同的而且外在于它们的**中心**中,具有实体性基;而且外在于这些物体设定的、偶然性运动在这个中心点转入**静止**。由于这个中心外在于物质,这种静止同时力求达到中心的趋向;而且按照在物体中得到特殊化的、力求共同达到中心的物质关系,这种静止也是物体间相互作用的**压力**。在通过相对空虚之空间的物体同其重力点分离的关系中,物体的这种趋向就是**落体**,即**本质**运动;偶然运动按照概念转入本质运动,就像按照实存转入静止那样。

对于**外在性**、有限性运动而言,力学的基本定律是:只要物体**没有**受到**外在性**原因的作用而从一种状态改变为另外一种状态,那么静止的物体就永远静止,运动的物体则永远运动下去。这意味着按照**同一律**(§115)来表述运动与静止:运动**就是**运动,静止**就是**静止;两种规定彼此外在。正是这种把运动与静止各自独立抽象出来的做法,才产生出只要不……则永远持续运动这样空洞的论断。作为该论断基础的同一律在其位置(§115)被独立地展示为虚无性(Nichtigkeit)。上述论断毫无**经验**基础;甚至碰撞本身就已经以重力,即落体规定为条件了。**抛物运动**展示出与落体的**本质**运动相对立的**偶然**运动;但这种物体作为物体的抽象不可分离地与物体的重力联系在一起,因此在抛物运动中重力要求必须被加以考虑。孤立的、**自为存在**的抛物运动不可能被阐明。从离心力产生出的运动的例证,通常是手握拴着石头的投石器,做圆周运动,这块石头总是表现出力求从手中飞脱离的趋向(牛顿《自然哲学的数学原理》,定义五)。然而,这并不涉及这样一个方向实存的问题,而是涉及该方向可以**脱离重力而自为存在**,就像人们把它表象为一个完全独立的**力**那样。牛顿甚至要让人们相信,假如(当然是假如)人们能够只把适当的速度分配给一个铅球的话,那么这个铅球就会飞入太空中并持续运动直到无限[5]。这种把外在运动和本质运动相分离的做法既不属于经验也不属于概念,而只属于抽象反思。必然把这两种运动**区分**并以数学方式标记为两条分离的线,或把两者处理为两个分离的量的要素等等,这是一回事;相反,把它们视为物理意义上独立的实存,这是另外一回事。*

[70]

---

* 牛顿(在《自然哲学的数学原理》定义 VIII 中)清楚地指出:"我不加区分地和彼此混同地使用吸引、排斥或趋向中心点的倾向这些术语,因为我并不在物理意义上而只在数学意义上来考虑这些力。因此,读者不能从这类评论出发做如下推论:每当我说中心点具有吸引作用,或出现中心点的力的时候,我就要说明这种作用的方式和方法或这种物理原因,或者说我要给这个(作为几何点的)中心点附加实在的和物理的力"。正是通过引入对力的表象,牛顿才使这些规定脱离物理实在性并使它们**本质上**成为独立的。同时,他自己在这些表象中到处谈论物理对象,因而在对所谓世界大厦仅应是**物理**的而非形而上学的展示中,谈论这些**彼此独立**、互不依赖的力、它们的吸引、碰撞等等,把它们作为物理意义的实存,并以同一律作为基础来研究它们。

5　引文原文为拉丁文。——译者注

[71]　　　　然而在铅球向无限飞去的运动中,人们应该抽象掉空气的阻力,**摩擦**。尽管永动机是按照理论正确地计算和证明了的,但是在其停止运动的时候却转入静止,在这种情况中人们是抽象掉了重力;这种现象要被完全归于**摩擦**。甚至**钟摆运动**逐渐减弱及其最终静止也要归于这种阻碍;关于钟摆运动人们同样可以说,**如果**摩擦可以消除的话,那么钟摆运动就可以永不停歇地持续下去。然而,物体在偶然运动中受到的阻力正是它非独立性的必然显现。正如物体达到其中心物体之中心点的运动受到阻碍,但该阻碍还没有否定该物体的压力和重力那样,摩擦阻力虽然阻碍了物体抛物运动,但是该物体的重力却没有丢失,或者说摩擦还没有替代该物体的重力。摩擦是一种阻碍,但它不是对外在的、偶然运动的**本质**束缚。有限运动依旧与重力不可分割地联系在一起;而且作为偶然运动,它自为地转入后者的方向,即对物质本质规定的方向,并服从该本质规定。

　　【附注】:在此,重力本身是作为运动者出现的,而运动一般规定为要否定那种脱离中心的分离。在此,运动是自我产生的,该运动在其显现中的规定性是通过它自身来被设定的。最初的规定性就是方向,另一个是
[72]　落体定律。**方向**是同单一体的联系,这个单一体要在重力中寻找和假设——寻找并不是四处寻找,也不是在空间中毫无规定地来回寻找,而是物质自身在空间中把单一体设定为一个它无法达到的位置。这个中心对其自身而言不仅仿佛作为一个核心存在,围绕该核心物质或者仅仅自我汇聚或者被吸入其中;而且,质量的重力造就了这样的中心;自我寻找的物质点甚至由此自我设定了共同的重力点。重力就是对这种单一体的设定;每个具体的质量都是对它的设定,每个具体的质量在自身中寻找单一体,并把其与其他质量的全部量的关系聚拢在**一个**点当中。这种主观的单一体,虽然仅仅是寻找者,却是客观的单一体,是物体的重力点。每个物体都有重力点,以便作为中心来在他者中拥有自己的中心;由于质量具有重力点,因而它是这种实在的单一体或物体。重力点是重力单一体

的最初实在性,是物体全部重量集于其中的趋向;由此质量变为静止,并且其重力点必须被支撑。这是如此完美以至于仿佛物体所有其他部分都不存在似的;物体的重力完全回退到这样一个点当中。这个点作为线——线的每个部分都属于这个单一体——就是**杠杆**,重力点作为中心将自身分为两个端点,这两个端点的连续性就是线。同样,单一体的整体就是重力;表面构成了单一体,而单一体作为整体又返回到中心点。这里把自身彼此外在地置于不同维度中的东西,就是直接单一体,或者说重力使自身成为一个完整的单一物体。

每个单一质量就是这样一个物体,它力求达到它的中心,绝对的重力点。因为物质规定力求达到的中心,这个中心是统一点,而物质始终是杂多,所以物质被规定为从其位置出发的超乎自身之外。这样,物质就是自我外在存在之超乎自身之外;作为对外在性的扬弃,这就是第一个真正的内在性。所有质量都属于这样的中心,而且每个单一质量都与真相对,是不独立的和偶然的。而在这种偶然性中,单一质量可以与这个中心物体相分离。如果在两者之间存在着另外一个特殊的质量,它不能阻止第一物体朝向中心的趋向,那么该物体就没有受到它的阻碍,并且将自己移动起来;或者说,出现如下规定,一个物体没有被支撑住,并且掉落下去。尽管落体运动将外在运动所带到的静止状态始终仍是一种趋向,但它与最初的静止不同,它既不是偶然的,也不仅仅是状态或被外在设定。我们现在看到的静止是通过概念设定的静止,就像落体运动作为通过概念设定的运动扬弃了外在的偶然运动。在这里惯性消失了,因为我们来到了物质概念。由于每个质量作为重的东西力求达到中心点并且施加压力,所以运动只是被尝试的运动,它使自己在其他质量中发生作用并以观念的方式设定后者,这就像第二个质量作出抵抗并保持自身,从而以观念的方式设定第一个质量一样。在有限力学中,两种静止和运动被置于相同层面。有人把所有处于关系中并具有不同方向和速度的事物还原为力;那样的话,主要问题在于由之而来的结果。这样人们就把通过重力这种力设定的落体运动同抛物运动的力放在了相同的层面。

[73]

有人设想:假如炮弹是以比重力的力量更大的力量发射出去的话,那么它就会朝着切线方向飞出去,——**假如**不存在空气阻力的话,人们会补充说。同样,假如没有空气阻挡的话,钟摆将会无限地摆动下去。有人曾说,"钟摆以圆弧形降落下来。在达到垂直方向时,它通过这样的降落方式获得了一个速度,借此速度它就必定会以圆弧形在另一侧上升到同以前一样的高度,并且由此它必然是这样来回不断地摆动着"。一方面,钟摆具有重力的方向;通过扬弃人们使它与重力方向相远离,并给予它另一个规定。正是通过这第二个规定,摆动运动得以被设定。人们现在断言:"由于阻力作用,**主要**出现的状况是,摆动弧度变得越来越小,而且钟摆最终会静止下来,否则**自在的**钟摆运动会没有尽头地持续下去"。然而,重力运动和横向运动并不是两种彼此对立的运动,而是前者是本质性的,后者则是偶然的、服从前者的。但是,摩擦本身并不是偶然的,而是重力的结果,虽然它也能被缩小。对此弗兰开尔(Louis Benjamin Francoeur)已经有所认识(《力学基础研究》,巴黎:1801 年,第 175 页,注 4—5),他说:"只要物体重量保持不变,摩擦并不依赖接触面积的大小。摩擦与压

[74] 力成正比。"[6]因此,摩擦是以外在阻力为形式的重力,是作为共同向中心拉的压力。为了在钟摆运动中阻止不稳定的物体运动,物体就必须被固定在其他东西上;这种物质关联是必须的,然而它会阻碍钟摆的运动,并由此产生摩擦。所以,摩擦本身是构建钟摆中的一个必然环节;它既不能被消除,也不能被忽略。假如有人试图思考没有摩擦的钟摆会是怎样,这将会是一个空洞的念头。另外,不仅摩擦会把钟摆运动带到静止状态;假如摩擦也停止了,那么钟摆仍然一定会静止下来。重力构成了这样一种力量,它会通过物质概念使钟摆静止下来;作为普遍者,重力会获得克服异在事物的优势,而摆动会沿着落体线停止下来。然而,在外在性领域中这种概念必然性展现为一种外在的阻碍或摩擦。一个人可以被打死,但这种外在性是偶然的;真正的情况是人会通过自身而死亡。

6　引文原文为法文。——译者注

我们在此并不涉及,例如在抛物运动中,把落体运动与偶然运动联结起来;我们必须自为地考察对于偶然运动的扬弃。在抛物运动中,运动量的大小来自抛物的力和质量的重量。而该重量同时也是重力。因为作为普遍者的重力具有优势,它克服了在它那被设定的规定性。物体只通过重力被抛出;它从被规定者出发,却返回到普遍者,成为单纯的落体运动。这种返回把进一步的规定性设定在重力那里,或者运动与重力更进一步统一。在抛物运动中,重量只是运动力的一个环节,或者说被设定的是从处于重力之外的力向重力的过渡。按照这种过渡,重力从此成为整个运动力;虽然它仍在自身之外具有运动原则,但是作为单纯的推动这个原则完全是形式的,就像在落体运动中作为纯粹远离那样。以此方式,抛物运动是落体运动,而钟摆运动则同时既是落体运动又是抛物运动。重力是自我远离,是把自身表象为自我分裂的——而所有这些都还是外在的。被固定的点,远离落体线,同被移动点保持距离,现实运动的这些环节都 [75] 属于他者。从抛物运动返回到落体线本身就是抛物运动,而钟摆的摆动则是抛物运动之下落的、自我[7]产生的扬弃。

c. 落体运动

§267

落体运动是**相对自由**的运动;它之所以是**自由的**,因为这个运动是由物体的**概念**所设定,是其固有重力的显现;因此该运动内在于(immanent)物体。然而,作为对外在性的**第一个**否定,这种运动同时也是**有条件的**;因此,**远离**同中心的关联仍然是被**外在**设定的、**偶然**的规定。

运动定律涉及**量**,尤其本质地是流逝时间的量和其中通过空间的量;正是这些不朽的发现使得知性分析成为最高的荣誉。进一步

7　米希勒版在"自我"前添加了一个逗号。

[76]

的是对这些定律的非经验性**证明**,而且这也由数学力学给出,以至以经验为基础的科学也不满足于单纯的经验性**指明**(揭示)。这种先天证明的假设是,落体运动中的速度**是均匀**增加的;而证明要把**数学**公式中的各个**环节转换成为物理学的力**,转换为**加速度的力和惯性**力;前者构成了各个时间环节上(同等的)推动*,而后者则要延续在各时间环节上已经获得的(更大的)速度——这些规定完全没有经验性认证,就像概念与它们毫无关系一样。进一步而言,在此包含**力能**关系(Potenzenverhältnis)之量的规定性被归结为两个互相独立要素之**总和**形态,由此那种质的、与概念联系在一起的规定就被扼杀掉了。从应该被如此证明之定律中人们得出**结论:在匀加速度运动中,速度与时间成比例**。实际上,这个定律只不过是匀加速运动的完全单纯定义本身。纯粹匀速运动是通过的空间与时间成比例;**加速**运动则是这样一种运动,其中任何一个后继时间部分的**速度**都在不断增加,因而**匀加速**运动就是速度与流逝的时间成比例的运动;因此v/t,即s/t^2。这给出简单的真正证明——v是尚**未被规定**的速度**一般**;这样它**同时**也是**抽象的**,即纯粹匀速的。这种证明中出现的困难在于,在讨论中v最初代表不确定的速度一般,而在数学表达式中它表达为s/t,即绝对匀速。那种从数学表达中拿来的绕弯子的证明方式是为了服务如下需要,即把速度视为纯粹匀速的s/t,并由此过渡

[77]

到s/t^2。在速度与时间成比例这个定理中,速度最初只是被一般性地提到;因此,以数学方式把速度设定为s/t,纯粹匀速,这是多余的;同样引入惯性力并把纯粹匀速这个环节归给它,这种做法也是多余的。而通过速度与时间成比例这个命题,那么速度倒是被规定为匀

---

* 可能有人会说,这个所谓的**加速度的**力与其名称很不符,因为由这种力所引起的应然作用在每个时间环节上都是**相等的**(恒定的)——落体运动量中的**经验性**要素,是**单位**(地球表面上 15 呎)。加速度仅仅由在每个时间环节**添加**该经验单位来构成。相反,**加速度**至少以这样的方式属于所谓的**惯性力**;因为我们要为该力归给如下内容,它的作用是对每个时间环节尽头**所获取速度**的**持续**,也就是说,惯性力从自身这边把这个速度**添加**给那个经验性的量;而且每个时间环节尽头处的速度都比先前时间环节尽头处的速度要快。

加速的 s/t^2，而那个 s/t 的规定在此则毫无意义并被排除掉了。*

　　落体运动定律同这种僵死的、外在规定的力学中的抽象匀速相对立，它是**自由的**自然定律，即它自身具有一个侧面，这个侧面是通过物体的**概念**来自我规定的。既然由此可以得出落体运动定律一定能从物体概念中推导出来，那么我们就需要往前一步并提供方法，如何把伽利略定律——**经过的空间与消逝的时间平方成比例**——同概念规定联系起来。[78]

　　这种联系可以被视为单纯在此，因为这里概念要被规定，所以时间和空间的概念规定就成为彼此**自由的**，也就是说它们的量的规定是依照概念规定的。而**时间**现在是**否定**环节，是自为存在环节，是单一体原则，它的量（无论什么经验数值）在与空间的关系中都要被视为是单位或分母。与之相反，**空间**则是**彼此外在存在**，而且**不是别的量就只是时间的量**；因为这种**自由**运动的速度就在于，时间与空间既不是彼此外在的，也不是彼此偶然的，而是两者构成了**同一个规定**。空间之彼此外在的形式是与时间、统一体的形式相对立的，而且其中不掺杂任何其他规定性，这种空间形式就是**平方——从自身之外获得的量，把自身设定为另一维，由此增加自身，但不是按照任何别的而只是按照它固有的规定性**——对于这样的扩展，它把自身做成界

　　*　在《解析函数论》（巴黎：1797 年）的第三部分"解析函数论在力学中的应用"，第一章中，拉格朗日按照自己的方式采取了简单的、完全正确的路径；他以对函数的数学研究为假设，然后在其力学**应用**中发现，对于 $s=ft$ 而言，在自然界中既有 ft，**也有** bt^2；而 $s=ct^3$ 在自然界中没有出现。在此，完全正确的没有谈论要给出 $s=bt^2$ 的证明，而是把这个关系视为**存在于**自然界当中的。在对函数的展开中，因为 t 变成 $t+\vartheta$，拉格朗日就依照自己通常的方式从分析的视角解决了下述情况：在 ϑ 时间所经过的空间的级数中，只有前两项可以被使用，其他各项则被省略了。但那前两项只被用于有关对象的研究上，因为只有它们具有实在的规定（同上书，4,5.："我们看到，第一个和第二个函数**自然地**出现在力学当中，在这里它们具有确定的价值和意义"）。由此，拉格朗日就达到了关于在惯性力中固有的、抽象的，即纯粹匀速的牛顿式表达，并且达到了加速度的力，通过这个力还出现了关于无穷小瞬间（ϑ）以及其始末的各种反思虚构。然而，这些对于那条正确的研究进路毫无影响，这条路并不想用这些规定作为对**定律的证明**，而是像这里应该做的，从经验中提取这些定律，然后才把数学研究应用其上。

限,并在其变为他者中自我关联。

这就是通过事物**概念**对落体定律的证明。这种**产力关系**本质上是**质**的关系,而且只是属于概念的关系——同推出的结论相关还要添加一点,因为**落体**在自由中同时包含条件性,所以时间仍然只是作为**直接**数字的抽象单位,而空间的量的规定也只达到二次方。

【附注】:在落体运动中,只有对中心的寻找是绝对的侧面;后面我们
[79] 会看见,其他环节,诸如分化,区分,把物体置于不受支持状态,如何也从概念中产生出来。在落体运动中,质量并不自身与自身相分离;而是从被分离中返回到统一体中。这样,落体运动就构成了一个过渡并且是介于惯性物质和其概念被绝对实现的物质或绝对自由运动之间。如果作为纯粹量上的、彼此无关的区分,质量构成了外在运动的一个要素,那么在此,当运动通过物质概念被设定的地方,质量的量上区分本身就没有意义了;质量是作为一般物质而不是作为质量下落的。在落体运动中,物体仅仅被视为是重的,而且大的物体和小的物体,也即更少重量的物体同样都是重的。我们或许知道一片羽毛并不像铅球那样下落;然而,这是由于这样一种介质产生的结果,它必须让步以便这两种质量是按照它们所遇阻力的性质差异来运动。例如,一块石头在空气中比在水中下落得快;而在真空中物体会以同样方式下落。伽利略证明了这个定律,并向僧侣们宣讲该定律;只有**一位**教父以自己的方式同意他的看法,他说,剪子和刀子会同时到达地球;然而问题是不能如此轻易地被解决的。这样的知识是比成千上万的光辉思想更有价值的。

经验数值是,物体 1 秒钟下落距离稍大于 15 呎;但在不同纬度上会有细微差异。如果物体下落 2 秒,那么它所经过的距离就不是两倍而是四倍的距离,即 60 呎;物体下落 3 秒所经过的距离就是 9 ×15 呎等等。或者,一个物体下落 3 秒,而另一个下落 9 秒,那么它们所经过的空间关系就不是 3∶9 而是 9∶81。绝对匀速运动是常见的机械运动;非匀加速运动则是随意的;匀加速运动则是合规律的、有生命的自然运动。因此,

速度会随时间而增加;也就是 $t:\dfrac{s}{t}$,即 $s:t^2$。因为 $s:t^2$ 与 s/t^2 是一回事。在力学中,人们以数学方式证明这些内容,因而人们用正方形来标记所谓的惯性力,用正方形上添加三角形来标记所谓的加速力;这对数学说明而言是有趣的而且也许是必要的;但它仅仅是通过数学说明做出的而且是一种被强迫的表达。这种证明总是假设它应该证明的东西。那样的话人们或许描述了发生的事情;数学认识是源自如下需求,要把产力关系 [80] 转变为较简易的关系,例如归结到加或减以及乘,这样落体运动就分成了两个部分。但这种划分并不是实在的,而是一种空洞的虚构并且仅仅为了数学说明之目的。

§268

落体运动只是对**中心**的抽象设定;在中心的统一中,特殊质量和物体之间的差异把自身设定为被扬弃的;因此在这种运动的量中,质量,重量没有任何意义。然而,作为**否定性**自我关系,中心的纯粹自为存在本质上是对自我的**排斥——**在众多静止中心(星体)中的**形式性**排斥;——**有生命性的排斥,这种排斥规定是根据**概念的各个环节**以及由此被不同设定的中心之间的本质关系。这个关系就是它们独立的自为存在与它们被联合在概念中之间的**矛盾**;它们的实在性与同一性之间矛盾的显现就是运动,也就是说**绝对自由运动**。

【附注】:落体运动定律的缺陷就在于,我们在这种运动中把空间视为是以抽象的方式在第一种产力中被设定为线;这是因为落体运动也是一种有条件的运动,尽管它也是一种自由运动(参看前面一节)。落体运动仅仅是重力的最初显现,因为远离中心这个条件仍然是偶然的而不是通过重力本身被规定。这种偶然性仍然没有消失。概念必须完全内在于物质;这就是第三个主要部分,绝对力学,完全自由的物质,它在定在中与自己的概念完全匹配。惯性物质与其概念完全不匹配。作为下落者的重的物质与其概念仅仅部分匹配,即通过否定杂多,作为物质力求达到**一个**作为中心点的位置之趋向。然而,另一个环节,位置在自身中的差异化,还没有通过概念来被设定;或者说,这里仍然缺乏的是,被吸引的物质还没有把自身作为重的物质来排斥,向众多物体的分裂还不是重力本身的行动。这种既作为杂多被扩展同时又在自身中连续的物质在自身中拥有中心点——这种物质一定被排斥;在这种实在性排斥中,中心自身排斥自身,使自身杂多化,质量由此被设定为杂多,每一个都有自己的中心。逻辑性单一体是无限的自我关系,这既是自我同一,同时作为自我关联的否定性,因而又是自我排斥;这就是在概念中所包含的另一个环节。物质的实在性包含着它把自身设定在其环节的规定中。落体运动是把物质片面地设定为吸引;进一步则是,物质也作为排斥显现。形式性排斥也有它的理由;因为自然就是要让抽象的、被个体化的环节自为持存。这种形式性排斥的定在就是星体,是尚未被区分的、一般性杂多的物体;它们在此尚未被看成发光体,发光是一种物理学规定。

[81]

我们可以认为星体间的关系中存在知性;但它们属于僵死的排斥。它们的**图形**可以构成本质关系的表达;但它们不属于有生命的物质,在这种物质里,中心点在自身中自我区分。星群是一种形式性世界,因为只有那种片面的规定在此有效。我们绝对不能把这种系统与太阳系等量齐观,因为太阳系是我们在天上可以认识到的唯一具有实在理性的星系。人们可以出于星体的静止而赞美它们;但在价值方面它们不能与具体个体齐平。空间的填充物爆裂为无穷多的物质;然而这只是可以使眼睛愉悦的最初爆裂。这种光线射出犹如人身上出疹和苍蝇成群一样,是不值得惊奇的。这些星体的宁静更加引发心灵的兴趣,在直观这种宁静与单纯中,各种激情就会平静下来。可站在哲学的立场上,这样的世界索然无味,因为它只会引起感受的兴趣。这样的世界作为杂多存在于在不可测量的空间中,这对理性而言没有意义;这只是外在的、空洞的和否定性的无限性。理性知道自己高于这种无限性;它只是一种单纯否定的惊奇,是一种围于其局限性中的提升。就星体而言的理性之物是把握它们彼此对

立排列的图形。空间向抽象物质的爆裂只根据这样一个内在定律发生，[82]
即星体表现出似乎有一种内在联系的结晶过程。这里所显示出来的好奇
心只是一种空洞的兴趣。关于这些图形的必要性在此无须多说。赫谢
耳[8]（Herschel）已经在星云中观察到透示着规则的众多形式。空间越是
远离银河就越是空洞；这样人们（赫谢耳与康德）就达到了这样的结论，
星体形成一种透镜的图形。这是一种完全不确定的、普遍之物。我们绝
不要认为科学的价值在于概念化把握和说明所有杂多的形式；相反，我们
要满足我们迄今实际上已经可以概念化把握的内容。还有很多东西尚未
被概念化把握；这一点我们必须在自然哲学中加以承认。关于星体的理
性兴趣现在可以展现在相关的几何学当中；星体就是这种抽象的、无限分
化的领域，在这个领域中偶然之物对整体关系具有本质性影响。

C. 绝对力学

§269

万有引力是物质性物体（Körperlichkeit）之真正的、被规定的**概念**，该
概念**实现**为**理念**。**普遍性**物体本质上自我分成**特殊**物体并自我结合成**个
体性**环节或者作为在**运动**中显现定在之主体性；这由此直接成为**许多物
体**的系统。

普遍性引力必须自为地被视为一种深刻思想，因为它已经通过
与其结合的量的规定引起对自己的注意和信任，而且它在上至太阳
系下至毛细管现象中都得到了验证，以致当它在反思领域被把握时，[83]
仅仅具有一般的抽象意义，而具体一些的意义则只意味着在落体运
动量的规定中的**重力**；但这些还不具有在本节中被提出的、在其实在

8　弗里德里希·威廉·赫谢耳（Friedrich Wilhelm Herschel，1738—1822）：天文学家，1781 年发现天王星。

性中发展出的理念含义。万有引力直接与惯性定律相矛盾,因为通过万有引力物质会力图**越出自身**趋向它物。——正如已经被展示的,**重力概念**中包含着自为存在与否定该自为存在的连续性这两个环节。概念的这两个环节经历了如下命运,那就是它们被理解为特殊的力,与吸引力和排斥力相对应,更进一步则被把握为**向心力**与**离心力**;这两种力像重力那样应该**作用于物体**,彼此独立并以偶然方式在第三者,即物体中碰在一起。由此,普遍性重力思想中之深刻内容被再次丢掉了,而且只要这些被如此大肆吹嘘的**力**之发现居于统治地位,那么概念和理性就不可能进入绝对运动的学说。在包含重力**理念**的推论中——这个理念本身就是这样的概念,它通过物体的特殊性自我展现在外在的实在性中,同时又在物体的观念性和自我反思中,在运动中展示为**自我相连**——包含着各个环节的理性同一性和不可分割,否则这些环节就会被表象为独立的。——一般而言,运动本身仅仅在**许多**物体构成的系统中才具有意义和现实存在,而这些物体按照不同的**规定**处于相互联系中。整全推论本身是由三个推论构成的体系;其中的进一步规定要在客观性的概念中被提出(参见:§198)。

【附注】:太阳系首先只是独立物体的集合,这些物体本质上相互关[84]联,是重的物体,但在这种关联中它们自我保存并把它们的统一设定于外在它们之他者中。这样,杂多就不像在星体中那样是未被规定的,相反区分被设定了;区分的规定性就是绝对普遍中心性的规定性和特殊中心性的规定性。从这两个规定出发,我们可以推导出运动的各种形式,物质概念就通过这些运动形式中被填充。运动归于相对的中心物体,该物体内在地构成位置之普遍规定性;同时,该物体的位置也是未被规定的,因为它在他者中才具有自己的中心;而且这种未被规定性必须同样具有定在,而自在自为地被规定的位置只是一个位置。对特殊的中心物体而言,它们的位置在哪里是无所谓的;这表现在它们寻求自己的中心,即放弃自己的位置并自我设定在另一个位置。第三个规定是:这些中心物体最初可以同它们的中心距离一样远;如果是这样的,那么它们就不会彼此远离。如果它们同时在一个相同的轨道上运动,那么它们之间就根本没有差别,相反它们就是完全同一,其中每一个都是对另一个的重复,而它们的差异就成一个空洞的词汇。第四个规定是,如果它们在不同的相互距离中改变位置,那么它们会通过一个曲线返回自身;因为只有以这样的方式它们才展示出同中心物体相对立的独立性,并且它们通过围绕中心点以同一曲线做运动从而展示出与该中心点的统一。因为独立于中心物体,它们就坚守在自己的位置上而不再落到中心物体上。

由此,一般而言存在三种运动:α)机械的、从外部传递的运动,这种运动是匀速的;β)半受限制、半自由的落体运动,在这种运动中尽管物体与其重力的分离仍然被偶然地设定,但运动已经属于重力本身;γ)无条件的自由运动,我们已经指出了它的主要环节,这种运动是天体宏大的机械运动。这种运动是曲线的;因为特殊物体同时既自我设定一个中心物体又通过该中心物体被设定。离开边缘中心没有意义;同样离开中心边缘也没有意义。这消除了那些时而从中心,时而从特殊物体出发,时而把后者,时而把前者当作本原的物理学假设。每种观点都是必然的,但是单个而言它们却是片面的;分化为差异物以和对主体性的设定是**同一个**行 [85]
动,一种自由运动,而不是像压力和碰撞那样的外在运动。据说,人们可以在重力中看到吸引力是一种自为的实在的力,人们可以证明它。导致落体运动的重力尽管是物质的概念,但只是抽象的,还不是在自身中自我分化的;落体运动只是重力的不完全显现,因而还不是实的。离心力因为试图沿着切线方向飞出去,被极为愚蠢地假定为是通过斜抛、振动和碰撞传给天体的,而天体似乎从开始已然获得了这些作用。如同绳索上系着一块石头在斜抛时要飞出去那样,这种由外部提供的运动之偶然性属于惯性物质。因此,我们就不应当谈论力。如果我们要说力的话,那也只是**同一个**力,它的两个环节并不是作为两种力引向不同方向。天体运动不是这样一种来回牵引,而是自由运动;就像古人所言,天体就像极乐的诸神那样走着。天上的物体并不在自己之外具有静止和运动原则。"因为石头有惯性,整个地球由石头构成,而其他的天体也同样如此",所以可以推出结论,整体所具有的特征与部分所具有的特征是等同的。碰撞、压力、阻挡、摩擦、吸引等诸如此类只对不同于天体的其他物质实存才是有效的。诚然,两者的共同之处在于都是物质,就像好的思想和坏的思想都是思想一样,但是坏的思想并不因为好的思想也是思想就变成好的。

§270

至于说到在其中重力概念被自由自为地实现的物体,那么它们是把概念的不同环节作为对它们不同本性的规定。因此,一个规定是抽象自我关联的**普遍性**中心。与这一端相对立的是**直接性的**、外在自身存在的、没有中心的**个体性**,该个体性同样显现为独立的物体。而**特殊性**物体则既受外在自身存在的规定又受内在自身存在的规定,是自为的中心,并且自我关联着作为其本质统一的第一规定。

[86]　　　作为直接性具体物体,行星体在其实存中是最完整的。人们通常把太阳视为是最优越的,因为知性喜欢抽象事物胜于具体事物,这就像恒星甚至也被认为比太阳系的物体更高级。——因为属于外在性,没有中心的物体在自身中自我特殊化为**月亮**与**彗星**之间的对立。

众所周知,绝对自由运动**定律**是由开普勒发现的;这是一个不朽的发现。开普勒为他的经验材料找到了**普遍性**表达,在这个意义上他**证明**了该定律(§227)。而此后却形成了一个普遍说法,是牛顿首先发现了该定律的证明。把一个荣誉从第一个发现者很不公正地转给另一个发现者,这不是一件容易的事情。就此,我要做出以下说明:

1. 数学家们承认,牛顿公式是从开普勒定律中推导出来的。这个完全直接的推导就是这样:在开普勒第三定律中 A^3/T^2 是常量。如果这个常量被设定为 $A \cdot A^2/T^2$ 而牛顿把 A/T^2 称为普遍重力,那么我们就得到所谓重力的作用与距离平方成反比的牛顿表达式。

2. 牛顿对服从引力定律物体环绕中心物体作**椭圆**运动这个定律的证明,仅仅涉及一般的**圆锥切面**,而要被证明的主要命题却在于,这种物体的轨道并**不是圆或其他圆锥切面**,而只是**椭圆**。对于这个证明本身(《自然哲学的数学原理》第 I 卷,第 2 节,命题 1)无论如何还需要做一些提醒;尽管它构成牛顿理论的基础,分析不再需要该证明。在这个分析公式中,使物体轨道成为一个**确定**圆锥曲线的条件是**常量**;这些常量的规定被归因为**经验条件**,即物体在特定时间点 [87] 的特殊位置以及物体最初被假定获得的**碰撞之偶然**强度;这样,把曲线规定为椭圆的条件就落在要被证明的公式之外,甚至连要被证明的想法都没有了。

3. 关于所谓重力的力之牛顿定律同样只借助经验并通过归纳被说明。

这里看到的只是这样一种差别,开普勒以简单、崇高的方式通过**天体运动定律**的形式所说的,牛顿把它转变成关于**重力的力之反思形式**,更准确地说是落体运动获得其量的定律形式。如果牛顿的形式对于分析方法而言不仅具有方便性而且具有必然性,那么这只是数学公式的差别;数学分析早已知道,从开普勒定律形式中来推导牛顿表达以及与之连接起来的定律(就此,我同意弗朗开尔《力学原理基础研究》[巴黎:1801],卷 II,第 2 章,注 IV 中的出色说明)。——整体而言,所谓证明的陈旧方式展示了一种从单纯几何构建的**线段**编织成的混乱组织,这些线段被赋予了**独立的力**之物理意义;这种混乱组织的构成也来自关于已经提到的**加速度力**与**惯性力**之空洞的反思规定,尤其是所谓的重力本身同向心力与离心力之间的关系等等。

我们这里所做的说明需要比在教学大纲中所能做的要更广阔的 [88] 论述。与公认的命题不一致的命题显得像是独断,而且因为它们与如此高的权威相冲突,它们看起来更糟糕,像是一种狂妄。但是,我们所援引的与其说是命题还不如说是单纯材料,而且所要求的反思仅仅是,数学分析所引入的区分与规定,以及它按照自己的方法所采纳的途径,完全与假定有物理实在的内容分离开来。数学分析必须具有和给出的假设、途径以及结果彻底不考虑那些规定和途径的**物理**价值与**物理**意义。这一点正是应该被注意的;重要的是要意识到以一种——与经验和概念相对立的——**未被言说的形而上学**来淹没物理力学,这种形而上学只在数学规定中具有它自己的根源。

我们都知道,除了**分析**研究基础之外——顺便提一下,这种研究的发展使得很多属于其本质原理和荣誉的内容变得多余,甚至抛弃了它们——牛顿为开普勒定律增添了具有**内容**的环节,即**摄动**原理,——这个原理的重要性在于,它依赖这样一个定理:所谓的吸引是物体所有单个物质部分的作用。这里的关键在于,一般物质自我设定中心。特殊物体的质量由此被视为该物体**位置规定**中的一个环节,而且系统的全部物体自己设定它们的太阳;然而,单个物体本身也按照它们在普遍运动中依次到达的相对位置来形成**彼此之间**暂时的重力关系;另外,这些物体不只处于抽象的空间关系,即距离当中,而且它们也共同设定一个**特殊**的中心,这个中心在普遍系统中又部分地自我消解,但在依然存在这样关系时(例如在木星与土星的互相摄动当中),该中心则至少仍部分从属于普遍系统。

[89]

关于自由运动的主要规定如何**与概念**联系起来,如果现在可以就此给出一些基本特征的话,那么这也不可能为其证明进行更详细的展开,因此首先只能听之任之。这里的原则是,关于自由运动之量的规定的理性证明仅仅只能依赖空间和时间这两个环节的**概念规定**,这两者之间(但并非外在性)的关系构成了运动。什么时候科学才会意识到其所使用的形而上学范畴并且不以这些范畴而以事物概念作为基础啊!

首先在普遍性中的运动是一个**自我返回的运动**,这依赖一般的特殊性和个体性物体的规定(§269),即它们一方面具有在自身之中的中心和独立的实存,另一方面同时在其他物体中具有它们的中心。概念的规定构成了**向心力和离心力**的基础,但它们又被颠倒过来,仿佛它们中的每一个都自为**独立地**、外在其他力实存并独立发挥作用,而且它们只是在其作用中才**外在地**,因而是偶然地彼此相遇。就像已经提到的,这些本来是为了数学规定而必须被引入的线段,却被转变成为物理实在。

进一步,这些运动是**匀加速运动**,(而且因为返回自身,这些运 [90] 动就转成为匀**减速**运动)。在**自由**的运动中还有空间和时间,它们作为自己所是,作为差异,使自身在运动的量的规定中有效(§267 说明),并且它们并不像在抽象的、纯粹均匀速度中那样起作用。在通过向心力与离心力的量之**此消彼长**来对匀加速与匀减速运动做的所谓**说明**中,接受这种独立的力所带来的**混乱**是最大的。按照这种说明,在行星从远日点向近日点的运动中,离心力要比向心力**小**;相反,在近日点本身,离心力就应该立即变得大于向心力;对于从近日点向远日点的运动而言,人们则以相同的方式使这两种力进入相反设定的关系。人们看到,一种力达到的优势**突然转变**为向另一种力的服从,这绝不是从力的本性中得来的。与此相反,应该得到的结论是,一种力所获得的相对于另一种力的优势不仅保存自身,而且是对另一种力的完全否定,并且这种运动或是通过向心力的优势必然转入静止,即行星向其中心体坠落,或者通过离心力的优势必然转入一条直线。由此得出的简单结论是:因为近日点的物体自在地离太阳更远,所以离心力要再次变大;因为物体在远日点离太阳最远,所以在这里离心力最大。这里被假设的是独立的离心力与独立的向心力这样的形而上学谬论;任何知性都不应该再被用于这种知性幻想,不 [91] 应该来问:这些力既然是独立的,如何会**从自身出发**一会儿使自己比另一方更弱,一会儿又使自己占优势并容忍让自己占优势,然后又再次扬弃自己的优势或容忍自己接受优势。——如果进一步观察这种在自身内部毫无基础的消长,那就会发现离拱点的平均距离中有一个点,在那里两种力处于**均势**中。两种力应该继而离开这种均势状态,这就像它们的优势突然发生转变一样,都同样缺乏动因。人们很容易发现,在这种说明方式中,通过进一步规定来消除缺点会带来新的和更大的混乱。——类似的混乱也出现在对下述现象的说明中,即在赤道地带钟摆的摆动会减慢。这种现象会归因为在那里离心力要变得更大;人们同样可以很容易地认为,这种现象是由于重力的力增大,这种力更有力地把钟摆保持在向垂直的静止线方向上。

至于说到**运动轨道的形态**,那么只有**圆周**才被视为是**纯粹匀速运动**的轨道。就像人们所说的,或许**可以设想**一种匀**加速**和匀**减速**的运动发生在圆周中。然而,这种可被思考性或可能性只是一种抽象的表象可能性,它忽略了所涉及的被规定条件,因此不仅是肤浅的,而且是错误的。圆周是自我返回的线,其中所有半径都**相等**;也就是说,圆周通过半径被完全地规定了;这只是**一种**规定性,而且这种规定性是**完整的**规定性。可在自由运动中,空间与时间的规定处于**差异性**中,处于性质性的相互关系中;在自由运动中,**空间事物**本身的这种关系必然表现为一种空间事物的差异,该差异因而需要两种规定性。由此,自我返回的轨道形态本质上成了**椭圆**。[9] 这种构成圆周的抽象规定性也就显现为:由两条半径所夹的弧或角是**独立于**这两条半径的,是一种对它们而言彻底经验性的量。然而,在由概念所规定的运动中,与中心的距离以及在一定时间内所通过的弧必须在**同一种**规定性中来被把握,构成**一个整体**,(概念的环节并不是在偶然性中彼此相对立);这样就产生了具有两个维度的空间规定,即**扇形**。以这样的方式,弧本质上就是辐矢径的函数,而且因为它在等量的时间内是不等的,所以带有半径的不相等性。空间规定通过时间显现为具有两种维度的规定,即**平面规定**,这与前面(§267)在落体运动中关于同类规定性之说明所说的内容有联系:一方面在根当中作为时间,另一方面在**平方**中作为空间。但这里,通过运动线路之自我返回空间的平方性被限制在扇形当中。——这就是人们所看

[92]

9　开普勒第一定律:行星沿椭圆轨道运行,太阳位于椭圆的一个焦点上。

到的,开普勒定律所依赖的普遍原理,即**在相等的时间截出相等的扇形**。[10]

　　这个定律仅只涉及弧与辐矢径之间的关系,时间在此只是用来比较不同扇形的抽象单位,因为时间作为单位是规定性东西。但进一步的关系则是时间与轨道大小或者说离中心距离之间的关系,在这里时间不是作为单位而是作为一般的量,作为周期。在**落体运动中**我们已经看到作为根和平方时间与空间之间的关系;落体运动是一种半自由运动,它一方面由概念规定,而另一方面又被外在规定。但在绝对运动中,在**自由**度量的领域中,每一个规定性都获得了它的整全性。作为根,时间是一个单纯的经验性量,作为性质性的则只是一个抽象单位。但作为一个被展开的整全体之**环节**,时间又是其被规定的同一、自为的整全体,它自我生产并**在其中自我**关联;因为内在地缺乏维度,时间在其生产中只是达到一种形式性的自我同一,即**平方**,相反,空间作为肯定性的彼此外在却达到了概念的维度,即**立方**。这样,它们的实现就同时包含着它们原本的差别。这就是开普勒**第三定律:距离**的立方与时间的**平方**之间的关系[11];——这个定律之所以如此伟大,是因为它十分简洁和直接地展示了**事物的理性**。与之相反,牛顿公式把开普勒定律转变成为关于重力的**力**的定律,由此展示出那种处于半途中的**反思**带来的歪曲和颠倒。

[93]

【附注】:在此,在力学领域内,出现了真正意义上的定律;因为定律是指两个简单规定的结合,以致只有它们彼此之间的单纯联结才构成完整关系,而这两者又都必定具有彼此独立的假象。与此相反,在磁学领域中两个规定之不可分离已经被设定了;因而我们不把这称为定律。在更高的形态中,被个体化的是第三者,其中各种规定结合在一起,而且我们

10　开普勒第二定律:行星—太阳距离(辐矢径)在相等的时间内扫过相等的面积。

11　开普勒第三定律:两颗行星周期的平方与它们轨道的长半轴的立方成正比。

[94] 不再具有对相互连接的两者之直接规定。只有在精神领域中才会再次出现定律,因为彼此对立的独立事物出现了。现在,这种运动的定律涉及两个方面:轨道的形态以及运动的速度。我们所要处理的问题就是把这从概念中发展出来。这也许会发展出一门前途远大的科学;由于该任务之困难,它尚未被完全实施。

开普勒根据第谷·布拉赫(Tycho Brahe)的研究,通过归纳以经验性的方式发现了他的定律;在这个领域中的天才般的工作就在于,从这些个体显现中找出普遍性的规律。

1. 哥白尼仍然认为,轨道是圆的,而运动是偏离圆心的。在相同的时间内所经过的弧并不相等;这样的运动不可能在圆中发生,因为它与圆的本性相违背。圆是知性的曲线,而知性是要设定相同性的。圆中的运动只能是均匀的;与相同的弧所对应的只能是相同的半径。这并不被普遍接受;可如果更加仔细地观察,则可以看出相反的命题就是空洞的论断。圆只有**一个**常量,所有其他二次曲线都有两个常量:长轴和短轴。如果在相同的时间内所经过的弧不同,那么这些弧就不仅以经验性方式而是按照它们的函数被区分开来,也就是说它们之间的差别在它们的函数本身。在圆的情况中,这些弧实际上只是以经验性方式彼此区分开来。半径——圆周与圆心之间连接,本质上是属于弧的函数的。如果这些弧彼此不同,那么半径也必然不同,而圆的概念也就会立刻被否定。一旦加速度被假定的话,那么直接的结果就是半径的差别;弧与半径之间绝对地联系在一起。这样,轨道就必然是椭圆,因为轨道是返回自身的。按照观察,椭圆也并不完全地与行星轨道相对应;这样就要假设其他的干扰要素。轨道是否不包含比椭圆更加深奥的函数的话,它或许是不是卵形的等等,这要留给以后的天文学来研究决定。

2. 这里,弧的规定性依赖半径,通过半径它得以被截出;这三条线一起构成了一个三角形,一个有规定性的整体,而那三条线则是这个整体的构成环节。半径同样是弧的函数以及其他半径的函数。我们要记住,整体的确定性在于这个三角形中,而不在自为的弧当中,因为弧只是一个经

验性的量和个体化的规定性,它只能被外在地比较。一种规定性是整个 [95]
曲线的经验规定性,它依赖于它的两个轴之间的关系,而弧只是这个经验
规定性中的任意一个部分;另一种规定性则依赖向量变化的规律;既然弧
是整体的一个部分,它就像三角形一样,在构成整个轨道的一般规定性中
具有它的规定性。一条线段要在必然的规定性中被把握,为此该线段就
必须是整体的一个环节。线段的尺寸只是某种经验性的内容,整体就是
三角形;有限力学中关于力的平行四边形数学表象的起源就在于此;在
此,人们也把通过的空间看作为对角线;因为这个对角线被设定为整体的
部分,被设定为函数,所以它就可以通过数学的方式来被研究。向心力是
半径,离心力则是切线;弧是切线与半径的对角线。然而,这些只是数学
线段;当它们以物理方式区分开来,它们就成了空洞表象。在落体的抽象
运动中,正方形,即时间的平面性,仅仅是数目规定;该正方形不能在空间
的意义上来被理解,因为在落体运动中被经过的只是一条直线。落体运
动的公式就在于此;因而就像人们在落体运动中所刻画的那样,以一种平
方性空间关系的方式来把所经过的空间构建成为一个平面,这也就是一
种抽象的构建。既然在这里升为平方的时间对应着一个平面,因此时间
的自我生产就获得了实在性。扇形是一个平面,是弧与辐矢径构成的产
物。扇形的两个规定分别是经过的空间以及同中心点的距离。从中心物
所在的**这个**焦点引出的各个半径彼此不同。两个相同扇形,半径大的扇
形弧长短。假设两个扇形在相同的时间被经过;那么被经过的空间越小,
结果就是半径越大的扇形中的速度就越小。这里,弧或者被经过的空间
不再是直接性的东西,而是被设定为一个环节,也就是说,通过与半径的
关系被设定为产物的要素,这种关系在落体运动中还不存在。然而在这
里,空间性的内容,即通过时间来被规定的内容,构成了轨道本身的两个
规定:通过的空间以及同中心点的距离。时间规定整体,而弧只是该整体
的一个环节。正因此,相同的扇形对应相同的时间;扇形是由通过的时间
来规定,也就是说,通过的空间被设定为一个环节。这里的情形与杠杆作 [96]
用中的情形相同,在杠杆作用中,负重以及同支点的距离构成了平衡的两

个环节。

3. 开普勒花了27年的时间探索出这样一条定律:不同行星平均距离的立方和它们运行周期的平方成正比;他早已十分接近发现这条定律,但是计算错误使他失败了。他坚信其中必然具有理性;而且通过这样一种信念,他最终发现了这条规律。从早先的发现中就可以预期时间总低一个次方。因为这里空间与时间联结了起来,所以每一方都是在其固有特性中被设定,它们各自量的规定则通过它们的性质来被规定。

这些定律是我们在自然科学中所拥有的最棒内容,最纯粹,极少为异质因素弄得模糊不清;因此,理解这些定律也就是最为有趣的事情。如同它们所被展示的那样,开普勒的这些定律具有最纯粹、最清楚的形式。而牛顿形式的定律则是,重力支配运动,它的力与距离的平方成反比。*发现万有引力定律的殊荣被归给了牛顿。牛顿遮盖了开普勒的声誉,在一般人的观念中夺走了开普勒的极大荣誉。英国人常常这样霸占权威,而德国人则甘拜下风。伏尔泰在法国人中推崇牛顿学说,而德国人也如此人云亦云。尽管如此,牛顿的贡献在于,他的形式对于数学研究而言具有很多便利。贬低伟大人物的荣誉,这往往是嫉妒;但另一方面,把伟大人物的荣誉看作是一种极致,这就是迷信。

甚至在数学界也把重力理解为两种,这样对待牛顿是不公正的。第一,重力是指这样一个方向:石头以每秒15呎下落到地球表面;这是一个[97] 单纯的经验性规定。牛顿把人们首先归因于重力的落体定律用于月球运行上,因为月球同样以地球为中心。这样,15呎的量也同样作为月球运行的基础。因为月球与地球的距离是地球直径的60倍,所以月球运动中的引力环节也就由此被规定了。然后我们会发现:地球对于月球的吸引力作用同时规定着整个月球的运行;　月球也同样做落体运动。这可能

* 拉普拉斯(Laplace):《宇宙体系解说》(巴黎:1796年),第Ⅱ卷,第12页:"牛顿发现,实际上这个力与辐矢径成反比"。牛顿说(《自然哲学的数学原理》,第Ⅰ卷,命题Ⅺ,推论):如果一个物体作椭圆、双曲线或抛物线(而椭圆向圆过渡)运动,那么向心力"与距离的平方成反比"。

是正确的。然而这只是一个个体案例,把地球上经验性的落体运动拓展到月球。这不意味着落体运动适用于所有行星,或者可能只对行星与其卫星的关系有效。因此,这是一个有限制的论点。人们说落体运动适用于天体。然而天体并没有掉落到太阳中;于是,人们还赋予这些天体一个阻止落体的另外一种运动。这里采用的办法十分简单,孩子们用棍子打球的侧面以防其要掉落。把这种孩子的游戏运用到自由运动上,这是可疑的。重力的第二个意义才是万有引力,而且牛顿在重力中看到了整个运动的规律;这样,他就把重力推广到天体定律当中,并把这个定律叫作重力定律。把重力定律普遍化,这是牛顿的贡献所在;这个定律出现在我们所见的石头降落运动中。据说苹果从树上落下促使牛顿做出这种拓展。按照落体定律,物体向其重力的中心点运动,物体具有达到太阳的趋向;物体的运动方向是由这种趋向和它们的切线方向一起构成的,对角线就是由此产生出来的方向。

这样,我们相信再次发现了一条定律,其中包含的环节有:1. 作为吸引力的重力定律,以及 2. 切线力的定律。可如果我们观察行星运动的规律,那么我们就只有**一个**重力定律;离心力是多余的,因而可以完全取消,尽管向心力仅仅被假定为是一个环节。由此看来,通过两种力来构成运动是没用的。一个环节——所谓的吸引力环节——的定律,并不只是这种力的定律,而是展现为整个运动的定律;另一个环节就成了经验系数。关于离心力我们并没有听说过更多的内容。在其他地方,人们确实让两种力彼此分离。人们认为,离心力是物体按照方向和大小所获得的一种推动力。这样一种经验性的量,如同 15 呎那样,不可能构成一条定律的环节。如果人们要自为地规定离心力定律,那么就会出现矛盾,就像在这种对立中总会出现的情况那样。人们一方面赋予离心力和向心力相同的定律,而有时又赋予离心力不同的定律。当人们要把两种力的效果分离开来,当这两种力不再平衡,而是一个比另外一个大,一个消退的时候,另一个被假定增加,最大的困惑就出现在这种时候。据说,在远日点离心力最大,而在近日点向心力最大。但人们同样可以做出相反的论断。当行

[98]

星在临近太阳时获得最大吸引力,由于同太阳之间的距离再次增加,离心力必然要再次克服吸引力,因而离心力这一侧变得最强。可如果假定这种成问题的力是逐渐增加的而不是突然的转变,那么由于另外一种力被假定为是增加的,为说明而假设的对立也就消失了;即使一种力的增加被假设与另一种力的增加是不同的(这很容易在一些说明中找到)。用这种假定一方总是压倒另一方的把戏,人们把自己弄得非常糊涂;这就像在医学中,应激性与感受性被假定成反比。因此,整个反思的形式应当被抛弃。

钟摆在赤道比在纬度高的地方摆动慢,所以要增加它的速度就要把它弄短一些,人们把这样的经验归结为离心力的摆动更大;因为在相同时间里,赤道地区比在两极划出的圆更大,这样摆动力就阻碍了造成钟摆下落的重力的力。人们同样可以很好地而且更加真实地做出相反论断。摆动较慢,意味着垂直方向或静止方向在这里更强,而这个方向在这里一般性地削弱了运动;这种运动就是同重力方向相偏离,因而在此重力反而被增加了。这里的对立就是这样。

牛顿并不是第一个认为,行星处于同太阳的内在关系中,相反开普勒已经具有这样的想法了。所以,把行星受到吸引这样的想法视作是牛顿[99] 的新思想,这是荒谬的。无论如何,"吸引"是一个并不恰当的表达;倒不如说是行星自己趋向太阳。所有都取决于证明轨道是椭圆的;然而牛顿并没有证明这一点,而这正是开普勒定律的关键。拉普拉斯(《宇宙体系解说》第Ⅱ卷,第12—43页)承认:"无穷分析依靠自己的普遍性囊括了从一个给定定律可以推导出的一切内容;这使我们看到,不仅椭圆,而且**每一个圆锥曲线**都可以借助那种把行星保持在其轨道上的力来描述"。这种本质状况展示出牛顿证明的完全不充分性。在几何学证明中,牛顿使用了无限小;这个证明是不严格的,所以当代分析也把它抛弃了。牛顿不是要证明开普勒定律,而是要做相反的事情;人们想要得到事实的根据,但却只满足于一个坏的根据。在这个证明中无穷小的观念给人印象深刻,因为这个证明依赖于牛顿认为所有三角形在无穷小的时候都相等。

然而,正弦与余弦并不相等;这时人们说,这两者如果被设定为无穷小的量,那么它们就彼此相等,这样,人们就可以利用这种定理来做所有事情。在黑暗中所有的牛都是黑的。这种量被假设会消失,但是如果人们可以在过程中使得性质的内容也消失,那么人们就可以证明所有的东西。牛顿证明正是依赖这种定理,因此是个完全糟糕的证明。于是,这种分析就从椭圆中推演出另外两条定律;当然,它是利用牛顿没有做过的方式来完成这个推演的;但是这是后来的事情,而正是第一条定律还没有被证明。在牛顿定律中,随着距离增加而变小的重力只是物体运动的速度。牛顿提取出来的数学规定是 s / T^2,因为他把开普勒定律转变为重力产生;可重力已经存在于开普勒定律之中了。这就像我们得到圆的定义 $a^2 = x^2 + y^2$ 时那样,牛顿的做法就是研究不变的斜边(半径)与两个可变的直角边(横坐标或余弦,纵坐标或正弦)的关系。假如我要从这个公式中得出,例如,横坐标,那么我就说 $x^2 = a^2 - y^2 = (a + y) \cdot (a-y)$;或者要得到纵坐标,就说 $y^2 = a^2 - x^2 = (a + x) \cdot (a-x)$。从这个原来的曲线函数中,我找到了其余所有规定。以这样的方式,我们同样也可以假定发现了作为重力的 A / T^2,因而仅仅是用产生这种规定的方式来处理开普勒公式。[100]这可以从开普勒的每条定律中都被狡猾地得到,从椭圆定律、从时间与扇形成比例的定律中都可以得到,最简单和直接的方式是从开普勒第三定律中得到。这条定律的公式是:$A^3 / T^2 = a^3 / t^2$。我们假定要由此得出 S / T^2。S 是通过的空间,轨道一部分,A 是距离;两者可以彼此互换,也可以互相替代,因为距离(直径)与作为距离的恒常函数之轨道处于某种关系中。如果直径被规定了,那么我就知道了【运动的】圆周,反之亦然。如果我现在写那条公式 $\dfrac{A^2 \cdot A}{T^2} = \dfrac{a^2 \cdot a}{t^2}$,也就是 $A^2 \cdot \dfrac{A}{T^2} = a^2 \cdot \dfrac{a}{t^2}$,那么我就提取出了重力($A / T^2$)并且设定 G 来替代 A / T^2,设定 g 来替代 a / t^2(不同的引力),这样我们就有了 $A^2 \cdot G = a^2 \cdot g$。如果我把这些带入到比例关系中,我就有了 $A^2 : a^2 = g : G$;这就是牛顿定律。

至此,我们已经在天体运动中获得了两个物体。一个物体,作为主体性(Subjektivität)和位置的自在自为被规定存在(An-und-für-sich-Bestimmtsein），即中心物体具有绝对内在的中心。另一个环节则是与自在自为被规定存在相对立的客体性（Objektivität）：这些特殊的物体即内在地具有中心，又以其他物体为中心。因为它们不再是表达主体性这个抽象环节的物体，所以虽然它们的位置是确定的，并且在表达主体性这个抽象环节的物体之外，但是它们的位置还不是被绝对规定的，而是相反其位置的规定性尚未被规定。因为这种物体做曲线运动，它们产生了不同的可能性。曲线的每个位置对于该物体而言都无所谓的；而且它同样也显示出在同一曲线上围绕中心物体在运动。在这种最初的关系中，重力还没有展开成为概念的**整全体**；为此，就需要特殊化为众多物体的活动——这些物体是那个中心的主体性自我对象化的结果——内在地获得进一步规定。首先我们有那个绝对的中心物体，然后是缺乏内在中心的不独立物体，继而是相对的中心物体；只有通过这三种物体整个重力系统才是封闭的。所以人们说：为了区分两种物体中哪一种运动，人们必须具有三种物体；这就像我们坐在船里，觉得河岸在向后移动。通过行星的众多，规定性或许已然可以存在；但这种众多只是单纯的众多，而不是有区别的规定

[101] 性。如果只有太阳和地球这两个天体存在，那么它们中哪一个运动对概念而言都是一回事。因此第谷指出，太阳围绕地球转，行星围绕太阳转；这同样是有道理的，只是很难加以计算。哥白尼发现了真理；如果天文学曾为它提供了根据，认为太阳比地球大，因此应该是地球围绕太阳转，那么这并没有说出什么来。如果人们把质量也考虑进来，那么问题就成为，较大的是否也具有同样的比密。运动定律仍然是首要的事情。中心物体展现出抽象的旋转运动；特殊物体只是围绕中心运动，而没有自己独立的旋转运动；自由运动系统中的第三种运动方式是既围绕中心运动同时又与之独立地做旋转运动。

a）假设**中心**是一个点；但因为它是物体，所以中心同时也是有广延的，也就是说，它是由寻求中心的各个点所构成的。中心物体在自身中具有的非独立物质要求中心物体围绕其自身旋转。因为这些非独立点，同时与中心保持距离，没有自我关联的，也即被固定规定的位置——它们只

是下落的物质,因而只是按照**一个**方向被规定。其余的规定性缺失了;这样,每个点必须占据它能占据的一切位置。自在自为的被规定存在(An-und-für-sich-Bestimmtsein)仅仅构成中心,其余彼此外在的点都是无所谓的;因为这里被规定的只是位置间的距离,而不是位置本身。规定的偶然性以物质改变自己位置的方式出现了;而且这通过**太阳**围绕其中心点的**内在旋转**来表达。因此,这个领域是作为静止与运动相统一的直接质量,或者说它是自我关联着的运动。这种绕轴旋转运动不是位置的变化;因为所有的点都彼此相对地保持各自相同的位置。由此,整体是静态性的运动。为了让运动实在,那么轴就绝不能与质量无关;当质量运动的时候,轴不能静止不动。静止与运动之间的差别不是实在差别,不是质量的差别;静止之物不是质量,而是线,运动之物不通过质量而只通过位置区分自身。

b)同时具有貌似自由实存的**非独立**物体并不构成带有中心的物体广延中相互关联的部分,而是同中心保持着距离;这些物体也做旋转运动,但并不围绕自身旋转,因为它们在自身当中没有中心。这样,它们就 [102] 围绕一个属于其他物体个体的中心点旋转,而且它们受到这个体物体的排斥。它们的位置是一般性的这个或者那个;而且它们也通过旋转来表达这种被规定位置的偶然性。但它们的运动是一种惯性的、围绕中心物体固定不变的运动,因为同中心物体相对总保持同样的位置规定,例如月球与地球的关系就是这样。圆周物体的任何一个位置 A 总处于绝对和相对中心的直线上,而其他任意一个点 B 等等则总是保持其被规定的角度。这样,非独立性物体一般仅仅作为质量围绕中心物体运动,而不是作为自我关联着的个体物体。非独立的天体构成了特殊性这个侧面;这就是它们作为一种差异为什么会内在分裂的原因,因为在自然中特殊性是作为二重性而存在,而并不像在精神中作为单一性存在。在此,我们只是按照运动的差别来观察这种非独立的二重性的物体方式,而且我们从这个角度获得了运动的两个方面:

1. 首先被设定的一个环节是,静态性运动成为非静态性运动,这是

乖常运动的领域,或者说试图越出静态运动的直接性定在而进入其自身彼岸的活动。这个外在自身存在的环节,作为质量和领域,本身构成了实体的环节,因为这里每一个环节都保持自己本己的定在,或者说每一个在自身中都保持构成领域的整体之实在性。第二个,即**彗星**领域表达了一种涡动,这种恒常的处于跳跃状态要自我解体并自我分散于无限或虚空中。这里要被忘记的,一方面仍然是物体形态,一方面则是有关彗星以及一般天体的所有这些表象;这类表象之所以知道彗星在那里,是因为它们被看见了,而且这类表象仅仅思考它们的偶然性。按照这种表象,彗星或许可以不存在;把这些彗星认识为必然的并去把握它们的概念,对这种表象而言这甚至显得可笑——通常人们会把这类物体看作是彼岸的东西,距离我们以及由此距离概念是绝对遥远的。一般而言,这里涉及所有那些被人们称为"起源说明"的想法——彗星是否是从太阳中被抛射出来的,还是大气中的雾气和诸如此类的东西。虽然这种说明想说出彗星是什么,但却错过了首要的东西,即必然性;而这种必然性正是概念。这里
[103] 所涉及的并不是要抓住现象并给它们附上思想的色彩。彗星的领域有着逃离普遍性自我关联秩序并丧失其统一性的危险;它是一种在自身之外具有自己实体的形式性自由,是朝向未来的趋向。可既然它构成了整体的必要环节,它就并不逃脱整体并且始终被封闭在第一个领域内部。然而,这样一些领域作为个体领域是否自我解体,其他个体领域是否进入定在,或者作为那些在第一个领域中在自身之外具有自己静止之运动,它们是否永远都围绕着这第一个领域运动,这些都是未被规定的。两者都属于自然的随意性,而且这种划分或者说以阶梯的方式从一个领域的规定性向另一个领域过渡要被视为感性的定在。然而,这种乖常运动的极端本身必然一方面依赖不断趋近中心物体的主体性以及所要顺从的排斥。

2. 然而这种非静止正是走进自己中心点的涡动环节;这种过渡不仅是纯粹的变化,而且这种他在(Anderssein)在自身之中直接就是它自己的对立方。这种对立是双重的:直接性的他在和对这种他在本身的否定。

但是,这种对立不是对立本身,不是纯粹的非静止,而就像它寻找它的中心点、它的静止,它是被扬弃的未来,是作为环节的过去,但这种过去,就其概念而不是就其定在而言,是对立被扬弃之存在。这就是**月亮的**领域,它不是对直接定在的乖离,不来自这种定在,而是同业已生成东西或自为存在的关联,是自己(Selbst)。因此,彗星领域只是与直接的绕轴旋转者向关联,相反月亮领域与新的、自反性中心点,即行星相关联。后者也还并不在自身当中具有其自在自为存在,不是自为地绕轴旋转;相反,月亮的轴是自己的他者,但不是彗星领域的轴。被看作现存的运动,月球领域只是**辅助性的**并严格受到**一个**中心点的控制。但乖常运动的彗星领域同样是非独立的;一个领域是抽象的服从,是按照他者来导向自己,另一个领域则是臆测的自由。彗星的领域是一种为抽象整体所控制的偏心运动;而月球的领域则是平静的惯性。

c)最后,自在自为的领域,即**行星**领域既自我关联也与他者关联;它既是绕轴旋转运动又在自身之外具有自己的中心点。这样,行星也内在具有自己的中心,但这个中心只是相对的;行星内在并没有绝对的中心,由此它也是非独立的。行星在自身中有两种规定并把两者展现为位置改变。它仅仅以如下方式来证明自己的独立:它的各个部分,在它们与那种把绝对中心和相对中心连接起来的直线所具有的位置关系方面,改变着它们的位置;这构成了行星旋转运动的基础。轨道的轴通过自身运动带来了岁差。(地球的轴同样也有转动,而且它的两极刻画出一个椭圆。)作为第三个领域,行星构成了我们据以得到整体的推论;天体的这种四重性形成了理性物体的完整体系。这属于太阳系,而且是被发展了的概念之分裂过程;在天空中,这四个领域彼此外在地展示着概念的环节。要使彗星适合这个系统,这样的做法看起来是奇怪的;然而存在的东西必然被保持在概念当中。这里,各种差异还是完全自由地彼此外在抛离。我们将通过下面所有自然的发展阶梯来追踪太阳、行星、月亮和彗星这四个自然领域;自然的深化只是这四者持续不断的变形。因为行星的自然领域是整体,是对立的统一体,而其他领域作为其无机自然领域仅仅展现了这

[104]

个统一体的个体化环节,所以行星的自然领域是最完整的;即使从这里仅仅被考察的运动方面来看,也是如此。因此只有在行星上才有生命性质。先民曾经敬拜过太阳;当我们把知性的抽象设定为至高无上的东西,因而——举例来说——把上帝规定为最高本质的时候,我们也在做同样的事情。

整体是基础和普遍性实体,后来的东西都来自于此。一切事物都是这种运动的整全体,然而都归结为一个更高的内在存在,或者说,被实现为一个更高的内在存在。一切事物都在自身中包含整全体;然而整全体作为一个特殊的定在、作为历史或者作为自为存在抗衡过的本原,始终漠不相关地待在背后并保持差别,以便作为自为的存在。这样,一切事物都生活在这个要素当中,然而同样把自身从中摆脱出来,因为这个要素只以微弱的痕迹存在于一切事物之中。地球上的东西,尤其是有机物和有自我意识的物体,都摆脱了绝对物质的运动;但它们仍与这种运动息息相关并作为其内在要素继续生活其中。四季的变迁、昼夜的交替以及从醒到睡的过渡就是地球在有机领域中的生命。其中每一个本身都是走出自身之外并又返回到自己中心或自己的力之领域;当它把所有杂多的意识内

[105] 在地统握,也就制服了这些意识。夜晚是否定性者,所有事物都回归于此,而且以这样的方式有机体在此获得力量,并通过得到力量再次进入清醒的、杂多的定在。这样每一个都在自身中具有普遍性的领域,是一个周期性自我返回的领域,该领域以其被规定的个体性方式表达了普遍者:磁针在其来回偏离的周期中就是这样;按照富克鲁阿(Fourcroys)[12]的观察,人有四天一轮的增减周期,人增长三天,然后在第四天就再次返回到起始点;在病程周期中情况也同样如此。该领域被发展的整全体一般在血液循环中,它具有与呼吸领域不同的节奏,第三在蠕动运动中。然而更高的物理自然一般而言压制着该领域自由的固有表达,而且为了研究普遍性运动,人们不能停留在这些琐屑的现象上而必须关注它们的自由;在个体

12　富克鲁阿(Antoine François de Fourcroy,1755—1809):化学家。

性中,这种普遍性运动只是内在的,即被意味的东西,而不是处于其自由的定在中。

对太阳系的展示尚未通过上述内容被穷尽;尽管基础性规定已被引入,我们仍然可以添加下述规定。仍然会令我们感兴趣的是:行星轨道之间的相互关系,它们彼此之间的相对倾角以及彗星和卫星同它们的倾角。行星轨道并不处于**一个**平面,而彗星的轨道则更是通过不同的角度来与行星轨道相交。虽然所有行星轨道并不偏离黄道,但它们改变着它们彼此的角度;它们的交点有一种以百年为周期的运动。阐明这一情况是困难的事情;迄今我们还没有做到。此外,当我们在此只是一般地研究行星的时候,我们还必须考察行星之间的距离;与行星的距离相关联,我们也想获得关于行星**序列**的定律,但是这到现在还没有被发现。整体而言,天文学家蔑视这样一种定律,而且并不想研究它;但它却是一个必要的问题。例如,开普勒再次采纳了柏拉图《蒂迈欧篇》中谈到的数字。现在就此问题可以说的或许就是下述这些东西:如果水星,第一行星与太阳的距离是 a,那么金星的轨道就是 a+b,地球的轨道 a+2b,火星的轨道 a+3b。人们无论如何都可以看到,这前四颗行星一起构成了**一个**整体,如果人们愿意的话,它们作为太阳系的四个天体一起构成了**一个**系统,而且这以后 [106] 另外的一个秩序就开始了,无论是在数目方面还是在物理构成方面。这四颗行星以类似的方式运行;而且值得注意的是,这四颗行星具有非常相同的本性。这四颗行星中只有地球拥有自己的卫星,因此是最完整的行星。因为从火星到木星中间有一个突然的巨大跳跃,所有人们无法把木星的轨道计算成为 a+4b;直到最近人们才发现四颗更小的行星——灶神星、天后星、谷神星和武女星,这些行星填补了火星同木星之间的空档并构成一个新的行星组。在此,行星的统一被分裂成为众多的小游星,所有这些小游星具有大致相同的轨道;在这第五个位置处,分裂以及彼此外在占据优势地位。继而出现的是第三个行星组。木星与它众多卫星的轨道被计算为 a+5b 等等。这仅仅是大致接近;其中理性的内容还没有被认识到。与头四颗行星相比较,这个巨大的卫星数量也是十分不同的。然后出现的是带有光环和七颗卫星的土星,以及赫谢耳发现的,带有许多卫星的天王星。只有很少的人看见过天王星的这些卫星。对于行星关系的进一步规定而言,这些就构成了出发点。人们会很容易地看到,定律将以这样的方式被发现。

哲学必须从概念出发;即使哲学所述甚少,人们也必须满足于此。自然哲学的一种错误观念是,认为它要说明所有现象;这同样发生在有限性学科当中,在这些学科中所有现象都要被归结到一个普遍性的思想(即假设)之上。这里,经验性的内容仅仅只是对于假设的证实;所以一切东西都必须要被说明。然而通过概念来被认识的东西是自为地清楚的并且是确定的;即使并非所有现象都被说明了,哲学也无须对此感到不安。因此,我在这里只是奠定了理性考察数学力学自然律之开端并把它概念化把握为度量的自由领域。专业人士是不会反思这一点的。然而,总有一天人们会为这门科学要求理性的概念。

§271

[107] 如果物质实体,重力,发展成为形式的**整全体**,那么它就不再在自己之外具有物质之外在自身存在。首先,**形式**按照其差别显现为空间、时间以及运动的观念性规定,并且按照其自为存在显现为**在**外在自身存在物质之**外**被规定的**中心**;然而在被发展的整全体中,这种彼此外在被设定成为一种绝对地由整全体所规定,而且在这样一种彼此外存在外面,物质什么也不是。形式也以这样的方式物质化了。反过来,在整全体对物质外在自身存在的否定中,物质由此在自身当中看到保持着它之前所寻求的中心,它的自己,形式的规定性。物质抽象的、没有生气的内在存在,作为一般的重力,被决定为形式;物质成为**具有性质的物质**;这就是**物理学领域**。

【附注】:这样我们就结束了第一部分;力学构成了一个自为的整体。笛卡尔把力学观点作为第一原理并由此出发,他说:给我物质和运动,我要构造世界。[13] 无论这种力学观点多么不充分,笛卡尔精神的伟大是无法被否认的。在运动中物体只是点;界定重力的只是点与点之间的空间性关系。物质的统一只是它们所寻求的位置统一,而不是具体的统一,不是自己。这就是这个领域的本性;这种被规定存在的外在性构成了物质的固有规定性。物质是重的,自为存在的,寻找内在存在的;这种无限性的点仅仅是一个位置,因此这种自为存在还不是实在的。自为存在的整全体仅仅被设定在太阳系的整体当中;太阳系作为整体所是的东西,现在被假设为是单个物质所是的东西。太阳系中形式的整体就是一般性的物质概念;而那种外在自身存在现在被假设存在于完全被发展概念之每个被规定的实存中。物质被假设为在其完整的定在中是自为的,即它找到了自己的统一;这是独立存在着的自为存在。或者说:自我运动的太阳系是对单纯观念性自为存在的扬弃,是对规定的单纯空间性的扬弃——对非自为存在的扬弃。在概念中,对位置的否定不再只是对位置的规定;相反,对非自为存在的否定是否定之否定,是肯定,并且以这样的方式出现了实在的自为存在。这就是对**过渡**的抽象逻辑规定。这种实在的自为存在就是自为存在发展的整体,这也可以被表述为在物质中形式之变为自由。构成太阳系的所有这些形式规定是对物质本身的规定,而且这些规定构成了物质之存在。因此,这些规定和存在本质上是同一的;而这正是具有性质的物体之本性,因为如果这里规定被取消的话,那么存在也就随之消失了。这就是从力学向物理学的过渡。

[108]

---

13 参考:《方法谈》,第 V 谈,2/3,第 43 页及以后。

第二篇　物理学

§272

物质在其自身中具有自为存在,以至该自为存在于物质中被发展并且物质也由此**在自身中被规定**;因此物质具有了**个体性**。以此方式,物质从引力中挣脱出来,通过在自身中自我规定来显现自己;并且通过其内在形式,面对重力,从自身出发来规定空间之物;作为之前一种同物质对立的他者以及作为仅由物质所寻求的中心,重力获得了这种规定。

【附注】:现在物体服从个体性力量。下面内容就是把自由物体归于个体统一点的力量之下,而该统一点将会消化掉这些物体。作为物质之内在存在本质或者仅仅内在同一性,重力过渡到本质显现,因为重力概念是一种本质的外在性;这样,重力就是各种反思规定的整全体,但这些规定彼此外在抛出,以至于每一个都显现为具有特殊性质的物质;因为尚未被规定成为个体性,这些具有特殊性质的物质是没有形态的要素。我们通过下面两种方式获得这些物质化的形式规定:一种方式是作为直接性规定,另一种方式则是作为被设定的规定。在太阳系中,这些规定显现为直接性的,另一方面则作为本质上被设定的而实存;正如父母作为父母是直接性的,但另一方面他们也是子女,是产物。同样,光一方面作为太阳实存,另一方面则作为通过外在条件产生的东西而实存。前者的光是自在的,是在概念中产生的;这种光也必须被设定下来,而且这种定在把自身区分为一种特殊方式的实存。

§273

物理学具有以下内容：

A.**普遍的个体性,直接的、自由的物理性质。**

B.**特殊的个体性,作为物理规定之形式与重力的关联以及通过这种关联对重力的规定。**

C.**完全自由的个体性。**

[110]

【附注】：这一部分是自然中最困难的部分,因为它包含着有限性物体。有差异者总是构成最大的困难,因为概念不再像第一部分中那样以直接的方式出现,但也尚未像在第三部分中那样展现为实在的。在此,概念是隐匿的;它仅仅把自身展现为具有必然性的连接纽带,而这种显现之物是缺乏概念的。首先,形式的差别是彼此无关和相互独立的;在第二阶段,个体性处于差异以及对立之中;只有在第三阶段,个体性成为凌驾于形式差别之上的女主人。

A. 普遍个体性的物理学

§274

所有物理性质都是：a)**直接的**,以独立方式彼此外在的,受物理规定的**天体**；b)与天体整全体之**个体性**统一相关联——**物理元素**；c)产生这些物理元素之个体的**进程**——**气象进程**。

a. 自由的物理物体

【附注】：现在概念的所有规定都保持着物质性;物质自为存在找到了它们的统一点;而且因为物质是如此自为存在着的自为存在,而规定之间的过渡或者规定在彼此之间的消失本身也已经消失,所以在逻辑意义上我们进入了本质领域。这个领域是在他者中的自我返回,是规定在彼此之中的显像;这些规定一方面自我返回,另一方面把自身发展成为各种形式。这些形式分别是:同一性、差异性、对立以及基础。也就是说,物质走出了其最初的直接性,在该直接性中空间与时间,运动与物质相互过渡,直到最终在自由的力学中物质让所有的规定属于自己,从而表明它是通过自身自我媒介和自我规定。碰撞对于物质而言不再是外在的,相反物质的差别是内在于物质的内部碰撞;物质在自身中自我区分和自我规定,是自反的。物质的规定是物质性的,表达了物质的本性;物质在这些规定中自我显现,因为它就是这些规定。这些物质性性质属于物质实体;只有通过其性质物质才是其所是。在最初的领域中,这些规定仍然同实体分离,它们还不是物质性的规定;相反,实体本身还封闭在自身当中,没有被显现出来,由此,实体曾经也只是对其统一性的寻求。

[111]

α. 光

§275

第一个具有性质的物质是其**纯粹的自我同一**,是自反的统一体,因此是最初的、本身仍然抽象的**显现**。作为在自然中定在,这种物质是**独立于**整全体其他所有规定的自我关联。物质这种实存的普遍性**自我**就是光——作为个体性就是**星星**,而星星作为整全体的环节就是**太阳**。

【**附注**】:首先是对光的各种**先天性概念规定**;第二是我们针对这些概念规定探求它们在我们表象中的方式方法。作为直接性的、自我返回的、自由独立的运动,物质是单纯的、自我相同的纯正性。因为这种运动返回自身,所以天空领域完成并封闭自己内在独立的、观念性的生命;这种完整的内在存在就是它的纯正性。该纯正性是作为定在而内在的,也就是说整全体的这种内在存在本身就是确定存在。它在自身中具有为他者而存在这样一个环节；自为存在者是其中心点的力，或者说是其内在封闭。然而，这种单纯的力本身就确定存在；纯粹内在的东西同样也是外在的，因为它是这种定在的他者。这样，物质作为直接的、纯粹的整全体进入到这样一种对立：它内在所是的东西与它为他者所是的东西，或它作为定在所是的东西之间的对立；因为物质的定在还没有在其自身中获得自己的内在存在。像我们已经知道的那样，物质，作为自我关联运动之不停涡动，作为向自在自为存在者的返回以及作为同定在对立的确定存在的内在存在，就是光。光是物质之内在封闭的整全体，因为它是纯粹的力，[112] 内在自我维持的强烈生命，进入自身的天空领域，这个领域的涡动就是自我关联运动的不同方向的直接对立，其中所有差别都在流出和流入运动中消融；作为定在的同一体，光就是仅仅自我关联的纯粹的线。光是这种填充空间的纯粹定在的力，光的存在是绝对速度，是当下纯粹的物质性，是内在存在着的实在定在或者作为透明可能性的现实性。然而，填充空间是有歧义的；如果空间填充由自为存在构成，那么光就没有填充空间，因为抵制作用的粗糙性已经消失；可光仅仅是当下存在于空间中，就是说不是作为个体的、具有排斥性的东西。空间只是抽象的持存或者自在存在；而光作为定在的内在存在者或内在存在着的和由此纯粹的定在，则是外在自身存在的普遍现实性的力；并且光作为与万物融合的可能性，就是始终内在的与万物的共同体，由此定在者并不失去自己的独立性。

如果物质作为光成为为他存在，并以这样的方式开始自我显现，那么重的物质也如此地自我显现。但寻求统一，作为指向他者的趋向、作为压力，则仅仅是否定性的、怀有敌意的显现；其中物质虽然是为他存在，但却作为排斥性的，作为把他者与自己分离。如果说杂多事物相互之间是否定性的，那么我们现在则得到了肯定的显现，因为这里的为他存在是一种共同性。光把我们带入到了普遍性关联中；由于所有事物在光当中存在，所以它们可以在理论上毫无阻碍地为我们存在。

我们必须在光的**初步**规定性中把握这种显现；因为它内在地是完全的普遍者，尚无规定的显现。这种显现的规定性就是无规定性、同一性、自反以及同重的物质实在性对立的完全物理性的观念性,因为我们把重的物质实在性理解为差别和排斥。这种抽象的显现,这种物质性自我同一,尚未把自身设定为与他者对立;这就是规定性,是**振动**,不过这还只是内在的。作为自我关联的肯定同一性,这种自为存在之自为存在不再是排斥性的;僵硬的统一体已经消融,并且作为显现之缺乏规定的连续性,它已经失去了自己的对立。这就是纯粹的自反,在更高的精神形式中它就是我(Ich)。我是无限的空间,是自我意识之无限自我相同,是空的自我确定之抽象,以及纯粹我的自我同一之抽象。我只是作为主体的我自己与作为对象的我之间的同一关系。光与这种自我意识的同一向平行,并且构成了它忠实的摹写。光之所以不是我,这是因为光**内在地不变暗**、**不折射**,相反只是抽象的显现。假如我就像印度人所希望的那样,把自我保持在纯粹抽象的相同性当中,那么我就会消失,就会变为光,就会成为抽象的透明体。可自我意识仅仅是作为意识而存在;这要内在地设定各种规定,并且自我意识就是意识之我的纯粹自反,因为它是自己的对象。就像光一样,我是其自己的纯粹显现,但同时是从作为对象的自我返回自己的无限否定性,因此是主体个体性、排斥他者的无限的点。这样,光之所以不是自我意识,这是因为在它那里还缺乏这种自我返回的无限性。光仅仅是其自我显现,但还不是自为的而只是为他的显现。

[113]

　　因此,光所缺乏的正是具体自我统一,它具有作为自为存在无限点的自我意识;这样光仅仅是自然的显现而不是精神的显现。因此,**第二**,这种抽象的显现同时是空间性的,是**在空间里**的绝对**膨胀**,而不是把这种膨胀带回到无限主体性之统一点中。光是无限的空间弥散,或者毋宁说是**空间**的无限**制造**。因为在自然中各种规定彼此分离并相互外在,所以这种纯粹的显现现在也自为的地实存,尽管是作为一种非真的实存。作为无限具体者的精神并不赋予纯粹同一性这样一种分离的实存;相反,在自我意识中,这种思想是受自我的绝对主体性限制的。

　　第三,光一定会到达自己的**边界**;然而,这种碰到自身他者之必然性不同于那种物质借以做出抵抗的自为存在之绝对限定。作为抽象的同一体,光外在具有作为其否定的差异;作为物理物体这种否定就是其余的对本质的反思规定。作为普遍性的达到显现,光是最初的满足。只有抽象的知性才把这种普遍的物理之物视为最高级的。自我规定的、具体的、理性的思想则要求一种内在区分着,要求一种既内在自我规定又不在这种特殊化中丧失其普遍性的普遍者。光作为物质性显现之开端,只在抽象的含义下才是卓越的。由于这种抽象,光现在具有界限,具有缺陷;而且只有通过它的这种界限光才自我显现。规定性内容必须来自其他地方;某种东西要显现,这就需要有与光不同的东西。光本身是不可见的;在纯粹的光当中就像在纯粹的**黑暗**中一样,人们什么也看不见;纯粹的光是黑暗的,如同夜晚一样。如果我们在纯粹的光当中看,那么我们就是纯粹地看;我们还没有看到**某物**。只有界限包含否定的环节,因而包含规定环节;而且只有在界限内才有实在性。因为只有具体的东西才是真的,所以实存不仅需要**一种**抽象之物,而且也需要其他的东西。只有光把自己同黑暗区分开来之后,它才自我显现为光。

[114]

　　当我们发展了光的概念之后,现在出现的**第二个**问题是关于它的**实在性**。如果说我们必须考察光的实存,那么这就是说我们必须考察光的为他存在。然而光本身是对为他存在的设定;因此,在光的实存中我们必须说明这种为他存在的为他存在。可见性如何是可见的? 这种显现本身如何被显现? 显现需要主体,而问题是这个主体如何实存。光只能被称为物质,因为它以自为个体形式独立地实存;这种个体化依赖于光作为物体。光构成了抽象中心性物体的定在或物理意义,该抽象中心性物体作为**发光体**是实在的——它就是太阳,这个**自我发光**的物体。现在这仅仅以经验的方式被采纳了,而且是我们关于太阳首先要说的一切。这个物体是本源的、非被创造的光,光并不来有限实存的各种条件而是直接性的。恒星也是自我发光的物体,它在其实存中仅仅具有光的物理抽象;抽象物质恰恰把这种光的抽象同一性作为它的实存。恒星的点状性就是停留在这种抽象中;不能过渡到具体之物,这不是价值而是贫瘠的表现。因此,把恒星看得高于植物是荒谬的。太阳还不是具体之物。虔敬者要把

97

[115] 人、动物和植物带上太阳和月亮;但只有行星才能如此。回归自身的自然之物,这种与普遍者对立地自为地自我维持的各种具体形态,在太阳上还不存在;在恒星上,在太阳上只有发光物质。把作为太阳系一个环节的太阳和作为自我发光者的太阳联结起来,这就意味着太阳在两种情况中具有相同的规定。在力学中,太阳仅仅是自我关联着的物体性;这个规定也是对抽象显现之同一性的物理规定;因此,太阳是发光的。

　　进一步,人们可以询问这种发光物体实存的**有限原因**。如果问我们是如何获得太阳光的,那么我们就把它当作了一个被制造的产物。我们把受这种规定的光视为是与火和热联系在一起的,就像我们通常所看到的地上的光,它作燃烧出现。这样我们会认为有必要说明太阳燃烧的理由,以便人们可以由此解释太阳发光:按照地上的进程,火必须消耗物质才能实存。与之相反,我们必须注意,在个体化物体中所发生的地上进程之条件还没有出现在自由性质的关系里。我们必须把这种最初的光与火分离开来。地上的光主要是与热联系在一起;太阳光也是热的。但这种热并不属于太阳光本身,而是在地球上才变热;太阳光自身是凉的,就像攀登高山和气球飞行所揭示的那样。以经验的方式我们也知道没有火的光,例如朽木上发出的磷光,另外还有电光;因为电解并非由光所致,而是根源于震动。另外在地上的光中,也有一些是金属,它们通过与铁碰撞,或者加以摩擦,就可以不燃烧而发光;或许这种矿物质比不发光的还要多。因此在这里,我们也看到一些类似发光物体的东西,它们发光但没有化学进程。

　　当然,光也会进一步把自己展现成为一种被制造出来的东西。然而我们并不关心太阳光的物理条件,因为它们根本不是概念规定而仅仅只是经验问题。但我们可以说,作为旋转着的中心,太阳和恒星在其转动中是自我摩擦的。在其运动中,太阳的生命就是这种发出磷光的进程;我们**之所以**用力学的方式在绕轴转动中寻找其原因,这是因为这种转动是抽象的自我关系。既然光必须以物体的方式被产生出来,那么我们可以说:

[116] 所有太阳系的物体自我产生中心,自我设定其发光体;没有环节可以脱离

其他环节存在,而是一个环节设定另一个环节。阿利可斯将军[1],一位法国人,长期居住在卡塞尔;他在一部著作中解释太阳的光物质是如何产生的,认为太阳由于发光而不断流射出光并因此不断地失掉光。如果人们还问他,在行星上一直发展的氢到哪里去了,阿利可斯将军会说,因为氢是最轻的气体,所以它无法在空气中找到,而是提供了补偿太阳消耗的材料。这种想法中包含着这样一个真理,行星以客观的方式把其物质性发展抛出自身之外并由此形成太阳这个物体;然而,我们在此必须排除通常意义上的物理和化学媒介。恒星的生命不断地通过这些自我联合在其定在之统一体中的行星而变得活跃,并得到更新,因为这些行星以观念的方式把杂多性设定在其中心。就像在地上进程中对个体的消耗构成了火焰的简单性,同样在太阳中这种杂多性也自我联合在简单性当中;因此,太阳是整个太阳系的进程,该进程最终发展到这个顶点。

§276

作为物质的抽象**自我**是**绝对轻的**;而作为物质它[2]是**无限的**外在自身之存在,不过是作为纯粹的显现,作为**不可分割**和**单纯外在自身存在**之物质观念性。

在东方人对精神及自然事物的实体同一性直观中存在着意识的纯粹自我性,这是作为**真**和**善**之抽象的自我同一思想,是与光的同一——如果人们称为**实在性**的观念否认自然界中**有**观念性,那么它也首先要考虑光,考虑这种仅仅作为**显现**的纯粹显现。　　　　　[117]

自我同一或者物质在自身中拥有的中心性之最初抽象自我,这种思想规定——这种作为定在者的简单观念性构成了**光**;对这个命

1　阿利可斯(Jacques Alexandre François Allix,1776—1836)担任法国军队,也长期担任威斯特法伦军队的少尉将军,他还是哥廷根科学协会的成员。参考:《宇宙论,或论运动的最初原因及其主要结果》,第2版,巴黎:1818年。

2　在1830年德文版中,此处代词为阴性代词sie,米希勒版中为中性代词es。(本卷德文依据米希勒版写作中性代词es。——译者注)

题的证明,就像我们在《自然哲学》导论中【§246 说明部分】指出的,要以经验的方式来进行。在这里就像在其他地方一样,内在的哲学性内容是**概念规定**的固有必然性,而这种必然性又要显示为**任一种**自然实存。在此我们要加以说明的仅仅涉及作为光的纯粹显现之经验性实存。重的物质在**质量**上是**可分**的,因为它是具体的自为存在和量;但在光完全**抽象的**观念性中并没有这样的区分;对光无限传播的限制并没有扬弃光内在的绝对联系。关于离散的、简单**光线,光微粒**以及在传播中受到限制的光所由以构成的**光束**之表象,都属于范畴中其余的原始部分,这使得牛顿在物理学中居于统治地位。最有限的经验也会告诉我们,光既不能被放在口袋里也不能被分割成一些光线并被捆扎成光束。光在其无限拓展中的不可分性,始终自我同一的物理性相互外在至少会被知性当作**非概念把握化的**,因为知性的固有原则毋宁说就是这种抽象的同一性。当天文学家们来谈论这样一些天文现象时——这些现象被我们感知时,已经过去 500 年甚至更多时间了,我们一方面可以从中可以看到**光传播**的经验显现,看到这些在一个领域中有效的现象被推广到另一个它们在其中毫无意义的领域,——然而光的物质性的这种规定并不与其简单的不可分割性相矛盾)——;另一方面,我们也可以通过观念性的回忆方式看到一个过去的现象被转为当下。**光学**认为,光线会从可见表面上的**每一个点朝所有方向**射出,这样从每个点都会形成具有无限维度的**物质性半球**;由此可以得出直接结论认为所有这些无限多的半球都相互**渗透**。然而,由此既不是在眼睛与对象之间出现一个浓密的、混乱的物质,也不是要被说明的可见性通过我们的说明相反成为不可见性,而是这整个观念本身恰恰化为了乌有,就像关于具体物体的观念那样,这些物体据说由很多物质构成,以致在一种物质的细孔里可以找到其他物质,反过来,所有其他物质又都隐藏和流通于这种物质当中;这种全面性渗透扬弃了假定实在物质具有离散物质性的猜测,而且毋宁是证明了这些物质之间完全观念性关系,在此即被

[118]

照亮者与发光者,被显现者,显现者以及显现接受者之间的观念性关系;——因为这种关系是一种内在缺乏关系的自反,那么所有其他通常被称为说明和解释的媒介形式,例如微粒、波动、振荡等等,以及光线,即光索和光束,都可以从这种关系中排除出去。

【附注】:由于自然物通过光而具有生命,被个体化,而且它们的分裂能力被增强和聚合,因此光的自我本性就呈现在物质的个体化中;这里最初抽象的同一性仅仅作为特殊性的返回和扬弃才成为个体性之否定统一体。重力、酸性和声响也是物质的种种显现,但不像光是纯粹显现而是在自身内部带有被规定的改变。我们不可能听到声响本身,而总是听到被规定的、或高或低的声音;同样我们也不可能尝到酸性本身,而总是被规定的酸味。只有光本身才作为这种纯粹显现,作为抽象的、未被个体化的普遍性而实存。光是非物体性的、非物质性的物质;这看起来是一个矛盾,但这种假象对我们不构成什么妨碍。物体学家曾经说,光可以被称量。人们可以用巨大的透镜把光聚焦在一个焦点并使它落在最为精密的天平秤盘里,天平或者没有被压低;或者被压低,那么人们就发现造成的变化仅仅是由汇聚在焦点的热所导致的。既然物质正是寻求作为地点之统一,那么物质是重的;而光却是自我找寻的物质。[119]

光曾经是最先受到敬拜的对象之一,因为自我同一这个环节被包含其中,而且分裂与有限性消失了;由此,光被视为这样一种东西,在其中人们已经获得了关于绝对者的意识。思维与存在,主体与对象之间的最高对立还尚不存在;人把自身同自然相对立,这需要最深刻的自我意识。崇拜光的宗教比印度人和希腊人的宗教更崇高,而在后两种宗教中,人还没有把自己提升到关于对立的意识,还没有把自己提升到自我认识的精神性。

对光进行考察是非常有趣的事情;因为在自然之物中人一直只认为个体是存在的,想到的仅仅是**这个**实在性。但光是与个体相对立的;光是简单的思想本身,它以自然方式存在。因为光是自然中的知性,即知性的所有形式在自然中实存。如果我们要表象光,那么我们就必须去掉所有关于组合等等的规定。那种关于光微粒的物理学,同那种建造了没有窗户的房子和要把光装在口袋里的做法相比,并不见得更高明。光束没有任何意义,它只是一种方便的表达;光束就是整个的光,只是在外部受到限制而已;整个光与我或纯粹自我意识一样无法被分成光束。这条原则

[120]

同样适用于当我说**我的**时代,恺撒时代时。这条原则也适用其他所有时间;但在此,我是就恺撒来谈论时间并把时间限制在他那,而并没有认为恺撒事实上自为地拥有时间线和时间束。按照牛顿的理论,光以直线的方式传播,或者按照波动理论,光是以波状方式传播;就像欧拉的以太或者声音的震动,这两种理论都是物质性表象,对于光的知识而言毫无用处。光中的阴暗部分被假定为一系列曲线,它们贯穿在光的运动中,并且可以用数学方法加以计算;——这是一种抽象规定,它被引入到物理理论当中,在今天被视为是反对牛顿的伟大胜利。然而,这种规定并不是物理性的,而且两种表象中没有一个在此适用,因为这里任何经验性事物都是无效的。有人认为神经由一系列小球组成,其中每一个都有冲力并导致另一个小球运动,正像不存在这样的神经一样,光微粒或以太微粒也是不存在的。

光是在时间中传播的,因为光的传播作为效果和变化是无法缺少时间这个环节的。光具有直接性的拓展;但是因为它作为物质,作为发光物体与其他物体有关系,所以存在着一种分离,无论如何存在着一种连续性的断裂。对于这种分离的扬弃就是运动,而在与这种断裂者的关系中出现了时间。被假定为光所经过的光照距离属于时间;因为光照(无论这种光照是通过媒质,还是通过反映,反射)是物质的受触动(Affizieren),这需要时间。在我们的行星领域,也就是说在一个或多或少透明的媒质中,光的传播具有时间规定,因为光线会通过大气而出现折射。但在没有大气的遥远的地方,在仿佛虚空的星际空间,光的传播则是不同的;这里的空间只有作为恒星之间的距离才可以说被填充,也就是说,根本不是填充,而是对结合的否定。赫谢耳把人们首先在木星的卫星那里发现的光传播规律推广到了恒星空间;但就像他所承认的,这种推广只是某种假

设。在一些周期性消失和出现的恒星和星云那里,赫谢耳得出结论说,由于光达到我们需要时间,这些变化在我们看见它们之前500年前就已经出现了;如果这样,那么这种早已不复存在的某物之影响就像幽灵般的东西一样。人们必须承认时间这个条件,但无须进一步达到这样一些结论。 [121]

§277

作为普遍的物理同一性,光首先作为一种**差异物**(§275),因而在此是外在于并且异于在其他概念环节中得到性质规定的物质;这种物质因此被规定为光的否定者,作为一种**暗物**。既然这种暗物同样与光不同而自为存在,光就不仅关联着这些首先如此不透明之物的表面,而这种表面由此被显现;但这种表面也同样不可分割地(因为没有经过进一步分化,因而是平滑的)自我显现,也就是说**在他者中**显像。因为这样每一个物体都在他者中显现而且由此只有他者在该物体中显现,这种通过其自身之外设定的显现构成了抽象无限性自反,由此还没有什么东西**在自身中自为地**获得显现。为了某物最终显现,能够成为可见的,进一步的分化(例如粗糙,颜色等等)就必须以任一种物理方式存在。

【附注】:与这种纯粹的自我相对立,物质是同样纯粹的无我,即暗;暗与光的关系是纯粹对立的关系,因此其中一个是肯定的,另外一个是否定的。要使暗成为肯定的,这就需要物体的个体化;物体是个体化的,这样它就仅仅按照它是抽象自我同一之否定这个侧面来被考察。暗在光面前消失,只有暗的物体才始终是与光对立的物体,而且这个物体现在成为可见的。要使我看见,不仅需要光,而且需要物体;一定是**某物**被看见。因此光只有作为发光物体才是可见的。然而通过光变得可见的暗物,如果从肯定性方面来看,是作为物体抽象侧面之形态。光和暗相互之间具有一种外在性的关系;只有在两者的边界处光才成为实存,因为在这种为他存在中某物被照亮了。光在空间里的限定仅仅应该被视为光在自己方向上受到阻碍;如果与中心物体的关联被切断,那么光就不存在了。因 [122]

此,边界是通过被照亮的暗而获得设定。作为重的物质所是的暗,构成了光与之关联的他者,是经过分化的物质;而这里最初的分化是表面的空间差别:物质是粗糙的、平滑的、带尖的,如此被放置的等等。可见物的区分是空间形态的区分;只有这样才出现光与影;但我们还没有颜色。在它们这种最初的抽象显现中,另外分化为多重形态的物体性被归结到表面;不是某物的显现而只是显现本身被设定,因显现的确定方式在此只能是空间性的。

§278

由于受到其不透明性的限制,对象在对方中的彼此显现是外在自身存在的、**空间性的**关系,该关系不受任何东西的进一步规定,因而是**直接的**(直线的)。因为表面之间相互关联,并且这些表面可以处于不同位置,所以出现的情况是,一个可见对象在另一个(平滑的)可见对象上的显现毋宁说是在第三个可见对象上自我显现,如此等等(位于镜子上的图像反映在另外一个表面上——眼睛或者另一面镜子等等)。根据这种被分化的空间规定,显现只能把**相同性**作为规则——既包括入射角与**反射**角的相同,也包括这些角的平面之**统一**;根本不存在任何东西会以任何方式改变这种关系的同一性。

这一节中的所有规定可能看起来已然属于更确定的物理学领域;在这些规定中,光从受到暗之普遍限制过渡到后者受特殊空间规定的更确定的限制。这种确定通常是与那种把光视为通常**物质**的观念联系在一起的。在这种确定中所包含的内容只是抽象的观念性,纯粹的**显现**,作为不可分的**外在自身存在**,能够自为地受到**空间性的**以及由此外在的确定性限定;——这种由分化的空间性带来的可限定性是一种必然规定,它只包含这些内容而且排除了光的传递、物理反射以及诸如此类的所有物质范畴。

与这一节中的各种规定联系在一起的有这样一些显现,它们导向了对所谓光的**固定**偏振或偏振性之粗糙表象。在简单的反射中,

[123]

所谓的入射角同反射角是在**同一平面**,同样,如果使用**第二面**镜子把第一面镜子反射的光再进一步传递,那么第一个平面相对于第二个——通过第一次反射和第二次反射的方向所形成的——平面的位置,就会影响对象的位置、亮度和暗度,正像对象经过第二次反射所显现的那样。因此,对第二次反射的光照之自然的、没有被减弱的亮度而言,必须有一个正常的位置,即各个入射角和反射角的平面都是在**同一个平面**上。相反就必然会出现如下结果,即如果入射角平面同反射角平面,像人们一定会说的那样,具有彼此**否定的**关系,也就是如果它们相互垂直,那么就会出现第二次被反射的光照变暗或消失(参考:歌德《论自然科学》,第 I 卷第 1 分册【1817 年,"眼内颜色要素",第 28 页及以后,以及第三分册【1820 年】,"眼内颜色",第 XVIII 章【镜子对亮与暗的作用】,XIX 章【镜子对任一图像的作用】,第 144 页及以后)。现在(马吕斯[3])从这种位置对反射亮度造成的变化作出推论说,光分子**在自身中**,甚至是在其不同的侧面中,具有不同的物理作用;由此会出现的是,所谓的**光线被视为具有四个侧面**,以此为基础,再通过那些进一步与之相结合的眼内颜色现象,就建立起一座极其复杂的理论迷宫——这就是物理学从经验出发**进行推论**的最著名例证之一。从那种构成马吕斯偏振出发点的最初现象中曾被推论出的内容只是:第二次反射的亮度条件是,由此进一步被设定的反射角同第一次反射所设定的角度处于**同一个平面**。 [124]

【附注】:当光照射到物质上并使物质变得可见时,一般而言光就在不同方向以及光亮度之量的差别上获得更进一步的规定性。光的**反射**比人们想象的更加难以规定。对象是可见的,这意味着:光从各个方向都被反射回来。因为对象作为可见物是为他的,因而是与他者相关联的,也就是说其可见的这个侧面对于它们来说是在他者中的,光不在自身之处而

3　马吕斯(Etienne Louis Malus):《结晶物质中光的双折射理论》,巴黎:1810 年。

是在他者之中;这样对象就在他者当中,而且这恰恰就是光的反射。当太阳显现的时候,太阳光就是为他的;这个他者,例如平面,由此成为一个与自身面积一样大的太阳表面。现在这个平面发光,但它并不是原本就自己发光而只是被设定的光;因为这个平面在任何一点上都像太阳一样发光,它就是为他存在,因而是外在自身的和在他者当中的。这就是反射的主要规定。

但我们在平面上只看见某物,因为只有平面具有空间形态,例如说它是粗糙的;如果该平面是平滑的,那么就不会有任何可见的区分。这里可见的东西并不是属于这个平面本身的某物;因为这个平面本身是没有区分的。可见的只是其他某物,而不是这个平面的规定,也就是说,这个平面是反映某物的。平滑就意味着缺乏空间性区分;而且因为当缺乏粗糙 [125] 的时候,我们在对象上看不见任何确定的东西,所以在平滑东西中我们一般而言只看得见光泽,这是一种普遍的抽象映现,是不确定的光亮。因此,平滑就是逼真地显现他者图像的东西。所以,在平滑的平面上人们看得见其他确定的东西;因为这种确定的东西是为他的,所以它是可见的。如果这个他者被置于对面,而且该平面尽管不透明但却平滑(尽管透明的东西也有映照作用;参考§320附注),这个他者就在该平面中是可见的;因为可见就意味着在他者中存在。如果我们在对面再摆一个平面,而光是在这两个平面之间,那么这个他者同时在两面镜子中可见而且同样两个平面镜自身的图像也变得可见了,因为它们在自己对面的平面镜中是可见的;而且如果平面镜保持相互的角度,上述过程就会无限持续下去,因为平面镜的广度决定着我们看到对象的次数。如果有人要借助力学观念来说明这种现象,那么他就会陷入最令人讨厌的混乱状态。如果我们把两面平镜分别命名为平镜A和平镜B,并且问什么在平镜A中可见,那么回答就是平镜B;但B也是A在其中可见的东西;所以A既在A中可见也在B中可见。现在什么在平镜B中可见?A本身以及作为在B中可见的A。进一步问什么在平镜A中可见?B以及在B中可见之物,即A本身,而且A在B中可见等等。这样我们就总在重复相同的东西,但是每一次被重复的东西都以特殊方式实存。——很多光也可以通过平面镜汇集到一点之上。

光是把所有事物设定为同一的有效力的同一性。因为这种同一性仍然还是抽象的,所以这些事物还不是实在地同一的;相反,它们是为他的,在他者中把自身与他者设定为同一。这种同一设定对事物而言是外在的,——事物被照亮,这对它们而言是无所谓的。然而,重要的事情在于事物自为地被设定为具体同一的;光应该变成为事物本身的光,光应该自我充实和自我实现。光仍然是完全抽象的自我性,它因此是非自我,是自由的自我同一,在自身中不包含任何对立。作为太阳这个物体,光具有自由的实存;光所关联的他者是外在于光的,正如知性在自身之外具有自己的物质。最初我们把这种否定者称为暗,但它自为地也具有一种内在规定;这种物理性对立属于其抽象规定,以至于该对立本身仍具有独立定在;现在我们要去考察的就是这种物理对立。

β. 对立的物体

[126]

§279

暗物首先是光的否定者,是光抽象同一的观念性之对立者,——这是在光本身中的**对立**;这种对立具有物质实在性,并且内在地分裂为**两个方面**:1. 物体的**差异性**,也就是物质的自为存在,**僵硬性**,以及 2. **对立本身**,这种对立自为地不受个体性控制,仅仅沉浸在其内在之中,就是分解与**中性**;前者是**月亮**,后者则是**彗星**。

在重力系统中,这两种物体作为**相对中心物体**也具有独特属性;它们的这种独特属性就像它们的物理独特属性那样都以同一个概念为基础,而且在这里可以被更加确定地说明。——这两种物体并不围绕自己的轴旋转。僵硬性是形式性自为存在,它是陷于对立中的独立性并因此不是个体性;这种**僵硬性物体**因此**服务于**另一个星体,是另一个星体的**卫星**,而且它的**轴**就在这另一个星体中。反之,**分解**

的**物体**是僵硬性的对立面,它活动**乖常**,既在其偏心的轨道中也在其物理定在中展现出偶然性;——这种物体自我展示为一种表面性的凝结物,它也同样可以偶然地再次自我分解为灰尘。——**月球**没有大气,因此缺少气象过程。它仅仅呈现出高山、陨坑以及这种僵硬性物体内在的燃烧,——它的形态是结晶体形态,海谋[4](最有头脑的地质学家之一)已经指出这种形态也是纯粹僵硬地球的原始形态。——**彗星**显现为一种形式性进程,一团不宁静的蒸汽;没有一颗彗星显示出含有僵硬的东西,含有内核。古人认为彗星只是暂时形成的流星;与这种观念相反,现代天文学家的想法不再像以前那样矜持和高傲了。迄今为止,只有极少数彗星被证明是有回归的;其他彗星虽然按照计算被等待回归,但是却没有到来。太阳系被认为实际上是一个系统、一个具有内在本质联系的整全体;在这样的想法面前,人们必须放弃这样一种形式性的念头,认为彗星是偶然以混乱交错的方式冲进太阳系这个整体的。这样,人们就可以理解如下想法,作为必然的有机环节,太阳系所有其他物体一定都在**防御**彗星并且自我维持;由此,对彗星危险的恐惧可以获得比过去更好的慰藉;——过去的慰藉首先仅仅是基于彗星在辽阔的天空另有许多空间作为自己的轨道,因此**毕竟不太可能**(这种"毕竟不太可能"以更加学术的方式转变成为一种概率理论)撞上地球。

【附注】:在此,这两个对立的逻辑方面彼此外在地实存,因为该对立是自由的。这两方面因而并非偶然地在太阳系中相遇;相反,如果人们可以穿透概念的本性,那么就不会惊讶这样的物体也一定把自己展示成为一种进入理念圆圈的东西,并且只有通过这个理念才变得合法。它们构成了自我消解的地球的两个独立化方面:月球是作为坚硬内核一面,彗星

[127]

4　海谋(Johann Ludwig Heim):《论昔日地球表面的形态》,载于《地学与天文学通讯月刊》,卷6,Gotha:1802年。

则是它业已变得独立的大气、是一种稳定的流星(参见:后面§287)。然而,如果地球因为其灵气而可以并必须让其结晶体、其僵死的本质自由,而且把构成其内核的环节与自身分离开来,以至于该环节保持作为个体进程的调节者,就像太阳是普遍进程的调节者一样;那么与之相反,在被分解状态的概念中则包含着这样一种情况,该环节自由地自我分解了并且作为独立物同地球毫无关系,相反却从地球那里逃逸了。

僵硬的自为存在是固着自身的、不透明的和自为无差别的东西;这种 独立方式的自为存在仍然是静止的并且因为静止也是僵硬的。僵硬物,易碎物以点状性质作为自己的原则;每一个点都是自为的个体。这就是纯粹脆性的力学显现;这种脆性的物理规定则是可燃性。实在的自为存在是自我关联的否定性,是火的进程;火在消耗他者的同时也在消耗自己。但是,僵硬物只是自在可燃的,还不是发生实际作用的火,而只是火的可能性。因此在这里我们还不具有火的进程;这个进程需要差异物彼此之间有生命的关系,但在这个阶段,我们仍然处于各种性质之间的自由关系中。尽管我们现在已经在水星和金星上看到云彩以及大气活生生变换,但是在月球上仍缺乏云彩、海洋与河流;然而,我们也可以清楚地认识到在月球上有水面和银色细线。在月球上,人们常常看到有一些瞬间即逝的光点,人们把这当作月球上的火山喷发;火山喷发当然需要气体,但这却是没有水分的大气。海谋,医生的兄弟,曾试图表明,如果人们表象一下在可证明的地质巨变之前的地球,那么它就具有月球的形态。月球是没有水的结晶体,它仿佛试图要同我们的海洋整合为一体,试图解除其僵硬物体的干涸,并由此造成涨潮和落潮。海水上升,意图要飞往月球,而月球也把海水引向自身。拉普拉斯(《宇宙体系解说》卷II,第136—138页)从实际观察和理论研究中发现,月球引起的涨潮比太阳引起的涨潮要大三倍,而在两者汇合时期涨潮最强烈。因此,作为性质上的规定,月球在朔望、上弦和下弦时期的位置是最为重要的。

正像内在瓦解的、抽象中性的和能够被规定的物体一样,僵硬物、内在封闭者是软弱无力的。因为对立仅仅作为对立而实存,这种对立就没有支持,而且是一种内在崩溃的东西;如果它要在对立的规定中被激活,那么这就需要一个中项,它把对立两端联系在一起并保持着它们。假如僵硬的物体和中性的物体被统一在这第三项中,那么我们就获得了一个实在的整全体。彗星是一个通体发光、透明的含水物体,它当然不属于我们的大气。假如彗星具有内核的话,那么它的内核就一定可以通过影子而被认识;可是彗星是彻底发亮的,而且我们通过彗星的尾巴,甚至通过[129]彗星本身,都能看到一些星星。一位天文学家曾经认为他看到了彗星的内核,但这只是他的望远镜带来的错误。彗星几乎是围绕太阳做抛物线运动(因为它的椭圆轨道延伸的很长),然后又消散了,而另外一颗彗星又产生了。哈雷彗星的回归是最确实可靠和最合乎规律的,它上次出现是在 1758 年,它的下次出现预计在 1835 年。一位天文学家根据计算指出,若干次出现都可以被归于**同一颗**彗星的轨道。这颗彗星被观察到两三次;但按照计算,它一定会出现五次。彗星轨道和行星轨道是全方位相切的;而且人们赋予彗星这样一种独立性,使得它应该可能触及行星。如果人们担心碰撞,那么人们就不会满足于一种由于天空广袤带来的不可能性;因为每个点都可以同其他点一样被触及。然而如果人们,像一定必然认为的那样,认为彗星是我们太阳系的一部分,那么它们就不是一些不速之客,而是在太阳系本身产生的,并且它们的轨道也受太阳系的规定;这样,其他物体就与这些彗星相对立地保持自身独立,因为它们同样也是必然环节。

现在彗星的中心在太阳那里;月球作为僵硬物与行星更接近,因为它作为地球内核的自为展现,内在具有抽象个体性这个原则。以这样抽象的方式,彗星和月球重复着太阳和行星。行星是系统的中项,太阳是一个端项,作为仍相互外在的对立的非独立性是另外一个端项(A–E–B[5])。然而这是一个直接的、仅仅形式性推理;这种推理并不唯一。另一种更加确定的关系是,不独立的物体是中介者,太阳是一个端项,地球是另一个

5　A 代表普遍,E 代表个别,B 代表特殊。

端项(E–B–A);因为地球是不独立的,所以它与太阳相关联。不独立的
物体作为中项必须在自身中包含两个端项环节;因为不独立的物体是后
两者的统一,它一定是一种内在分裂之物。每一个环节必须属于一个端
项;既然月球属于行星,那么彗星一定属于太阳,因为彗星缺乏内在固定
性,必须与一个形式性中心相关联。同样,接近君主的宫廷侍从在与君主
的关系中是没有自我的,而大臣及其幕僚作为有官职的人员则表现出更
多的规律性和均一性。第三种推理是这样的,在其中太阳本身成为中项　[130]
(B–A–E)。

　　这种天体的物理关系同它们在力学中的关系一起构成了宇宙关系。
这种宇宙关系就是整个生命自然界共享的基础和完全普遍的生命(参
见:前面§270附注)。但人们一定不说月亮对地球有影响,仿佛这里存
在的是一种外在作用。这种普遍性生命毋宁是被动地反对个体性,而且
个体性越有力量,恒星力量的支配力就越弱。由于我们共享这种普遍生
命,所以我们睡觉和苏醒,早晨同晚上具有不同的情绪。而且月亮变更的
周期也体现在有生命的物体上,尤其是得病的动物身上;然而,健康的动
物,特别是具有精神的动物,却能从这种普遍生命中挣扎出来并且把自己
与之对立。但例如,月球的位置被认为影响精神错乱的人,同样也被认为
影响梦游症患者。伤疤是创伤给人体留下脆弱的地方;人们也可以通过
伤疤感受到天气的变化。尽管在现代这种宇宙关系的重要性被认识到
了,它在这方面仍然主要停留在空洞的说法,停留在泛泛或完全个别的罗
列上。彗星的影响完全无法否定。我曾有一次引得波德先生 6 叹息,因
为我说,现在经验显示彗星出现之后的年份是葡萄丰收年,例如1811年
和1819年;而且与我们关于彗星回归的经验相比,这两次经验同样地好
而且甚至还更好。造成彗星与葡萄如此好关联的原因是,水的进程与地
球分离了并由此引发行星状态的变化。

6　波德(Johann Ebert Bode,1747—1826),天文学家。

γ. 个体性物体

§280

这种返回自身的对立就是**地球**,或者说是**行星**一般,是具有**个体整全性的物体**;在这种整全体中,僵硬性被**指向**实在差异的分离,并且这种分解是通过**具有自我性的统一点**而被结合起来。

[131]   就像既自转又围绕一个中心物体公转的行星运动是最具体的运动和对生命性的表达,同样中心物体的发光本性是**抽象的**同一性,它的真就在个体性中,正如思维的真在具体的理念中一样。

    就行星序列而言,天文学关于它们最基本的规定性,关于它们的**距离**仍尚未发现任何实在规律。自然哲学试图通过物理构成并通过与金属序列类比来揭示行星序列的理性;这种尝试也同样很难被视为是开始寻找发现实在规律的视角。——不理性的地方在于,这些思想都把偶然性作为基础,而且例如在开普勒按音乐和谐规律把握太阳系秩序的思考中[7],拉普拉斯[8]只看到一种梦幻般**想象力**的迷误,而没有高度评价**理性存在于这个系统中**这样一个深刻的信念;——这个信念正是这位伟大人物光辉发现的唯一基础。——牛顿把音律的数字关系运用在**颜色**上[9],尽管这种运用笨拙而且事实上也是彻底错误的,但却获得了殊荣和相信。

【附注】:行星是真正的守护神,是主体性,其中每一个差别只是作为观念性环节而且生命性成为定在的。太阳服务于行星,正如一般而言太阳、月球、彗星和恒星仅仅是地球的条件一样。所以,太阳既不产生行星也不赶出它们;相反,存在的是整个太阳系,尤其是因为太阳既是被产生的也是产生东西的。同样,我(das Ich)还不是精神,而且在后者中具有

---

7 《宇宙的和谐》,1619年。
8 《宇宙体系解说》,1796年。
9 《光学》,1704年。

它的真理,这就像光在具体行星中具有它的真理一样。把孤独停留在自 [132]
身的我视为是最高的,这是一种否定性的空洞,而不是精神。然而,我是
精神的一个绝对环节;但如果我被孤立出来,它就不是这样一个环节。

我们在这里很少谈论个体物体,因为后面的内容不是别的就是对于
这种个体性的阐释,我们在这里所达到的只是该个体性的抽象规定。地
球和有机物的规定就在于它们是要消化那些完全普遍的、作为天体具有
独立显像的星际力量,并把这些力量置于个体性的统辖之下,这些庞大的
成员被自身设定为这种个体性中不同的环节。整全的性质是作为自我同
一的无限形式之个体性。如果我们谈的是某种令人骄傲的事情,那么我
们就必须把地球,把当前的东西视为是最高的。在量的反思中,人们或许
会让地球沉入万物之中,把它视为是"无限海洋中的一滴水";但是尺寸
是一种十分外在性的规定。因此,我们现在要立足于地球,地球不仅是我
们肉体的故乡,也是我们精神的故乡。

现在有若干地球,行星,它们构成了一个有机的统一体,关于这个统
一体我们可以列举出一些协调一致的东西;但是这还没有以符合理念的
方式来做。谢林与施特芬斯[10]把行星序列同金属序列相类比;这是有意
义的、富于思想的类比。下面这种观念是陈旧的:用铜代表金星,用水银
代表水星,用铁代表地球,用锡代表木星,用铅代表土星,正如把太阳称为
金,把月亮称为银一样。这种类比自为地具有某种自然之处;因为在地球
的物体中金属表现得最纯净、最独立。只是,行星的领域不同于金属和化
学进程的领域。这样的穿凿附会是一些外在的比较,什么也决定不了。
由此并不能提供任何知识;它仅仅对于表象而言是辉煌的东西。根据林
奈(Linné),植物的序列,还有关于动物物种的序列都遵从感官和本能;而
金属则按照它们的具体比重来加以排列。而行星则是自己在空间中排列
的;如果人们现在要为这个序列寻求规律,就像数学级数那样,那么每一
个成员都仅仅是对相同规律的重复。可关于序列的整个观念都是非哲学 [133]

10　施特芬斯(Henrik Steffens,1773—1845):受谢林影响的自然哲学家。

性的和反概念的。因为自然并不是按照这种前后相继的阶梯而是按照质量来展示自己的各种形态；普遍的分化是第一步，之后才在每一个种类中又进一步分化。林奈关于植物的 24 个分类并不是一个自然体系。相反，法国人裕苏[11]把植物分成为单子叶植物和双子叶植物，却更加清楚地认识到这种巨大的差别。亚里士多德对于动物也做过类似的划分。行星也同样如此，它们并非作为序列而存在。当开普勒在《宇宙的和谐》中把行星之间的距离看作是一种音律关系时，这已经是一种毕达哥拉斯学派的想法。

这里有一个历史性注释，帕拉采尔苏斯说过，所有地上的物体都由四种元素构成——水银、硫磺、食盐以及洁土，这就像我们有四种主要美德一样。水银是金属物，具有流动的自我等同性，而且对应着光；因为金属是抽象的物质。硫磺是僵硬物，具有燃烧的可能性；火对于硫磺而言不是外在的，相反，硫磺是火自我消耗的现实性。食盐与水和彗星相对应，而且食盐的溶解是无差别的实在物，是火分裂为独立的东西。最后，洁土是运动的纯洁无瑕，是主体，它消灭了这些环节；人们把洁土理解为抽象的土质物，例如纯粹的硅土。如果人们以化学的方式理解这些内容，那么就有很多种物体，其中并没有水银或食盐；这些论断的意义并不在于说，这些物质实在地存在着，而是具有更高的意义，即实在的物体性具有四个环节。人们不能按照实存来理解这些环节；否则，人们就会认为雅可布·波墨和其他人是无意义的和缺乏经验的。

b. 元素

§281

个体性物体具有基础整全性的所有规定；这些规定作为从属它的环

11 　裕苏(Antoine-Laurent de Jussieu)：《按照自然秩序排列的植物种类》，巴黎：1789 年。

节是直接作为自由的、自为持存的物体；这样，这些规定就构成了其普遍 ［134］
的**物理性元素**。

现代，**化学的简单性**被随意地当作元素的规定，这种化学的简单
性与**物理元素**概念毫不相关；因为物理元素是一种实在的、尚未消失
在化学抽象中的物质。

【附注】：像我们通常在自然中看到的，各种宇宙力量是作为既独立
又彼此关联的物体停留在天上；我们现在从这些宇宙力量过渡到它们在
地上作为个体性环节所构成的东西，而且由此它们的实存恰恰得到了更
大的真理性。光作为对于同一性物体的设定，并不仅限于照亮暗的物体
而是具有更进一步的实在作用。各种分化的物质不仅相互映现以便其中
每一个都始终是其所是，而且它们每一个都把自身转变成为其他物质；而
这种观念性自我设定和同一设定也是光的作用。光普遍地鼓动、激发和
支配着元素的进程。这个进程属于本身首先仍是普遍抽象个体性之个体
地球，而为了成为真正的个体性，它还必须进一步内在地自我凝聚。普遍
的、尚未返回自身的个体性构成了个体性原则；而作为主体性和无限的自
我关联，它仍是外在于个体性的；这就是具有激发和复活作用的光。我们
曾暂时注意到这种关系的出现；但在元素的进程之前，我们必须在其个体
化中自为地考察这种差别的本性。首先个体性物体仅仅被我们如此规
定，它在自身中拥有太阳系的所有环节；进一步的问题在于，该个体性物
体对自己进行如此自我规定。在行星上，太阳系的各个物体不再是独立
的，相反它们是**同一个**主词的谓词。现在，这些元素有**四种**，它们的秩序
如下。气对应着光，因为它是被动的、降为环节的光。相互对立的元素是
火和水。构成月球原则的僵硬性不再是不相干的、自为存在着的；相反，
作为进入与个体性他者关联的元素，该原则是充满进程的、行动的、非静
止的自为存在，因此是变为自由的否定性或者火。第三种元素对应着彗
星的原则，是水。第四种元素又是土。正如在哲学史中被清楚表明的那
样，恩培多克勒的伟大意义在于，他第一个明确地把握并区分了所有普遍 ［135］

的物理性基础形式。

这些元素是普遍性的自然实存,这些实存不再是独立的,但也还没有被个体化。在化学立场上,人们认为必须把元素理解为物体的普遍构成部分,所有物体都是由固定数目的元素构成。他们的出发点在于认为所有物体都是复合的;而思想的兴趣在于,把质上得到无限多样规定的、个体化的物体性还原到少量的非复合的、因而普遍的性质上。以这种规定为假设前提,人们今天批评从恩培多克勒以来的四元素说是幼稚的想法,因为这四种元素都是复合的。不再有任何物理学家或化学家,甚至不再有任何有学识的人被允许在任何地方提及这四种元素。然而,寻求在今天通常意义上的简单普遍的实存,这仅仅属于化学的立场,我们只有到后面才会谈论到这种立场。化学立场假设了物体的个体性,然后试图分解这种个体性,分解包含内在差别的统一点,并使差异物从自身所受的强制中摆脱出来。当酸和碱被放在一起时就会产生盐,这是它们的统一体,第三个环节;而包含在这第三个环节中的其他东西是形态,结晶,形式的个体性统一,这种统一不只是化学元素的抽象统一。如果物体仅仅是其差别的中和,那么如果我们分解物体,它的各个方面就确实可以被展现出来;但这些方面并不是普遍性元素和本原性原则而只是在性质上、也就是说具有特殊规定的构成部分。然而,物体的个体性远远多于对于这些方面的中和;无限的形式构成了主要的问题,尤其是在生命体中。如果我们展示了植物或动物的各个构成部分,那么它们就不是植物或动物的构成部分了,相反这些植物或动物却被否定了。在化学对简单物的追求中,个体性丧失了。如果个体物体像盐一样是中性的,那么化学就可以成功地展示该个体的各个自为方面,因为差异者的统一仅仅是形式性统一,而这种统一是要毁灭的。但是,如果加以分解的东西是有机物体,那么不仅统一性被扬弃了,而且人们想要认识的东西,即有机物本身也被扬弃了。这里,在物理元素阶段,我们根本不考虑这种化学意义。化学立场根本不是唯一的立场,而仅仅是一个特有的领域,它根本没有权利把自身作为本质性的东西拓展到其他形式中去。这里,我们面前只有个体性的变化,首先

[136]

是普遍个体或地球的变化;元素是彼此不同的物质,它们构成了普遍个体变化的环节。因此,我们不应该把化学立场同仍然完全普遍个体性的立场互换;各种化学元素根本不能被排列,它们是完全彼此异质的。与之相反,物理元素是普遍性的、仅仅按照概念环节而被分化的物质;因此只有四种。古人确实说过,万物都由那些元素构成;可是,当那样说的时候,他们只想到这四种元素。

我们现在必须要更进一步地考察这些物理元素。它们并不是内在地个体化的,而是没有形态的;因此,它们继而在化学的抽象中相互分离:气分解为氧和氮,水分解为氧和氢;火不被分解,因为它是进程本身,从这个过程剩下来的只是作为物质的发光材料。在主体性的另外一端,有生命体,例如植物汁液,还有动物体可以被分解为那些抽象的化学元素;而且确定的剩余物是很少的部分。而中间项,物理性的、个体性的无机物是最难被研究的,因为在此物质通过它的个体性被区分开来,但同时这种个体性仍然是直接的,既没有生命也没有感受,因此该个体性作为性质直接与普遍性同一。

α. 空气

§282

毫无差别的简单性元素不再是肯定性的自我同一,不再是构成光本身的自我显现,而被降为**一个他者**的无自我的环节,因而只是一种否定的普遍性,因此也是**重的**。这种同一性作为**否定的**普遍性是毋庸置疑的,但它也是对个体和有机体缓慢的、消耗性的力量;它是一种流体,这种流体对着光是被动的、**透明的**,但也内在地挥发着所有个体性的东西,另外该流体对外具有机械性弹性并渗透到一些事物当中。——这就是**空气**。 [137]

【**附注**】:1. 个体性纽带,各个环节之间的相互联系构成了个体物体的内在自我;这种自我性,如果被认为是自由自为的而且尚无所有**被设定**

的个体化,它就是空气,尽管这种元素**自在地**包含着自为存在或点状性的规定。空气是普遍性的东西,就像它是被设定在与主体性、与无限自我关联的否定性、与自为存在的关系中;由此,在对相对物的规定中这种普遍性构成了从属性环节。空气是不确定的东西,是绝对的可被确定的东西;它还不是内在地被规定的,而只是通过它的他者变得可被规定,而这就是光,因为光是自由的普遍者。所以,空气处于同光的关系中;空气对于光而言是绝对通透的,是被动的光,一般而言是被设定为被动的普遍者。作为普遍者,善同样也是被动的东西,因为它只有通过主体性才被实现,而不是由自身自我实现的。光**自在地**也是被动的;但光还没有作为这样的东西而**被设定**。空气不是暗的而是透明的,因为它只有自在地是个体性;只有土质的东西是不透明的。

　　2. 第二个规定是,空气是针对个体事物的绝对的行动者,是具有作用性的同一性,而光仅仅是抽象的同一性。被照亮的东西只是以观念的方式把自己设定在他者当中;而空气是这样一种同一性,它现在处于与自身相同的东西当中并与物理物质关联;这些物理物质按照物理规定相互依赖存在而且相互接触。所以,空气的这种普遍性是一种趋向,要把自身相关联的他者设定为实在同一的;而空气所设定的与自身同一的他者是一般被个体化的、被分化的物体。但因为空气本身仅仅是普遍性,所以它在自己的这种活动中并不是作为个体性物体出现并在这些被个体化的物体中有力量把它们分解。所以,空气是绝对腐蚀性的,是个体的敌人,它把个体设定为普遍元素。然而,这种消耗作用是不明显的和缺乏运动性的,它并不自我显现为力量,而是四处弥漫并不为我们所看见,这就像理性潜入到个体当中并使其消解一样。因此,空气散发出气味;因为气味仅仅是个体与空气的这种不明显的、始终持续的进程。所有的气味都会发散出来,分散为细小的部分;而剩下的东西是没有气味的。有机物通过呼吸也与空气进行着斗争,这就像它一般而言与各种元素斗争一样;例如,创伤会因为空气而变得危险。有机物生命的规定就在于总是在自身解体的进程中再次重建自身。经受不住这种斗争的无机物一定会腐烂;尽管

[138]

坚实的东西保持着自身,但是总会受到空气的进攻。如果我们把不再具有生命的动物形体同空气隔离开,那么我们就把它保存下来,不会朽坏。这种毁灭过程是可以被媒介的,例如潮湿可以让这个进程造成某种确定的产物;但这**仅仅**是媒介而已,因为空气**本身**已经构成销毁性活动。作为普遍者,空气是纯粹的但不是惰性的纯粹;因为消散在空气中的东西并不在空气中保存自身,而是被还原为简单的普遍性。机械物理学认为,这些在空气中分解的物体的细小部分仍然在空气中飘浮着,但是正因为这些部分被分解得如此细小,所以它们不再可以被闻见了。所以,人们不想让这些物体毁灭;但是我们不必对物质如此温柔;只有在知性的同一性体系中物质才不是坚硬不变的。空气净化自身,把所有东西都转为空气,它不是物质的大杂烩;无论嗅觉还是化学研究都不支持这一点。虽然知性提出了精致的托词并且带有反对"转变"这个词的巨大偏见,但是经验物理学无权把感知所未提供给我们的东西断言为是存在的;而且如果经验物理学仅仅想以经验的方式进行研究的话,那么它就必须说,这种物体消逝了。

3. 空气作为物质一般而言会产生阻力,但它仅仅是作为质量以量的方式进行的,而不是像其他物体那样以点状的、个体的方式进行。所以,毕奥(《物理学研究》第 I 卷,第 188 页)说:"所有稳定的气体,在相同的温度中和相等的压强下,体积保持不变"。[12] 因为空气仅仅作为质量而造成阻力,所以它对其所占据的空间是无所谓的。空气不是僵硬的,而是既不具有内聚性也不具有任何向外的形态。空气在一定程度上**可被压缩**,因为它并不是绝对地不占有空间,也就是说它是彼此外在的,但不是以原子式的方式,仿佛个体化的原则在空气中获得了实存。为此在同一个空间中还需要有其他种类的气体;而这就是属于空气普遍性的可渗透性之显现;通过这种可渗透性,空气并没有被内在地个体化。如果我们把一个 ［139］

12　毕奥(Jean Baptiste Biot):《实验物理学与数学方法研究》,4 卷,巴黎:1816年。——德文版原注　引文原文为法文。——译者注

玻璃球充满空气,另一个玻璃球充满水蒸气,那么我们就可以把水蒸气倒入第一个玻璃球中,以至于这个玻璃球还能容纳如此多的水蒸气,仿佛其中没有任何空气似的。如果以机械的方式用力挤压空气,以至于它被设定成为浓密的;这样会达到一个阶段,使空间的彼此外在性被彻底扬弃。这是最出色的发现之一。我们都知道有这样的打火器:一个插有活塞的汽缸,底部有点火绒;如果我们压活塞的话,那么从被压的空气中就会产生火花,并点燃那个底部的点火绒;如果筒是透明的,那么我们就可以看到火花的产生。在此,空气的整个本性被显现出来,它是这种普遍的、自我同一的、有消耗作用的东西。这种不明显的、造成气味的东西被归结为点;所以,这种有作用力的自为存在虽然曾经自在地存在,但在这里却作为自为存在着的自为存在而被设定。这就是火的绝对起源:在不相干的持续存在消解的地方,具有消耗作用的行动普遍性获得了形式;火不再是普遍的,而是不静止的自我关联。那种尝试之所以如此出色,这是因为它在其本性中展现了空气与火的联系。空气是沉睡着的火;为了让火显现,人们仅仅需要改变空气的实存。

β. 对立的元素

§283

所有对立的元素首先是自为存在,但它们不是僵硬的彼此**不相干**,而是被设定在个体性中的环节,是个体性自为存在着的永不止息;——这就是**火**。(就像通过挤压所显示出来的)空气**自在地**是火,而且在火当中,空气被设定为**否定的**普遍性或者说自我关联的否定性。火是物质化了的**时间**或者说自我性(光与热是同一的),是绝对的永不止息和消耗性活动;在其中进行着物体的自我消耗,就像火会从外面来到物体那里并摧毁它一样——对于他者的消耗同时是对于自身的消耗并因此过渡为中和状态。

[140]　　　　**【附注】**:空气已经是这种特殊性的否定性了,但是它还不明显,因为

空气仍然被设定在没有差别的相同性形态当中;但因为空气是孤立的、个体的、与其他实存方式有别的而且被设定在确定位置中,所以它是火。火仅仅作为这种与特殊物体的关系而实存,火并不是彻底穷尽性的,它不仅造成没有味道和气味,乃至没有规定性的单调的物质,而且它消耗这种作为物质的特殊性东西。热只是在个体物体中消耗作用的显现并因此与火同一。火是实存着的自为存在,是否定性本身;它不是对他者的否定性,而是对否定者的否定,从这样的否定中产生出普遍性和相同性。最初的普遍性是僵死的肯定性;真正的肯定性是火。在火中不存在者被设定为是存在着的,反之亦然;因此火是时间。作为环节之一,火是有条件的;就像空气一样,火只存在于同特殊化物质的关系中。火是仅仅处于对立中的活动性,不是精神的活动性;为了要消耗,火必须要有可被消耗的东西;如果火丧失了任何材料,那么火也就消失了。生命的进程也是火的进程,因为它依赖于对特殊性东西的消耗;但生命的进程总是不断产生自己的材料。

　　被火所消耗的东西一方面是具体的,另一方面是对立的。消耗具体的东西意味着,与它对立,使它激活,让它燃烧;其中包含着氧化活动和酸的腐蚀活动。这样,具体的东西就被置于尖锐的对立当中,置于自我消耗的活动当中,而且这构成了具体东西与他者的紧张关系。另一方面,在所有具体东西中存在着的确定的、有区分性的、个体化的、特殊的东西被还原为统一性、不确定性和中性状态。所以,每个化学进程都要产生水,就像它也带来对立一样。火是被设定为有差别的空气,是被否定的统一性,是对立;但这个对立同样也被还原为中性。这种火所沉入的中性,或者说这种被熄灭的火,就是水。具体化的物体所被带入的观念同一性之凯旋,作为显现的统一,就是光,是抽象的自我性。而且因为土质的东西作为进程的基础剩余下来,所有元素在这里都获得了展现。

§284

　　另外一个【元素】是**中性**元素,是内在汇聚的对立;因为没有自为存在着的个体性,由此没有僵硬性和内在规定,这种对立是一种彻底的平　　　[141]

衡,它消解了所有用机械方式设定在其中的规定性,仅仅从外面获得对于形态的限定,并且向外寻求该限定(附着性);另外这种对立在自身中没有永不止息的进程,而完全是该进程的可能性,是可溶解性,这就像它有能力采取气体和僵硬的形式,把它们作为其独特状态以外的状态,作为其内在无规定性的状态,——这就是**水**。

　　【附注】:1. 水是没有自我的对立元素,是被动地为他存在,而火是主动地为他存在;因而,水包含有作为为他存在的定在。水自身内在中完全没有内聚性,没有气味,没有味道,也没有形态;水的规定是,尚未作为特殊物存在。水是抽象的中性,而不是像盐那样的个体化的中性;所以,很早以来,水就被称为"所有特殊物之母"。水像空气一样具有**流动性**,但它并不是具有弹性的流动性,所以它是向各个方向拓展的。水比空气更加是土质的东西,它寻求重力点,最接近个体性东西并趋向于这种东西,因为它自在地是具体的中性;但这种具体中性尚未被设定为是具体的,而空气根本不是自在地具体的。所以水是区分的实在可能性,但该区分还不实存于水当中。因为水自身没有内在重力点,所以它仅仅服从重力方向,而且因为它没有内聚性,所以每一个点都被推向垂直方向;因为水中的任何一部分都不会造成抵抗,所以它把自身设定在**水平状态**。因此,每一个来自外部的机械压力仅仅是瞬间即逝的东西;被压的点无法自为地维持自身,而是把压力传递给其他的点,而这些点扬弃了压力。水仍然是透明的,但因为水已经是土质的,所以它不像空气那么透明。作为一种中性物体,水是盐和酸的**溶剂**:在水中被溶解的东西丧失了它们的形态;力学关系被扬弃了,剩下的只是化学性关系。水对各种差异形态是无所谓的,水既可以作为**蒸汽**而弹性流动,也可以作滴状流动,还可以像**冰**一样坚硬;但所有这些形态只是状态和形式性过渡而已。这些状态并不依赖水本身,而是依赖其他的东西,因为它们只是外在地通过空气温度变化而在水中被产生。这就是水的**被动性**的**第一个**结果。

[142]

　　2. **第二个**结果是,水不可被压缩或者说仅仅在极小程度上可被压缩;因为自然界中没有绝对的规定。仅仅是作为质量,而不是作为内在个体化的物体,水造成了抵抗,也就是水在通常状态下可以作滴降流动。人们或许会认为,可被压缩性是被动性的结果;但水正相反,正是由于其被动性而不可被压缩,也就是说它所占据空间的尺寸保持不变。虽然空气只是作为自为存在的普遍性力量,但它具有活动性强度,所以它的彼此外在性,它的确定空间对于空气是无所谓的,而且因此空气是可以被压缩的。或许水的空间变化是它所不具有的内在强度;尽管如此,如果现在水所占据的空间尺寸变化了,那么这个变化同时连带着水的状态的改变。水作为弹性流动的物体和作为冰要占据更大的空间,这恰恰是因为它的化学性质发生了改变;物理学家没有权利把冰所占据更大空间的理由归于其中所带有的气泡身上。

3. 上述被动性的**第三个**结果是水易于分离,并有**附着性**的趋向,也就是说,水会把东西**弄湿**。水到处都保持黏着性,它与其所接触的物体比与其自身的联系更紧密。水使自身脱离整体,它不仅可以从外部获得所有形态,而且本质上寻求这种外在的支持和联系,以便自我切分,因为它恰恰没有任何内在的固定联系和支持。的确,水同油脂和脂肪的关系又构成了一个例外。

如果我们现在再次概括上述三种被考察元素的特征,那么我们必须说:空气是所有他者的普遍观念性,是在与他者关系中的普遍者,通过这种与他者的关系所有特殊者都被剔除了;火具有同样的普遍性,但是作为显现者并因此以自为存在作为形态,火因此是实存的观念性,是空气的实存本性,是显现出来的他者的映现活动;第三个元素是被动的中性。这就是这些元素必然的思想规定。

γ. 个体元素

§285

得到发展的差别及其**个体性**规定之元素首先是尚未被确定的一般土 [143]

123

质,这与其他环节之间是有区别的;但是作为把这些有差异的环节统握在个体统一体中的整全性,土质是把这些环节激发入进程并保持该进程的力量。

c. 元素进程

§286

不同元素及其差异性既彼此相对又与其统一相对地被连接在个体同一性中;这种个体同一性是一种辩证关系,它构成了地球上的物理生命,也即**气象进程**;当元素在前面从**自在状态**中被发展出来并作为概念环节以后,作为不独立环节的元素只在这个进程中具有它们的持存,因为它们在其中**被产生,被设定为**实存的。

就像普通力学和不独立物体的各种规定被运用到绝对力学以及自由的中心物体之上那样,研究**被个别化了的**个体物体的有限物理学被看作同研究地球进程的自由独立之物理学是一样的。在地球的普遍进程中重新认识并证实那些展示在被个别化了的物体进程中的规定,这被视为是科学的胜利。只有在这些被个别化了的物体领域中,内在于概念自由实存的所有规定才被降低为彼此**外在的**相互关系,并作为相互独立的状况而实存;同样,行动性显现为是需要外在条件的,偶然的,以至于该行动性的产物保持作为那些被假设为独立的和因而坚持不变的物体之外在塑形。——那种相同性或毋宁说类比性的展示由此才能被完成,即抽象掉所有独特的差异和条件;因而,这种抽象带来的就像吸引那样的肤浅普遍性,以及缺乏特殊东西和确定条件的力与规律。把在**被个别化了的**物体那里展现出的行动性**具体**方式运用于仅由不同物体性**环节**构成的领域,那么在前一个领域中所需要的外部环境通常在后一个领域中部分地被忽略,部分地按照类比方式加以虚构。——这就是把**有限关系**领域的范畴一般性地运用到**无限**(也就是按照概念方式)关系领域。

　　对这个领域考察中出现的根本缺陷依赖于对元素间不可改变的实体性**差别**之固定表象,这种差别被知性从个别化材料的进程中一次性地固定下来。在这些进程里出现的一些更高转化中,例如水在晶体中被固定,光与热消失不见等等,反思会借助**分解**、**结合**和**潜伏**以及诸如此类的含混不清、毫无意义的表象予以说明。这里,本质上包含着的是把显现中的所有关系转换成为**材料**和**物质**,而且一部分是无法称量的;由此,每一个物理实存被弄成前面【§276 说明】所提到的物质**混沌**,以及各种物质相互在假想的对方细孔里进出;这样,不仅概念而且表象也都终结了。首先,**经验**本身就终结了;虽然一种经验性实存仍被假定,但是该实存本身却不再显示为是经验性的了。

【**附注**】:理解气象进程中的主要困难在于,人们把物理元素和个体物体相互混同;前者是抽象的规定性,其中仍缺乏主体性;因此,对那些物理元素有效的东西对于被主体化的物质仍还是无效的。这种区分的缺乏给自然科学带来了极大的混淆。人们想把所有东西置于同一层面上。的确人们可以用化学的方式处理一切问题,但是人们也可以用力学的方式处理一切问题,或者说让所有东西服从电。然而,通过这种对于一个层面上物体的研究,其他物体的本性并没有被穷尽,例如人们用化学的方式来研究植物体或动物体。对每一个物体按照其所属的特殊领域来加以研究,这种分化是关键。因此,当空气和水服从于完全不同领域的条件时,它们在与地球自由的、元素性关联中表现出同它们与个体物体的个别化关联完全不同的内容。这就像有人想观察人的精神,为此目的却观察了关税官员和水手;这样,人们让精神服从有限的条件和规定,但这些却并没有穷尽精神的全部本性。水应该在蒸馏罐中显示它的本性,而在自由的联系中不能展示任何其他性质。人们通常的出发点是,要阐明物理对象(例如水、空气、热)的普遍显现,并追问:它们是**什么**? 以及它们做**什么**? 而且这里的术语"什么"不应该是思想的规定,而是显现,实存的感

[145]

性方式。这包含两个方面：首先是空气、水和热，其次是另一种对象；这两个方面所共同的是作为结果的显现。我们与之联结在一起的另一种对象总是特殊的，因而结果也依赖于该对象的特殊本性。由此，这里所涉及的实质内容无法以此方式被展现在普遍的显现中，而是仅仅与特殊的对象相关。如果人们问热的作用是什么，那么答案就是它们要膨胀；但它们同样也会收缩。人们无法给出任何没有任何例外可言的普遍显现；这些物体的结果是这样的，而另外一些物体的结果则是其他的。因此，空气、火等等在其他领域中如何显现，这在当前的领域中是无法被规定的。现在，有限的、个体关系中的显现作为普遍的东西已经被当作基础，而且自由的气象进程按照这种类比而获得说明；这是一种偷换概念。所以，闪电被认为只是通过云块之间摩擦所释放出来的电火花。然而，在天空中仍然缺 [146] 乏玻璃、火漆、松脂、靠垫、转动等等。电必须到处充当替罪羊；然而，大家都充分认识到电会由于潮湿而彻底消散，但闪电却在潮湿的空气中产生。这样一些论断把有限的条件拓展到自由的自然生命中，尤其是在考察生命体的时候；然而，这种做法是不恰当的，而且健康的人是不相信这种解释的。

物理进程具有元素之间相互转换这种规定；有限物理学对此一无所知，因为它的知性一直坚持长久不变物体的抽象同一性；按照这种同一性，复合的元素只能分解或分离，而无法实在地相互转换。在这种元素性进程中，水、空气、火和土是相互冲突的：水是该进程实存性材料并且扮演着主要角色，因为水是中性的，可变换的并且可以被规定；空气作为秘密进行消耗并进行观念性设定的元素，是行动者，是对被规定者的扬弃；火是自为存在的显现，是显现出来的观念性，是被消耗活动的显现。这种简单关系正是如此：水转换成空气，然后消失；反过来，空气转换成水，并从自为存在转换成为它的反面，即僵死的中性，这种中性同自为存在有着紧张关系。所以，古人，如赫拉克利特和亚里士多德，就已经考察了元素进程。认识这种进程并不困难，因为经验和观察就可以向我们展示这个进程。**雨的形成**是主要问题；物理学本身承认，雨没有被充分地说明。然而，困难仅仅来自反思性物理学，因为该物理学反对所有观察而固守它的双重假设：" α) 在自由关联中出现的事物一定也可以成为有条件的和外在的 ; β) 在有条件的物体中出现的事物也在自由物体中出现 ; 因而，在前者中自我保持自我同一的物体，也是自在同一的。"相反，我们认为，当水蒸发殆尽时，蒸汽的形式就会完全消失。

如果我们现在把力学规定和有限显现的规定用于其上，那么我们**首先**就会认为，水要被保存，而只有其形态的状态要发生改变。因而，格临说(《物理学》§ 945 [13])："蒸发可以在真空中进行。像索修尔[14]已经指出 [147] 的，在同等温度和绝对弹性条件下，带有水蒸气的空气比干燥空气具有更小的比重 ; 假如像盐溶解在水里那样，水在空气中被溶解，那么这种情况就不可能发生。因此，水只能作为特殊的、轻的、有弹性的蒸汽被保存在空气中。"因此，有人说，蒸汽形式中的水分子由空气填充而成，因此它们只能以量的方式互相分离，并且只能分成为精细部分。这种蒸汽与某个确定的温度相联结 ; 如果该温度不存在了，那么蒸汽又会化成为水。因此，雨应该仅仅被认为是对先前存在物的一种再度临近，但是由于这些存在物极其细小，因而无法被察觉。雨和雾据说通过这样一种模糊的表象获得说明了。李希滕贝格根本上反驳了这种观点 ; 他摘掉了那篇受到柏林科学院表彰的研究雨的悬赏论文的桂冠，使其成为可笑的理论。[15] 按照德·吕克[16](尽管他以幻想的方式把自己的理论奠定在创世学说基础上，但他在这里的观察却是正确的)，李希滕贝格证明，在转变为雨的云和雾形成前，根据湿度计的测量，空气本身在最高的瑞士山脉上是完全干燥的，或可以完全干燥。可以说，雨来自干燥的空气 ; 对此物理学无法做

13　格临(Friedrich Albert Karl Gren)：《自然学说大纲》第 3 版，哈勒：1797 年。

14　索修尔(Horace-Bénedict de Saussure, 1740—1799)：阿尔卑斯山地理学的先驱 ; 他建造了不同的气象仪器(湿度计)。

15　李希滕贝格(G.C.Lichtenberg)：《李希滕贝格关于湿度计和德·吕克降雨理论的辩护》，编辑 L.C.Lichtenberg 和 F.Kries，哥廷根：1800 年。

16　德·吕克(Jean André de Luc)：《大气变化研究》，Genf：1772 年，以及《气象学新观念》，伦敦：1786 年。

出解释。在夏天和冬天,情况都是这样;正是在夏天,蒸发最厉害的时候,空气因而应该是最潮湿的时候,空气反而是最干燥的。通过这种表象,水所保留的地方根本无法证明。有人或许会相信,水蒸气由于自己的弹性而上升;因为地方越高空气越冷,所以空气在那里又迅速地化归为水。因此,空气并不像炉火烘干那样仅仅通过外在地脱离潮湿而成为干燥的,相反水的变干类似于晶体中所谓结晶水的消失;不过,结晶水既会消失,也会再次表现出来。

[148] **第二种**观点是化学式的观点;这种观点认为,水自己分解成为它简单的材料——氢与氧。因而,通过气体形式水不可能影响湿度计,因为热进入氢里并因此产生气体。与这种观点相反,我们可以提出一个古老的问题,即水普遍而言是否由氢和氧所**构成**。的确,这两种气体通过电火花变成了水。但水并不来自两者的复合。我们必须更加恰当地说,这只是水所被设定的不同形式。如果水只是这样一种单纯的复合物,那么所有的水都必然可以分解成为这样两个部分。然而,里特尔[17],一位已经去世的慕尼黑物理学家,曾经做过一项电流实验;通过这个实验,他无可争辩地证明,人们不能认为水是由部分复合而成。他取了一根 U 形玻璃管,把水注入管中,又在中间部分放上水银,使水被分到玻璃管的两端。他用一根穿过水银的金属线联结两端的水,然后把水与伏达电池联结起来,结果U 形管一端的水变成为氢气,而另一端则变成了氧气,以至于 U 形管每一端只显示一种气体。如果没有水银的阻隔,那么面对这种现象有人会说,这是氧气跑到一边而氢气跑到另一边了;尽管没有人看见过,但人们以之为遁词的情况在这里是不可能的。如果蒸发中的水被分解,那么问题就是:那些气体跑到哪里去了? 氧气或许会使空气增多;但空气总是显示氧气和氮气量不变。洪堡特把高山上的空气和舞厅中的混浊空气(其中据说包含更多的氮气)进行化学分解,在两者中他都找到了相同量的氧气。然而,特别是在夏天蒸发强烈的时候,空气中似乎应该包含更多氧

17　里特尔(Johann Wilhelm Ritter,1776—1810):自然科学家;1801 年发现了紫外线。

气,但情况完全不是这样。而且,这个时候无论什么地方都没有氢气,无论在大气层之上还是之下,甚至也不在形成云彩的并不很高的区域。尽管溪流会干涸数月之久而且土壤中也不再有什么湿度,但是在空气中还是找不到任何氢气。因此,前面那些观点与观察相矛盾,它们仅仅依赖从其他领域而来的推理和类比。所以,当阿利可斯为了说明太阳所不断消耗的材料来源,认为太阳的消耗活动通过氢气来加以维持的时候,这尽管也是一个空洞想法,但其中却仍包含着知性,因为他相信必须要揭示出氢所在之处这个必然性。 [149]

在热、晶体水等等中变为潜伏状态,这也属于同种观念。例如人们根本不再看到、感觉到热;尽管如此,有人仍说,虽然热无法被注意到,但它还在那里。但是,凡不服从观察的东西就在这个领域中并不实存;因为,实存就是为他存在,使自身被注意,而这个领域就是实存的领域。这样,变为潜伏状态是最空洞的形式,因为人们把转换作为非实存的东西保存下来,尽管该转换被假定为是实存的。这样,当问题要通过同一性的知性思考获得处理时,就出现了最大的矛盾;这是错误的思想物,——不仅在思维中错误,而且在经验中也是错误的。因此,哲学并不忽略这种观念,而是认识到它们的根本弱点。在精神中也有同样的情况:性格柔弱的人**是**柔弱的;美德并不是潜伏在他那里,而是根本就不在他身上。

§287

通过其**普遍性自我**、**光**的行动性、地球与太阳的本原关系,地球的进程持续受到激发,然后按照地球相对于太阳的位置(气候,季节等等)被进一步分化。——该进程的**一个环节**是个体同一性的**分裂**,是向彼此独立的对立环节分化,即分化成为僵硬性和缺乏自我的中性;由此地球趋于瓦解——一方面变为晶体,月球,另一方面则变为水质物体,彗星——而且个体性的**这些环节**寻求实现其与自己**独立**根源的联系。

【附注】:在此,光作为观念性的普遍原则不再只是作为暗的对立,不

129

再作为对于为他存在的观念性设定,而是对于实在物的观念性设定,对于实在观念性的设定。太阳光与地球之间实在的、行动性关系造成了白天与夜晚的差别等等。离开与太阳的关联,地球就会失去自己的进程。这种作用显现得更加具体方式,必须从两个方面来考察。一种变化是单纯状态的变化,而另一种变化则是实在进程中的性质变化。

[150]　　第一个方面包含有热与冷,冬天与夏天之间的区分;天气变得更热或更冷,这依赖地球相对于太阳的位置。然而,这种状态的变化不仅仅是量上的,而且它也展示为内在的规定性。在夏天,地轴与其轨道平面总是成相同的角度,因此向冬天的变化首先仅仅只是量上的差别;毕竟太阳看起来一天比一天高,而且当它达到顶点,又会再次向最低点下降。但是,如果现在最热和最冷只依赖量上的差别和太阳的辐射,那么它们应该分别出现在6月夏至和12月冬至的时节。然而状态的变化会变成为特别的节点;昼夜平分点等等构成了一些性质意义的点,在这些点上出现的不只是热在量上的消长。所以,最冷的天气出现在1月15日和2月15日之间,而最热的天气出现在7月和8月之间。就前面情况而言,有人或许会说,最冷的天气只是后来才从两极来到我们这的;但正像帕里[18]船长所确证的,就是在两极本身情况也是同样如此。秋分过后,11月初,我们迎来了寒冷与风暴;然而在12月寒冷又持续减弱,直到一月中旬寒冷达到极致。以同样的方式,2月底好天气之后,在春分的时候出现寒冷和风暴,而3月和4月的天气类似11月;因此,在7月夏至之后,气温也常常降低。

现在本质性内容是性质意义的变化:地球内在的紧张关系以及地球同大气之间的紧张关系。这个进程是月亮因素与彗星因素之间的轮替。所以,云的形成并不只是上升为蒸汽的过程;相反,其中的本质内容是地球力图达到一个极端的趋向。云的形成是空气还原为中性的活动;然而,云可以在不打雷、不下雨的情况下,通过数周时间而形成。水的真正消失

18　帕里(Sir William Parry,1790—1855):写就了数目众多的旅行记。

并不仅仅是一个缺失性规定;相反,它是内在自身之中的冲突,是水向着燃烧着的火的冲动和突进,而火作为自为存在是最极端的,由此地球在这个极端中自我分裂了。在此,热和冷只是附属状态,它们并不属于进程本身的规定,因此它们只是偶然地在例如冰雹形成中起作用。

与这种紧张关系联系在一起的是空气更大的比重;因为引起气压计 [151] 水银柱上升的更大的空气压力,在空气数量不增加的情况下,仅仅表示空气更大的强度或密度。有人或许会认为,气压计水银柱的上升是由于空气中吸收了水分;但是,正是在空气中充满蒸汽或雨的时候,空气的比重下降了。歌德说(《论自然科学》卷 II,第 1 分册,[1823 年,"伦敦的气候"],第 68 页):"气压计水银柱的上升停止了水的形成,大气可以携带湿气或把湿气分解为元素;气压计水银柱的下降允许水的形成,这个形成过程往往显得没有边界……地球把自身显现为是有威力的,如果它增加吸引力,那么它就征服了大气,现在大气的内容全都属于地球;无论大气里出现什么,都必定会作为**露水**,作为**白霜**降下来,而天空则在一定程度上保持清澈。另外,气压计水银柱的位置与风有持续性关系;水银柱的升高表示有北风和东风,水银柱的降低则表示有西风和南风;在前者中,湿气涌向山巅,而在后者中,湿气从山巅落到平地"。

§288

地球进程的**另一个环节**是,相互对立的侧面所进入的自为存在作为趋向顶点的否定性而自我扬弃;——这是所寻求的、有区分的持存之**自我焚毁**。通过这个过程,相互对立侧面之间的本质联系建立起来,地球变为实在的、**有成果的个体性**。

地震、火山及其喷发可以被看作是属于自为存在向自由转变的否定性之**僵硬**进程,是属于火的进程;类似的情况也被认为出现在月球上。——与此相反,云可以被观察为**彗星类**物体的开始。不过,雷雨才是这个进程的完整显现;所有其他作为开端或环节的气象现象以及这些显现的萌芽都与该进程的完整显现相联结。迄今为止,

[152]　　无论是关于雨的形成(尽管德·吕克[19]通过观察得出一些有力的结论,德国人中富有思想的李希滕贝格[20]利用这些结论反驳了**分解论**),还是闪电抑或是雷鸣,物理学都没能给出令人满意的解释;至于其他气象现象,特别是在其中进程本身已经发展到开始形成一个地核阶段的**大气中物质**,情况也同样如此。对于那些日常现象而言,物理学也还没有提供至少令人满意的说明。

　　【附注】:作为降雨,紧张关系的扬弃是把地球还原为中性,是沉沦到无阻力、无差别的状态中。但是,具有紧张关系的无形态性,彗星类物体,也过渡到变、过渡到自为存在当中。当对立被推至顶峰,相互对立的物体同时彼此认同。然而,它们之间出现的统一是没有实体性的火;火并不把有形态的物质作为它的环节,而是纯粹的流动性;火没有任何营养作用,而是直接熄灭的闪光,是气状的火。因此,两个侧面在它们自身中自我扬弃,或者说它们的自为存在恰恰是它们定在的销毁。在闪电里自我销毁达到了实存;空气这种内在自身的点燃是紧张关系消除的最高点。

　　这个自我销毁的环节也可以在有紧张关系的地球本身被证明。地球内**在地紧张着**,就像有机体一样;为了达到火的生命性以及水的中性,地球自我设定入火山和**泉水**中。因此当地理学采纳了火成论和水成论这两条原则时,这两条原则当然是本质性的并且属于地球形态形成的进程。沉浸到地球晶体中的火是该晶体的融化,是自我燃烧,其中地球晶体成为火山。因此,火山不应该以力学方式来理解,而应该被视为带有地震的地
[153]　下雷雨现象;反之,雷雨是在云中的火山。诚然,外在环境对于爆发也是必需的;但是,人们用密封气体的释放来说明地震现象却是一种虚构,或者说是从习以为常的化学领域借来的观念。人们毋宁看到,地震属于地

19　参见本书第147页(即本书边码,下同),脚注16。——译者注

20　参考:"论研究电物质本性和运动的新方法",收录于李希滕贝格的《物理和数学文集》,(主编李希滕贝格以及 F.Kries,4 卷,哥廷根:1806 年);另外参见本书第147页,脚注15。

球的整全体的生命;动物,空中的鸟类提前几天就感觉到了地震,就像我们在雷雨前感到闷热一样。就像在形成云彩的时候山脉起着决定作用,同样在这些现象中地球的整个有机体也有所作用。因此,大量情况表明,这些现象中没有一个是孤立的,相反每一个都是与整体联结在一起的事件。此外还有气压高低,因为在大气变化中,空气保持或丢失巨大的比重。歌德比较了欧洲、美洲和亚洲在同一维度不同经度上的气压测量读数;他由此发现,这些变化是围绕整个地球同时发生的(参看:下面§293的附注)。这个结果比所有其他结果都更值得注意;只是要进一步探索这种共时关系很困难,因为我们只有一些零星的数据。物理学家还不能进行共时性观察;而且就像在颜色理论领域中一样,这位诗人所做的还没有被物理学家们采纳。

在泉水形成的问题上,人们也无法采纳力学的考察方式;相反,泉水的形成是一个独特的进程,它的确要受到地层的规定。人们利用着火的石炭层不断燃烧的过程来说明温泉现象;然而,温泉是有生命性的喷发,其他类型的泉水也是一样。据说泉水的存积之所是在高山上;雨雪当然有影响,而且泉水会在十分干燥的时候枯竭。可是,如果说火山可比作大气中的闪电,那么泉水一定可被比作不闪电而降雨的云。地球晶体总是把自己还原为水的这种抽象中性,正如它总是把自身转变为火的生命性一样。

同样,整个大气状态是一个巨大的生命整体,**信风**也属于这个整体。与此相反,歌德认为(《论自然科学》第 II 卷,第 1 分册[1823 年,"伦敦的气候"],第 75 页),雷雨进程更加具有局部性,或者说是地域性。在智利,每天都会出现完整的气象进程;下午三点左右总会出现雷雨天气,而且像一般在赤道那样,风和气压是恒定的。因此,信风总是在热带地区出现的东风。如果人们从欧洲出发进入信风的范围,那么风就是从东北吹来;人们越接近赤道线,风就越是从东方吹来。人们在赤道上通常会担心无风。越过赤道,风向就逐渐由南转向东南。超出热带地区,人们就离开了信风,而再次回到风向更替的区域,就像在我们欧洲海域的情况那 ［154］

133

样。在印度,气压几乎总是保持着一样的水平;在我们这里,气压大小是不规则的。按照帕里,在极区没有出现过雷雨现象;但是几乎所有夜晚他都看到四面八方有**极光**,而且常常是同时出现在相反的位置上。所有这些都是完整进程中单个的、形式性环节,这些环节在整体中作为偶然性现象出现。极光仅仅是干燥的光,它缺乏雷雨的其他物质性。

歌德是第一个清楚地谈论云的人。[21] 他区分了三种主要形式:首先是精细的卷曲云或卷云;这种云处于自我分解的状态,或者说这是形成过程的开端。其次,夏天夜晚圆形状的是积云;最后,比较宽形状的层云是直接产生降雨的云。

流星、大气物质同样是整个进程中的一些孤立形式。像空气会发展成为水一样,云是彗星类物体的开始;因此这种大气物质的独立性也可以发展成为其他物质,直到成为月亮物体,岩石形成物或金属。云中首先只有湿气,但后来也出现了完全个体化的物质;这些结果超越了彼此孤立的个体物体的整个进程之所有条件。当李维谈到陨石雨的时候,没有人相信他,直到30年前在法国莱格勒石头落在了人们头上;直到这时人们才相信了他。现在这种现象常常被观察到;人们研究这些石头,把它们同那些也被视为陨石的古老石块加以比较,并且发现它们的组成成分是相同的。关于大气物质,人们不必问,这些镍成分和铁成分是从哪里来的。有些人说,它们是从月球上掉落下来的;而另外一些人则把它们视为旅途上面的尘土或天马蹄掌等等。大气物质出现在云爆当中,**火球**构成了过渡;

[155] 火球突然湮灭和粉碎,随之而来的就是陨石雨。所有这些石块都具有一样的成分,而且这种混合也出现在地球上;纯铁并不是作为化石存在,相反在巴西、西伯利亚和巴芬湾到处都有类似莱格勒石块的铁矿,它们与石块类的物质结合在一起,其中也包含有镍。所以,按照这些石块的外在构成,人们也必须承认它们起源于大气。

这种自我变暗成为金属性的水与火是未成熟的月亮,是个体性的**进**

21　《霍瓦德论云的形成》,于《论自然科学》第Ⅰ卷,第3分册(1820年)。

入自身。正如陨石展示地球之向月球变化一样，**流星**作为分解的被构成物则展示彗星类物体。然而，这里的主要问题在于对实在性环节的分解。通过掌握想要分离的各种自由性质并把它们归结到具体的统一点，气象进程成为个体性发生变化的显现。首先，这些性质还只是被规定为是直接性的，即光、僵硬性、流动性和土质；重力先有一种性质，然后又有另外一种。重的物质是这些判断中的主词，这些性质是谓词；这曾经是我们的主观判断。现在这些形式已经成为实存，因为地球本身是这种差异的无限否定性，而且由此地球首先被设定成为个体性。以前个体性是一个空洞的语词，因为它是直接的，还不是自我产生出来的。这种返回以及由此这种完整的、自我支撑的主体，这种进程是硕果累累的地球，是普遍性的个体；这种普遍性个体完全以它的各个环节为家，既不再有某种内在的异己的东西，也没有某种外在的异己的东西，相反，它只有各种完全定在的环节；其抽象环节本身就是物理性元素，这些元素本身就是进程。

§289

因为物质的**概念**，重力，首先把它的环节展现为独立的，但却是元素性的实在，所以地球是个体性的**抽象**基础。地球在自己的进程中自我设定为相互外在存在的抽象元素的**否定性统一**，以此作为**实在的**个体性。

【附注】：通过地球借以证明自己实在的这种自我性，地球处于同重力的差别中。前面我们把重的物质仅仅一般地作为确定的，现在这些性质则有别于重的物质；也就是说，重的物质现在与我们尚未得到的规定性有关。这种光的自我性在前面是同重的物体性相对立的，现在它就是物质的自我性本身；这种观念性，这种无限性，现在是物质本身的本性，因此这种观念性同重力昏沉的内在存在之关系就被设定了。这种物理元素因此不再只是唯一主体的环节；相反，个体性的原则是渗透到这些元素中的东西，以至于该原则在这种物理物体的所有点那里都是一样的。因此代替普遍的个体性，我们具有了个体性的多样化，以至于个体性也具有了整

［156］

个形式。地球把自己个体化为内在具有完整形式的东西;这就是我们必须考察的物理学的第二个领域。

B. 特殊个体性的物理学

§290

前面的元素规定性现在服从个体统一性,所以这种个体统一性是内在形式,该形式**与重力相对立**自为地规定着物质。重力作为对统一点的寻求绝没有给物质的**相互外在**带来任何损害,也就是说,空间,具体地说是按照量,构成了特殊化重的物质或质量差别的尺度;物理元素的各种规**定内在地**还不是**具体的自为存在**,因此还没有同重的物质之被寻求的自为存在相对立。现在物质通过其被设定的个体性,在它相互外在的关系本身中就是一种中心化,这与它的相互外在以及它对个体性的**寻求**相对立;物质不同于重力的观念性中心化,它是一种**物质空间性**之内在规定,这不同于通过重力并按照引力方向所做出的规定。物理学的这一部分是**个体化的力学**,因为物质通过内在形式,具体地说按照空间性内容来被规定。这首先给出的是以下两者之间的**关系**:空间规定性本身和属于它的物质。

[157]

【附注】:如果重力的统一点不同于其余物质部分,那么个体的统一点则作为自我性渗透到所有有差别的东西当中,构成它们的灵魂,以至于这些有差异的东西不再外在于它们的中心,相反这个中心就是它们内在具有的光;因此,这种自我性是物质自身的自我性。性质进入到自我返回的阶段,这是我们在此所拥有的个体性立场。我们有两种统一方式,这两种方式首先存在于它们的相对关系中;我们还没有达到它们的绝对同一性,因为自我性本身还是有条件的。在这里,相互外在首先显现为同内在存在相对立,而且通过这种内在存在而被规定;因此,通过这种内在存在,另外一个中间点,另外一种统一被设定了,而且因此出现了对于重力的摆脱。

§291

这种个体化的形式规定首先是**自在的**或直接的,因而还没有被设定为整全体。因此,该形式的所有特殊环节成为彼此无关和相互外在的实存,而且这种形式关系是作为差异者之间的一种**关联**。以外在的东西为条件并且分解为众多的特殊物体,这是在有限规定中的物体性。差别一部分出现在差异性物体之间的相互**比较**中,一部分则出现在它们同显现之间尽管仍然**力学性**但却是**实在的关系**中。既无须任何比较也无须任何刺激的形式之独立显现首次形成了。

就像在有限性和有条件性领域中普遍那样,在这里有条件的个体性领域也是一个最难同具体东西的其他联系分离开来,自为坚守的对象;而且因为这个领域内容的**有限性**与同时只能作为规定者的概念思辨统一处于对立和矛盾中,所以该困难就变得更大了。 [158]

【附注】:因为个体性首次对我们产生,所以它本身仅仅是最初的个体性,因而是有条件的,还不是被实现了的个体性,只是普遍的自我性。该个体性首先来自非个体的东西,因而是抽象的个体性,而且仅仅作为同其他物体不同的物体,该个体性还没有内在地被充满。他在(Anderssein)还不属于该个体性本身,所以他在是被动者;他者,即重力要受个体性的规定,这正是因为这种个体性还不是整全性。自我性要成为自由的,这就需要它把差别设定为其自身的内容,而现在差别仅仅是被假设的内容。自我性还没有内在地陈列出它的各种规定,而整全的个体性就已经内在地陈列出天体的所有规定;这就是形态,但这里我们首先具有的是形态的变化。作为规定者的个体性首先只是对单个规定的设定;只有当个体性既被单个设定而且它的整全体也被设定的时候,发展其完全规定性的个体性才被设定下来。因此目标就是,自我性变成为整体;而且我们将把这种被充实的个体性视为声音。因为声音作为非物质的东西是消逝的,所以它也再次是抽象的;在与物质性的东西之统一中,声音就是形态。这里我们不得不考察物理学中最有限的、最外在的方面;这个方面并没有像我们研究概念或实现了的概念,即整全体时的那种趣味。

§292

重力所受的规定性是,a)抽象的、**简单的**规定性以及因此作为自身中单纯量的关系,——**比重**;b)物质**部分**之间**关系**的特殊方式,——**内聚性**。c)这种自为的物质部分间关系,是作为**实存着的观念性**,更具体地说是α)作为单纯**观念性**的扬弃,——**声音**;β)作为对内聚性的**实在性**扬弃,——**热**。

[159]

a. 比重

§293

简单的、抽象的特殊化是**比重**或物质的**密度**,即物质的**重量**同**体积**之间的关系;由此作为自我性的物质使自身脱离了同中心物体,普遍性重力的关系,放弃成为对空间的均匀充实,并且把特殊内在存在同抽象的彼此外对立起来。

物质的不同密度通过**细孔**假设而获得说明;——人们通过虚构空隙来说明物质的密度化,这种空隙虽然还没有得到物理学的证明,但是却被认为是一种**现实存在的**东西,而丝毫不顾物理学要基于经验和观察。——实存的重力分化的一个例证是下面这个现象,一根铁杠,平衡地悬吊在自己的支点上,当它受到**磁化**后,会失去它的平衡性,一端比另一端显得更重。在这里,一部分受到如此的影响,以至于它的体积不发生改变的条件下重量却变大了;因而,物质的质量未增加,但其**比重**已经增大。——物理学通过表象密度的方式所假设的定理是:1. 大小相等的物质部分,若数目相等,则重量相等;由此,2. 物质部分数目的度量就是重量的量,然而,3. 物质部分数目的度量也是空间,以至于重量相同的物体也占有相同的空间;所以 4. 如果重量相同但出现在不同体积中,那么通过假设空隙,即可说明由物质**充实**的空间是相等的。在第四个定理中所虚构的空隙通过前三个定理变得必然,而前三个定理并不基于经验,相反只是基于知性同一性定理之上,因而同空隙概念一样它们也是形式的、先天的虚构。康德已经把**强度**概念与数目的量的规定对立地设立,并且用相同数目,但却具有更高的空间充实程度,来替代相同空间,但有**更多**部分的想法;由此康德开创了所谓的**动力学物理学**。[22] 至少**强度**量的规定同**广延**量的规定具有相同的权利,那种通常关于密度的观念把自身限制在后一种范畴中。但是在这里,**强度**的大小规定具有下面的优势,它指向了度量,并且首先暗示了**一种内在存在**,这在其概念规定中是**内在的形式规定性**;这种形式规定性首先在**比较**中显现为一般的限量。但是,无论是广延性限量差别还是强度性限量差别都不表达任何实在性(§103 说明),而动力学物理学仅限于做出这种区分。

【附注】:在我们已经具有的规定中,重力和空间仍然是不可分离的;物体间的差别仅仅是质量的差别,而且这仅仅是物体之间的相互差别;这样,空间的充实就是度量,因为更大量的部分对应着更大空间的充实。现在在内在存在中出现了一种不同的度量,据此在相同的空间中存在不同的重量,或者在相同的重量中存在不同的空间。这种构成了物质性物体自我本性的内在关系恰恰就是比重;比重是自在和自为存在,它仅仅是自我关联的,并且与质量彻底无关。因为密度是重量和体积之间的关系,这个关系两侧中的任何一侧都可以被设定为是统一体。一立方吋既可以是

[160]

22　参考:《自然科学的形而上学基础》第 2 章"动力学的形而上学基础"。

水的体积,也可以是金子的体积,就它们的体积而言我们认为它们是相等的;但是它们的重量是完全彻底不同的,金子比水重19倍。或者说,1磅水占据的空间是1磅金子占据空间的19倍。这里单纯量的关系消失了,而性质关系出现了;因为现在物质在自身中具有了独特的规定。因此,比重是物体的一个彻底的根本规定。这种物体物质的每一部分都在自身中具有特殊的规定性,而在重力中这种中心性仅仅属于**一个**点。

[161]

比重既一般性地属于地球,属于普遍性个体,同样也属于特殊物体。在元素的进程中,地球仅仅只是抽象的个体;个体性的第一个表现是比重。作为进程,地球是特殊实存的观念性。然而,地球的这种个体性也表现为简单的规定性,而这种简单规定性的显现就是气象进程显示的比重,即气压。歌德对气象学做过很多研究;特别是气压引起了他的关注,而且他很欣然地提出了自己对于气压的看法。他表达了重要的见解;他的主要工作是提供了一幅气压比照表,上面记载了在魏玛、耶拿、伦敦、波士顿、维也纳和特普勒(在特普利察的高地)1822年12月整月的气压;他以"图表的方式"展示了比较结果。由此,他要得出下面这个结论:气压不仅在所有区域按照相同的比例关系发生变化,而且气压在不同的海拔高度具有相同的变化方式。因为,众所周知,气压计的读数在高山上比在海平面上要低得多。通过这种(在气温相同的条件下)的差异(因此还必须使用温度计),人们可以测量山的高度。因此,如果不考虑山的高度,那么高山上气压计的变化进程是类似于平地上的气压变化进程的。歌德(《论自然科学》,第Ⅱ卷,第1分册,[1823年,"伦敦的气候"],第74页)说,"当从波士顿到伦敦,从伦敦经过卡尔斯鲁厄到维也纳,气压计读数的上升和下降总是保持相似,那么这就不可能依赖外在原因,而是相反出于一个内在的原因"。在同一本书的第63页中,他说:如果有人考虑到气压计读数升降的经验(人们已经在数字比例中注意到了巨大的一致性),"那么他就会对水银柱从最高点到最低点完全成比例的升降感到惊讶……当我们现在暂时承认太阳的作用只是引起热,那么最终就只有地球是气压变化的原因;因而,我们现在不在外面而是在地球内部寻求气压

计变化的原因;这些原因既不属于宇宙,也不属于大气,而只属于日地运 [162]
行……地球改变它的引力,并因此对大气圈的引力变得更大或更小;大气
圈既没有重力,也不产生任何压力,而是在受到更强吸引时,向下压得更
厉害,负担也更沉重"。根据歌德,大气圈应该是没有重量的。但是被吸
引和有重量现在成了一回事。"引力来自地球的整个质量,可能是从地
球中心点到为我们所熟悉的表面,然后从海洋到最高山峰,超出这个顶
峰就逐渐下降并同时通过合目的的、受限制的脉动而显现出来"。这里
重要的是,歌德正确地把比重的变化归于地球本身。我们已经清楚地
说明(§287附注),气压高就会停止水的形成,而气压低的时候水的形
成就会开始。地球的比重就是它自我显现为规定者的活动,而且正因
此把自己显现为个体性。在较高的气压状态中,地球就有一个较大的
张力,一个较高的内在存在,这种内在存在也使物质更大程度地从其抽
象的重力中摆脱出来;因为人们必须把比重把握为通过个体性对普遍
重力的摆脱。

另外还有人认为,一磅金子与一磅水具有一样多的部分,只是金子的
部分之间被压紧了19倍,而水却有19倍的孔隙、空的空间、空气等等。
这种空洞的想法就是反思最常用的论证,这种论证无法解释内在的规定
性而只想保存部分的数目等同性,并由此觉得要被充实的空间剩余部分
是必要的。——在通常的物理学中,比重也是被归结为排斥与吸引之间
的对立:物质如果被更大地吸引,那么物体就越重;而如果排斥居于主导
地位,那么物体就越轻。然而在此这些因素不再有意义。吸引与排斥作
为两种独立的力相互对立,这仅仅是属于知性的反思。如果吸引与排斥
根本不保持平衡,那么人们就会陷入矛盾,这种矛盾彰显出这种反思的错
误,就像我们在前面(§270说明,本书第89页及以后,以及附注,本书第
96页及以后)讨论天体物体运动中所看到的那样。

§294

密度最初仅仅是重的物质之**简单**规定性;但因为物质本质上始终相 [163]

互外在,所以进一步的形式规定就是多种物质空间关系的一种特殊方式,即**内聚性**(Kohäsion)。

【附注】:正如比重那样,内聚性也是一种同重力相区分的规定性;但是,内聚性的范围较比重更宽,它不仅涉及一般的其他中心性,而且与很多部分相关。内聚性不仅是物体按照比重的相互比较,而且它的规定性现在是以如此方式被设定,即它们实在地彼此对立并相互接触。

b. 内聚性

§295

在**内聚性**中,内在形式设定了物质部分之间另一种方式的相互邻近之空间关系,这种关系不同于通过引力方向所规定的关系。因而,这种物质聚合的特殊方式最初被设立在差异者中,还没有返回到内在封闭的整全体(形态)中;因而,这种方式仅仅针对均匀度不同和内聚力不同的质量而出现,由此显现为在同**其他**物质相对立的机械关系中之独特**阻力方式**。

【附注】:正如我们所看到的,单纯机械性关系是挤压和碰撞;在这种挤压和碰撞中,物体现在不仅像在力学关系中那样仅仅作为质量发生作用,而是独立于这种量,物体展现出一种特殊的方式保持自身,把自身设定为统一体。物质部分之间最初的聚合方式曾是重力,即物体具有一个重力点;现在的方式则是内在性方式,即这些物质部分按照它们不同的特殊重量彼此展示出来的东西。

现在,内聚性是一个为众多自然哲学所使用的意义不确定的词汇。就是说,关于内聚性有很多胡言乱语,它们只不过是关于这个不确定概念的一些即兴意见和模糊观念而已。完整的内聚性是磁性,它最初出现在

形态中。但抽象内聚性还不是磁的推论,(因为)后者既区分两个端项又 [164]
设定它们的统一点,但这并不破坏两个端项之间的区分。正因此,磁性还
不属于我们现在这个阶段。然而谢林还是把磁性和内聚性联系在一起,
尽管磁性属于另一个完全不同的阶段。就是说,磁性是内在的整全性,尽
管这还是抽象的;因为尽管磁性是直线式的,但是它的端项和统一却已经
把自身发展成为是有差别的。这还不是内聚性这个阶段的情况,内聚性
属于作为整全体之个体性的变化,磁性相反属于整体的个体性。因此,内
聚性仍然处于同引力的斗争中,仍然是与引力对立的一个规定环节,还不
是与引力对立的整全规定。

§296

众多相互外在者的形式统一体在自身中是多种多样的。α)这种形
式统一体的**第一个**规定是完全不确定的汇聚,所以是内在无内聚性者的
内聚,因而是对他物的**附着性**。β)物质**与自身**的内聚首先仅仅是**量上
的**——普通内聚,是抵抗重量的汇聚的强度;——进一步则是**质上的**,是
顺从外力挤压和碰撞以及用自己的形式对外在力量挤压和碰撞表示独立
的独特性。按照各种空间形式的确定方式,内在力学化的几何学产生了
一种独特性,在汇聚中认定一个确定的**维度**:**点状性**,或脆性;**直线性**,或
一般而言是刚性以及更进一步而言是韧性;**平面性**,或延展性,可锻性。

【**附注**】:作为被动的内聚性,附着性不是内在存在,而是同他者比同
自身更大的亲合性,就像光在他者中映现一样。因此并尤其因为水的部
分之绝对可位移性,水作为中性物也有附着性,也就是说水能把物体弄
湿。另外,内在肯定具有内聚性的坚硬物体,只要它的表面不是粗糙的而
是完全光滑的,以至表面的所有部分之间能够完全接触,那么这种坚硬的
物体也有附着性,因为那样的话,这些物体的表面不仅在它们自身中没有 [165]
任何差别,而且在与同样光滑的他物的关系中也没有任何差别,因而坚硬
物体和他物可以把它们自己设定为是同一的。例如,光滑的玻璃表面附

着力很强,特别是当我们把水倒在它上面,把所有粗糙的部分都填充起来的时候;那样的话,我们就需要很大的重量来把它们再分开。所以,格临(《物理学》§149—150)[23]说:"一般而言,附着力的强度依赖于接触点的数量"。附着力具有不同的变化:例如玻璃杯中的水附着在杯壁上,而且杯壁上的水位高于杯子中央的水位;在毛细管里的水则是完全自动升高等等。

就作为确定的内在存在之自相内聚性而言,内聚力作为机械性内聚仅仅是均质质量内在地聚合,与在自身中设定某个物体相对立,也就是说内聚力是均质质量的强度与该物体的重量之间的比例关系。因此,如果一份质量受到重量的牵引或挤压,那么该质量会通过有限量的自在存在而发生反作用。重量的大小决定质量是保存还是放弃它的内聚力;因而,玻璃、木材等等可以承受一定磅数的压力,而不致断裂;在此,牵引没有必要沿着重力的方向进行。物体在内聚力方面的序列与它们在比重方面的序列无关;例如,金子与铅的比重大于铁和铜,但并不像后者那么结实。*

[166]

物体对碰撞所做出的抵抗也不同于它必须仅仅沿着**一个**方向,即朝着受碰撞的方向所作出的抵抗;相反,断裂,碰撞是沿着一个角度方向发生的,

---

* 谢林在其《思辨物理学杂志》(第 II 卷,第 2 分册[1801 年;"我的哲学体系的展示"],§72)中说:"内聚力的消长与比重的消长成一定的反比关系……观念性原则"(形式,光)"与重力处于战争当中,而且因为重力在中心点具有最大优势,所以在重力中心附近也就最易于把可观的比重与刚性统一起来,所以把 A 和 B"(主体性和客体性)在差异发展的一个很低环节归于自己的统治之下。这个差异环节发展得越高,比重被克服的越多,不过内聚力也达到越来越高的程度,以至到达这样的一个点,在此随着内聚力的减弱,更大的比重获得了胜利,而且最终两者同时并且一起消逝了。所以,根据施特芬斯,我们在金属序列中看到,从铂、金等以至到铁的比重在下降,但具有活性的内聚力在升高而且在铁中达到了最大值,然后又让位于可观的比重(例如在铅当中)并且最终比重在更低级的金属里与活性的内聚性同时减弱。这可真是捕风捉影啊。比重诚然是内聚性的一种说明。但是,当谢林想通过内聚性与比重之间关系的一定进程来一般性地把物体差别建立在内聚性差别之上的时候,那么我们倒可以说,尽管自然展示出这样进程的开端,但是后来也释放出其他原则,把这些特征设定为彼此无关的,而且完全不限于这样一种简单的、纯粹量的关系之上。

23　参见本书第 14 页,脚注 13。

因此是一种平面力,并由此出现了碰撞的无穷力量。

　　这种本有的、质的内聚性是均质质量通过内在的特有形式或限制进行的聚合,在此这种特有形式把自己呈现为空间的抽象维度。也就是说,这种特有形态可以只是物体自在标记出来的一种确定的空间性方式。因为内聚力是物体在其相互外在关系中的同一性;质的内聚力因而是相互外在存在的一种确定方式,或者说一种空间规定。这种统一性是作为一种聚合存在于个体物质本身,它与个体物质在重力中所寻求的普遍统一性相对立。物质现在向许多方面维持着内在的特有方向,这不同于重力所具有的单纯的垂直方向。内聚性尽管是个体性,但同时是有条件的个体性,因为它仅仅通过其他物体的作用才出现;它还不是作为形态的自由个体性,也就是说,还不是作为通过由其自身所设定形式的整全体之个体性。可以说,整全形态是存在的,以机械的方式被规定,具有这样的侧面和角度。但是在此,物质的特征最初仅仅是其内在形态,也就是说,它是这样一种东西,还没有存在于其规定和发展中。后来这又通过如下方式表现出来,即物质只有通过其他物体才显现出它的特征。因此,内聚力仅仅是反对他物的一种抵抗方式,这恰恰是因为内聚力的各种规定只是个体性的各种个别形式,这些还没有作为整全体而出现。脆的物体既不能锤锻、延展,也不能给出直线型方向,而是把自我保持为点,并且是不连续的;这就是具有内在形态的硬性。玻璃很脆,会破碎;同样,可燃物体一般 [167] 也是脆的。钢与铁之间的差别也在于,钢是脆的,有粒状裂痕;铸铁也是这样。迅速冷却的玻璃十分脆,缓慢冷却的玻璃却并非如此;如果我们粉碎快速冷却的玻璃,那么我们获得的将是粉末。相反,金属内在具有更大的连续性;但是一种金属也比另外一种金属具有更大或更小的脆性。韧性物体呈纤维状,不会断裂,而总是连接在一起;铁能够被拉成丝,但不是每种铁都是如此;锻铁比生铁具有更大的可锻性,并且始终保持直线形式。这就是物体的延展性。可延展物体最终能被锤成片状;有的金属可以被锤打成平面,而其他的则会碎掉。铁、铜、金和银可以被拓展成为片状;这些金属是软的,有顺从性,既不脆也不韧。有的铁只能是平面状,其他的铁只能是直线状,还有的铁,像铸铁只能是点状。因为平面会变成表面,或者说在平面中点会变成整体,所以可锻性一般而言又是整体的可延展性,即一种没有形态的内在,它把聚合一般认为是质量的联系。需要说明的是,这些环节只是一些个别的维度,其中的每一个维度都是作为有形态者的实在物体的环节;但这个形态却不属于这些环节中的任何一个环节。

§297

γ)物体在坚持自己独特性的同时,又屈服物体性东西的力,这个物体性东西是**另外**一个物体个体。但是作为内聚者的物体本身也是相互外在存在的物质性,其各个部分在整体受力的时候,**彼此**施加力并且**彼此**相互屈服,但是作为同样独立的东西扬弃自己遭到的否定并建立自身。因此,这种屈服以及其中朝向**外部**的特有的自我保存是与这种**内在的**自我屈服以及反对自身的自我保存直接联系在一起。这就是**弹性**。

【附注】:弹性是展示在运动中的内聚性,是内聚的整体。我们已经在第一章,在物质一般当中看到了弹性。在那里,一些物体,当它们相互阻挡、挤压和接触的时候,否定了它们的空间性,但也同样又把这个空间性建立起来;这就是向外的、抽象的弹性。这里,弹性是自我个体化物体的内在。

[168]

§298

这里**进入实存**的是**观念性**,作为物质各个物质部分**仅仅寻求**实存——这个**自为存在**的统一点,在这个统一点中,物质的各个部分在受到吸引时只是被否定。就各个物质部分只是重的而言,这个统一点首先是**外在于**它们的,并因此首先只是**自在的**;现在,在上述它们所遭受的否定中,这种观念性被设定了。但该观念性仍然是有条件的,只是各种关系中的一个侧面,而这些关系的另一个侧面是**彼此外在存在**部分的持存,以至对这些部分的否定过渡到它们的重建当中。因此,弹性只是自我重建比重之改变。

当我们在此和其他地方谈论物质**部分**时,我们既不是指孤立出来、自为持存的原子,也不是这样的分子,而只是量上的或偶然的差异物,以至于它们的连续性本质上是同它们的差别无法分离的;弹性是这些环节本身辩证关系的实存。物质的**位置**是其**无差别的**、确定**持存**;因而这种持存的观念性是被设定为**实在统一性**的连续性,也就是说,两个先前彼此外在**持存**的物质部分,并因此被视为具有不同位置,现在它们处于**同一个**位置当中。这就是**矛盾**,而且在此这个矛盾是以物质性的方式实存的。正是这种矛盾构成了芝诺关于运动辩证关系的基础,唯一不同的是,芝诺辩证关系涉及运动中的抽象位置,而这里则涉及**物质性**位置,物质性部分。在运动中,空间以时间性方式自我设定,而时间以空间性方式自我设定(§260);当空间环节作为空间点,时间环节作为时间点**被孤立**出来时,运动就落入无解的芝诺悖论中;这个悖论的解决,即运动,仅仅只能这样来把握,也就是空间和时间是内在连续的,移动的物体同时既在又**不在同一个**位置上,也就是说同时在**另外一个**位置上,同样同一个时间点同时既是又不是,也就是说,同时是**另一个**时间点。这样,在物质部分的弹性中,被视为肯定性地占据其空间的原子和分子,既被设定为是**持存的**,同时也同样被设定为不持存的;也就是作为有限量,同时既是广延量又是强度量。对立于在弹性中把物质部分设定为统一的活动,我们常常提到的虚构的**细孔**被同样拿来帮助所谓的说明。尽管物质是消逝的而不是绝对的这个命题在别处也被抽象地承认,但是把物质**实际上**理解为否定性的,把否定设定**在物质当中**,这就在运用中违背了自己所承认的命题。这些细孔的确是否定性东西——因为它没有任何帮助,它一定会前进到这个规定——,但这个否定性东西仅仅在物质**旁边**,并**不属于物质本身**,相反却**在物质所不在之处**,以至于实际上物质仅仅被视为是肯定的、**绝对独立的**和永恒的。这种错误是由下面

[169]

147

这个知性的普遍错误所带来的,即认为形而上学之物只是在实际之**物一旁**也即**以外**的思想之物;**因此除了**对物质非绝对性的信念**以外还**有对于物质绝对性的信念;前者在科学之外发生;后者本质上出现在科学之内。

【附注】:因为物体在其他物体中自我设定,并且这些物体现在具有确定的密度,所以首先其他物体在其中设定自身的物体之比重就发生改变了。第二个环节是抵抗作用,是否定活动以及抽象的自身行动;第三个环节是,物体进行反作用并从自身中排斥作用于自身的物体。这三个环节被熟知为**软性**、**硬性**和**弹性**。物体现在不再只以机械的方式屈服,而是内在地通过它密度的改变;这种软性是**可压缩性**。因此,物质不是持存的和不可渗透的。因为物体的重量保持不变而它的空间却变小了,所以该物体的密度就增加了;但是物体的密度也可以减少,例如通过加热。钢的硬性作为收缩性,是弹性的对立面,这种硬性也是密度的增加。弹性是向内在自身的返回,以便继而直接重建自身。内聚性物体要被另外一个物体所打击、碰撞和挤压;这样它占据空间的物质性以及由此它的位置性就受到了否定。因此,存在对物质性彼此外在之否定,但同样存在对这个否定的否定,对物质性的重建。这不再是那种普遍的弹性,所以物质并不只作为质量而被重建;弹性毋宁是对内在的反作用,——正是物质的内在形式在其中按照自己质的本性使自身有作用。因此,内聚性物质的每个微粒都像中心点那样发生作用;正是整体的**同一种**形式贯穿整个物质并且不与彼此外在相关联,而是流动性的。如果现在给物质施加压力,例如物体获得一个外在的否定,该否定接触到它的内在规定性,那么物体内部的反作用就通过该物体的特殊形式被设定并由此设定对被传递压力的否定。每个微粒通过形式而具有一个独特的位置,而且是对这种独特关系的保持。在普遍的弹性中,物体仅仅使自己作为质量而有效;而在此运动则内在地持续,不是作为向外部的反作用而是作为向内部的反作用,直到形式已经自我重建。这就是物体的振荡和摆动,是现在内在持续进行的

[170]

东西,尽管普遍弹性之抽象重建已经实现;尽管这种运动从外部开始,但是碰撞却涉及内在形式。物体的这种内在流动性是整体的内聚性。

§299

在这里被设定的观念性是一种变化,该变化是一种双重否定。对物 [171] 质部分(彼此外在)持存的否定同样被否定,这后一个否定是重建这些物质部分的彼此外在存在以及它们的内聚性;这里被设定的观念性是**同一个观念性**,它是相互扬弃的规定之交替,是物体在自身中的内在震动。这就是**声音**。

【**附注**】:这种内在摆动的定在显得不同于我们已有的规定;其为他存在是声音,这是第三个环节。

c. 声音

§300

物体在其密度和内聚性原则中所具有的这种规定性之特殊**简单性**,这种最初的**内在形式**,在通过沉潜于物质性彼此外在阶段之后,就在**否定**这种彼此外在存在的自为持存中变成为**自由**的。这就是从物质**空间**性向物质**时间**性的过渡。这种形式**在振动**中是作为物质性东西的**观念性**存在于物质当中,该形式既是对各个部分的瞬间否定也是对这个否定的否定;这两重否定彼此连接并且一个通过另一个来唤醒,这样是比重和内聚性的持续存在和它们的否定之间的振荡;由此,这种简单形式是**自为地实存的**,而且作为这种机械性的、具有灵魂性的东西来显现。

真正声音的纯粹性或不纯粹性,真正声音同单纯的响声(通过敲击固体产生)、噪音等等的区别,取决于这个彻底震动的物体内在是否均质;但继而取决于特殊内聚性和其他空间维度的规定性,即这

[172]　个物体是否是一条物质性直线,物质性平面,因而是受到限定的线或面,还是一种固体。缺乏内聚性的水是没有声音的,而且它的运动,作为它绝对可位移部分的单纯**外在**摩擦,仅仅产生噪音。玻璃在其内在脆性中实存的连续性可以发出声音,而金属的非脆性的连续性更加完全内在地发出声音,等等。

声音的**可传递性**,它的可以说是**无声音的**、缺乏翻来覆去重复震颤的传播是通过所有在脆性等等方面规定十分不同的物体来进行的(固体比空气的声音传递性更好;土地能把声音传递到好几哩远;根据计算,金属比空气的声音传播速度快 10 倍)。声音的这种可传递性显示出自由贯穿这些物体中的观念性,它只需要这些物体的**抽象**物质性,而无须要求它们密度、内聚性以及进一步构型的特殊规定,并且把这些物体的部分带到否定中,带到震颤中;这种观念化本身就是传播。

声音一般以及自我表达的声音或音律的**质的**方面依赖发声物体的密度、内聚性和进一步被分化的内聚性方式,因为构成震颤的观念性或主体性,作为对特殊质的否定,把这些特殊质作为自己的内容和规定性;由此,这种震颤和声音本身就得到了相应的分化,各种乐器就有了它们自己独特的声音和音色。

【**附注**】:声音属于力学领域,因为它与重的物质有关。因此,既同重力分离又属于重力的这种形式仍然是有条件的:对于观念性东西的自由的物理性表达,却仍然同机械性的东西相联接,——在重的物质中的自由同时是**属于**这种物质的。物体还不像有机物那样从自身中发出声音,相反它只是在自己被击打时才发出声音。运动,外在性碰撞继续进行下去,而内在的内聚性对则立于外在碰撞就像对立于它所被假设的具有质量性[173]　那样证明自身的保存时。这种物体性的显现对我们而言是司空见惯的,同时它们也是多种多样的,而且这使得我们用概念来展示它们的必然关系十分困难。因为它们对我们而言是琐屑而不值一提的,所以我们并不关注它们;但是它们也一定把自我显现为必然性环节,在概念中具有自己的位置。如果我们感觉物体的声音,我们就进入一个更高的领域;这个声音触及我们最内在的感受。它之所以召唤我们的灵魂,这是因为它本身就是内在的、主观性的。自为的声音是个体性的自我,但不像光那样是抽象的观念性东西,相反,声音仿佛是机械的光,仅仅作为内聚中的运动时间而出现。物质和形式都属于个体性;声音是这种在时间中显示自身的整全形式;——声音就是完整的个体性,它就是灵魂现在与物质被设定成为统一体,而且这个统一体作为静止的持存居于主导地位。这里表现出来的东西并不以物质作为基础;因为它在物质中没有自己的对象性。只有知性才为了说明假定一种客观存在,因为知性就像谈论热的物质那样谈论声音物质。因为在声响中呈现出一种内在存在,所以原始人惊讶于声响;在此,原始人并没有假设一种物质,而是假设了一种具有灵魂的东西。这里所出现的情况类似于我们在运动中所见到的,(在杠杆作用中)单纯的速度或距离显现为一种方式,它可以替代量的物质而被设定。一种内在存在作为物理性东西进入实存,这种现象不可能让**我们**惊讶,因为自然哲学的基础恰恰是各个思想规定展示为施加作用者。

关于声音本性的具体性质现在只能简要地陈述,因为这种思想规定必须用经验的方法加以透彻研究。我们有很多表述方式:声响、乐音、噪音以及嘎嘎响、丝丝响和沙沙响等等。这些如此规定感性事物的语汇完全是多余的;因为有了音律,我们无须费力就可以通过直接对应的方法,制造出音律的符号。单纯流动性的东西是没有声音的;压力的确可以传递给整体,但这种传递来自完全缺乏形式性,或内在规定的完全丧失;相反声音假定了规定的同一性并且是内在自身的形式。因为物质纯正的连续性和相同性内在地属于纯粹声音,所以金属(特别是贵重金属)与玻璃内在地具有这种清晰的声音,这是通过熔炼而出现的。相反,当一口钟,例如有了裂痕,那么我们就不仅听到它的振动,而且听到其他物质性抵 [174] 抗、脆性以及不均匀性;这样我们就获得了一种不纯的声音,这是噪音。尽管石片是脆的,但是它也发出声音;相反,空气和水并不自为地发出声音,尽管它们可以传递声音。

声音的起源是很难理解的。与重力分离的特殊的内在存在就是声音的出现;声音是观念性东西在他物的作用力下发出的控诉,但它同样也是对后者的胜利,因为它在后者中自我保存。声音有两种产生的方式:α)通过摩擦,β)通过真正振动、内在存在的弹性作用。在摩擦中还有这样的情况,在摩擦过程中多种多样的东西被设定为统一体,因为彼此外在存在着的不同部分暂时有了接触。每一个部分的位置,由此它的物质性被扬弃了;但每一个部分同样再次设定自身。正是这种弹性通过声音得到表露。但如果物体被摩擦,那么这种敲打的声音本身就会被听到,而与这种声音相对应的反而是我们所谓的音响。如果物体的震颤是通过外在物体被设定的,那么我们就会听到这两个物体的振动;两者的声音相互干扰,不留有任何纯粹的声音。这样,这种颤音就不是独立的,而是相互强制的;所以我们把这称为噪音。因此,在演奏坏的乐器时,我们听到的是嗒嗒声,是机械性敲打的声音,例如琴弓在小提琴上的刮擦声;同样我们从坏的嗓音中听到的是肌肉的振动声。其他更高的声音是物体内在自身中的振动,是内在的否定和自我重建。真正的声音是回响,是物体不可阻挡的内在颤动,这种颤动通过该物体的内聚本性而被自由规定。还有第三种方式,即外在刺激和物体声音是同质的;这就是人类的歌唱。在嗓音中,形式的这种主体性或独立性才初次存在;因而,这种单纯振动的运动具有某种合乎精神的东西。小提琴也不会连续发出声音;只有它的弦被摩擦的时候,它才会发出声音。

如果我们关于一般的声音还要问为什么它与**听觉**有关,那么我们必须回答:因为这种感官是力学中的一种感官,具体而言这正是涉及从物质性逃逸并过渡到非物质性的、具有灵魂的和观念性的东西。相反,所有具 [175] 有比重和内聚性的东西都与感觉器官有关;这样,**触觉**是力学领域的另一种感官,就是因为力学领域包含物质性本身的所有规定。

物质产生的特别音调依赖该物质的内聚本性;而且这种特殊差别也同音调的高低相关联。然而,音调的真正规定性只能通过物体发声的自相比较才能显示出来。就第一点而言,例如金属都具有其确定的特殊声音,就像银的声音和铜的声音那样。厚度相同、长度相同、但材料不同的细棒会发出不同的音调:正如克拉尼所观察到的那样[24],在高八度上鲸须发 a 调,锡发 b 调,银发 d 调,在更高的八度上科隆笛发 e 调,铜发 g 调,玻璃发 c 调,枞木发高半音的 c 调等等。我还想起,里特尔[25]对会发出很瓮声音的头的不同部分的声音做了很多研究;通过敲击这些不同的脑骨部分,会发现音调的差异。里特尔把这些有差异的音调编成了一个确定的音阶。虽然还有发出瓮的声音的完整的头,但是在这个音阶中这种瓮的声音并没有被包括进来。然而问题是,是否人们称为空脑壳的不同脑壳真的会发出瓮的声音来。

根据毕奥的研究,不仅空气而且任何其他物体都传递声音;例如,敲打一根水管的陶土或金属管道,那么在若干哩以外的管道口的另外一端可以听到声音,而且我们继而区分出两种声音,因为管道材料传来的声音比通过气柱传来的声音听到得更早。声音既不被山、也不被水、也不被森林阻挡。引人注目的是声音在土地中的可传播性,例如,当人们把耳朵贴近土地的时候,10 到 20 哩远的炮声都可以听见;另外,土地传播声音的速度是空气传播的 10 倍。这种传播一般而言也是值得注意的,因为当物理学家谈论声质并认为这种声质快速移动穿过物体细孔时,这种假说在声音传递现象中彻底表明自己是无法站得住脚的。

§301

[176]

在振动中,**颤动**作为**外在的**位置移动,即同**其他**物体的空间关系,而被区分出来,这种空间关系通常是真正的运动。但是尽管被如此地区分出来,颤动同时与前面规定的内在运动是同一的,这种内在运动是变为自由的主体性,是声音本身的显现。

24　克拉尼(Ernst Florens Friedrich Chladni):《关于声音理论的发现》,莱比锡:1787 年;以及《声学》,莱比锡:1802 年。

25　参见本书第 148 页,脚注 17。

由于其抽象的普遍性,这种观念性的实存仅仅具有**量上的**差别。因此,在声音和**音调**范围内,它的进一步彼此区分,它的和谐与不和谐,都依赖**数字比例关系**以及其比较简单的或比较复杂和迂远的符合。

琴弦、气柱、细棒等等的颤动是从直线到弧,从弧到直线的交替过渡;与这种仅仅如此表现出来的相对于其他物体的外在位置变化所直接连接的是比重和内聚性的交替变化;物质线与颤动弧中心点对立的这个侧面变短了,而外在侧面则变长了;因此后一方面的比重和内聚性减少了,而前者则增加了。所有这些都是同时的。

在这种观念性领域中,关于量的规定的力量,我们要指出这样一些现象,即这样一种规定是通过机械性中断而被设定到颤动的线或面中的,它把自身传递给声音传递的过程、传递给整个线或面超出机械性中断点的颤动,并在其中形成颤动节点;这种现象通过克拉尼[26]的展示变得直观可见了。——这里同样包含的有邻近琴弦发出的和谐音调,这些琴弦同发音的琴弦之间具有确定的比例关系;最重要的是由塔尔忒尼[27]首先注意到的这样一些经验:一些音律是从另外同时响起的、在颤动方面彼此有一定数量比例的有音律的声音中产生的,它们与这些声音不同,而且只有通过这种比例关系才产生。

【附注】:颤动是物质内在的振动,发出声音的物质在这种否定性中自我保存,而不是被否定。一个发出声音的物体必须是物质性的物理平面或直线,必须受限于此,以至颤动贯穿整个直线、受到阻碍并折返。敲击一块石头仅仅产生声响,但并不产生发出声音的振动,因为这种振动虽然会传播但是不会返回。

现在,通过反复的、合乎规则的颤动而产生的声音变化是音律;这是表现于**音乐**中的声音所具有的最重要的差异。当两根琴弦在同一时间作

26　参见本书第 175 页,脚注 24。

27　塔尔忒尼(Guiseppe Tartini):《根据和声学的音乐研究》,Padova:1754 年。

次数相等的颤动时,就出现了**谐音**。相反,在弦乐乐器或管乐乐器中音律的差异依赖琴弦或气柱的不同厚度、长度以及张力;如果厚度、长度和张力这三个规定中有两个是相等的,那么音律的差异就依赖于第三个规定性;在此,我们最容易从琴弦上观察到不同的张力,因此人们最喜欢把这种张力作为计算颤动差别的基础。我们是这样来造成不同的张力的,即把弦拉过弦马并且系以重物。如果只是长度不同,那么琴弦越短,在同一时间里造成的颤动就越多。在管乐乐器中,震动气柱的乐管越短,它的声音就越尖;而为了缩短气柱,我们只需要盖上活瓣。在我们可以切分琴弦的单弦琴中,同一时间中颤动的次数与各个部分的确定长度成反比关系;[178] 三分之一长的琴弦所造成的颤动是整根琴弦的三倍。由于颤动速度快,**高**音中细小的颤动无法再被计算;但是按照类比方式,这个颤动数目可以通过琴弦切分的长短来被准确计算。

因为音律是我们感受的一种方式,所以它们对我们而言或者是舒适的或者是不舒适的;**悦耳声音**的客观方式是属于这种力学领域的一种规定性。最有趣的现象是,耳朵感到和谐的声音同数字比例一致。正是毕达哥拉斯第一个发现了这种一致性关系,并且这促使他以数字方式来表达思想关系。和谐的声音依赖谐和乐音的轻盈,而且是一种在差异中感受到的统一性,就像在建筑中的对称性一样。迷人的和谐与**旋律**,这种引起感觉和激情的东西,要依赖抽象的数字吗?这显得引人瞩目,甚至是令人称奇;但是这里仅仅有这种规定,而且我们可以在这种规定中看到一种对数量关系的神话。现在,构成音律中和谐声音之观念性基础的那些比较简单的数量比例是容易被理解的;而且这首先是以数字 2 为基础的数字关系。二分之一的琴弦颤动出全长弦音律中作为**基音**的高八度。当两根弦的长度比例关系是 2∶3 或者短的琴弦长度是另外一根长的琴弦的三分之二,因而在长弦颤动两次的时间里,短弦颤动三次,那么短弦就会发出长弦**五度**的声音。当一根琴弦的 3/4 颤动时,这就会产生**四度**的声音,这使得它作四次颤动,而基音则同时颤动三次;这根弦的 4/5 以五次颤动与四次颤动的比例,产生出大**三度**;这根弦的 5/6 以六次颤动与五次颤动的比例产生出小三度,诸如此类。如果我们让整根琴弦的1/3颤动,那么我们就获得了高八度的五度。如果让1/4颤动,那么我们就获得更高的八度音程。琴弦的1/5产生三倍八度音程的三度或者说产生大三度的双倍八度音程;琴弦的2/5产生二倍八度音程的三度,3/5产生**六度**。1/6琴弦产生在三倍八度上的高五度等等。因此,基音造成了**一次**颤动,其八度则同时做两次颤动;三度作1¼颤动,五度作一个半颤动,而且是**属音**。四度已经具有一种比较困难的比例关系:琴弦作1⅓颤动,这已经

[179] 比1½和1¼颤动更加复杂;所以四度也是一种比较鲜活的音律。在一个八度音程中,颤动次数的比例关系是这样的:当c作一次颤动时,d作9/8次,e作5/4次,f作4/3次,g作3/2次,a作5/3次,h作15/8次,c作2次;或者这种关系是如下这样:24/24;27/24;30/24,32/24,36/24,40/24,45/24,48/24。如果我们设想把琴弦分成五个部分而且只让实际切分出来的五分之一作颤动,那么在其余的弦里就会形成一些结,因为这根弦继而自我切分成其他各个部分;因为如果我们把一些小纸片放在各个分割点上,那么它们就会始终待在那里,而把它们移动到别的地方,它们就会掉落下来,所以这根弦在每个结点处是静止的;这就是颤动的波节,它们会引来进一步的结果。气柱也造成这样的结,例如在笛子中,当颤动通过洞孔而被打断的时候。现在,耳朵在那些通过简单的数字2、3、4、5所做出的切分中获得舒适的感受;这些简单的数字可以表达确定的关系,这种关系类似于概念的各种规定,而不像其他数字,作为多重的内在复合数,变得不确定。二是一从自身中造成的产物,三是一和二的统一;因此,毕达哥拉斯把这些简单的数字作为概念规定的符号。如果琴弦被2所分割,那么就不会有任何差异和和谐,因为这样的分割太单调。用2和3来分割,琴弦则产生五度的和谐;同样,在三度中,是用4和5来分割,在四度中,是用3和4来分割。

和谐的三和弦是带有三度和五度的基音;这虽然造成了一个确定的音律系统,但是还不是**音阶**。古人侧重于那种特定的形式;但是现在却出现了更多的需求。如果我们以一个经验性律音c作为基础,那么g就是

五度。但因为 c 作为基础的这种情况是偶然性的,那么每一个律音都可以被展示为一个系统的基础。在每一个律音系统中也会出现进入其他系统中的各个律音;然而,一个系统中的三度在另外一个系统中是四度或五度。由此就出现了下面这种关系,同一个律音在不同的音律系统中具有不同的功能,因而可以出现在所有音律系统中;我们把这个律音拣选出来,用一个中性的名称例如 g 等等来标记该律音,而且赋予它一个普遍性的位置。这种对律音进行抽象观察的需求看起来也是另一种形式性需求,即耳朵想听到一系列通过相等**音程**(intervalle)而抑扬顿挫的律音;这一系列律音与和谐的三和弦结合在一起才产生音阶。我们的看法和习惯是把 c、d、e、f 等等序列中的各个律音作为基础;我不知道这种看法和习惯如何历史性的发展出来的。或许管风琴对此做出过贡献。这里,三度和五度之间的关系没有任何意义;相反,对均匀性的算术规定在此是唯一起作用的,而且这**本身**(für sich)没有任何界限。这种升音的**和谐界限**是通过 1∶2 的比例关系得到的,或者说是通过基音和其八度的比例关系得到的;因此,在这两者之间人们现在也必定会选出绝对确定的律音来。人们获得这种律音所需的琴弦部分必须长于该琴弦的一半;因为如果它太短,那么律音就会高于八度。现在为了产生那种均匀性,我们必须把一些律音插入到和谐三和弦当中,这些律音之间的关系大致类似于四度与五度之间的关系;这样就产生了**全音**,它们形成了完整的音程,就像四度进展到五度那样。当弦的 8/9 颤动时,基音和三度之间的间距通过**二度**被填补;基音到二度(从 c 到 d)的音程同四度到五度(从 f 到 g)以及从六度到七度(a∶h)是同样的。然后我们也获得了二度(d)和三度(e)之间的关系:这也接近一个全音,但仅仅是几乎同 c 和 d 之间的比例关系一样;但这两个比例关系并不是准确地符合。五度同六度(g∶a)之间的关系就像 d 与 e 的关系一样。然而,七度(通过琴弦的 8/15)与高八度的比例(h∶c)同三度和四度(e∶f)的关系一样。在从 e 到 f 以及从 h 到 c 的进展中,还有一种比其他音程更大的不相等,为了弥补这种不相等,有人后来还在其余音程中插入所谓的**半音**,也就是钢琴上的黑键音;这正是从 e

[180]

到 f 以及从 h 到 c 中被打断的进程。这样人们获得一种均匀的序列；不过它并不总是完全均匀。像我们已经指出的，其余叫作全音的音程也并不是彻底相等，而是在其中又分为大全音和小全音。大全音中包含有从 c 到 d，从 f 到 g 以及从 a 到 h 的音程，它们之间彼此相等；小全音中包含有从 d 到 e 以及从 g 到 a 的音程，它们尽管也彼此相等，但是这种相等与大全音中的不同，因为它们并不是完全的全音。音程的这种细小差别就是我们在音乐中称为**半音的五分之一音程**的东西。然而，五度、四度、三度等等的那些基础规定必须始终是基础；这种进展中的形式均匀性必须

[181]   退让。同样，那种单纯机械性的、按照毫无比例的算术（1、2、3、4）关系来听的耳朵，只能从 1 过渡到 2；这种耳朵必须让位于那种能够把握绝对分割比例关系的耳朵。但这种差别无论如何是十分微不足道的，而且耳朵会遵从内在的、主导性的和谐关系。

以这样的方式，和谐的基础以及进程的均匀性就构成了这里出现的第一个对立。而且由于这两条原则之间并不完全一致，因此人们会担心，在律音系统进一步发展中，它们之间的这种差别会更加明确地显现出来；也就是说，如果某个确定基音音阶的一个律音构成了基础（无论哪个律音做基音都是无所谓的，因为每一个律音都有同样的权利），而且这些相同的律音要被用于其音阶，或更确切地说，要被用于多倍的八度音程，那么上述的两条原则的差异就会显示出来。因此当 g 作为基音的时候，d 就是五度；而 h 作为基音的时候，d 是三度；当 a 作为基音，d 则是四度等等。因为同一个律音一下是三度，一下是四度，又一下是五度，所以这在律音固定的乐器上是无法完全实现的。这里随着律音系统的进一步展开，那种差异现在就变得更加明显了。在一个音调里合适的律音在另一个当中就会变得不合适；然而假如音程是相等的，这种情况就不会发生。因此，音调包含着一种内在的差别，这种差别依赖于音阶中律音关系的本性。我们都知道，例如把 c 调的五度（g）作为基音，再把 g 调的五度（d）作为产生另一个五度的基音，以此类推，那么在钢琴上第十一个和第十二个五度就是不纯粹的，并且也不再适合以 c 来调准的律音系统；因此对于

c而言,这些就是错误的五度。而且其他律音、半音等等的变化也依赖于此,在这些律音和半音中,不纯粹性、差异性与不和谐性很早就已经出现了。人们尽其可能来纠正这些混乱,例如,用一种均匀合理的方式来分配这些不相等。因此,人们也发明了完全和谐的竖琴,在这种乐器中每一个音律系统,c、d等等,都有它们自己的半音。另外,有人还α)从一开始就缩短每个五度,以便均匀地分配差别。因为这对敏感的耳朵还是不够好听,所有人β)必须把乐器限制在六倍的八度音程之内(尽管在这些律音既固定又中性的乐器中,仍然足以出现偏差)。一般而言,人们很少在那些出现这类不和谐的音调中演奏,或者避免那些显然音律不纯的个别　[182]
组合。

　　我们仍需要加以说明的只是和谐如何以**客观**方式显现——和谐的实质作用。这里出现了一些初看起来悖论的现象,因为在律音的单纯可听性中根本找不到它们的基础,而且律音只有通过数量比例关系才能被理解。假如我们**首先**让一根弦颤动,那么它在这种颤动中自我切分为这种关系;这是内在的、独特的自然关系、内在自身的形式活动性。我们不仅听到基音(1),也听到高八度的五度(3),以及又高八度的三度(5);被训练过的耳朵还会注意到基音的八度(2)以及基音两倍的八度音程(4)。因此听到的律音通过整数来表象:1,2,3,4,5。当然,因为这种弦有两个固定点,所以颤动波节在中间位置形成;现在,这个颤动波节又再次进入同两个端点的关系中,因此这导致既有差异又有和谐的现象。

　　第二,可能出现一些律音,它们不是被直接地弹出来的,而是通过弹别的弦而被引起的。被弹的弦发出律音,因为这是它固有的,人们认为这是可以被理解的。现在更加难以理解的是,为什么当人们弹多根弦的时候,却常常只有**一个**律音可以被听见,或者当人们弹出两个律音的时候,能听到第三个律音。这也依赖数量规定的相互关系的本性。α)一种现象是,当人们选取有确定关系的律音并且一起弹奏它们的弦的时候,人们仅仅听到基音。例如,我们摸着风琴的音栓,弹奏其中的一个键,即可引起五个管音。尽管每一个管有一个特殊的律音,但是这五个(管发出的)律音的结果却仅仅是一个律音。出现这种现象的条件是,这五个管或律音是下面这样的:1)基音C,2)C 的八度,3)又一个八度音程的五度(g),4)第三个 C,以及 5)再高八度的三度(e)。这样我们就只听见了基音 C,这是以振动的重合为基础的。当然,那些不同的律音必须选择确定的音高,既不能太低也不能太高。这种重合的基础在于:如果低 C 振动一次,那么八度则振动两次。这个八度的 g 作三次振动,基音则同时作一次振动;因为下一个五度作 1½ 次振动,这个 g 就做三次振动。第三个 C 作四次振动。第三个 C 的三度作五次振动,基音则同时作一次振动。因为与基音相比,三度作 5/4 次振动,三倍的八度音程的三度则多振动四倍;而这就是做五次振动。因此,这里振动是以如下方式构成的,其他律音的振动同基音的振动相重合。这些律音的弦具有 1,2,3,4,5 的比例,而且所有振动都同时消失,因为最高律音作完五次振动时,其他较低的律音恰好完成四次、三次、两次或一次振动。由于这种重合,人们仅仅只听到一个 C。

[183]

β)另一种情况也同样如此。根据塔尔蒂尼,当我们弹吉他的两根不同琴弦时,就会出现这种奇妙的现象:除了它们的律音,我们也听见了第三种律音,然而这个律音既不只是前两种的混合,也不只是抽象中性的。例如,如果我们以确定的音高同时弹 c 和 g 的话,我们就同时听见了低八度的 c。出现这种现象的理由在于:如果基音作一次振动,那么五度则作1½的振动,或者五度作三次,而基音同时则做两次振动。如果基音振动了一次,那么在这第一个振动还在持续的同时,五度的第二个振动就已经开始了。然而,在 g 的第二个振动持续中开始的 c 的第二个振动与 g 的第三个振动同时结束,以至于 c 和 g 振动的新开端也是重合的。因此,毕奥说(《物理学研究》第 Ⅱ 卷,第 47 页)[28]:"在一些周期中,所有的振动同时进入耳朵;也有另一些周期,其中各个振动是分开进入耳朵的"。这就

28　参见本书第 138 页,脚注 12。

像一个人走三步的同时,另一个人走了两步;在头一个人走完三步,后一个人走完两步后,这两个人又同时迈开了脚步。这样就出现了在 c 每作完两次振动以后的周期性重合。这种重合比 c 的振动慢两倍或者说是 c 振动速度的一半。然而如果一个音的规定是另一个的振速的一半,那么就出现了低八度,它振动一次的同时高八度则振动两次。当管风琴发出完全纯粹的律音时,它就提供了这方面最好的经验。例如,我们也在单弦琴上听到了低八度,尽管这个律音并不是我们自己弹出的。在此之上,修道院长弗格勒尔[29]建立了一套独特的风琴建造体系,其中有很多乐管,每个乐管都有自己固有的律音,它们一起则发出另一个纯音,而这个音自身不需要任何特别的乐管和特别的琴键。 [184]

关于和谐,如果人们满足于听觉而不想深究数量比例关系,那么就完全不会想到那些被同时听到的律音尽管各自有别,但却作为**同一个**律音被听见。因此,关于和谐,我们不应该仅仅停留在单纯的听当中,而必须认识和知道客观规定性。然而,更进一步的说明则涉及物理学以及音乐理论。像前面已经提到的,这些理论属于这个阶段,因为律音是力学领域的这种观念性,律音的规定性由此必须以力学的方式被把握,而且这种在力学领域中构成规定性的东西必须被认识。

§302

声音是物质部分特殊的彼此外在存在及其被否定存在的**交替**;不过声音仅仅是这种特殊者的**抽象的**,或者可以说,观念的(ideelle)观念性。但由此这种交替本身直接就是对于这种物质性特殊持存的否定;因此,这就是比重和内聚性的**实在观念性**。——这就是**热**。

发出声音物体的发热,就像受到打击和相互摩擦的物体发热一样,是一种按照概念伴随声音一起产生热的现象。

29　弗格勒尔(Georg Joseph Vogler,1749—1814):音乐家。

【附注】:由于力施加于物质,在声音里显示自身的内在存在本身被物质化了,支配物质并以此方式获得感性的定在。因为作为声音的内在存在仅仅是有条件的个体性,还不是实在的整全性,所以它的自我保存只是一个方面;而另一个方面则是,这种由内在存在所渗透的物质性也是可以毁灭的。通过这种物体内在自身的内在震颤,不仅出现了以观念方式对物质的扬弃,而且也出现了通过热进行的实在的扬弃。物体以特殊方式把自身展示为自我保存的;这种展示就转为物体自身的否定性。物体[185]内在自身的内聚性交互作用同时是把这种内聚性设定为他者,是对物体刚性之开始扬弃,而这就是热。声音和热因此是直接相近的;热是声音的完成,是这种物质东西在物质性东西中自我造成的否定性;就像声音会发展至断裂或熔化,玻璃也能因为破裂而发出尖锐的声音。表象把声音和热置于彼此外在,而两者如此地接近,这看起来会令人惊讶。但当例如一口钟被敲打的时候,它就会变热;这个热并不是外在于这口钟的,而是通过它自身内在的加热而设定。不仅音乐家会变热,而且乐器也会变热。

d. 热

§303

热是物质在其无形式性、流动性及其抽象均一性胜过特殊规定性中的自我重建;作为否定之否定,热之抽象的、仅仅**自在**存在的**连续性**在这里被**设定**为行动性,也就是说,在同一般性空间规定关系中,热因此显现为是**膨胀的**,是对限制的扬弃,该限制构成对**彼此无关**地占据空间之**特殊化**。

【附注】:由于实在联系屈服于力而自我解体,所以实在联系本身的破碎与分裂只是对被动性的量上的内聚性之消解,尽管该联系在此也显示为以独特方式被规定（§296）。而热所构成的另一种消解形式仅仅与特殊的、质上的内聚性联系在一起。在声音中，外力的排斥是形式以及内在具有形式之部分的持存，这种排斥是主要因素；与此同时，在热中出现了吸引，以至于当特殊的内在内聚性物体把外力向后推时，它同时也内在地屈服该力。如果内聚性和刚性被压制，那么各部分的持存就会以观念性方式被设定，由此各个部分得到了改变。物体这种内在变为流体的活动是热的发源地，在这里声音就消失了；因为流体本身不再发出声音，就像纯粹僵硬的、脆的和细碎的东西不发出声音一样。热不是把物体粉碎为质块，而只是存在于持续的联系中；热是对各部分之间相互排斥、彼此外在分离之深入的、内在的瓦解。因此，热比形式更加深入地使物体成为统一体；但这种统一体是缺乏规定的。这种瓦解是形式本身的胜利；那种外力，那种构成惯性的、在排斥中自我保存的物质之强度的东西，自我摧毁了。这种瓦解以内聚性**为媒介**；否则，外力就只能产生粉碎作用，就像石头只能被粉碎一样。单纯刚性给热传导设定了障碍；为此，还需要作为内在流动性以及可延展性的联系，这正是内在的弹性；通过弹性，各个微粒彼此在对方中自我设定，这意味着一种非刚性，非僵硬性，这同时也摧毁了联系着的各部分之持存。形式在熔解中作为灵魂自我保存；但对形式的摧毁也同样通过火而被设定。

[186]

因此，对外力的排斥以及对作为内在者——即声音和热——的这种力的屈服，这两者是彼此对立的；而每一方同样也转化为另一方。这种对立仍然存在于更高阶段的自然事物中，即在有机体中；在此，自我内在地把自身作为观念性之物来保持占有，而且自我通过热被**向外**拉入实在的实存中。植物和花卉尤其包含多样性以及单个颜色和其光泽的纯粹、抽象的形成；它们的自我被外在的光拉向外面，由此被倾注进作为光的定在中。相反，动物一般只有模糊的颜色。而且在尤其具有华丽颜色的鸟类中，只有热带鸟类的自我性是按照植物的方式，通过当地气候中的光和热，而被拉到自己的植物性包裹物，即羽毛中的；反之，北方的鸟类比不上热带鸟类的色彩，但是却比它们叫得更好听，就像夜莺和云雀那样，这在热带鸟类中是找不到的。* 因此,在热带鸟类中,热并不内在地保存把这种内在存在、这种作为叫声的内在观念性的表露,而是熔解它并迫使它呈现出色彩的金属般光泽;也就是说,声音在热当中毁灭了。尽管叫声是比声音更高级的东西,但叫声也展现在同气候之炎热的对立中。

§304

因此,对物体独特性的这种实在否定就是它的状态,即在其定在中并不以肯定性的方式属于其自身;这种实存因而是同**其他物体**的相通,是向后者的**传导**,这就是**外在的热**。对外在热而言,物体的被动性依赖自在存在于比重和内聚性中的物质连续性;通过其本源的观念性,比重和内聚性的变化无法构成传导、相通性设定的真实边界。

无内聚性的东西,例如羊毛,和自在无内聚性的东西(也就是像玻璃这样的易碎物体)同金属相比是较差的热的导体;金属的特性在于内在具有密集的、不间断的连续性。由于缺乏内聚性,或一般而言仍然是作为无形体性物质,空气和水是较差的热的导体。——首先是可传导性,通过这种可传导性,热同它最初所在的物体可以分离开来,而且它因此看起来既是与该物体相对的独立之物,也是**从外部**

---

* 斯皮克斯与马齐乌斯《游记》[30]第Ⅰ卷第191页中写道:"在这些森林里"(巴西森林,在圣大克卢茨群岛后面)"我们第一次听到一种灰褐色的鸟,可能是一种画眉的声音,它们栖息于灌木丛和潮湿的森林地上,而且频繁地并如此合乎节奏地叫着从h到a的音阶,以至于其中的任何一个单音都不会被丢掉。通常它们把任何一个音叫四至五遍,然后不经意间鸣叫下面的四分音。人们通常否认这种**美洲森林歌手**可以发出所有和谐声音,而仅只承认华丽的色彩是它们的优异之处。但是,一般而言,即使这些在热带栖居的温柔的鸟儿是通过华丽的颜色,而不是通过声音的丰满有力著称,即使它们的歌声似乎比不上我们的夜莺那样清晰悦耳,这种小鸟毕竟也格外证明,它们至少同样具有发出悦耳旋律的基础。——另外还可以设想,当一些哼着几乎没有节奏的声音的人们穿过巴西森林,不再发出声音的时候,许多长着羽毛的歌手却会在那里唱出美妙的旋律"。

---

30 斯皮克斯与马齐乌斯(Johann Baptist von Spix 与 Karl Friedrich Philopp von Martius):《巴西游记》,3卷,慕尼黑:1923—1931年。

来到这种物体中的东西；其次是与此关联的其他力学规定，这些规定
可以被设定在**传播**当中（例如凹面镜的反射）；最后是在热当中出现　[188]
的各种量上规定。——这些尤其导致把热视为独立的实存物，视为
热物质。但人们至少应该有所保留地把热称为一种**物体**，或仅仅是
一种有形体的东西；其中已经包含着**特殊定在的显现**可以立即归属
不同范畴。这样，在热中出现的受限制的特殊性以及同其所在物体
的可分离性是不足以把物质范畴应用在热之上的，因为物质内在本
质上是一个整全体，并由此至少是**重的**。那种特殊性的出现首先仅
仅是基于一种**外在性**方式，通过这种方式热在传导中看起来是与存
在的物体相对立的。伦福德[31]关于例如在钻旋炮膛中物体摩擦生热
的研究早就可以抛弃那种把热视为特殊独立实存的观念；在此，同所
有说法相对立，热就其起源和本性而言被证明纯粹是一种**状态方式**。
关于物质的抽象观念自为地包含着**连续性**规定，这种连续性构成了
传导的可能性，而且作为行动性构成传导的现实性；而且，作为对形
式——比重和内聚性的否定，以及也作为对形态的否定，这种自在存
在的连续性就变成行动性。

【附注】：声音和热在现象世界本身也是现象。可传导性与被传导是
状态本性中的主要环节；因为状态本质上是一个共同的规定和一种对环
境的依赖性。热之所以可被传导，这是因为它具有现象的规定，它不仅作　[189]
为自身可被传导，而且在以物质实在性为前提的领域内部也是可以被传
导的；这是存在，同时也是显现，或者说是一种显现，同时也是存在。存在
是内聚性的物体；它的消解，对内聚性的否定，是显现。这样，热不是物
质，而是对于这种实在性的否定，但这个否定不再是像构成声音那样的抽
象否定，而是构成的火的业已完成的否定。作被物质化的否定或者作为

31　参考：本杰明·伦福德（Benjamin Rumford）:《关于摩擦产生热之根源的研究》，载
于《伦敦皇家科学院哲学通讯》，1798 年。

否定性的物质化,热是一种现存物,尽管其处于普遍性和共同性的形态中,作为否定它同样还是实在性持存,是一般性的定在被动性。作为这种仅仅显现出来的否定,热不是自为的而是依赖他者的。

由于热以这种方式本质上是自我传播的并由此设定了自身与他物的相同性,所以这种传播能够从外部通过面来确定;这样,热可以用烧杯和凹面镜汇集起来,——甚至寒冷也可以用同样的方式汇集起来;我相信,这是日内瓦教授皮克泰德先生所做的研究。但物体现在能够使自身被设定成为显现之物,它们不能阻止自己这样做;因为它们自在的本性就在于其内聚性可以被否定。所以它们自在地是那种在热中达到定在的东西,而且这种自在存在正是它们的被动性。因为仅仅自在的东西恰恰是被动的;就像例如只是自在地作为理性者的人是被动的人。因此,被传导的状态是一种规定性,按照自在存在的方面通过他者被设定,——作为一般而言其仅仅自在存在的显现;然而,被传导的状态作为行动性也必须是现实的。因此,显现的方式具有两个方面:一方面是行动着的、开创的显现,另一方面则是被动的。这样,物体可以具有热的内在源泉;其他物体则从外面获得热,而并不在自身中产生热。从热起源于内聚性变化转变为这样一种外在关系,即把一个现存物附加到他物之上,正如在热传导中所发生的那样,这彰显出这些规定之自我缺失;相反,重力和重量是不可能被传导的。

因为热的本性一般是对特殊的、实在的彼此外在存在之观念化,而且我们说,它是基于这样的否定之上的,所以我们无法从这个侧面设想任何热物质。对于热物质的假定,就像对声音物质的假定一样,基于这样一个想法,即造成感性印象的东西必然也具有感性持存。如果我们现在如此[190]拓展物质概念,以至于人们允许询问热物质是否可以被称量从而放弃构成其基础规定的重力,那么某种材料的客观持存仍然始终被假设,该材料无法被摧毁而且是自为独立的,它时显时隐,而且会在某个位置增减。知性形而上学正是保持存在于这种外在附加方式中,而且它让这种外在附加关系成为本原关系,尤其是本原的热的关系。在热的材料没有显现而热之后又出现的地方,热的材料被假定是添加的,被假定聚集起来,并且是潜伏着的。虽然听说一些研究断定了热的物质性,有人因此常常从一些事实得出琐屑的结论,但是伦福德伯爵想准确计算钻旋炮膛的发热量的研究却尤其有力地反驳了这种说法。这就是说,当人们断言金属片中所产生的剧热是通过强烈摩擦从邻近物体输入的时候,伦福德则说,热是在金属本身产生的;因为他用木材把整个金属包裹起来,而木材本身是不良的导热物体,不会让热通过,尽管如此金属片却变得同不加这层包裹一样灼热。因此,知性自己创造了一种我们通过概念无法承认的基质。声音和热并不像重的物质那样是自为的,而且所谓的声音物质和热物质只是物理学中知性形而上学的纯粹虚构。声音和热以物质性实存为条件并构成了后者的否定性;它们完全只是环节,但是作为物质性东西的规定,它们是有量的,并因此按照程度加以规定,或者说它们是有强度的东西。

§305

在不同物体中的热的传导仅仅自为地包含着贯穿不确定物质性之规定的抽象连续性;因此,热并不能具有内在的质的维度,而只能具有肯定性和否定性以及有限量和程度之间的抽象对立,这是一种抽象的平衡,就像物体具有相同的温度,但是它们之间又有程度的差别。但由于热是比重和内聚性的改变,它同时与这些规定性连接在一起,而且为了其实存的确定性,外在的、被传导温度的条件是它所传导到的物体的特殊比重和内聚性。这就是**热容率**。　　　　　　　　　　　　　　　　　　　[191]

同**物质和材料范畴**关联在一起的热容率导致了关于**潜伏的**、**不可觉察的和受束缚的热质**观念。作为一种**不可被感知的东西**,这种规定并不具有**观察和经验**的根据,但作为被揭示出来的东西,它依赖对热的**物质独立性这个假设**(参考:§286说明)。以这种方式,这种假设使得作为物质的热的独立性无法被**以经验方式**反驳,而这恰恰是因为这个假设本身不是经验性的。当我们指出热消失或出现在它不曾存在的地方,那么前者就被解释为单纯隐匿或**束缚**于不可觉察的状态,后者则被解释为从这种单纯不可觉察状态中出来;这种关于独立性的形而上学是同经验相对立的,而且确实是先天地假定给经验的。

对于这里关于热所给出的规定而言,关键在于**通过经验方式**来确证,这个通过概念自为的必然规定,也就是比重和内聚性的**改变**,在显现中展示为**热**。这两者之间的**紧密联系**首先通过热的多种产生(以及同样多的消失方式)可以被很容易地认识到;这些方式见之于发酵、其他化学过程、结晶和晶体分解,见之于我们已经提到的机械性内在的、同外部联系的振动,如打钟、敲击金属、摩擦等等。两片木片的摩擦或者我们通常看见的打火活动,会通过另一个物体的迅速挤压运动把一个物体的物质性彼此外在顷刻间集中到一个点上;这是对各个物质部分空间持存的否定,这些物质部分突变成为物体的发热和燃烧,或突变成为由此释放出来的火花。另一个困难在于,把热与比重和内聚性的关联理解为物质性物体之**实存的**观念性;另外还在于把热理解为否定性东西的实存,这种实存本身包含着被否定者的规定性,而这种规定性又进一步具有有限量的规定性,而且作为持存者的观念性,是其外在自身存在和在他者中的自我设定,是传导。就像普遍在自然哲学中那样,这里所涉及的仅仅是,用思辨概念的思想关系替代知性范畴,按照思辨概念理解和规定现象。

[192]

【附注】:就像每个物体按照其特殊的内聚性具有某种特殊的声音方式一样,热也是具有特殊性的。当我们把不同性质的物体放在同一个温度中的时候,也就是相同的热带给它们的时候,它们就以不同的方式被加热了。因此每个物体以不同的方式接受空气温度:例如在寒冷空气中铁比石头更加冷;在热的空气中水总是比空气要凉。有人计算过,要给予水和水银同等的温度,前者要比后者需要的热大 13 倍;或者暴露在相同的温度中,水比水银的温度要低 13 倍。同样,被传导的热所引起的熔点也是不同的;例如,熔解水银要比熔解所有其他金属需要的热小得多。这样,由于在被传导的热中物体同时表现出自己的比热,那么问题是,什么形式的内在存在在此出现了。内在存在是内聚性、点状性、直线性和平面性这些形式,后来作为简单的规定性,是比重。在比重中显现出来的内在存在只能是内在存在的简单方式。因为热是对于内聚性被规定的彼此外在之扬弃;然而,物体作为持存者同时也仍被包含在其被规定的内在存在中:现在,带着自我扬弃的内聚性的内在存在仅仅仍然是普遍的、抽象的内在存在,即比重。这样,比重就显示为在此使自己有效的内在存在。　　［193］

　　以此方式,热容就同比重有了关系,比重是同单纯重力相对立的物体内在存在。这种关系是一种反比关系:比重较大的物体比比重较小的物体更容易加热,也就是说在相同的温度中,前者比后者更热。所以有人说,在比重较小的物体中热物质是潜伏的,而在比重较大的物体中热物质是自由的。同样,当可以清楚地表明热不是来自外部,而是自己内在地产生的时候(参见:§304 附注),有人就断定热物质就是潜伏的。另外,在石油精的蒸发带来冷却时,也有人说热是潜伏的。像人们所说的,在零度结冰的水失去了那为使其流动而所需添加的热;在其温度没有通过加热被提高的时候,热物质据说就是潜伏在它里面的。同样的情况据说也出现在水所转化成的可伸缩蒸汽中;因为水不会高过 80 度,而且只有在更高的温度中才会蒸发。反过来,具有确定温度的蒸汽、可伸缩的流体在凝结的时候比停留在膨胀状态中要产生更多的热量;也就是说,膨胀替代了作为强度的温度(参见:§103 附注)。潜伏说只是一种说辞,因为这些现象——例如水可以在零下若干度结冰,也可以在零度结冰,清楚地表明正是在内聚性的内在变化那里出现了热。热物质被假定为不断出现和消失的东西;但因为人们并不想取消热作为物质这种说法,所以既然热是独立的,人们就说它依然是存在着的,只不过是潜在的罢了。然而,怎么能出现某种并不实存的东西呢? 这种东西是一种空洞的思想产物,就像热可以被传导的能力也毋宁是证明了这种规定是不独立的。

　　有人或许会认为,大的比重必然也会带来更多的热。然而,更大比重的物体却是这样一些物体,其规定性仍然是简单的,也就是说它们所具有的是尚未展开的、还没有被个体化的内在存在;这些物体还没有发展到内在更进一步的规定。相反,个体性是对热更高阶段的抵抗。因此,有机物也不能接受外在的加热。这样,在更高阶段的有机自然中,在植物和动物中,比重以及热容普遍失去了它们的重要性和意义;因此整体而言,木质[194] 之间的差异在这方面就没有任何意义。相反,在金属中,比重以及热容是主要的规定。比重还不是内聚性,更不是个体性,相反只是抽象的、普遍的内在存在,它还没有内在地分化,并因此被热浸透得最彻底;这种内在存在最容易和最乐意接受对于被规定关联的否定。相反,更加个体化的内聚者赋予它的各种规定以更大的持续性,而不是这些规定很容易内在地吸收热。

　　既然我们已经从物质性内在存在的特殊规定性出发,我们就从内聚性这一侧面看到了热的**产生**。这就是α)热的本真产生方式,热可以通过振动或者也可以作为自燃出现,例如在自动产生的发酵过程中就是这样。卡特琳娜女皇的一艘巡洋舰曾以这样的方式自燃了:业已被烧灼的咖啡在自身中发酵,热度逐渐升高直至冒出火焰;这或许就是船上出现的状况。亚麻纤维、大麻纤维以及涂着柏油的绳索最终自己燃烧起来。另外,酒或醋的发酵也会产生热。同样的情况也出现在化学过程中,因为晶体的溶解总是内聚性状态的改变。但大家都知道,在力学这种领域、在这种同重力的关系中,热以两种方式产生。β)另外一种方式是通过摩擦本身。摩擦只涉及物体表面,是表面部分的振动,而不是物体的彻底振动。这种摩擦是热得以产生的普遍和通常方式。然而,它也决不能单纯地以力学方式来理解,就像《哥廷根文汇报》(1817年,第161页)所说的:"人们知道,每个物体通过压力就失去了自己一部分的比热,或者毋宁说,物体在较大压力下同在较小压力下包含的比热量是不同的;因此,通过敲打和摩擦物体、通过迅速压缩空气等等热得以产生"。因此,形式的这种自由化还不是自我真正的独立整全体,而仍然是有条件的,仍然不是统一体内在自我保存的行动性。因此,热能够外在地以力的方式通过摩擦来产生。当热升高到燃起火焰时,它就是纯粹观念性对物质性彼此外在的自由胜利。在钢与火石那里迸发**出来**的只是火花：内在的坚硬性所做的抵抗越大，**外在**被触及部分的振动就越强；与此相反，木材之所以被**焚毁**，这 [195] 是因为它是一种可以使热持续下去的物质材料。

§306

作为温度一般的热首先仍然是抽象的，而且就其实存和规定性而言，它是对特殊化物质性的有条件瓦解。然而，通过自我发展，获得实现，对物体独特性的消耗赢得了纯粹物理观念性的实存，赢得了物质之变得自由的否定之实存，并且作为**光**出现，不过这种光是**火焰**，是同物质连接在一起的对物质的否定。就像**火**首先从**自在**中发展出来（§283），在此被**设定的**是，火受到外在的制约，从有条件的实存领域内部的实存概念环节出发，造就自身。进一步，它作为有限者，同与其所消耗的条件一起，消耗自身。

【**附注**】：光本身是冷的，而夏季的光却是如此灼热，这种光只在地球上，大气中。在最炎热的夏日，高山上的光是十分冷的，而且在山上终年积雪，尽管我们在此离太阳更近了；只有通过接触其他物体，热才会出现。因为光是自我性的，由它所触及的物体也会成为自我性的，也就是说，会展现出瓦解，也就是热的开端。

§307

这样，实在的，也即在自身中包含**形式**的物质的发展，在其整全性中就转化为其各种规定的纯粹观念性，转化为抽象自我同一的自我性，这种自我性本身在这种**外在性**个体性范围里（作为火焰）变得外在化了并因此消失了。这个领域的**条件性**在于，**形式**曾经是对有重的物质之**分化**，而且个体性作为整全性仅仅只是**自在的**。在热中设定的是对**直接性**进行实在**消解**以此出现的被分化物质之间彼此无关的这个环节。因此，作为**整全性**，形式现在内在于丧失对立性的物质性东西。——作为无限自我关 [196]

联的形式,自我性本身进入实存;它在屈服于自己的外在性中自我保存,而且是作为自由地规定这种物质性东西的**整全性**,——**自由的个体性**。

【附注】:由此出发就是要构成向实在个体性的**转化**,而其环节我们已经在上面看到了。内在的形式之聚集,作为声音而飞逝的灵魂,以及物质的流动性就是构成个体性实在概念的两个环节。因为服从于这种无限形式,重力是完全自由的个体性,在此物质完全被形式所浸透和规定。这种内在自身发展的、规定众多物质性东西的形态是绝对中心性,这不再像重力那样仅仅在自己外部拥有众多事物。作为趋向的个体性是如此构成的,它首先把它的环节设定成为个别化的图形。然而,如果说在空间中的各种图形,点,线,面仅仅是各种否定,那么现在形式则把这些图形刻画为一种完全由形式规定的物质,不再是作为空间的轮廓,而是作为物质关联之间的差别,作为在物质中的实在空间图形,这些实在空间图形在表面的整全性中自我完成。声音作为灵魂并不从物质中逃逸,而是作为力在后者中(自我)构建,为此需要对物质固定持存之被设定的否定;也就是在通过热所进行的消解中被设定为实存的东西。在开始处仅仅通过概念所设定的物质之通透性在这里作为定在的结果而被设定。我们曾经从作为比重的内在存在开始,在那里物质被认为是直接地具有如下构成,即形式可以把自己融汇到物质中去。然而,物质的这种自在,即这般地通透和被瓦解,也被显示为是实存的,而且更准确地说是通过内聚性来成为实存的。对内聚性中彼此外在的瓦解是对这种内聚性本身的扬弃;剩下来的是比重。作为最初的主体性,比重曾经是抽象的、简单的确定性;当它被规定为内在自身的整全性时,它就是声音,如果有流动性就是热。最初的直接性必然自我展现为是被扬弃的,是被设定的;所以我们总会返回到开端。内聚性构成了受物质约束的形式之有条件存在。同这种有条件存在

[197] 相对立,内聚性本身是媒介者,它内在地产生否定,热,以至于内聚性自我否定了,也就是说它只是自在存在,形式之有条件性的实存。提出这些环节是容易的;但当我们想在实存中发展与思想规定相对应的东西时,逐个

观察这些环节则是困难的;因为这些环节中的每一个也有同自己对应的实存。那种困难在如下这些章节中尤其困难,在那里整体仅仅是作为趋向,而各种规定仅仅是作为单个构成而出现。按照概念,个体性、比重、内聚性等等这些抽象环节一定先于自由个体性出现,由此后者才能作为结果从它们那里得出。在形式成为支配者的整全个体性中,所有环节都实现了,而形式则在其中作为确定的统一体驻留。这种形态中包含灵魂、形式的自我统一以及还有作为为他存在的各种概念规定。在这种设定中,形式同时是自由的,是这些差别的无条件统一。比重仅仅是抽象地自由的,因为同他者的关系是毫不相关的并且属于外在的比较。然而真正的形式是自为的与他者关系,而不是在第三方中。既然物质在热中熔化,它就是能够接受形式的;作为无限形式的声音之有条件存在因而要被扬弃,而这不再有任何对立,尽管它仍然与他者关联。热是从形态中自我解放出来的形态,自我实体化的光,它把被动形态这个环节作为被扬弃者包含于自身。

C. 整全个体性的物理学

§308

物质首先**自在地**构成作为重力的概念整全性;因此它在自身中就是未被塑形的;概念被设定在物质的特殊规定中,首先展示出有限的、在特殊性中彼此外在的个体性。现在,概念的整全性**被设定了**,重力的中心点不再作为被物质所寻求的**主体性**,而是内在于物质,是那些最初直接的和有条件的形式规定之观念性,这些规定现在则是从它们内部发展出来的环节。物质个体性在其发展中自我同一,是无限地**自为的**,尽管同时也是**有条件的**;物质个体性构成了主观的整全性,只是首先是**直接性的**;因此,尽管它是无限自为的,它仍然包含着同**他者**的关系;而且只有通过进程,它才会到达这样一个阶段,这种外在性和有条件性被设定为是自我扬弃

[198]

的;这样,物质个体性就转变成物质性自为存在的实存整全性,这就是**自在的生命**;而且它是在概念中转化为生命。

【附注】:形式作为抽象整体,以及与之对立的可被规定的物质,实在物理物体的这两个环节是自在同一的,而且按照概念这种同一中包含着它们的彼此转化。因为,正如形式并不具有定在,是纯粹的物理性的、自我关联着的自我同一,同样物质作为流动性的东西也是这种普遍的同一性的东西,它作为没有抵抗作用的东西而存在。同形式一样,物质是内在无差别的,因此它本身就是形式。作为普遍性的东西,物质被规定为是内在确定的,而这恰恰是形式之应然,物质构成了形式的自在。我们首先获得了普遍性中的个体性;其次是,个体性在差异中被设定为同重力相对立,被设定在它有限的、受限制的规定性中;第三步则是,个体性从差异中出来返回自身。现在,这第三个阶段本身又有三种形态或者三种规定。

§309

整全个体性是:

a)直接**形态**本身,及其在自由实存中显现的抽象原则;——这就是**磁**;

b)自我规定为差别,规定为物体整全性的特殊形式;这种个体的特殊化推至极端就是**电**。

c)这种特殊化之**实在性**是具有化学差别的物体以及它们的**关系**,——这是把物体作为其环节的个体性,该个体性自我实现为整全性,是**化学过程**。

[199] 　　【附注】:在这种形态中,无限形式是物质部分的规定性原则,这些物质部分现在不再只具有彼此无关的空间关系了。然而,这种形态并不停留在自己的这种概念上,因为这个概念并不是一个静止的持存;相反,作为自我分化着的东西,该形态本质上把自己展开成为实在的属性,这些属

性并作为观念性者被包含在统一体中,而是还保存着特殊的实存。这种通过有性质的个体性所规定的差异就是元素,不过因为属于个体性领域,也就是说,是被分化的,它同个体的物体性统一的或者毋宁说是转化为这种物体性的。以此方式,自在地,也就是说在概念中,形式中的缺陷性内容得到了补充。然而,对必然性的要求现在却又在于,这种自在要被设定,或者说,在于形态如何自我产生;这意味着,转化也要在实存中被完成。这样,结果就是,该形态被产生了;这是向最初阶段的返回,只不过现在这个最初阶段显现为被产生之物。这种返回同时也是向后面阶段的转化;因此,化学过程在其概念中包含着向有机领域的转化。我们首先获得的进程是在力学中的运动,然后是元素过程;现在我们所获得的则是个体化物质的进程。

a. 形态

§310

作为整全个体性的物体是**直接的、静止的整全性**,因而是物质东西的空间性共存之形式,由此又首先是**机械过程**。因此,形态是现在无条件的、自由地规定着的个体性之物质性机械过程;——它是这样一种物体,不仅该物体的特殊内在聚集方式,而且它**在空间中的外在限定**都通过这种**内在的和发展的形式**来规定。以此方式,形式就**由其自身**展现出来,而且首先并不显示为**抵抗相异**之力的独特性。

【**附注**】:如果说内在存在首先仅仅通过一种外在的碰撞显示自己并把自己显示成为对该碰撞的反作用,那么相反,形式在这里既不通过外在力量显现自己,也不把自己显现为物质性的没落;而是物体在不受刺激的情况下,内在地拥有一位隐秘的、安静的几何学家,他作为完全彻底的形式把物体既向外部也向内部加以组织。这种向着内部和外部的限定对于 [200]

175

个体性而言是必然的。因此,物体的表面也通过形式来限定;物体对其他东西是封闭的,而且离开外部影响,在其静止的持存中展示自己的特殊确定性。尽管晶体不是以机械性方式组合而成的,但是机械过程在此总结为一个个体性过程,因为这个领域恰恰是彼此外在的、静止的持存,尽管部分同中心的关系通过内在形式来得到规定。以这种方式被构型的东西从重力中脱离了出来;例如,它向高处生长。自然的晶体,当人们观察它的时候,看上去是层次分明的。尽管如此,我们在此还没有获得我们要在生命中找到的灵魂,因为个体性在此对自身还不是对象性的,而这正是无机物同有机物的分别。这种个体性还不是主体性,乃至内在不同的并且统括其差异的无限形式也是自为的。这种情况首先出现在有感觉能力的东西中;然而个体性在此仍然沉浸在物质中,——它还不是自由的,它仅仅是**存在着**(ist)罢了。

更进一步的是与有机物不同的属于无机形态的**规定性**。我们这里所获得的形态就是这样的一种形态,其中形式的各种空间规定单纯只是**知性**规定:直线,平面和确定的角。其原因必须在此被指明。在结晶过程中呈现出来的形式是一种沉闷的生命,它以令人惊奇的方式在单纯机械的似乎可以从外部规定的石头或金属里活动,并以独特的形态把自己表达为一种有机的和有机化的趋向。这种形式自由和独立地生长出来;而且任何不常见这些合乎规则、精致细腻的形态外观的人,会不把它们视为自然产物,而是把它们归给艺术和劳动。然而,艺术的合规则性是通过一种外在合目的之行动性带来的。现在我们在此不考虑这种外在的合目的性,就像当我按照我的目的把一种外在的物质塑形一样。在晶体这里,物质的形式不但不是外在的,相反它本身就是目的,是自在自为地发生作用的东西。因此,在水中有一种不可见的萌芽,一种进行构造的力量。在最严格的意义上,这种形态是合规则性的;然而因为它在自身当中还不是进程,所以它只是整体而言的合目的性,以至于所有部分一起构成了这样一种形式。这里存在着的还不是那已经不再是知性的有机形态;它还是那种最初的形式,因为它不是主观性形式。相反,在有机物中,形态是以如

[201]

下方式构成的,即形态的整体显现在每一个部分当中,并不是每一个部分
只有通过整体才可以被理解。因此,在有生命的物体中,周围的每一个点
都是整体,就像我在我身体的每一个部分都有感觉一样。现在由此甚至
可以得出下面结论,有机物的形态不依赖直线和平面,后者仅仅属于整体
的抽象方向而不是内在的整全体。相反,我们在生命形态中具有的是曲
线,因为曲线的每一个部分只有通过曲线的整体规则才能被理解,这样的
情况绝不属于任何一种知性形态。但是,有机物的圆满形态也不是圆形
或球形,这两者本身还是知性曲线,因为周围的所有点同中心的关系还是
抽象的同一性。我们在有机物体中所具有的曲线必须是内在差异的,但
是这种差异要再次从属于相同性。由此,生命体的线可以说是椭圆,在椭
圆中又出现了两个部分的等同,而且两个部分无论在长轴方面还是在短
轴方面,从任何意义上讲都是等同的。进一步而言,在生命体中占据支配
地位的是**卵形线**,它只在一个方向上具有等同性。因此,莫勒尔 * 十分准
确地指出,所有有机形式,例如羽毛、翅膀、脑袋,所有面庞的轮廓线,所有
植物叶片、昆虫、鸟类和鱼类等等的形态都是对于卵形的修改或者也可以
说是对于波形线的修改,莫勒尔因此也把后者称为**优美线**。然而,在无机
物体里还没有出现曲线,相反出现的是几何式的合规则图形并带有与其
相对应的等角,在此一切都必须经过同一性进程。因此,秘密地划线、规
定平面并通过平行角进行限定,现在这些就是构型。

　　我们现在必须要进一步在其个别**规定**中观察这些形态。这些规定可
以分为三类:**第一**是形态的各种抽象,因此真正说来就是无形态;**第二**是
形态的精确,在进程中的形态,正在生成的形态,构型的行动性,尚未被完
成的形态,——这就是磁;**第三**是实在的形态,即晶体。

§311 [202]

α)**直接地**也即作为内在**无形式**而被设定的形态,一方面是脆性之点

---

* 《新思辨物理学杂志》,谢林主编,卷Ⅰ第 3 期(1803 年),第 42 页及以后[莫勒尔
(N.J.Möller):《论摩擦生热》]。

状性这个极端;另一方面则是自我球形化的流体这个极端。——这种形态就是内在无形态性。

【附注】:作为这种内在的几何化主宰者,形式的各种规定首先是点,然后是线,表面以及最后是整个体积。脆性的物体是易碎的、单一的,是我们已经获得的作为单纯内聚性方式的东西;它是颗粒状的,就像在白金颗粒中尤其明显地表现出来的那样。与这种物体相对立的是球形物体,是普遍的、自成圆球形的、抹杀所有内在维度的流体,因此尽管它完整地向所有三个维度发展,但却是没有发展出规定性的一个整全体。球状形态是带有形式的合规则性之普遍形态,是自由摇摆的形态,因此它也拥有自由的天体作为个体。流体自我球形化,因为它内在的不确定性导致大气向各个侧面的压力是等同的;因此,向各个侧面的形态规定是相同的,而且尚未有任何差异设定在其中。然而,形态因此不仅是抽象的,而且它是一个实在的原则,也就是实在的形式整全体。

§312

β)作为构型的个体性之**自在**存在的整全体,脆的物体把自己展现为概念的差别。首先点转化成为线,形式在线里把自身设立为对立的两端,这两端作为环节没有自己的持存,而且它们只有通过它们看起来作为对立之中点和无差别点的关系才得以被保持。这种**推论**在其规定性发展中构成了**构型的原则**,而且属于**磁**这种仍然抽象的精确。

[203]

磁是必然首先表现出来的规定中的一种,因为**概念**在被规定的自然中自我猜测并把握**自然哲学**的理念。因为磁通过一种简单的、素朴的方式展示概念本性,而且更准确地说是通过其作为推论的这种发展了的形式(§181)。两极是实在的线(一根细棒或一个向所有方向膨胀的物体)之感性实存的终端;作为两极,终端还没有感性的、机械的实在性,而是观念性的;它们因此是绝对不可分的。它们于其中具有实体的无差异点是统一体,在其中它们是作为概念的规定,以至于它们仅在这种统一体中具有意义和实存,而且极性仅仅是这种环节之间的关系。外在于由此被设定的规定,磁没有任何更多的特殊属性。单个磁针指向**北方**,而且由此在统一体中指向**南方**,这是普遍的**地磁**作用的现象。——然而认为所有物体都有磁性,这种看法具有歪曲了的双重意义;该看法正确的地方在于,所有实在的,不仅仅是脆的形态都包含有这种规定原则;而其中不正确的地方在于,所有物体也在自身中把这个原则显现出来,而这个原则在其严格的**抽象**中实存,或者说作为磁存在。因此,试图在自然中指出有一种概念形式,并认为该形式就如其作为抽象那样应该**普遍实存**于规定性中,这是一种非哲学的想法。自然毋宁是在彼此外在的要素中的理念,以至于它正如知性那样坚持把概念环节**分散**并在实在中展示这些环节,然而在更高阶段的事物中把不同的概念形式统一为一体,由此达到最高的具体化(参见:下节中的说明)。

【**附注**】:1. 把球形物体和脆的物体设定为一体,这首先给出了一般性的实在形态;作为中心性被设定在脆的物体里,无限形式设定了自己的差别,赋予这些差别以持存,但仍把这些差别保持在统一体中。尽管空间仍然是其定在的元素,但是概念是特征之简单性,是在分化中始终贯穿其中的普遍者之声音,而这种普遍者脱离了重力的普遍的内在存在,通过自身 [204] 构成其差别的实体或者定在。仅仅内在的形态在自身中还没有自己的定在,而是通过质块的分裂才获得;然而,该内在的形态是通过自身具有现在被设定的规定的。这种个体化的原则就是自我转化为实在的目的,但还不是有差异的、被完成的目的。所以,该目的把自己仅仅表达为脆性和流动性物体两种原则的进程;可被规定、但未规定的流体在其中通过形式而被孕育。这就是**磁的原则**,是尚未达到静止的**构型的趋向**,或者说是仍然作为趋向的构型形式。因此,磁首先只是物质的主体存在,是在主体统一体中差别的形式性定在,——是作为行动性的内聚性,要把有差别的物质点纳入统一体的形式之中。这样,磁的不同侧面仍然绝对地束缚在主体统一之下;它们之间的对立还不作为独立性而出现的。在脆性的点本身中,差别还没有被设定。然而,因为我们现在获得了整全的个体性,该个体性应该是空间性的定在,而且作为具体的东西必须把自己设定在差别中,所以点现在既同一个点相联系又同后者相区分;这就是线,还不是平面或者三维整体,因为趋向还没有作为整全体而实存,而且两重维度在实在性中直接变成为三重的,即表面。这样,我们就获得了作为线性的完全抽象的空间性;这是**第一个**普遍性规定。然而,直线是天然的线,可以说是线本身;而在曲线中我们已经具有第二重维度,所以面可以由此被立刻设定下来。

2. 磁如何**显现**呢?这里出现的各种运动,我们仅仅应该以观念的方式来理解,因为在磁这里感性的理解方式消失了。在感性理解那里,杂多的物体仅仅是外在地连接起来的;这种情况的确也出现在两极以及把它们连接起来的无差别点那里。然而,这只是**磁体**,还不是磁。为了确定在磁这个**概念**中所包含的内容,我们首先必须彻底忘记关于磁石或用磁石摩擦过的铁的感性表象。我们之后还要把磁的各种现象同它的概念相比较,以便看它们是否与该概念相对应。在此,差异物不是通过外在的方式[205] 被设定为是同一的,而是它们自我设定为同一。既然磁体的运动还只是一种外在的运动,既然否定性还没有实在的独立的侧面,或者说整全体的各个部分还没有被解放出来,具有差异性的独立自在物体还没有彼此发生关系,重力的中心点还没有被分裂;因此环节的发展还只是被设定为是外在的,或者说还只是通过**自在存在的**概念而被设定。因为脆的点展现为概念的差别,所以我们具有了两极。在具有内在形式差别的物理线中,两极是两个有生命的终端,它们每一个都是如此地被设定的,即它们每一个只存在于同另一个的关系中,如果另一个不存在了,自己也就没有任何意义了。这两个终端只不过是相互外在的,两者是彼此否定的;在空间里,两者**之间**也存在着它们的统一,在此它们的对立被否定了。这种极性常常被用作为右和左,但这是它们根本不相属的领域;而今天所有都充满极性。这种物理对立现在不是感性的被规定者;例如我们不可能砍掉北极。如果把磁体截为两截,那么每一截自己又成为一块完整的磁体:北极立即再次出现在被截的磁体上。每一个都是从自身对于他者的设定和排除:这种推论的端项无法自为存在,而是在关联中存在。我们因此彻底处于超感性的领域中。如果有人认为思想不可能出现在自然当中,那么我们在此就向其展示思想。磁现象因此是如此自为地令人惊奇;然而,如果人们要借助一些思想来理解这种现象,它就会变得更加令人惊奇。因此,磁曾经在自然哲学中被设定为顶点的首要开端。尽管反思谈论磁物质,然而该物质本身并不出现在现象里;根本不是物质性的东西在那里发生作用,而是纯粹的非物质性形式。

如果我们把一些没有被磁化的小棒放在一根已经磁化的我们可以区分开北极和南极的铁棒近旁,那么就会出现一种运动,这些小棒不受机械力量牵制,可以自由地移动,例如,能够在磁针上保持平衡等等。在这种情况下,第二个小棒的一端和磁体的北极连接在一起,相反另一端则被其排斥;这第二根小棒因此本身已经变成为一个磁体,因为它获得了磁的规定性。然而,这种规定性并不局限在端点处。在一个磁体上附着一些铁屑直到中心;在那里会出现一个无差别点,在这里**吸引**和**排斥**作用就不再 [206] 出现了。人们可以通过这种方式来区分**负**磁和**正**磁;然而,我们亦可以把磁体对于非磁性铁不发生作用称为负磁。通过这种无差别点现在设定了一个自由的中心点,就像我们在前面所看到的地球中心点一样。如果接着第二个小棒被再次拿开并且被放置在磁体的另外一极,那么前面被第一个所吸引的那一端就被排斥开了,反之亦然。在此,还没有出现任何一种规定能表明磁体两端在自身中是彼此对立的;空间中空洞的差别本身并不是在自身中的差别,同样一根线的两端一般也是没有差别的。然而,如果我们把这两个磁体与地球进行比较,那么我们通过一个端点就大致获得了向北的方向,而同时另一个端点则相反向南;现在可以表明,两个磁体的两个北极彼此互相排斥,同样两个南极也是如此,但一个磁体的北极和另一个磁体的南极则互相吸引。向北的方向是从太阳的运行推导出来的,而不是磁体本身固有的。因为一个单个磁体一端指向北,另一端指向南,所以就像我们断定磁体指向北方一样,中国人有理由说磁体指向南方;两者是**一个**规定。而且这也仅是两个磁体之间的相互关系,因为地球的磁规定着这样的磁棒;只是我们必须知道,我们在一个磁体上称为北极的那一端(这一名称现在往往用法相反,引起很多混乱),就该事物本性而言应该是南极;因为磁体的南极亲近的是地球的北极。物理学家说,我们还不知道磁是什么,它是不是一种流等等。所有这些内容都属于那种尚未被概念所承认的形而上学。磁并不是什么神秘的东西。

如果我们取一块磁石,而不是一根线,那么磁趋向的作用却总是沿着构成轴的观念性的线进行。在这样的一块磁石上,现在可以有立方体或球形等等的形状,可能找到多根轴线;而且以这样的方式地球具有多根磁轴,它们中没有一根直接同地球的运动轴重合。磁在地球上变得自由,因为地球还不是真正的晶体,相反作为个体性的产生者,地球还停留在渴望构型的抽象趋向阶段。因为地球现在是一个有生命的磁体,它的轴并不固定在一个确定的点上,所以磁针的指向虽然大致而言接近真正的子午线的方向,但是磁体并不是准确地与真正的子午线相重合;这就是磁针向东方和西方的**偏角**,这个偏角在不同的地点和时间是有所不同的,因而是一种具有普遍本性的振动。就磁针和这样的轴之间关系而言,物理学家已经可以抛弃在轴的方向上的这样一种铁棒,或者说,抛弃这样一种被规定的实存。他们已经发现,只有在地球的中心点假设一个具有无限强度但没有广度的磁体才能满足经验,也就是说,这个磁体根本不是这样一根线,在一端比在另一端更加有力;就像在磁铁中铁屑在两极受到的引力要比在中心点处受到的引力大,而且从两极到中心点引力是递减的。然而,磁是地球上十分普遍的东西,地球在任何地方都是完整的磁。——与此相关还有两个次要点。

3. 在**什么物体**那里磁会出现,这对于哲学而言是完全无所谓的。磁主要出现在**铁**中,然而也出现在镍和钴中。里希特[32]想要展示纯粹的钴和镍,所以说它们也是有磁性的。其他人认为,也许还是有铁在其中,并

[207]

---

[32] 里希特(Jeremias Benjamin Richter,1762—1807):柏林矿山和冶金管理的矿山后补文职人员。

且正是因此这些金属具有磁性。就其内聚性和内在结晶来看,铁在自身中展现出构型的趋向本身,这与概念是无关的。然而,当其他金属获得特殊的温度时,它们也变得具有磁性;磁在一个物体中出现,这与物体的内聚性紧密相连。然而一般而言,只有金属可以被磁化,因为金属不是绝对脆的,内在地具有简单比重的密集连续性,而这种连续性甚至是我们在此仍要考察的抽象形态;因此金属是热和磁的导体。在盐和土当中就不会出现磁,因为它们是中性的,差别是不起作用的。现在进一步的问题在于,铁本身的什么属性使得磁在它那里优先得以出现。铁的内聚性可以拥有作为内在紧张的构型趋向,而不导致任何结果,因为这种金属中的脆性和连续性在一定程度上是平衡的。铁可以从最显著的脆性变成最大的展性,而且,同贵重金属的密集连续性相反,铁把这两个极端连接起来。而磁现在恰恰是**得到展示**的脆性,它包含有尚未转化为密集性的这种独特性。因此铁比具有最大比重的金属,例如金,**更加**向酸性作用**开放**,因为这种最大比重的金属自身有紧密的统一性,因此没有走向差别。反过来,铁并没有困难自我保存在规整形态里,而比重较低的金属则很容易受到酸的侵蚀而崩溃,另外作为半金属它们几乎无法保持自己的金属形态。在铁那里,外在于无差别点,北极和南极具有不同的定在,这始终是自然的素朴性,自然把自己的抽象环节以同样抽象的方式展现在个别事物中。以此方式,磁在铁矿中出现了;然而,磁铁石看起来是一种磁揭示自身的特殊物体。——尽管,有些磁体表现出对于磁针的影响,但是它们却不会磁化其他的铁;洪堡特在拜罗伊特蛇纹石矿层中发现了这种现象。在矿坑里,每个能有磁性的物体,甚至磁石,还不带有磁性,相反,只有当它们被开采出来的时候,才带上磁性;为此,就需要大气中光的刺激作用,以便设定差异和紧张关系。*

[208]

* 斯皮克斯和马齐乌斯在他们的《游记》[33]卷 I 第 65 页说:“磁极性现象在玄武土中”(马德拉岛)“比在更深的玄武岩中显现得更加清楚”。——这也是由同一种原因所致,即所处更高位置的岩石同土壤更加的分离(参考:《爱丁堡哲学杂志》,1821 年,第 221 页)。

33　参见本书第 186 页,脚注 30。

4. 因此，我们还要问的是，在什么**环境**和**条件**下磁会出现。如果铁在灼热条件下变成流体，它就失去了它的磁性；当铁彻底氧化后，铁灰同样也没有磁性，因为规整性金属的内聚性被彻底破坏了。锻铸、锤炼等等也同样会带来差异。锻铸过的铁很容易带上磁性而且同样也很容易又失去磁性；而在钢的内部铁获得了一种土质的、颗粒状的裂痕，因而钢更难带上磁性，但是也能更加持久地保持磁性，这是钢能够具有更大脆性的理由。在磁的产生过程中出现了这种特性的转移；磁性根本不是固定的，而是一会儿出现一会儿消失的。单纯的摩擦就可以让铁带上磁性，更准确地说是让铁的两端带上磁性；不过，铁必须被在子午线方向上摩擦。无论用赤手敲打铁，还是在空气中震动铁，都会同样为铁带来磁性。内聚性的振动设定了一种紧张关系，而且这种紧张关系就是要构型的趋向。单纯长时间在空气中垂直竖立的铁棒也可以变得有磁性；同样，任何铁物体，例如铁炉、教堂上的铁十字架和定风针，一般而言都容易内在地获得一种磁性的规定，只需要很弱的磁体就可以让这些物体的磁性显现出来。甚至我们在探索中最急需的是让铁本身不带磁性，并且可以始终保持如此；这只能通过灼烧才能做到。——如果摩擦一根铁棒，这样就出现一个点，在这个点上铁棒的一极是没有磁性的；同样，铁棒的另一极在另外一侧在某个点处也没有磁作用。这就是布鲁格曼[34]的两个无差别点，它们同普遍的无差别点是不同的，后者也并不是彻底就落在中间。现在在这些无差别点处我们也要假设某种**潜伏的**磁性吗？范·施文登[35]把每一极作用最强的点称为**顶点**。

如果一个平放在针尖上的无磁性的小铁棒由于两端的平衡而呈水平状，那么在磁性出现后其中的一端就会立即沉下去（§293 说明）：北端在地球北部下沉，南端则在南部下沉，而纬度越高，也就是地理位置越接近极点，下沉的也就越多。如果磁针在磁极那最终同磁子午线形成一个直

34　布鲁格曼(Anton Brugmans,1732—1789)：荷兰哲学家和自然科学家。

35　范·施文登(Jan Hendrik van Swinden,1740—1823)：荷兰物理学家和哲学家。

角,那么磁针就会采取垂直的位置,也就是说,它成为一根直线,获得了纯粹的特殊化并远离地球。这就是随着地点和时间而变化的**磁倾角**;帕里[36]在北极探险中就十分强烈地感到,他根本就不可能再使用磁针。磁倾角把磁展示为重力,而且更准确地说是一种比铁的吸引更加引人注目的方式。被视为质块和杠杆,磁具有一个重心,其倒向一侧的质块尽管处于自由的平衡中,却是一侧比另外一侧要重,因为质块是被特殊化的。比重在此以一种最素朴的方式被设定了;它不再会发生改变,而是仅仅规定其他物体。同样,地轴也有一个相对于黄道的倾角;然而这原本是属于天体领域的规定。 [210]

然而,在地球上,特殊的东西和普遍的东西真正地如此彼此分离,结果确定的质块在钟摆的不同位置具有不同的力,在极点该质块的比重要比在赤道更大;因为这些质块表现出,作为同一个质块却以不同的方式起作用。在其中,物体之间可以彼此比较的条件在于,它们把自己质量的力量展现为运动的力量,后者作为自由的东西保持自我相等并且是稳定不变的。因为在钟摆过程中,质量的大小作为运动的力而出现,所以越接近极点,在钟摆中同一个质块必然具有更大的运动力。由于地球的转动,向心力和离心力被假定为彼此分离;然而,无论是说物体具有更大的离心力,带着更大的力量逃离落体方向,还是说它下落的更强烈,这都无所谓,因为无论把其中哪一个叫作落体还是叫作抛物都是一样的。现在如果在同等高度和质量那里重力也总是一样的,那么这种力量本身在钟摆那会自我规定;或者说,这就仿佛物体从更高的或更低的高度降落。这样,在不同纬度处不同大小的钟摆运动的差别就是重力本身的特殊化(参见:§270说明和附注)。

§313

既然自我关联的形式首先实存于如下**抽象**规定中,即作为**持存**差异之同一而存在,故尚未在整全形态中变为产物并失去效力,那么这种自我

36　参考本书第180页,脚注18。

关联的形式作为**行动性**,更准确地说作为在形态领域中自由**机械**的内在行动性,即对**位置关系**的规定。

[211]　　在此应该谈谈的是在当代如此被认可并在物理学中甚至成为基础的一种说法,即磁、电以及化学作用同一这一说法。在个体物质中的形式**对立**也发展到,自我规定成为实在的、**电的**对立,以及更加实在的、**化学的**对立。同一个形式的普遍整全性构成了所有这些特殊形式的基础,作为它们的实体。另外,作为进程的电和化学作用是具有更加实在的、在物理意义上获得进一步规定的对立之行动性;但除此以外,这种进程首先包含着在物质空间性关系中的各种改变。就这种具体行动性同时是机械化规定而言,它**自在地是磁**的行动性。因为这种具体的行动性本身也可以在这种具体进程内部**显现**,所以其中一些经验条件已经在近代被发现。因此,表象中这些现象的同一性被承认,无论它被称为电—化学的,还是磁—电—化学的,还是其他什么,这应该被视为是经验科学的本质性进步。然而,普遍性东西实存其中的**特殊**形式以及它们的各种**特殊显现**也同样应该本质性地**彼此区分开来**。因而,磁这个名称只是用于这种清晰的形式以及它的显现,这种显现保持在形态领域本身,只与**空间规定**[37]有关;同样电这个名称是为了那些由此得到标记的各种现象规定。以前,磁、电和化学作用是彻底分离的,彼此没有任何关系,每一个都被视为是一种独立

[212]　的力量。哲学把握了它们的**同一性**这一理念,但也明确地**保留了**它们的**差别**;在最新的物理学表象方式中,看起来又跳到了这些现象之**同一性**这个极端,而现在急需的是,考虑它们同时彼此分离以及如何这样彼此分离。困难在于把这两方面要求统一起来;这个困难的解决只能通过概念的本性,而不是通过构成磁—电—化学作用中含混名称的同一性。

　　【附注】:磁性直线性的第二个问题(前一节附注中的第 1 点)是关于

---

　　[37]　在德文 1827 年版、1830 年版以及米希勒版中,此处德文写作 Raumbestimmen。本卷德文编辑校订为 Raumbestimmungen。——译者注

这种行动性的规定性。因为我们还没有任何关于物质的特殊被规定性，而只有它们空间性的关系，所以这种变化只能是**运动**；因为运动就是时间中的空间性改变。而另外一点在于，这种行动性必须具有承载它的物质性**基底**，因为该行动性正是沉浸在物质当中的，还没有获得实现；因为这种形式在基底中仅仅作为直线方向。相反，在生命体中物质是通过生命性本身来获得规定的。在此，规定性也是一种**内在的**规定性，它仅仅直接规定重力，还没有更多的物理规定。这种行动性渗透到物质当中，而且不需要通过一种外在的机械碰撞来传递给物质；因而，作为内在于物质的**形式**，该行动性是被物质化的和进行物质化的行动性。因为这种运动并非未被规定而是被规定的，所以它或是**接近**或是**远离**。然而，磁性是同重力相分离的，因为它让物体服从一个完全不同于重力垂直方向的方向；它的效用正是这样一种规定，铁屑不是落在自己单纯按照重力方向会落到的地方，或者停留在那个地方。不同于既非**吸引**也非**排斥**的天体运动，现在这种运动并非在曲线上的旋转运动。这种曲线因而是接近和远离的**统一**；因此，吸引和排斥在那里还没有分离开来。在此，这两种运动是作为接近和远离，彼此分离地存在着的，因为我们处于有限的、个体化的物质当中，在那里被包含在概念中的各个环节被假定是变得自由；与它们的差别相对立，也出现了它们的统一，然而这些环节只是自在地同一。这些环节的普遍性是**静止**，而且这种静止是它们的无差别性；因为，为了它们的分离，从而出现特定的运动，这需要静止点。然而，在这种运动中的对立是一种在直线上作用的对立；因为只出现了这种简单的规定性，即在直线上的远离和接近。这两种规定之间不能彼此替换，或者被分配到两个方面，而总是同时的；因为我们并不在时间当中，而是在空间性当中。因此必然存在这种物体，它在被规定为被吸引的同时同样也被规定为是被排斥的。这个物体接近一个确定点，而且当它这样做了，某种东西就传递给了它；它本身就被规定了，而且因为它这样被规定，所以它同时必须从另外一个侧面移开。

人们特别是从电在伏打电池中的表现中看到了它与磁的关系。这

[213]

样,当思想很早就已经把握这种关系后,它才在现象中显示出来;就像一般而言物理学家的工作在于,探寻和展示作为现象同一性的概念同一性。然而,哲学并不是通过肤浅的方式把这种同一性理解为是一种抽象的同一性,以至于磁、电和化学作用完全是一个东西。哲学很早就说过:磁是形式的原则,电和化学进程仅仅只是该原则的其他形式。以前磁曾经被孤立出来,仅仅居于次要的地位,而人们根本没有看到离开磁自然体系会出现的乖谬,——至多是对航海方面。磁与化学和电的联系以上所述内容中。化学进程是一种整全体,物体按照它们分化的特殊性参与这个整体;而磁仅仅只是空间性的。然而,在一定环境中磁极也展示出电和化学方面的差异;或反过来:通过电流过程磁也很容易被产生,因为封闭电路对于磁具有很灵敏的作用。在电流活动中,在化学进程中差别被设定了;这就是具有物理对立的进程。现在十分明显,这些具体的对立也出现在磁这个较低阶段。电的进程也是运动;但它进而也是物理对立之间的对抗。另外,两极在电中是自由的,而在磁中则不是;因此,在电中它们是彼[214] 此对立的特殊物体,以至于在电中的极性具有同磁体的单纯直线性完全不同的实存。然而,如果金属物体通过电的过程而被设定在运动当中,而这些金属物体自身并没有出现物理规定,那么它们就会按照自己的方式在自身中展示那种进程;这种方式就是运动的纯粹行动性,而这就是磁。因此,要看清楚的是,在每个现象中哪个是磁的环节,哪个是电的环节等等。我们已经说过,所有的电的运动性是磁;磁是这样一种根本力量,通过它差异物得以存在,它们既始终彼此外在,也绝对地彼此关联。这虽然也出现在电和化学进程当中,但是只有在磁中才是以具体的方式出现的。化学进程是实在的、被个体化物质的构型进程。因而,构型的趋向本身就是化学进程的环节,而且这个环节首先是在电路里变成自由的,在电路中有一种整体紧张关系,但是这种紧张关系并不像在化学进程中转化为产物。这种紧张关系被集中到两端,并因此在这里出现了对磁体的作用。

这里有趣的还在于,电流过程的这种行动性,当它导致一个磁性确定的物体运动的时候,就使这个物体产生了**倾斜**。在此,出现了这样一种对立,即磁体会向东或向西倾斜以及向南极和北极倾斜。在这方面,我的同事爱尔曼[38]教授的那个能使电路自由摇摆的装置十分具有意义。一张厚纸板或鲸须被剪开,使它的一端(也或者是在中间)能装入一个铜的或银的小容器。这个容器盛满酸,把一根锌条或锌丝插入到酸中,然后再用这根锌条或锌丝把鲸须缠绕起来,直到另外一端并由此通到容器的外部。这样就出现电流活动。如果把整个装置悬挂在一条线上,让它迎着磁体的磁极,这个运动的装置就会以不同的方式被设定。爱尔曼把这种运动着的悬挂起来的原电池称为循环电路。其 E 线取从南向北的方向。他于是说:"如果我们把一个磁体的北极从东侧靠近这个装置的北端,那么这一端就会被排斥;而如果我们从西侧使同一个北极靠近,那么就会出现吸引。在两种情况中整体结果都是相同的;因为无论是吸引还是排斥,原先在南北方向上静止的循环电路,如果被放置在一个磁体的北极,就会一直向西,也就是从左向右转。磁体的南极则导致相反的作用结果"。在这里,化学极性和磁的极性交汇起来;后者是北—南极性,而前者则是东—西极性;在地球上,东—西极性具有更广泛的意义。另外,在这里磁的规定性之流动性也出现了。如果磁体被固定在电路上方,那么磁的规定就完全不同于它被固定在中间;因为这个规定是完全颠倒的。

[215]

§314

形式的行动性就是一般的概念行动性,这种行动性就是要把**同一的东西**设定为**差异的**并把**差异的东西**设定为**同一的**;在这里就是要在物质空间性领域把在空间中的同一物设定为差异的,也就是说使这种同一物远离自身(**排斥**),以及把在空间中的**差异物**设定为同一的,也就是说说靠近它并接触它(**吸引**)。因为这种行动性在物质性物体中仍然以**抽象的方式**存在(只有这样它才是磁),所以它只对**直线性东西**赋予灵魂

38　爱尔曼(Paul Erman,1764—1851):从 1810 年开始任柏林大学物理学教授;《关于奥斯忒先生发现的电磁现象之物理关系的概括》,柏林:1820 年。

（§256）。在这样的行动性中,形式的两种规定只能在它们的差别,也即在两个终端以分离的方式出现,而且它们行动的、磁性的差别仅仅在于,一端(一极)把**一个东西**——第三个环节——设定为自我同一的,而另一个(另一极)则使这同一个东西自我远离。

　　磁的规律可以这样来表达,同极相互排斥,异极相互吸引,同极相互敌对,异极相互友善。关于同极的规定仅仅在于,两个极如果同样都被第三个环节吸引或者排斥,那么它们就是同极。而这第三个环节的规定性同样也仅仅在于,它排斥或吸引相同的极,或一般而言,在于它吸引或排斥一个他物。所有的规定彻底只是**相对的**,没有不同感性的、彼此无关的实存;前面已经指出(§312说明)像北和南这样的事物根本没有这样一种本源的、第一性的或直接的规定。因此,异极的友善和同极的敌对,一般而言,并不是在一个被假设的、已有独特规定的磁里的结果或者说特殊现象,而仅仅是表达了磁本身的本性,并且由此当概念在这个领域中被设定为行动性时,表达了概念的纯粹本性。

【**附注**】:这里可以进一步提出**第三个**问题:**什么**会被靠近和远离?磁是这种分离,但是有人还没有看到这一事实。某物同另外一个仍然不相干的东西被设定为有关的时候,第二个物体一方面受到第一个物体一端的影响,另一方面受到另一端的影响。这种影响在于,第二个物体被造成与第一个物体相对立(而且它正是被第一个物体设定为是他者的),以便作为他者可以被第一个物体设定为同一的。因此,形式的作用首先是把第二个物体设定为是对立的;这样,该形式作为实存的进程与这个他者对立。行动性与一个他者发生关系,并使其与自己相对立。这个他者首先只在对于我们而言的比较中是他者;现在它根据形式被规定为他者,然后又被设定为是同一的。反过来,在另一方面是该规定的对立面。既然线性作用必须被假定传递给的第二个物体按照一个方面是作为对立设定物被影响的,它的另一端直接地同第一个物体的第一端相同一。如果现在这第二条物质线的第二端与第一条的第一端相接触,那么它就与这一端相同一并因此被远离了。就像感性认识消失了一样,同样在磁这里知性认识也消失了。因为同一者对知性而言就是同一的,差异者则是差异的,或者说:两个物体无论按照**哪一**侧是同一的,那么按照这一侧它们就不是差异的;但在磁当中,出现的情况恰恰是,正是由于同一物体是同一的,它因此自我设定为是差异的,以及正是由于差异物体是差异的,它因此自我设定为是同一的。这里的差别就在于,它既是其自身也是自己的对立。在两极中的同一者自我设定为是差异的,而在两极中的差异者自我设定为是同一的;这就是清楚的、行动性概念,但它还没有被实现。 [217]

这就是**整全**形式的作用,即把对立设定者设定为同一,——这是反对重力抽象作用的具体作用,因为力作用中两者已经是自在同一的。相反,磁的行动性在于首先影响他者,使其成为重的。重力还不像磁这样是行动性的,尽管它具有吸引作用,因为吸引者已经是自在同一的;然而在此,他者首先被造成既要吸引也要被吸引,——而正因此形式是行动性的。吸引正是一种**作用**(Machen),他者与作用者是同样重要的。

对坚持在一点的主体性这一端以及作为连续性的流动性这一端而言,磁尽管内在地完全未被确定,但却构成了这两端的**中项**,形式的抽象自由化,该形式在晶体中成为物质产物,就像例如在**冰针**中显示出来的那样。作为这种本身持久存在的自由的、辩证行动性,磁也是自在存在和自我实现之间的**中项**。自然的软弱无力就在于在磁中把运动的行动性个别化;而思想的力量恰恰在于把事物结合为整体。

§315

γ)行动性转化为自己的产物,它就是**形态**并被规定为是**晶体**。在这种整全性中,不同的磁极被还原到中性,规定位置之行动性的抽象直线性被实现为整个物体的平面和表面;更进一步而言,一方面脆的点性被拓展为发展了的形式,而另一方面球的形式性拓展被还原为限定。起作用的是**同一个**形式,它向外使物体结晶(限定球体)并(构型点性)**彻底地**使其

[218]　内在连续性(层里的延伸,核心构型)结晶。

【附注】:第三个环节首先是形态,是磁和球体形态的统一;仍然非物质的规定变成物质的,这样非静止的磁的行动性达到彻底的静止。在这里不再有远离和靠近;相反所有东西在这里都被安置在它们的位置上。磁首先转化为普遍的独立性,地球的晶体,即在完全圆形空间中的直线。但作为实在的磁,个体晶体就是这种整全体,在其中趋向被熄灭而且对立被中性化为毫不相关的形式;这样磁把其差异表达为表面的规定。这样我们不再具有为了成为定在需要他者的内在形态,而是通过自身而确定存在的内在形态。所有构型都内在地具有磁;因为构型是一种在空间中的彻底限定,它通过内在趋向,通过形式这个**工头**来被设定。这就是自然的一种无声的活跃性,它没有时间地展示着自己的维度;这就是自然的本己生命原则,它无为地把自我展现,而且关于其形成物我们仅仅可以说,它们是确定存在的。这个原则普遍存在于流动的圆形中,在那里它没有任何阻力;它是沉静的、把整体中一切不相关部分联系起来的构型活动。但因为磁在晶体中被满足了,所以它本身在其中不再出现;磁不可分离的方面在这里被倾注到不相关的流动性中,同时获得了持存性的定在;它们就是消亡于这种无关性中的构型活动。因此,当人们在自然哲学中说磁是一种完全普遍的规定,这就是正确的;但如果人们还要在形态中把磁作为磁展示,这就偏差了。把磁作为抽象趋向的规定仍然是直线的;当被充分发展以后,磁在各个维度上都是规定空间限定的东西;形态是向所有维度拓展的静止物质,是无限形式与物质性的中性。在此出现的是形式对完全机械性质量的支配。当然,物体与地球相对立仍始终是重的;这种最初的实体性关系仍然保持着。而作为精神的人本身,绝对轻的东西,仍然是重的。现在部分间的关联尤其从内部出发,通过独立于重力的形式原

[219]　则来被规定。因此,这里首先出现的是自然的合目的性;一种作为必然性的互不相关者的关系,这种关系的环节具有静止的定在,或者说具有确定存在的自在存在,——这是自然自身造成的知性行动。合目的性因此不

只是从外部给物质赋予形式的知性。前面出现的各种形式还不是合目的的,只是一种定在;作为定在,它在自身中并没有与他者的关系。磁体还不是合目的的;因为它的分化还不是无关的,而是相互依赖的纯粹必然。然而在这里存在的是无关者或类似者的统一,这些无关者的定在在其关系中是彼此自由的。晶体的线是这种不相关性;一个可以和另一个分离,而且可以继续存在;然而它们绝对只在相互关系中才具有意义;而目的就是它们的这种统一和意义。

既然晶体是这种静止的目的,运动就是不同于其目的的;目的还不是作为时间而存在。被分离的部分保持彼此无关;晶体的尖端可以被折断,然后我们得到每个单独的尖端部分。在磁当中根本不存在这种情况;有人曾经也把晶体中的尖端部分称为极,因为这些对立是通过一种主观的形式来被规定的,所以这种称呼始终是一种不恰当的命名方式。因为在这里差别成为一种静止的持存。这样,因为形态是差异者的平衡,所以它在自身中也不得不展现这些差异者;因此,晶体在自身中具有这样一个环节,为一个陌生者而存在并在其质块的粉碎中表现其特征。而形态本身因此必须置于差异之下并构成这种差异的统一;晶体既有**内在的**形态也有**外在的**形态,这两种形态每一种都是形式的整体。这种双重几何学,这种双重构型,就像是概念与实在,灵魂与肉体。晶体的生长逐层进行;然而晶体的断裂则是穿过所有这些层次。形式的内在规定不再是内聚性这种单纯规定,而是所有部分都属于这个形式;物质彻底地被晶体化了。同样,晶体对外是封闭的而且在其统一体中是有规则的封闭的,而其统一体则是内在地分化。晶体的平面是完全平滑的,有棱和角,从单纯合乎规则的等边棱柱形态到一种外表不合乎规则的形态,即使在这种不合乎规则的形态中我们还是可以认识到有一种规律。当然,也存在着细微颗粒状的、土质的晶体,它的形态更加处于其表面;而作为点状性土质正是无形态东西的形态。然而,正如方解石之类,纯粹的晶体如果被打碎,使之获得按照内在形式而破裂的自由,那么其最细小的部分中就展现出它们内在的、以前根本看不见的形态。所以,在圣哥塔岭和马达加斯加岛发现的 [220]

大块矿晶石,有三呎长,一呎厚,还总是保持着其六边形形态。这种贯彻到底的核心形态尤其令人惊讶。如果我们粉碎偏菱形形态的方解石,它的碎块形状就是彻底合乎规则的,而且如果这种断裂是按照内部纹理发生的,那么所有的平面都是镜面。如果人们继续粉碎,同样的情况会一直出现;具有灵魂性的观念性形式无处不在地浸透了这个整体。现在这种内在形态就是整全性;因为在内聚性里,一种具有支配性的规定曾经是点、线或面,现在这些形态则是向着三个维度方向构建。过去有人按照韦尔纳[39]的说法把这种形态称为层里,现在则称作断层形态或核心形态。晶体内核本身就是晶体,其内在形态就是所有维度的整体。核心形态可以有不同,存在着从平的、凸的层里中的层里形态升级到完全被规定的核心形态。钻石也同样外在地以八面体的方式结晶化了,尽管它具有最高程度的清晰度,但在内部也是结晶化的。它自身分解成为片层;如果有人想打磨它,是很难把它磨尖的;但我们却有一种敲碎它的方法,让它按照层里延伸的性质破裂,这样它的面就如明镜般完全平滑。奥伊[40]主要描绘了晶体的各种形式,后来别人又做了许多补充。

找到内在形式(初始形式)和外在形式(从属形式)的关联,把后者从前者中推导出来,这在**结晶学**里是一个有趣的、微妙的点。我们必须始终根据转化的普遍原理来进行所有观察。外在的结晶化同内的结晶化不再吻合;不是所有偏菱形的方解石都在外部和内部具有同一种规定,然而在两者之间还是存在着一种统一。奥伊就很出名地通过化石展示出内在和外在形态之间关联的几何学,但他没有揭示出这种关系的内在必然性,也没有揭示出这种必然性同比重之间的关系。他假定了核心,让"有机构成分子"按照一种排列方法分布在核的表面,其中外在形态通过基础排列的缩减而产生;可是这种产生的方式却是,这种排列规律恰恰通过被找到的形态来规定。结晶学同样还规定各种形态和化学物质之间的关

[221]

39　韦尔纳(Abraham Gottlob Werner,1749—1817):矿物学家。

40　奥伊(Abbé René Just Haüy,1743—1822):科学性结晶学的奠基人;《矿物学研究》,4卷,巴黎:1801年。

联,因为对于某种化学物质而言,一种形态是比另外一种形态要更加独特。盐从外部和内部来看主要是结晶质的。相反,金属因为不是中性的,而是抽象的无差别的,所以更加限制在形式性的形态上;在金属那里,核心形态更加具有假设性,只有在铋中才可以看出这样一种形态。金属仍然是实体同形的。尽管当一种弱酸作用于金属表面时,会出现结晶化的开始,例如在锡和铁的金属纹理中看到的;但其形态并不是合规则的,只不过能看到一种核心形态的萌芽罢了。

b. 个体物体的特殊化

§316

这种构型活动,即规定空间的**机械性**个体化活动,转化成为**物理性特殊化活动**。个体物体**自在地**是**物理**整全体;在个体物体中,这种整全体是被设定在差别当中的,但这就像差别在个体性中被规定和保持一样。作为这些规定**主体**的物体把这些规定包含作为**属性**或谓词;但其方式如下,这些规定同时也是一种与其不受约束的、普遍元素之间的关系以及与凭借这些元素之进程的关系。正是按照它们直接的、尚未被设定(这种设定是化学进程)的特殊化,那些规定还没有返回个体性当中,而仅仅是同那些元素之间的关系,还不是该进程的实在整全体。它们的彼此区分就是它们元素的区分,其逻辑规定性已经在它们的领域中被揭示出来(§282以下)。

[222]

古老、普遍的想法认为每个物体由四种元素组成,或者近代帕拉采儿苏斯认为,每个物体由水银或者液体、硫磺或油以及盐构成;在这两种以及其他许多同类想法那儿,**一方面**很容易找到反驳,因为人们在那些名称下想知道该名称所界定的那些个别经验材料。然而不容否认的是,它们被假定更加本质性地包含和表达了概念的各种规定;因此,我们更应该钦佩这样一种强大威力,通过它思想在这样一些感性的、特殊的实存中仅只认识和固定它本有的规定和普遍的意义。**另一方面**这样一种理解和规定远远超脱了单纯寻找和杂乱罗列**物体属性**的活动，因为它们把理性的能量作为其驱动的根源，这既不会被现象的感性把戏及其混淆所误也不会被人们完全遗忘。在这种寻找中，作为其功绩和荣誉的是，总是要找出[41]某种**特殊的**东西，而不是把许多特殊的东西归结为普遍的东西和概念并在后者中认识这些特殊的东西。

【附注】：在晶体里，无限的形式仅只以空间的方式把自己设定在重的物质中；所缺乏的是对于差别的分化。既然现在形式的各种规定本身必须作为物质出现，这就是通过个体性来重构和转型物理元素。个体物体，土质物体是气、光、火和水的统一；而且它们在个体物体中的存在方式就是个体性的分化。光对应着气，在黑暗物体中向特殊混浊来个体化的光就是颜色。作为个体物体的一个环节，可燃的、起火的东西就是物体的[223]气味，——其持续的、无可置疑的被消耗进程，但不是在化学意义上即被氧化意义上的燃烧进程，而是向着特殊进程之简单性来个体化的气。水作为个体化中性状态是盐、酸等等，——物体的味道；中性已经意味着可被分解性，同他者的实在性关系，也就是化学进程。个体物体的这些属性，如颜色、气味、味道，并不是独立自为地实存的，而是属于一个基底。因为它们仅仅被保持在直接的个体性里，所以它们也是彼此无关的；构成属性的也是物质，例如颜料。属性也变成自由的，这仍是没有力量的个体性；在这里，还不像在有机物中，已经出现了生命的汇集力量。作为特殊个体，这些属性也有普遍意义，即保持与其本原的关系。由此，颜色同光有关，会因为光而失去颜色；气味是同空气作用的进程；味道同样保持着与其抽象元素，即水的关系。

特别是现在同样谈到的气味和味道，就其名称而言它们让我们想到

41　黑格尔故乡的施瓦布德语写作 ausgegangen。

了感性感觉,因为它们不只是客观属于物体的物理属性,而且也标记着主体性,也就是这些属性对于主体感官的存在;正因为如此,所以随着在个体性领域中元素规定性的出现,也需要提到这些规定性和感官的关系。现在首先的问题是,为什么就是在这里出现了**物体同主体感官的关系**,另外客观属性中的哪些属性与我们的物种感官相对应。上面刚刚给出的属性,颜色、气味和味道仅仅只是三种;这样我们有了视觉、嗅觉和味觉这三种感官。这里听觉和触觉还没有出现,因此我们同时还要问的是:在哪里客观属性具有同这两种其他感觉相对应的位置?

α)就客观属性同主体感官之间的关系而言,我们还要做下列说明。我们具有个体的、内在封闭的形态;因为这些形态作为整全体具有意义,即作为完成的自为存在,所以它们不再通过与他者的差异来被概念化把握,并因此不具有任何同他者的实践性关系。内聚性的各种规定并不是与他者无关的,而是只存在于同他者的关系中;相反,对这里的形态而言这种关系是无关的。尽管这种形态也可以通过机械的方式来被处理;但因为这种形态是自我关联着的,所以并不出现任何他者同该形态的必然关系,而仅仅是某种偶然关系。这样一种他者同该形态的关系,我们可以称之为理论性关系;只有**具有感觉能力**以及在更高阶段具有思考能力的**自然物**才具有这种**同某物**的关系。进一步,这种理论关系在于感受者在对象面前自由地自我保存,因为该感受者处于同他者的关系当中并在其中同时处于自我关系中;由此,对象同时也被自由释放了。两个个体物体,例如晶体,尽管也让彼此自由,但只是因为它们彼此之间并没有任何关系:因而它们必须以化学的方式,通过水的媒介来被规定;否则只是第三者,我,通过比较来规定它们。因此,这样的理论关系仅仅是基于它们没有任何彼此关系。真正的理论关系首先出现在这样的地方,即存在着实在的彼此关系而且同时具有彼此相互对立的自由;这样一种关系恰恰是感觉与其对象之间的关系。所以在这里,这种封闭的整全体与他者自由分离,而且只有以这样的方式才处于和他者的关系中;也就是说,物理整全体是为了感觉的,而且——因为这种整全体本身又在它的规定性中

[224]

展示自己——,所以是为了不同的感觉方式的,为了感官的。正因此,在构型过程中与感官的关系就在此引起了我们的注意,虽然这种关系并不属于物理范围,我们也还无需要接触它(参见:后面§358)。

　　β)现在如果说我们在这里把颜色、气味和味道视为是形态的不同规定,它们通过视觉、嗅觉和味觉这三种感官来被感知,那么我们在以前就已经考察过了另外两种感官,即触觉和听觉的感官对象(参见:前面§300中的附注)。形态本身,机械个体性,是为一般的触觉的;这里尤其相关的是热。我们同热的关系比同一般形态的关系更加理论性;因为只有在形态抵抗我们的时候我们才感觉到它。这已经是一种实践性关系了,因为一方并不想让另一方是其所是;我们在此必须按压和触摸,而在热那里还没有出现抵抗。我们在声音那已经触及听觉;声音是受机械性东西限制的个体性。因此,听觉感官属于这种特殊化,在此无限的形式与物质联系起来。然而,这种具有灵魂性的东西仅仅是外在地同物质关联起来;正是从机械物质性中逃逸出来的形式才因此直接消失了而没有持存。听觉是对显现为观念性的机械整全体的感官,听觉的对立物就是触[225] 觉;触觉的对象是地球上的东西,是重力,是尚未内在特殊化的形态。因而,我们在整全形态中具有两个极端,听觉这个观念性感官和触觉这个实在性感官;形态的差别限于其他三种感官中。

个体形态确定的物理属性本身不是形态,而是形态的显现,它们在其为他存在中本质性地自我保存;但因此,理论关系的纯粹无关性开始消失。这些性质相关联的他者是它们普遍的本性或者是它们的元素,还不是个体的物体性;而且在其中一种进程性的、差异的关系被立即建立起来,尽管这种关系只能是抽象的。但是,因为物理物体不仅是这样一种特殊的差别,不仅只分解在这些规定性当中,而且是这些差异者的整全体,所以这种分解仅仅是作为其属性的在该物体中的区分,在这种区分中物理物体始终为整体。现在既然我们通过这样方式一般性地获得差异性物体,作为整全体这种物体本身也同其他类似的差异物体相关联。这种整全形态之间的差异是一种外在的机械关系,因为它们被假定为始终保持其所是,而且它们的自我保存还没有被消解;对于这种始终保持差异之物体的表达就是电,它由此同时是与元素相对立的物体之表面进程。这样,我们一方面具有特殊的差异者,另一方面具有作为整全体的一般性差异。

更进一步,下面要讨论内容的**划分**是这样的:**第一**,个体物体与光的关系;**第二**,差异关系本身,气味和味道;**第三**,两个整全物体的一般差异,电。在这里,我们仅仅在其与各自普遍要素的关系中来观察这些个体物体的物理规定性;与这些普遍要素相对,作为个体这些规定性是整全的物体。因此不是个体性本身在这种关系中被消解了;相反这种关系本身被假定是自我保存的。因此这里要被考察的仅仅是属性。形态首先是在化学进程中才被实际地消解了;也就是说,这里构成属性的,在那里要被展示为特殊物质。例如物质性颜色,作为颜料,不再属于作为整全形态的个体物体,而是通过化学分解从个体物体中分离出来并被设定为自为的。[226]外在于同个体性自我连接的这种实存属性,尽管人们现在还可以称之为个体整全体,例如像金属那样,但它只是一种无差别的物体,而不是中性的物体。在这种化学进程中,我们也要考察这种物体仅仅是形式的、抽象的整全体。这些特殊化活动首先以我们为出发点,通过概念发生的;也就是说,它们是自在的或者说是以直接性方式,就像形态一样。但它们进一步也通过**现实**进程来设定,也就是通过化学进程来设定;而且这里首先也存在着这些特殊化活动之实存的各种条件,形态的条件也同样如此。

α. 与光的关系

§317

在构型的物体性中,第一个规定是其**自我同一的**自我性,是其作为不确定的、简单个体性的抽象自我显现,——这就是**光**。但形态本身并不发光;相反,这种属性是(上一节)与光的一种关系;1. 在其中性存在的内在个体化的完全**同质性**中,作为**纯粹**晶体的物体是**透明的**,是光的**媒介**。

在与透明性关系中构成空气内在内聚性的东西,是在具体物体中内在内聚的和晶体化了的形态的**同质性**。——这种个体物体被视为是不确定的,的确既是透明的也是不透明的,或是半透明的等等。但透明性是其作为晶体的最初首要**规定**,其物理同质性还没有进一步内在地分化和深化。

【**附注**】:在这里,形态仍然是静止的个体性,它出现在机械性和化学性的中性中,但后者还没有像完全形态那样在各个点上被具有。因此,作为完全规定和渗透物质的纯粹形式,形态在其中仅仅是自我同一的而且是彻底支配物质的。这就是在思想中对形态的**第一个**规定。现在因为这种自我同一性在物质性东西中是物理性的,而光展示出这种抽象的物理自我同一性,所以形态的第一个分化是其与光的关系,但它通过这种同一性内在地具有这种关系。因为形态通过这种关系自我设定为是为它的,所以这种关系对它而言实际上是理论关系,——不是实践关系,相反是一种彻底观念性的关系。这种同一性不再像在重力中只被设定为是趋向,而是在光当中被设定为自由化的同一性,这种同一性现在被设定在地球的个体性里,是光明面在形态本身中的升起。但因为形态还不是绝对自由的而是被规定的个体性,所以其普遍性在地球上的个别化还不是个体性与其本身普遍性的内在关系。只有感觉者要在自身中把其确定性的普遍性作为普遍来具有,就是说,自为地作为普遍而存在。这样,只有有机物是反对他者的这种映现,以至于其普遍性是内在其自身的。相反在这里,个体性的普遍性,作为元素,仍然是他者,是反对个体物体的外在者。最终,地球只是作为普遍性个体具有同太阳的关系,而且还是完全抽象的关系,而个体物体至少还具有与光的实在性关系。这是因为,虽然一般而言这是对抽象的、自为存在物质的规定,因而个体物体首先是黑暗的;但是物质的个体化,通过浸透一切的形式,扬弃了那个抽象的黑暗化。因而,这种与光的关系之特殊修改是颜色,就此我们在这里还必须要谈谈;而且,正如一方面它是属于实在的、个体物体的,而另一方面它也只是浮现在物体个体性之外的:一般的阴影还不具有任何客观的物质性实

[227]

存;——幻影,仅仅依赖光和非物体性之阴影的关系,简言之是光谱。因此,颜色部分完全是主观性的,由眼睛变幻出来的,——是光明和黑暗在眼睛中的作用以及对其关系的改变;然而,这种作用和改变却也需要外在的光亮。舒尔茨[42]认为我们眼睛中的磷能发出一种独特亮光,以至于常常很难说,在我们内部是否有光亮和黑暗以及两者的关系。 [228]

第一,我们现在不得不把个体化物质与光的关系考察为没有对立的同一性,这种同一性还没有在差别中反对另外一种规定,它是形式的、普遍的透明性;**第二**,这种同一性对立于他物被特殊化了,两种透明媒介的比较——折射,在折射里媒介并不是绝对透明的,而是被特殊地规定的;**第三**,颜色是作为属性而存在,这是金属,是机械性的、但还不是化学性的中性物。

首先就透明性而言,不透明性,黑暗,都属于抽象的个体性或土质元素。由于它们元素普遍性和中性,空气、水和火焰因此是透明的,不是黑暗的。同样,纯粹形态具有黑暗,个体物质之抽象的、脆的和秘密的自为存在,克服了自我不显现并从而把自己变得透明,因为它恰恰把自己重又带回中性和均质性,这是一种与光的关系。物质个体性是内在的黑暗化,因为它不理睬为他者的观念性显现。然而这种个体形式作为整全体浸透了它的物质,由此恰恰自我设定在显现当中,并发展到这种定在的观念性。自我显现是形式的发展,是为他者对定在的设定,结果这同时被保持在个体统一体中。脆的物体,月亮,因而是不透明的,而彗星则是透明的。因为这种透明性是形式性的东西,所以它既属于晶体也属于内在无形态的东西,空气和水。然而,晶体的透明性就其本原而言同时是不同于那些元素透明性的:后者是透明的,因为它们还没有内在地成为个体性,成为土质的东西,成为黑暗化。然而,这种被构型的物体本身并不是光,这是因为它们是个体物质;然而个体性的点状自我,因为作为内在的构建者不

42　舒尔茨(Christoph Ludwig Friedrich Schultz, 1781—1834):国家顾问,柏林大学总监,后来是私人学者;他写了三篇论文“论生理学视觉和颜色现象”,其中的最后一篇(1821年),歌德把它刊印在《论自然科学》第 II 卷,第 1 分册(1823 年)。

受阻碍,所以在这种黑暗物质中不再有任何陌生的东西,而相反作为纯粹地转化为形式之被发展的整全体;因此,在这里这种自在存在被带到了物质的同质相同性中。形式是自由和不受限制地既包含整体也包含个体部分,它是透明的。所有个体部分都被弄得完全相同于这个整体,而且正因此它们之间也被弄得完全相同并在机械性渗透中彼此不相分离。晶体的抽象同一性,它作为无差别的完全机械统一,以及作为中和性的化学统一,就是构成其透明性的东西。如果现在这种同一性本身也不发光,那么它却是如此地亲近光,以至于几乎能达到发光的地步。光所引起的正是晶体;光是这种内在存在的灵魂,因为质块在这种光线里被完全消解了。原始晶体是地球的钻石,它的每只眼睛都很高兴把它承认为是光和重力的初生子。光是抽象的、完全自由的同一性,空气则是元素的同一性;从属的同一性对于光而言是被动性,而且这就是晶体的透明性。相反,金属是不透明的,因为在其中个体自我通过大的比重被集中为自为存在(参见:§ 320 附注末尾)。对于透明性所必需的是,晶体没有任何土质裂痕;因为那样的话它只具有脆性。另外,透明的物体也可以立即被弄成不透明的,而且无须化学过程,只是通过一种机械性变化,就像我们在众所周知的现象中所看到的那样;它只需要被分割为单个的部分。碎成粉末的玻璃和变成泡沫的水就变得不透明了;它们失去了机械的无差别性和同质性,它被折断了并被置于个体化自为存在之形式里,而开始时它们还曾是机械性连续物。冰已经比水的透明性小了,如果被粉碎的话,那么它就变得不透明了。从透明物体中出现了**白色的东西**,因为部分的连续性被否定了,它们被弄成为杂多,例如像在雪中那样;正是作为白色的物体,光才具有了为我们的定在而且刺激我们的眼睛。在《论颜色学》第Ⅰ部分第189 页【教学部分 XXXV,"白色的导出",第 495 段】中,歌德说:"我们可以把纯粹透明物的偶然的、不透明状态称为白色……众所周知的、没有粉碎的土质在其纯粹状态中都是白色的。它们通过自然的结晶转化成为透明的"。因而,石灰石和硅土是不透明的;它们具有金属的基础,但是这个基础转化成为对立和差异,因而变成了中性物体。因此,存在着不透明

[229]

的化学中性物;但正因此它们不是完全中性的,也就是说,它们还内在存留有与他物无关的原则。如果硅土离开酸而结晶为水晶矿,或黏土结晶 [230]为云母,泻盐结晶为滑石,石灰石的结晶当然需要碳酸,这样就会出现透明性。这种很容易从透明性转化为不透明性的现象是很多的。有种石头,叫作显石,是不透明的;然而当它被淋上水以后就会变成透明的。水让它变得中性了,由此它的断裂性被否定了。另外硼砂被沉浸到树油中,也会变得完全透明;这样它的各个部分仅仅被设定为是连续的。* 如果化学的中性物趋向变为透明的,那么金属性晶体因为不是密集的金属,而是金属盐(硫酸盐),也会借助自己的中和性变得半透明。另外还有具有颜色的透明物体,例如宝石;它们不是完全透明的,这是因为颜色所根源的金属原则尽管被中和了但并没有被完全克服。

§318

2. 物理媒介具有的第一个、最简单的规定性是它的比重,比重的独特性自为地显现在比较中,所以在透明性方面也仅仅显现在同另一个媒介不同密度的**比较**中。在两种透明性那里,从一种媒介(远离眼睛的)到另一种媒介(为了易于展示和表象,前一种可以被认为是水,这一种可以被认为是气)始终起作用的东西,就是**密度**,它从质的方面规定位置:因此,水的体积和其所包含的图像可以在透明的气里看见,仿佛同水占据体积相同的气体具有更大的比密,即水的比密,因而被压缩到一个更小的空间里;这就是所谓的**折射**。 [231]

光的折射这个表述首先是一个感性的表述,而且既然例如众所周知我们会看到插入水中的筷子会发生弯折,光的折射这个表述就是一个正确的表述;另外这个表述也自然地运用到对现象的几何学

* 毕奥《物理学研究》第 III 卷,第 199 页:"不规则的硼砂屑"(即硼酸钠,一种透明的晶体,它会随着时间推移而光泽有所减弱,而且在其表面的结晶水会有所丧失)"由于其不相等性,由于表面缺乏光滑,就会显得不再透明。然而,如果它被浸泡在橄榄油中的话,它就会变得完全透明,因为这消除了它所有不相等之处;而且这两种物质共同接触面的反射是如此之小,以至于我们几乎无法辨别它们分离的边界"。(参见本书第 138 页,脚注12)

刻画。然而在**物理学**意义上的光的折射以及所谓的光线的折射则是另外一回事,——这是一种比初看起来更加难以理解的现象。如果不考虑日常表象的其他缺点,那么很容易看到,它必然会陷入这样一种混乱,把假定的光线描绘成从一点出发,作为半球形状来传播。关于通常用来解释这种现象的理论,必须提及这一种本质性经验,即盛满水的容器的平底看起来是**平的**,因而看起来具有**完全和均匀的高度**;这是一种与理论完全矛盾的状况,但是就像在这种情况中通常所发生的那样,由此被教科书所忽略或避而不谈。关键在于,**单独一种**媒介一般而言只是绝对透明的东西,而只有具有不同比重的两种不同媒介的**关系**才会对于可见性之分化有作用;这是一种同时仅仅以规定位置的方式,或者说通过完全抽象的密度来被设定的规定。但是,作为有影响作用的媒介之间的关系并不出现在彼此无关的相互并列中,而是仅仅当**一种**媒介在**另一种**媒介中被设定为视觉空间(也就是在这里仅仅为可见物)时,该关系才会出现。这另一种媒介可以说被其中所设定物的**非物质性**密度所影响,以至于它按照其自身(媒介)所受限制在自身中展示图像的视觉空间,并由此限制该空间。这里明显地出现了纯粹机械性的属性,它不是物理的、实在的属性而是密度的**观念属性**,仅仅是规定空间的;这样,该属性看起来是**外在于**它所属的物质而发生作用,因为它只对于可见物的位置发生作用;离开那种观念性,这种关系无法被理解。

[232]

【**附注**】:晶体作为透明的东西自身则是不可见的;当我们首先考察了晶体的透明性以后,**第二步要考察的**是在这种透明性中的可见性,但因此同时就是可见的不透明性。我们已经在前面(§278)看到了在不确定透明物里的可见物,它是在另外物体中观念性地自我设定物体的直线性东西,也就是光的反射。然而,在晶体的形式同一性中出现了进一步的特殊化。透明的晶体,如果发展到其黑暗的自为存在的观念性,允许其他黑暗的东西通过自身映现出来,这种透明的晶体就是媒介,是他者在他者中映现的中介者。在这里现在出现了两种现象：光的**折射**和大量晶体展示出来的**双像**。

这里所谈论的可见性是通过许多透明物体看到某物的可见性，以至于这些媒介是有差异的；因为我们获得了个体物体同样被特殊规定的透明性，所以这种透明性仅仅在与其他透明媒介的关系中出现。因为被特殊地规定，它具有自己的比重以及其他物理性质。但是，这种规定性的出现，仅仅在当该媒介同其他透明的媒介相遇，而且映现要通过这两种媒介来被中介的时候。在**单——种**媒介里，中介作用是单一形式的、仅仅通过光的扩展来被规定的映现；例如，在水里我们也可以看到这种映现，只是混浊罢了。如果媒介以此方式只是单——种，那么我们就只有单——种密度，因而也只有**单——种**位置规定；但如果是两种媒介，那么就也有两种位置规定。在这里，现在出现的正是最值得注意的折射现象。这种现象显得很简单，甚至很普通；我们每天都能看到这种现象。但折射仅仅是一个语词。通过每一种自为的媒介，我们都会看到对象是在指向眼睛的直线上的，而且与其他对象的关系保持不变；只有两种媒介之间的关系导致差别。如果眼睛通过另外一个媒介看一个对象，以至于视觉经过了两种媒介，那么我们就在另外一个位置看到了这个对象，这个位置与它不借

[233]

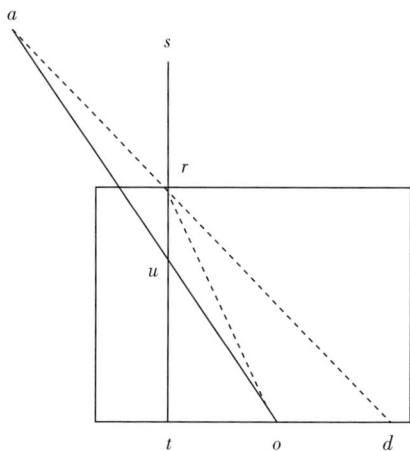

助另一个媒介的特殊构成而显示自身的位置是不相同的；也就是说，与它在物质东西关联中按照感觉所处的位置是不相同的，或者说它在光的环境中具有另外一个位置。例如，尽管太阳并不在地平线的近旁，但是它的图像却被如此地看到。当一个容器盛有水的时候，我们在该容器中看到的对象要比它在空瓶中的位置偏移并且高一些。抓鱼的人都知道，因为鱼被抬升了，所以他们必须向着比鱼显示的位置要低的位置去抓。

在上图中，从眼睛(a)到所看到的对象(d)的线(ad)与垂直线(st)构成的角(a r s)，大于眼睛与对象实际所在的点(o)之间的直线(ao)同垂直线构成的角(aus)。大家通常说，当光从一个媒介进入另外一个媒介的时候，偏离开自己的路径(or)，出现了折射，而且大家在偏离的方向上(ard)看到了对象。然而如果更加仔细地观察的话，这种想法毫无意义；因为媒介本身并不会自为地折射，相反，只是对于这种视觉的作用者要在两种媒介的关系中来寻找。如果光从一种媒介中出来，那么它就没有获得任何让它改变以适应另一种媒介的特殊性质，结果也就不会有另外一种媒介给它指向另外一条路径。这通过下面的图会变得更加清楚。

[234]

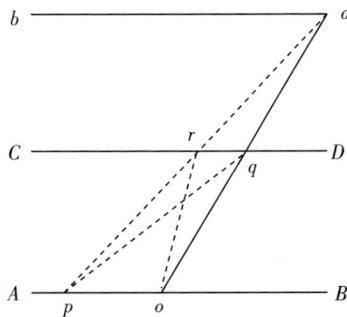

如果从 AB 到眼睛所在的位置 a 有一个媒介，例如水，那么 o 就会在 aqo 方向上的 o 点被看见；因而，媒介 CDAB 没有改变方向，使之不是从 q 到 o 而是从 q 到 p。现在，如果 ab 和 CD 之间的媒介被移开，那么要假定 α) o 不再走向 q 而是向 r，仿佛光线 oq 现在表明自己上方有空气，并且可以在 r 那里涌出去，由此 o 被在 r 那里看见，这种假设是可笑的；β) 要假定 o 不

再走向和经过 q,光线依然能够从这个点达到 a,这同样是没有意义的。因为 a 指向一切地方,既指向 q 也指向 r 等等。

由此可见,这是一种难以理解的现象,而且正是因为感性事物在这里变得合乎精神了。我常常反思这种现象,而且想讲讲我是如何克服困难的。

这里所发生的情况是,CDAB 不仅仅是透明的,而且它的特殊本性也被看到了,也就是说,这种观念性关系构成了 AB 与 a 之间的视觉中介。我们处于观念性的领域中,因为我们所讨论的是可见性;而可见性一般而言是在他者中的观念性自我设定。但是,因为在这里观念性的东西还没有与物体现象相统一,所以这种自在的、无形体的观念规定性,也即比重,是视觉中的规定者,——不是在颜色等等中,而仅仅为了规定空间关系;也就是说,我看见媒介 CDAB 的非物质规定性,而这个媒介并不是通过它的物体性定在来发生作用。物质本身的差别与眼睛无关;但是,光的空间或者说眼睛的媒介同时是物质的,但这种物质性仅仅改变了其空间规定。

更进一步而言,这种事情需要如此理解。如果我们始终处于水和气 [235] 的关系中(尽管这两者仅仅是元素性的透明性,也就是还没有通过重力所克服的形式来被设定)而且我们把它们设定为两种彼此限制的媒介(因为它们的抽象规定性比比重出现得要早;因此,如果他们必须被规定为具体的物理东西,我们就必须考虑在它们特殊本性发展中还没有加以考虑的一切性质),那么当我们在对象和眼睛之间有两种媒介的话,我们就在一个不同于其实际位置的地方看到了物体。问题在于这是如何产生的。整个媒介 CDAB 和它的对象 o 在媒介 CDa 中是作为观念性的东西存在的,而且是按照它们在质上的本性被设定的。但我从其性质本性中看见了什么?或者说什么从其性质本性中进入到另外一种媒介中?正是它这种在性质方面非物质性(例如水)的本性进入到另外一种媒介,即进入空气中,但它**仅仅**是其无形体的、在性质方面的本性,而不是它的化学本性,——是失水的而且是规定可见性的。就可见性而言,这种性质方面的本性现在被设定在空气里起作用,也就是说,水和它的内容看起来**仿佛**

是空气一样;它的性质方面的本性在空气中是可见的,这是事情的关键。水所形成的视觉空间被置于另一种视觉空间,即眼睛所在的空气的空间里。哪种特殊规定性把水保留在这个新的视觉空间里,通过该规定性这个新的视觉空间让自己可见,也就是说发生作用? 不是形态,因为水和空气作为透明物彼此没有形态的,——也不是内聚性,而是比重。另外,油性和可燃性也导致某种差别;尽管如此,我们依然坚持是比重,而不想把事情复杂化了。只有一个媒介的特殊规定性在另外一个媒介中映现。困难在于,在此,规定位置的比重性质从其物质中解放出来,**仅仅**规定可见性的位置。但比重除了是规定空间的形式以外还是什么呢? 在这里,水的比重的作用就在于借此设定第二个视觉空间,即气。眼睛从作为气体空间的这个视觉空间出发;它所在的这第一个空间就是其原则,其统一体。现在,眼睛前面又有了另一个,即水这个视觉空间,它用空气空间替代水这个视觉空间并把后者还原前者,(因为只有这种差异出现在观察中)因而当空气空间具有水的密度时,还原到空气空间所占据的体积;因为水的空间在另外一个空间,即空气空间中变得可见。这样,一定体积的水就被弄成为空气,而水的比重被保留了;也就是说,具有同水一样体积的可见的空气空间,现在通过水的比重来被分化,虽然它获得了相同的内容,但却具有更小的体积。因为水的空间现在被置于空气空间里,也就是我看到的是空气媒介而不是水,所以空气保持具有同以前一样的广延量;但水的体积只有同等量也就是同等体积的气具有水的比重时那样大。因此,我们也可以反过来说,这一部分自为规定量的空气在性质方面被改变了,也就是被收缩到空气转变为水以后所占有的空间里。现在因为空气的比重较轻,因而同水的空间等量的空气空间具有更小的体积,所以空间就被取出而且在各个方向上被削减得更小。这就是理解这种现象的方式方法;它看起来很造作,但这就是实际情况。人们说,光线是传播的,而光是穿透的;但在这里,整个媒介——就是透明的、光亮的水的空间——按照其特殊性质被置于另外一种媒介里,而不是单纯的辐射。在光这里我们不应该表象任何物质性的传播,相反,水作为可见的东西是以观念的方式出现在空气里的。这种出现是一种独特的重力;唯有借助这种特殊的规定,水才能自我保存并在它所转化的东西中发挥作用,而且由此它也转变了它的内在形变。这就像是人类的灵魂被置于动物性身体当中,它在其中会自我保存并且要把该身体拓展为人类的身体。或者说,在大象躯体里的老鼠灵魂同时是大象的,而且同时要把这种躯体缩小和矮化为自己的。最好的例子是,当我们考察表象世界时,因为那种关系是观念性的而且这种表象也会造成同样的缩小。如果一位伟大人物的伟大事业被设定在一个渺小的灵魂里,那么这个灵魂就按照自己特殊的规定性来接受这个伟大并把这个对象矮化为自己那样,以至于这种固有的渺小只会按照自己强加给伟人的大小尺度来看待这个对象。正如被直观的英雄在我的心中产生影响,不过仅仅以观念的方式而已,**同样空气也接受水的视觉空间并把它矮化为自己那样。这种接纳**是最难被理解的事情,这恰恰是 [237] 因为它尽管是观念的,但却是一个有作用的、实在的定在。正是作为透明物、媒介才是这种非物质性,这种光,它可以通过非物质的方式呈现于别的地方,但依然保持着自己的原样。所以在透明性中,物质性物体被明亮化为了光。

在经验意义上,这种现象就是例如各个对象在盛水容器中的位置被升高了。荷兰人斯涅尔[43]发现了折射角;而笛卡尔接受了它的发现。从眼睛到对象取一条直线,尽管光是通过直线的方式展现自己,但是我们并不在直线的尽头看见对象,而是在偏高的位置上。对象被看见的位置是一个确定的位置,由此可以在它和眼睛之间作一条直线。我们可以通过前一根线从水面露出的点作一条垂直线,然后确定视线与这条垂直线之间形成的角;【这样,】我们就用几何学的方式准确地确定了这两个位置之间相差的尺寸。如果我们现在所处的媒介比对象所处的媒介比重轻,那么与我们仅仅通过空气看这个对象相比,该对象就会显得距离垂直线更远;这也就是说,这个角经过两种媒介后变得更大了。数学物理学家按

43　斯涅尔(Willebrord Snellius,1591—1626):数学家。

照角的正弦来把这种改变规定为折射率。如果没有出现这样的角,而是眼睛完全与媒介的表面垂直,那么从正弦的规定可以直接得出,对象没有偏移而是在其实际的位置被看到;这就意味着,当光线同折射面垂直的时候,它不会发生折射。但另一个不在这个规定里的事实是,当我们虽然在同一个方向上,但却更近距离地看对象时,对象总是显得偏高。数学物理学家和物理教科书通常只通过与正弦的关系给出折射大小定律,而没有指出入射角为 0 时出现的偏高现象本身。由此可以得出,角的正弦的各种规定是不充分的,因为它们并没有涉及向对象的接近。因为只有这一条定律,所以大家得出结论说,只有那个能与眼睛构成一条垂直线的点,

[238]

我才在其实际的距离位置上看到它,而其他的点则逐渐地显得越来越近;这样就必然会有更进一步的现象,就像球的一部分那样,盛水容器的底部向中央部分拱起,随着深度(即凹陷)的增加它的边缘也显得越高。但这根本不是实际情况;我看到的盛水容器的底部是平的,只不过显得更近罢了。物理学就是这样做研究的! 由于这种情况,我们不能像物理学家那样,从入射角、折射角以及它们的正弦出发,也就是不把这些规定作为光线发生改变的唯一原因。根据这种规定,在垂直的时候,角和正弦为 0,那么就不发生任何光线改变,但是这里像到处可见的那样出现了位置的偏高,所以必须从这个偏高入手,由此得出在不同入射角情况下折射角的规定。

折射的强度依赖媒介的不同比重;整体而言,情况是比重越大的媒介导致的折射也越大。然而,这种现象并不仅仅依赖于比重,其他规定也要发生作用;它还取决于一种媒介是不是油质的、可燃的。所以,格临援引了(《物理学》§700)[44]一些例证,其中折射的力量被假定不依赖密度:例如,光在明矾和硫酸盐里有明显的折射,尽管两者的比重没有明显的差异;同样,用树油浸润硼砂,这两种东西都是可燃的,但它们的折射并不与它们的比重吻合;另外还有水和松脂油等等。同样,毕奥说(《物理学研究》第 III 卷,第 296 页),土质物质相当程度上按照它们的密度发生作

44　参考本书第 146 页,脚注 13。

用,但是可燃的和气态的物质则并不如此。他在下一页又说:"我们看到密度十分不同的物质可以具有同样的折射力,而且一个密度小的物质却可以具有更强的折射。这种力尤其依赖于每个分子的**化学本性**。折射力最强的东西是油和树脂,而蒸馏水并不比它们低"。[45] 因此,可燃物是一种在此通过独特方式表现出来的特殊物质:油、钻石和氢气具有较强的折射。我们在此必须满足于确定和给出这个普遍性视角。现象是由存在的最混乱的东西构成的。这种混乱的固有本性在于,精神性的东西在这里被置于物质性规定之下,神性的东西降临于地上的东西中,但在纯粹的、贞女般的、不可触摸到的光与这种物体性的婚姻里,每一方面同时保持着自己的权利。

[239]

§319

规定可见性的密度存在于**不同媒介中**(气、水还有玻璃等)。对以不同方式规定可见性之密度的**外在**比较和设定为统一在**晶体**的本性中就是**内在**比较。**一方面**,这是一般的透明性,**另一方面**,它们在其**内部**的个体化(核心形态)中具有一种**偏离的**形式,这偏离了那种普遍透明性所属的形式相等性 *。这也是一种作为核心形态的形态,但同样是观念的、主观的形式,它的作用像比重那样在于规定位置,因而与最初的抽象透明性不同,也通过特殊方式的空间显现来规定可见性。这就是**双折射**。

力这个范畴可以在这里被恰当地使用,因为偏菱形的形式(通常在偏离开内在形态的形式等同性的物体里)**彻底地**以内在方式把晶体个体化了,但是在晶体没有偶然分裂为片层的情况下,并不作为

---

* 在这里,一般而言立方体物体通过形式相等性来被刻画。就晶体的内在构型而言,在此令人满意的对晶体的规定展示了所谓的双重光线折射;关于这样的规定,我要援引毕奥在《物理学研究》第 III 卷[46],第 4 章,第 325 页所说的内容:"这种现象出现在所有的透明晶体中,这些晶体的原始形式既不是立方体,也不是合乎规则的八面体"。

---

45 引文原文为法文。——译者注
46 参见本书第 138 页,脚注 12。

[240]   形态而达到**实存**,而且它完全的同质性和透明性至少没被中断和破坏,因而仅仅作为**非物质**规定性发生作用。

　　关于从一种最初的外在设定的关系到它那种作为内在发挥作用的规定性或力之形式的转化,我所能援引的只有歌德的话最为中肯;他谈到过两块面对面的平镜的外在装置与眼内颜色现象之间的关系,这种现象是在两面平镜之间的玻璃立方体**内部**造成的。他在《论自然科学》第Ⅰ卷,第3分册【1820年,"眼内的颜色"】,第XXII节【双折射物体】,第148页,讲到"自然的、透明的、晶体化的物体":"因此关于这些物体我们说,自然在这类物体的**最内部**建立了一台**相同的镜面装置**,就像我们通过**外在物理—机械的**手段所做的一样"(参考:同一分册的前一页)＊。正如已经提到的,在这种外在和内在的组合那里,并不涉及上节说到的折射,而是涉及一种**外在的**双重反射,以及在内部与之对应的现象。歌德在同一分册第147页说,我们已经可以在菱形方解石那里十分明显地看到,"**片层**的不同脉络以及**由此而来的**相互作用的**反射**是这种现象的最直接原因"。当歌德这样说的时候,我们还要进一步区分上一节中提到的所谓偏菱形的**力**或**作用**,而不是实存片层的作用(参考:《论自然科学》第Ⅰ卷,第1分册,[1817年,"菱形方解石的双重图像"],第25页)。

[241]　　**【附注】**:在冰岛方解石显现出的两种图像中,有一种居于通常的地位,或者说它的折射仅仅是通常的折射。第二个图像则被称为超乎寻常,它通过具有受延压立方体的偏菱形形态而被抬升,因为有机构成分子不是立方体或双锥体。这是两种不同的位置构成,因而是两种图像,但却是在**同一个**形态里;因为这种形态一方面对于光是被动的,因而它单纯地传导图像;可继而它也同样让它的物质性发生作用,因为该个体物体的整个

　　＊　我关于这种被感知物所说的(1821年2月24日致歌德的信),歌德如此友善地采纳了,这可以在《论自然科学》(第Ⅰ卷)第4分册(1822年,"最近的令人鼓舞的参与")第294页中读到。

内部就构建出一个表面。歌德对这种现象做过很多研究,他把这种现象归结为晶体的细微裂缝和实存的片层;可并不是裂缝,而仅仅是这种内在形态导致了这种位移。因为一旦有了实在的断裂,也就立即会出现颜色(参见:下一节)。通过另一个物体,我们不仅看到一条线是双重的,而且甚至是成对的。在近代,人们已经发现许多具有双折射的物体。其中也包含被称为海市蜃楼的这种现象(毕奥,《物理学研究》第 III 卷,第 321页),也就是人们在海岸边看到的一物双像的情况。这种现象不是反射,而是折射,因为就像在方解石中那样,人们通过具有不同密度并以不同方式加热的空气层来观看对象。

§320

3. 形式的非物质性**自为存在**(力),发展到**内在性定在**,扬弃了结晶化的中性本性,而且在更加完整的,但**更加形式性的**透明性那里(例如脆的玻璃),出现了内在点性的规定,**脆性**(以及内聚性)。脆性这个环节是**同自我同一的**显现、光以及照亮的**差异**;因此,它是**变暗**的内在开端或**原则**,这种变暗还不是实存的黑暗而是作为使变暗者(脆的玻璃,尽管完全透明,却是眼内颜色的公认条件)而**起作用**。

这种使变暗不仅始终作为原则,而且与形态之简单的、不确定的中性 [242]
相反,离开外在地、以量的方式起作用的浑浊以及更加微弱的透明性,发展为密度这个**抽象的**、片面的**极端**,也即被动的内聚性(金属性)。于是,也有了自为**实存的黑暗**和自为出现的**光明**,它们借助透明性同时被设定在具体和个体化的统一体中,这就是**颜色现象**。

抽象的黑暗是直接被设定为与光本身对立(§277)。但黑暗首先作为物理的、个体化的物体性而变为实在的,而且上述变暗的过程是这种光明、在此就是透明的东西、也即在形态范围内被动显现、向着个体物质内在**存在**的这种**个体化**。这种透明的物体是在其实存中同质的中性;黑暗是内在地向着黑暗个体化者,然而这不实存于点性,而是仅仅作为**力来**与光明对立,因而同样可以在完全的同质性中实存。——众所周知,**金属性**是所有颜色化的物质原则,或者说是普遍**颜色材料**的物质原则,如果人们愿意如此表述的话。这里关于金属要考察的东西,仅仅是它的高比重,与透明形态展露出来的内在中性相反,这种特殊物质把自己撤回到在比重中占优势的特殊化活动中,并且上升到极端;在化学进程中,金属性同样是片面的、无差别的基础。

在对变暗过程所做的解释中,关键问题不仅仅在于抽象地给出这个环节,而且命名它所显现的经验方式。显然,这两个方面都有自己的困难;然而对物理学而言更大的困难是,把属于完全不同领域的

[243]

各种规定或属性混合到一起。因此,本质的做法一方面是,对热、颜色等等这些普遍的现象而言,在仍然如此不同的条件和情况中寻找简单的、特殊的规定性;另一方面本质的是,确定这样的现象自我展现的**差别**。颜色、热等等是什么,这个问题在经验物理学中不可能依据概念来提出,而是依据它们**产生的各种方式**。而这是十分不同的。但是,那种仅仅寻求普遍规律的探索,为了这个目的放弃了本质差别,而且按照一个**抽象的**视点把各种十分异质的东西罗列在一起(例如在化学中,把煤气、硫磺和金属等等罗列在一起)。这样,不按照其所依赖的不同媒介以及情况来考察各种作用特殊化的方式,这样的做法必然不利于寻求普遍规律和规定的要求。这些颜色现象出现的情况是如此混乱地被彼此并列在一起,通常的做法是把那些属于最特殊情况的实验与颜色本性表露给毫无偏颇感官所需的简单、普遍条件对立设定,与本原现象对立设定。表面上精致和透彻的经验,实际上却通过粗糙和肤浅来导致的这种混淆,只有通过观察产生方式的差别才能加以对付;为此,我们必须认识这些不同的产生方式,并在它们的确定性中把它们分开。

首先,要作为基础规定来确信的是,照亮的**阻碍**与比重和内聚性联系在一起。与纯粹显现的抽象同一性(光本身)相对立,这些规定

[244]

性是物体性的特殊性和特殊化;由此出发,这又返回自身,返回黑暗;

正是这些规定直接构成了有条件者向自由个体性的发展（§307），而且在此前者同后者的关系出现了。各种**眼内**颜色的意义在于，变暗的原则在此是作为非物质（只作为力而发生作用的）点性的脆性；在透明晶体的粉碎中，这种点性是以**外在的**方式实存的，而且造成了不透明性，例如透明流体的泡沫等等。——**压迫眼球晶体会产生眼内颜色**，这种压迫只是对比重的外在的、机械式改变，在此分割为片层以及类似的**实存性**障碍并未出现。——在对金属**加热**中（改变比重），"在其表面会出现倏忽即逝的、前后相继的颜色，它们本身可以按照人们的爱好被固定下来"（歌德，《论颜色学》，第Ⅰ部分，第181页，【教学部分，XXXIII，"眼内颜色"，第371段】）。但在**化学**规定中，通过酸出现了另外一种照亮黑暗的原则，内在自我显现的原则，点火的原则。从对自为颜色的观察中首先排除的是以化学方式被规定的阻碍、变暗、照亮；因为就像眼睛（在主观的、生理的颜色现象当中）那样，化学物体是一种**具体的东西**，它内在地包含众多进一步的规定，以至于与颜色相关的东西并不确定被自为地遴选出来并被分别开来，而是要假设对抽象颜色的知识，以便在具体的东西那里找出与之相关的内容。

　　上述内容涉及**内在**变暗，因为这属于物体的**本性**；就颜色而言，[245] 它的意义在于证实这些颜色，因为通过颜色所造成的模糊不是以一种外在的、自为实存的方式被设定，因而也无法以这种方法被展示。一种——但在**外在**实存中——造成混浊作用的媒介是一种透明性更低的东西，仅仅是一般的半透明的东西；像水或纯粹玻璃这样完全透明的东西（元素性的气没有具体内容，就像那种在未个体化的水只中性里存在的东西那样），具有混浊的开端，这种混浊通过媒介变密，特别是在壳层（即断裂的界限）增厚中达到定存。著名的、外在造成混浊的媒介是棱镜，它导致混浊的作用有两种情况：第一在其外在的限制本身，在其边缘；第二是在其棱镜形态中，在从其侧面整个边宽到其对棱对镜轮廓直径的不相等中。颜色理论中不可理解的内容首先包含的是,棱镜的属性是具有造成混浊的作用,而且特别是由于光所经过的各个不同部分的对镜长度不相等而带来的不相等的浑浊作用,这在这些理论中被忽视了。

而这种变暗一般而言只是**一种**情况,另一种情况是照亮;颜色包含着与之相关的进一步规定。光会照亮,白天会**驱散**黑暗;朦胧状态是明亮与出现的黑暗之单纯混合,它一般造成**灰色**。但是,颜色是这样一种对两种规定的结合,以至于它们既彼此分离也同样被设定在统一体中;它们既被分离也同样彼此映现在对方中;这是一种结合,由此也被称为个体化;就像在所谓的折射那里展示出来的,这是一种关系,即一种规定在另一种规定中发生作用,但却具有自为的定在。这就是一般的概念方式,概念作为具体的东西同时既区分它的环节也把它们包含在它们的观念性中、统一体中。在歌德的阐释中[47],这种规定通过其相属的感性方式获得了表达,——在三棱镜中光亮**提升**到黑暗之上(或反过来),以至于光亮既作为光亮仍然一直独立地起作用也同样被混浊化了;(在三棱镜的例子中)不考虑共同的错位,光亮既保持在它自己的位置也同时被移开。当光亮或黑暗,或者毋宁说,照亮物和变暗物(两者都是相对的)在**混浊媒介**中自为实存的时候,该混浊媒介在黑暗背景前以造成光亮的方式被设定(或反过来),它保存着自己独特的现象,同时一方在另一方中以否定的方式被设定,两者都被设定为是同一的。这样,颜色同单纯灰色(尽管,例如,单纯灰色的、没有颜色的阴影比我们开始设想的要更少被找到)的差别就被理解了;这种差别就如同在有颜色四角形中的绿色和红色的差别那样,前者是对立的**混合**,即蓝色与黄色的混合,后者是它们的个体性。

按照著名的**牛顿**理论,白色,即没有颜色的光由**五种**或**七种**颜色**构成**;因为这个理论本身并不准确地知道这些。——首先是连光也

[246]

47　《论颜色理论》,教学部分,XIII 章及以后。

按最坏的反思形式,即**组合**来加以把握,而且就像人们可以认为清澈的水由七种土质物质组成那样,在此光甚至被假定是由七种**暗颜色**组成;对于这种观点的愚昧,我们**无论怎么批评都不为过**;

还有关于牛顿观察和实验的**笨拙**与**不正确之处**,关于它们的**枯** [247] **燥无味**,正如歌德指出的[48],关于它们的**不诚实可靠**;——一个最明显和最简单的不正确之处是错误地相信,一个棱镜所造成的**单色光**谱部分可以通过另一个棱镜再次仅仅显现为是单色的(牛顿,《光学》,第 I 卷,第 I 部分,命题 V 结尾);

其次是关于那种来自不纯粹经验材料的、同样糟糕的**演绎**、**推理**和**证明**性质;牛顿不仅使用三棱镜,而且他也不是没有意识到,要通过三棱镜产生颜色,就需要在光明与黑暗之间有一条界线(牛顿,《光学》,第 II 卷,第 II 部分,第 230 页,拉丁文版,伦敦,1719 年),而他却可以忽视产生混浊作用的黑暗。这个颜色**条件**,只是在他的理论早已制定以后,才被他在一个完全特殊的现象那里(而且还是笨拙地)一般性地提到。所以,这种提出对该理论辩护者的用处,仅仅在于可以说牛顿并非不清楚这个条件,而不在于作为**条件**把它和光一起置于颜色考察的首要位置。毋宁说,所有颜色现象中都有暗的颜色,这种情况在教科书中被避而不谈;同样教科书避而不谈的是这种完全简单的经验,即当通过三棱镜看一面完全白的墙壁(或者完全单色的),人们看不到任何颜色(在单色情况下只看到墙壁本身的颜色);而一旦墙壁上钉入一个钉子并在墙壁上造成某种不同,颜色就会立刻出现,而且只在这时和这个地方。因此该理论阐释的不当之处还包括回避这么多反对经验。 [248]

接着特别是关于无思想性,由于这种无思想性该理论大量的直接结论已经被放弃了(例如,消色差望远镜的不可能性),但该理论本身却被肯定下来;

48　《论颜色理论》,争论部分,第 645 条。

最后则是关于下述**成见**的盲目性,即该理论依赖某种**数学的**东西,仿佛那些部分地错误的、片面的**度量**只配具有数学之名,仿佛在推论里的那些量的规定能给这种理论以及事实本身的本性提供什么基础。

歌德对光中黑暗所做的既清楚又**根本**,甚至也是**博学的**澄清并没有被积极采纳,这个状况的主要原因毋庸置疑在于,人们所承认的无思想性和幼稚性实在太大多了。——这种荒谬的观念非但没有减少,而且它在近代基于**马吕斯**发现[49],通过光的**偏振**,而且甚至通过太阳光的**四角性**,通过红色光微粒向左旋转运动,蓝色光微粒向右旋转运动[50],尤其通过又被采纳的牛顿冲动(Fits),即容易传递的冲动和容易反射的冲动,而被增加成为形而上学的空话。在这里,这类表象的一部分也源自把微分公式运用到颜色现象上,因为这种公式的各项在力学里所具有的有效意义被不适当地推广到一个完全不同领域的各种规定中。

[249]　　**【附注】**:第一,在棱镜里同样出现了所谓的双折射;而且这里出现了进一步的规定,这样透明性转化为黑暗化,颜色由此出现了。玻璃里的脆性显现为使光亮变混浊,尽管玻璃是完全透明的。乳白色的玻璃,蛋白石可以起同样的作用;但是在那里发生作用的混浊本身并不显现为外在实存的。光自身并不会混浊,相反它是不混浊的;因此颜色的表象只有与个体的、主体的东西联系在一起,后者自我分化为不同的东西并且内在地把它们连接起来。对此现象更进一步规定属于经验物理学;但是,因为这种现象不仅要被观察,而且要把所有观察归结到普遍规律上,所以它们也就与哲学考察有关。关于颜色存在着**两种**主流**观念**:一种是**我们**所认同的,即光是简单物。另一种认为,光是复合的;这种观念与所有概念对立而且

49　参见本书第 123 页,脚注 3。

50　参考:毕奥,《物理学研究》第 IV 卷,第 88 页及以后。

是最粗糙的形而上学;它之所以是最坏的,因为它涉及整个观察的方式。正是在光里,我们放弃了对个别化、对多重性的观察,而且必须把我们提升到对实存的同一东西的抽象。因而,在光里人们必须把自己提升到观念的东西,提升到思想当中;但是在第二种观念中,思想变得不可能了,因为人们在这个地方采取了十分粗率的态度。所以,哲学与复合物无关,而是与概念有关,与差异者的统一性有关,而且该统一性是它们内在的而不是外在的、表面的统一性。为了补救牛顿的理论,人们想由此把复合去掉,他们说,光内在地自我规定为这些颜色,就像电或磁自我极化为差异一样。但是,颜色只出现在光亮和黑暗的界限处,这是牛顿本人所承认的。光自我规定为颜色,为此总要出现一个外在的规定或条件,就像费希特唯心论中的无限障碍那样,而且是非常特别的。假如光是自己变得浑浊的,那么它就是内在具有差别的理念;但它只是一个抽象的环节,是达到抽象自由的自我性和重力中心。这就是要**以哲学的方式**来构成的东西,也即光属于该立场阶段。因而光还在自身之外具有物理性的东西。光亮的物体固定下来,是**白色的东西**,这还不是任何颜色;黑暗经过物质化和分化则是**黑色的东西**。颜色处于这两个极端之间;光与黑暗的关联,以及这种关联的分化就是产生颜色的东西。在这种关系之外,黑暗什么也不是,但光也什么都不是。夜晚包含着自我消解的酵母和所有力量的破坏性斗争,包含着所有事物的绝对可能性,包含着混乱,这种混乱并不包含现实存在着的物质,而恰恰在否定活动中包含着一切。黑暗是母亲,是所有物体的营养,而光是纯粹的形式,它只在其与黑夜的统一中具有存在。黑夜的恐怖是所有力量静穆的颤动和落下;白天的光亮是其外在自身存在,它不能保持任何内在性,而是作为缺失精神和力量的实在性倾泻出来并消失了。但就像已经指出的,真理在于两者的统一:光不在黑暗中映现,而是被它作为本质来浸透,正是在这里光被实体化了,物质化了。光并不在黑暗中映现,也不照亮后者,也不在后者中折射;相反,内在折射的概念,作为两者的统一,在这种实体里展现自己,展现其环节的差别。这就是明朗的颜色领域以及在**色彩变幻作用**中有生命的运动。每个人都

[250]

219

知道,颜色比光要更暗;但按照牛顿的观念,光不是光,而是内在的黑暗,只有当我们把被假定为是本源性的颜色掺和起来的时候,光才出现。如果有人反对牛顿,那就似乎是狂妄自大;但事实只能以经验的方式来构成,因此歌德展示了事实,而牛顿则通过反思以及观念的僵化来使其混沌。而且正是因为物理学家在直观实验中为这种僵化所蒙蔽,所以牛顿的体系还可以保存至今。我可以就此说得更简短一些,因为我的希望是,在这所大学里很快就会有专门的课程来讲授到这个十分有趣的颜色问题,让我们通过实验来更加看到事情的真相,看到牛顿惊人的错误以及物理学家们没有思想的盲从。

对于颜色的考察要从这样的地方开始,即**透明性要受到造成混浊材料**的限制,就像三棱镜本身也要被假定一样,由此出现光与暗的关系。颜色,作为简单的、自由的东西,需要他者来获得其实在性,也即需要一种确定的、不相等的、其各边形成不同角的图形。由此,在强度方面就出现了

[251] 不同的照亮和致暗,它们相互作用,因而被变暗或被照亮,从而产生**自由的颜色**。为了得到不同的混浊效果我们主要使用透明玻璃;但它们对颜色的产生根本不是必需的,相反,这已经是复合的、进一步的作用。我们可以直接让不同的混浊过程和照亮过程,如阳光和烛光,彼此接触,这样就立即会得到有颜色的阴影,因为每束光的黑暗阴影同时被另一束光所照亮;凭借这两个阴影,我们就有了对这些阴影的双重照亮。当各种各样的、紊乱不堪的混浊活动相互接触,那么就出现没有颜色的灰,就像在通常的阴影中一般为我们所熟知的那样;这是一种没有规定的照亮。但如果仅仅少数的,两个照亮的确定差别彼此接触,那么就立即出现颜色:一种在性质方面的差别,而阴影仅仅展示了在数量方面的差别。太阳光太强以至于没有任何其他的光亮可以胜过它,相反整个地区都以之作为一种普遍的、主要的照亮方式。但如果不同的光照进入房间,例如在太阳光照之外的蔚蓝天空,那么就会立即出现有颜色的阴影,结果当我们开始注意阴影的不同颜色时,我们很快就发现不再有灰的阴影了,而是到处都是有颜色的,但这个颜色常常是如此弱,以至于颜色并不自我个体化。烛光

和月亮光产生最漂亮的阴影。如果我们在这两种光照中立一根小棒,那么两个阴影就被这两种光亮照亮,——月亮的阴影被烛光照亮,反之亦然;于是,我们就获得了蓝色和橙色,而只有两只烛光明显地成为黄色。在黎明和黄昏时,那种【明暗】对立也会在烛光下出现,因为这时候阳光不是非常耀眼,有颜色的阴影可以通过多次反射被排除。

牛顿相信在涂抹了各种颜色的**旋转盘**上找到了强有力证据;因为当我们快速旋转这个转盘时不能清楚地看到任何颜色,而仅仅是一种白色闪光,所以白色光被假定为由七种颜色构成的。但人们看到的只是灰,一种"不鲜明的"灰,一种灰尘颜色,因为眼睛在如此快速的旋转中不再区分颜色,就像在头晕目眩和神志不清的情况下人们不再能构成保持对于对象进行确定表象一样。如果有人用绳索拴着石头旋转,谁会把看到的圆圈当作是真实的呢? 牛顿的主要实验与它要由此证明的直接抵触;因 ［252］为假如颜色本来就是固定的,那么颜色内在具有的晦暗在此根本不会还原到光亮里。相反因为光一般来说驱散黑暗,正如守夜人所唱的那样,因此晦暗根本不是本源性的东西。但在晦暗占上风的地方,微弱的光亮反过来就消失了。这样,当具有确定颜色的玻璃相互叠合时,如果玻璃的颜色是明亮的,人们很快就会透视到白色;如果玻璃的颜色是暗的颜色,那人们很快就会透视到黑色。现在牛顿主义者们仍然会说,黑暗是来自颜色;就像实际上另一个英国人所断定的那样,黑色来自所有颜色。在此颜色的所有特殊性都被取消了。

正如其整个物理学的方式,**牛顿式反思的过程**,简单地说,就是这样:

α)牛顿的出发点是在一间完全黑暗的房间里由玻璃棱镜引起的各种现象(这种故弄玄虚以及椭圆细孔和诸如此类的东西,都完全是多余的),而且就像他自己所说的,让那里的"光线"落在三棱镜上。于是,人们就通过三棱镜看到了不同的颜色,并在另一个位置看到了一般的光像,而且在这个位置也看到了按照特殊次序排列的颜色:例如,在靠上面的部位看到紫色,在靠下面的部位看到红色。这是简单的现象。而牛顿却说:因为图像的一部分比另一部分散度更大,而且在散度更大的地方可以看到别的颜色,所以一种颜色就比另外一种颜色具有更大的散度。于是,这就被表述成为,颜色的内在差别就其本性而言依赖于这些颜色**各种不同的折射性**。这样,它们每一个都是本源性的,在光里向来就是作为不同的东西存在和完成的,而且例如,三棱镜所做的仅仅是,把这些向来现成存在的差异呈现出来,而这并不是说这种差异是通过这种操作才产生的;就像我们通过显微镜看到例如蝴蝶翅膀上的绒毛,而我们用肉眼是看不见它们的。这就是推理。光的这种柔软的、娇嫩的、可被无限规定的、绝对自我同一的东西,能够屈服任何印象并以完全无关的方式只接受所有外在变化,因而被认为是由内在固定的成分组成的。人们可以在另一个领域使用类似的方式:如果钢琴上不同的键被敲击,那么就会产生不同的律音,因为事实上是按动了不同的弦。同样,在管风琴那里,每一个音都有一根管,当其被吹的时候,就会产生一个特殊的音。如果吹奏一支号角或

[253] 长笛,那么它也会产生不同的律音,尽管我们没有看见特殊的键盘或管。的确存在着一种俄罗斯号角乐,其中每一个律音都有一个自己的号角,而每一个演奏者都通过自己的号角只演奏一个律音。现在,当人们按照这些经验再听普通圆号演奏同一个旋律,那么人们就可以像牛顿那样进行推理:"在这种单一的号角里暗藏着很多不同的号角,它们看不见摸不着,但是在这里起三棱镜作用的演奏者,让这些不同的号角呈现出来;因为他演奏出不同的音,所以它每次吹的是不同的号角,因为每一个律音是自为地固定的和现成的,它具有自己的持存和自己的号角"。尽管我们也知道,在一个号角上,通过嘴唇不同的伸曲移动,通过手指盖上洞口,等等,也可以产生不同的律音。但这只是一种形式性的行动性,它只是让现存的不同律音呈现出来,而不是产生这些律音差异本身。所以,**我们**也知道,三棱镜是一种条件,通过它不同颜色可以显现出来,因为通过其形态所展示的不同密度,光的不同混浊作用彼此重叠。但是,即使当大家向牛顿主义者们指出颜色仅仅是在这些条件下产生的,他们仍然坚持认为,这些与光相关的不同活动并不在其产物中造成各种差异,而是这些产物在造成它们的活动之前就已经是现成的了;就像圆号里的律音已经是不同

的发音,无论我们怎样关闭和张开嘴唇,不管手指怎样塞住乐器上面的洞口;这些行动不是对律音的修改,而仅仅是一支接一支地反复吹奏号角。歌德的功绩在于贬低三棱镜的作用。牛顿的结论是:"三棱镜所带来的东西是本源性的";这是一个非常原始的结论。大气发生混浊,而且是以不同的方式;例如就像太阳在升起时是红色的,因为那时大气中有更多的水蒸气。水和玻璃会造成更多的混浊。因为牛顿没有考虑工具导致光变暗的作用方式,所以他认为出现在三棱镜后面的变暗是本源性的构成部分并假设光是通过三棱镜被分解为这些部分。但是,说三棱镜有分散光线的力量,这是一种轻浮的言论,因为在这种说法中要通过经验来被证明的理论已经被假设了。这就如同,当我用擦地拖搅和并弄脏水以后,又想要证明水本来是不清澈的。 [254]

β)当牛顿进一步认为,那七种颜色,紫、靛、蓝、绿、黄、橙和红,是单色并且不可被分解,这是不能令人信服的,例如,把紫色看作单色,因为它是蓝色和某种红色的混合。每一个孩子都熟知,当黄色和蓝色混合在一起的时候,就会出现绿色;同样在蓝色中加入比在紫色中更少一些的红色,就会出现淡紫色;同样橙色是黄色和红色的混合。而牛顿主义者们不仅认为绿色、紫色和橙色是本源性的颜色,而且在他们看来靛蓝和青色(即灰绿色,有点绿色的痕迹)是绝对不同的,尽管这两种颜色没有性任何质方面的差别。没有任何一位画家是牛顿主义者这样的笨蛋;他们有红色、黄色和蓝色,并由此制作出其他颜色。甚至通过机械性混合两种干燥的粉末,其中一个是黄色的,另一个是蓝色的,就会出现绿色。因为许多颜色是通过这样的混合出现的,正如牛顿主义者不得不承认的那样,所以他们为了拯救自己关于颜色单纯性的理论,就说:通过三棱镜的光谱出现的各种颜色,本原上不同于其他的天然颜色,即固定在物质上的色素。然而,这根本就是子虚乌有的差别;颜色就是颜色,或者相同或者不同,无论它们是怎样产生的,是以物理方式还是以化学方式。的确,混合出来的颜色既出现在三棱镜中也出现在其他地方;在此,我们在其作为映现的产生中具有一种确定的映现,因而也是一种映现和映现的单纯混合,而不是与有色物体的进一步混合。如果我们把三棱镜移近墙壁，那么我们就只会把色像的边缘弄成蓝色和红色，而中心则始终保持为白色。有人说：在中心很多颜色汇合在一起，所以出现了白色的光。这是多么荒谬啊！人们竟然可以在其中把事情推到难以置信的地步；而且，如此地继续胡言乱语正在变成为一种单纯的习惯。当然，加大距离使色像边缘变得更宽，直到白色最终彻底消失并且通过接触色像边缘而出现绿色。牛顿主义者们想用他们的实验证明，那些颜色是绝对单色的（参考本节前面的说明部分，本书第 247 页）。在这类实验里，经过墙壁上的窟窿落到另一面墙壁上的颜色，通过三棱镜来看，当然不会很完整地显示出不同的颜色；但是，就像我通过一个有色玻璃看一个景物一样，因为基础是另一种颜色，所以

[255] 自我成像的边缘也自然不可能那么鲜艳。因而，我们绝不能让自己为牛顿鼎鼎大名的权威所折服，也不能为那种主要在近代围绕他的学说所建立起来的数学证明框架所折服。有人说，牛顿是一位伟大的数学家，仿佛由此他的颜色理论就被合法证明了。然而，物理的东西不能通过数学的方式来证明，只有数量才可以。在颜色问题上，数学是毫不相关的，但在光学中情形则完全不同；如果牛顿测量过颜色，那么这仍不是数学或者说仅仅是没有血肉的数学罢了。他测量过宽度不同的边缘比例，但他说，他的眼睛不够敏锐，因此无法自己测量；因而他请了一位视力敏锐、信得过的**好朋友**，来为他做这件事。* 而如果牛顿后来把这个比例和音乐律音的数字比例加以比较（参见：前面 §280 说明），这也还不是数学的。甚至在图像很大的时候，也没有一个目光敏锐的人可以指出，不同的颜色在什么地方开始；谁要是看过光谱，就会知道，根本没有可以通过线来确定的固定边界。如果我们考虑到边缘的宽度由于远近距离不等而十分不同，那么就会看到牛顿所做的是十分荒谬的；例如，在最大距离的情况下，绿

---

* 牛顿《光学》第 120—121 页："一位帮我工作，比我具有更犀利视力的朋友，指出光谱中各种颜色的界限是用横断线找出来的"。对所有物理学家而言，牛顿就是这样一位好朋友；没有一个人亲眼看见这样的东西，假如有人看到过，他也没有像牛顿所说和所思考的那样。

色就获得最大的宽度,因为黄色和蓝色由于不断增加的宽度而重叠得越来越多,以至于这两种颜色本身变得越来越窄。

γ)牛顿的第三个观念,后来毕奥又进一步补充了的是,把一块透镜压到玻璃上,人们会在那里看到一个圆圈,这个圆圈以相互重叠的方式形成许多彩虹,于是不同的颜色就有了不同的趋向。例如,在这个点上我们看到了一个黄色圆圈,而看不到其他颜色;于是,那位先生说,黄色在这里有显现的冲动,其他颜色则埋没自身并让自己无法被看到的发作。透明物体可以让某些光线穿过,而其他则不行。因而颜色的本性也是如此:一旦具有显现的冲动,就能让颜色穿过;这个说法完全是空洞的,——把简单现象纳入僵硬的反思形式中。

以吻合概念的方式阐释颜色,我们应该归功歌德;他在早年就对颜色和光产生了考察的兴趣,后来特别从绘画这个方面做了考察;而且他纯粹的、单纯的自然感官,这是诗人的第一条件,必然会抵制牛顿那里出现的那种原始的反思方式。从柏拉图以来关于光和颜色所做的解释和实验,他都进行了透彻的考察。他以质朴的方式阐释了这种现象;而且理性的真正本能在于,从现象以最简单方式自我展示的地方出发来阐释现象。进一步的研究则是把这种**原始现象**和众多条件结合起来;如果人们从这一大堆条件出发,那么就很难认识本质。 [256]

α)歌德理论的主要环节是,光是自为的,而黑暗是外在于光的一个他者,**白色**是可见的光,**黑色**是可见的暗,而**灰色**是它们**最初的**、单纯量的关系,因而是光亮或黑暗的增加或减少,——而在**第二个**被规定的关系那里,光亮和黑暗彼此相对立地保持着这种固定的特殊性质,问题的关键在于什么构成基础,什么是造成混浊的媒介。出现一个光亮的基础,在其上是黑暗的东西,或者相反,由此就出现了颜色。关于这种符合概念的对差别物之汇集,歌德的伟大感觉使他说出,**情况本来就是如此**;而且只有思想者的意识才能赋予下属事实合法性,即理性是在持续存在的差异中之同一性。因而,例如自我性的东西并不把对象从自身分开,而是和它融合在一起,在这样的地方就只出现动物性的感觉。但是假如我说,**我感觉到**

热的东西等等,那么意识就设定了对象,而且在这样的分离中,我却把两者汇集在一个统一体里。这就是关系;3∶4是完全不同于我把它们组合为7(3+4)或12(3×4),或者4-3 = 1这些关系,相反在前者那里3就是3,而4就是4。同样在颜色里光亮和黑暗必须彼此联系;媒介和基底必须在此保持分离,媒介事实上就是媒介,它本身并不发光。——αα)否则我就可以表象一个黑暗的基底和一个映现其上的阳光;但这不是媒介。但是,在造成混浊的媒介那可以出现单纯的灰而不是颜色:例如,当我通过透光的棉纱观察一个黑色的对象,或者通过黑色的棉纱观察白色的对象;这是因为,一般而言颜色是可被确定感知的,这需要一些特殊的条件。

[257] 在这种颜色现象中,关键的要素进一步在于眼睛的差异,在于环境。由于靠近另一种具有确定程度的黑暗或光亮,或者说,如果与一种显著的颜色相邻近,那么弱的颜色映现就会仅仅显得是灰的。另外,眼睛在对颜色的接受性上也十分不同;但人们可以集中注意力,就像帽檐透过棉纱在我看来是蓝色的。因而,单纯的混浊作用必须区别于 ββ)光亮和黑暗的**相互透射**。夜晚的天空是黑色;我们的大气作为空气是透明的;假如大气完全纯粹,那么我们就只看见黑色的天空。但是,大气充满了灰尘,因而是会造成浑浊的,以至于我们把天空看成是有颜色的——**蓝色的**;在山上,空气十分纯,我们看到的天空更加黑。反过来:如果我们有一个明亮的基底,例如太阳,并且我们通过一块暗的玻璃,例如乳白色玻璃,来看,那么太阳看起来就是有颜色的,或者**黄色**或者**红色**。有某种**木材**,它熬出的汁对着明亮是黄色的,对着黑暗则是蓝色的。最简单的关系总是基础;每一种尚没有决定性颜色的、透光的媒介是以这种方式发生作用的。这样,我们就有了蛋白石,它对着天空看是黄色的或红色的,对着暗的地方看则是蓝色的。我曾经(1824 年 1 月 5 日)在我的窗前看到烟从烟道里冒出;当时天空是阴沉的,因而是一个白色的背景。当烟升起并具有这样的背景时,它是黄色的;当它落下,并在自己后面有暗的屋顶和暗的枯树,它就成了蓝色;而当它继续下降又有了房子的白墙作为背景时,它又成了黄色。同样,啤酒瓶也展示出相同的现象。歌德曾经有一个波希米亚的玻璃杯,

他从内部把杯壁一半贴上黑纸,一半贴上白纸;这样它就成了蓝色和黄色。现在,歌德把这种现象称为原始现象。

β)导致混浊的另一种方式是通过三棱镜造成的;也就是,当我们拿一张白纸并在上面画上黑色的图形(或者反过来),然后通过三棱镜看这些图形,那么我们看到的是有颜色的光带边缘,因为三棱镜同时既透明又不透明,把对象既展现在它实际的位置又同时展现在别的位置;即使没有出现单纯的混浊作用,光带边缘也由此变成了界限,而且一个被引向另一个。在前面(本书第247页)援引的位置(《光学》第230页),牛顿感到惊讶的是,某种薄的片层或者玻璃小球本来完全透明而且没有映现任何阴 [258] 影,通过三棱镜看的话,则显示为是有颜色的:"然而当折射通过三棱镜通常让对象在那样一个地方显现得有颜色,即在它受到阴影限制或者被不均等照亮的地方"。[51] 但他如何能够没有三棱镜这个环境来看见那个玻璃小球呢?因为三棱镜总是让图像和环境的鲜明分离偏移;或者说,它把它们的界限设定为**界限**。**事实就是这样**,尽管还没有得到充分地说明;正如我们在冰岛方解石那里看到的双像,它一方面作为透明的物体展示出天然的图像,另一方面通过它的偏菱形形式让该图像偏移,同样现在这也与其他玻璃有关。在三棱镜那里,我因而假定了双像,它们被直接统握在**一体**:在三棱镜里保持在自身位置上的正常图像,从这个位置发挥作用,仅作为映现被投射到透明媒介里;已经错位的、非常的图像对于正常图像而言是造成混浊的媒介。这样,三棱镜在光中设定了概念的分离,这个分离通过暗成为实在的。但是三棱镜的作用方式一般而言是 αα)是整个图像偏移,这通过媒介的本性来被规定。而 ββ)三棱镜的形态也是一种规定因素,确实可以从中**看出图像的大小**,因为三棱镜的形态恰恰在于,图像通过折射被固定,继而又**内在地**发生偏移;而且在此它本真地达到这种内在。因为三棱镜(例如当角被转向下时)是上面厚下面薄,所以光就会从不同方向落在每个点上。因而,三棱镜的形态造成了一种确定

---

51 原文引文为拉丁文。——译者注

的、进一步的偏移。如果这种现象还不是很明显，那么事情本身就在于，图像由此同时还被内在地放置于另外一个位置。这种内在性通过玻璃的化学构成会被进一步改变，就像例如铅玻璃等等具有一种固有的结晶，即一种内在的方向性。

　　γ）凭借肉眼，我在仅仅几呎的距离就看不清对象的棱和边了：无须眨眼，我就十分容易地看到窗框的宽边是有颜色的，这个窗框整体看来是灰色的，就像在半个阴影里；这里也有双像。我们也在所谓的**衍射**中客观地发现了这种双像；当光线通过一个细小的缝隙透入暗室的时候，一根头发会被看成是双像，也或者是三像。牛顿用两个小刀片做的实验是有趣的；以前他所做的则毫无意义，其中也包括我们前面提到的实验。在小刀片实验中尤其值得注意的是这种情况，我们把刀片放得离窗口越远，光带的边缘就越宽（牛顿《光学》，拉丁文版，第Ⅲ卷，第328页），由此人们看到这种现象与棱镜紧密相连。光也在这里显现，就像它是在他者中的边界。但光并不仅仅通过三棱镜的外在力量被转移，相反，它正是其这种实在性，即与黑暗本身相关，向着黑暗衍射，并与黑暗造成一种肯定的界限，也就是这样一种界限，在那里它们不被分离而是相互逾越。光的衍射在光和黑暗交汇的地方到处出现；衍射构成了半阴影。光偏离它的方向；每一方逾越出自己鲜明的界限进入对方。这可以与气体的构型相比较，气味就是这样一种构型，或者像我们所谈到的金属的酸气体，电的气体等等。这是作为束缚在事物形态中而显现的观念性东西的出现。因此，界限变得更加肯定，不仅是一种一般的混合，而且是一种半阴影，它在向光方向被光所限制，但是在向暗的方向同样通过光与暗分离，结果它在向光的方向最黑，向着把它与黑暗分离开的光的方向逐渐变暗，而且这样的现象多次重复出现，由此产生了相互并列的阴影线条。这种光的衍射，这种自由的、固有的折射，还要求特殊的图形，以便把这种综合、这种中性也以性质的方式展示为是确定的。

　　δ）还要说明的是**颜色的整全体**如何发生作用。颜色是一种**确定物**。现在，这种确定性不再只是一般的确定性，而是作为现实的确定性，它在自身中具有概念的差别；它不再是不确定的确定性。作为这种在他在中普遍的、直接的自在存在，重力直接在自身中具有差别，这种差别是非本质性的、如此具体的质量；大和小完全是非性质性的。相反，热作为在它们中的否定者，在暖和冷的温度差异中具有差别，这种差异本身首先仅属于量的大小，但是却包含着性质性意义。真正实在性的颜色把直接性差别作为通过概念来设定和规定的。从我们的感性感知出发，我们知道，**黄、蓝、红**是基础颜色；而绿则作为混合出的颜色而增加的。这种关系就像它在经验中显示出来的：第一种颜色是黄色，一种明亮的基础，和一个造成混浊的媒介，它被前者**渗透明**或**渗透亮**，就像舒尔茨先生[52]所说的。由此，太阳就对我们显现为黄色，但有一种表面的混浊。另一个极端是蓝色，在此明亮的媒介被暗的基础**渗入阴影**，这同样像舒尔茨先生所说的。因此，当大气有蒸汽的时候，天空是蓝色的；当人们超出大气中造成混浊的媒介时，天空是深色的暗蓝，而在高山上例如瑞士的阿尔卑斯山，或者在气球上，则几乎完全是黑蓝色的。如果人们眨眼睛，就会把眼睛的晶状体遮盖一半，从而把它弄成一块棱镜；人们在火焰里一面看到黄色，另一面看到蓝色。望远镜作为透镜，也是棱镜性质的，因而展现颜色。只有当我们把两个棱镜叠放在一起的时候，我们才可以完全消除色差。蓝色和黄色都是最简单的颜色；在这两种极端颜色之间还有红色和绿色，它不再属十这种完全简单的、普遍的对立。一种媒介作用是红色，蓝色和黄色都可以被提高为红色；通过增加混浊，黄色会被容易地提升为红色。在光谱中，红色已经出现在紫色里，同样在另一侧黄色已经出现在橙色里。如果黄色再次被渗透阴影，或者蓝色被再次渗透亮，那么红色就出现了；被进一步拽入暗的光色，或者被进一步拽入亮的蓝色，就变成为红色。与构成被动性媒介作用的绿色相对立，红色构成主动性媒介作用，是两者主观的、个体的规定。红色是一种高贵的颜色，是克服黑暗并且彻底渗透黑暗的光；这是夺目耀眼的东西，是行动性的东西，是有力量的东西，是两个极

[260]

52　参见本书第227页，脚注42。

端的强度。绿是黄色和蓝色的简单混合,是它们共同的中性;当黄色和蓝色交汇的时候,人们在棱镜里可以十分清楚地看到这一点。作为中性的颜色,绿色是植物的颜色,因为植物的其他性质从它们的绿色诞生。黄色

[261] 作为第一种颜色是带有简单混浊的光,——直接定在的颜色;它是一种暖色。第二种颜色是中介性的,在此对立本身被展示为是双重的,即作为红色和绿色;它们对应着火和水,这两者我们在前面已经处理过了(§283 和 §284)。第三种颜色是蓝色,一种冷色,暗的基础,它通过光亮被看见;它是没有进入具体整全体的基础。天空的蓝色可以说是衬托地球的基础。这些颜色的**象征意义**是,黄色是明朗的、高贵的颜色,因其力量和纯粹性而让人愉悦的颜色,红色表示严肃和庄重,仁慈和优雅,蓝色表示温存和深厚的感受。因为红色和绿色构成对立,所以它们很容易相互转入对方;因为它们是彼此亲近的。当我们把暗绿色流体倒入一个香槟酒杯形状的玻璃容器中并把这个容器对着光,那么我们就在下面看见绿色,在上面看见最美丽的紫红色。在玻璃杯十分狭窄的地方,出现的是绿色;然后它经过黄色进入到红色。如果我们把该流体倒入一个宽大的瓶子,那么它就是红色的;当它倒出来的时候,它看起来就是绿色的。因而,强度让它是红色;或者毋宁说,绿色被加强后看起来就是红色。火焰底部看起来是蓝色的,因为它在那里最稀薄;在顶端则看起来是红色的,因为它在那里最强,而且在那里火焰也是最热的;因此在底部是暗色的,在中间火焰是黄色的。

ε)客观必然的东西在主观视觉中也结合在一起。如果我们看见**一种**颜色,那么其他颜色也为眼睛所需要:黄色需要紫色,橙色需要蓝色,紫红色需要绿色,反之亦然。所以,歌德把这些颜色称为**补色**。黎明和黄昏时的黄色或蓝色阴影与月光和烛光可以算作补色。按照歌德的实验,人们把一块红色玻璃放在光的后面,那么就会获得一种红色的光亮;如果再添加上一支蜡烛,那么红光所投射的**那个**阴影就成了红色的;其他阴影则看起来是绿色的,因为绿色是红色的补色。这就是生理学现象。而牛顿现在会说绿色是从哪里来的。如果人们看光并把眼睛闭上,那么就会在

一个范围内看见与其所看见的颜色相反的颜色。关于这种主观的图像可以援引下面的实验。我观看透镜焦点上的太阳图像很长时间。当我闭上眼睛，那个停留在我眼睛中的图像在中央是蓝色的，其他同心平面则是美 [262] 丽的海洋绿，——那个中央具有瞳孔大小，它的周围则比虹膜更大，而其是长形的东西。在眼睛睁开的时候，那个图像保持不变；在一个暗色的基底上，中央同样被看见是美丽的天蓝色，而周围则是绿色，在一个明亮的基底上，中央则被看见是黄色的，而周围则是红色的。如果人们在一张纸上放置一根红色火漆棒，看它很长时间，然后把视线转到别的地方，那么人们就会看见一种绿色的映像。有波澜的大海里的紫红色是补色：波浪被照亮的部分呈现出绿色这个自己固有的颜色，阴影部分则呈现出相反的颜色，紫红色。在只见得着绿色的草坪上，在天空明亮适度的时候，人们经常看见树木躯干和小道闪着红色的光泽。关于这些心理学颜色，舒尔茨总监做过十分重要和有趣的实验，这些实验先为歌德先生和一些当地的朋友所熟知，不久就被公开了。[53]

我们必须坚持歌德关于原始现象的想法。错综复杂的情况所引起的微不足道的现象可以被用作反驳。其实，牛顿的实验也是错综复杂的、糟糕的、琐屑的、虚伪的、卑鄙的。这种颜色理论已经通过成百的教学大纲被背诵的滚瓜烂熟。但歌德所维护的观点也并没有完全消失，正如他通过著作所表示的那样。人们反对歌德，因为他是诗人而不是教授。只有承认某些套话、某些理论等等才属于行家；而其他人所说的都彻底被忽视掉，仿佛不曾出现过一样。这样的人常常想建立一个阶层并独霸科学，其他人无权发言，这就像例如法学家们那样。可权利是属于所有人的，颜色也是一样。在这样一种阶层里形成了某种故步自封的基础观念。如果人们不按照这些观念来说话，就会被认为是一无所知，仿佛只有行会同仁才对此有所理解似的。他们的想法是正确的；人们没有关于那些事情的**知性**（Verstand），没有那些**范畴**，没有那种考察这些事情所假定依靠的形而

53　参见本书第 227 页，脚注 42。

上学。哲学家们首先就是这样被拒绝的;但哲学家正是必须要批评那些范畴的。

[263] 　　第二,我们在其他一些现象里看到更多的变暗作用。因为变暗是点性、脆性和粉碎活动的丧失形态(当然只是作为原则,而不是通过击碎来实际地否定内聚性),所以在迅速加热和迅速冷却的玻璃里就出现了另外一种变暗活动,因为这种玻璃最脆,因而也十分容易碎。

　　α)这里出现了**眼内**颜色。歌德在他的形态学里对这个阶段做了十分富有意义的展示。[54] 当我们用这类易碎玻璃的立方体或四方块,就会出现这种现象,否则就不会。如果我们把一个普通的、不容易碎的玻璃立方体放在一个黑色的基底上并且使之面向一个明亮的天空方向(这在早晨是西方,因为最暗的部分是最接近太阳的部分),那么我们就会看到这种光亮的映现投射到小玻璃上,变为眼睛可见的反射(参考:本书第 125 页,§278 附注);夏天里太阳在正午的时候升得最高,因而整个地平线都是亮的,这种现象就到处会出现。在那个易碎的玻璃里,我们现在除了看见在每个玻璃里的光亮,还在小方块玻璃的四个角看见了暗斑,以至于光亮形成一个白色的十字图像。但如果我们改变自己的位置,让自己与以前的直线构成一个直角,这样不是对着西方而是对着南方看小方块玻璃,那么我们看见的就不是四个暗点而是四个亮点,不是白色的十字而是黑色的十字。这就是原始现象。如果我们借助反射继续增加变暗的作用,那么色圈就出现在那四个点上。这里我们一般所获得的是,黑暗在这种透明物,在这种光亮里的出现;这种黑暗一方面通过方块的边界,另一方面通过媒介被间断的本性所造成。这样,我们获得了一种黑暗与光亮的关系;这两者如果被进一步内在规定和区分,被相互交叠,就会按照位置颠倒过来的序列产生不同的颜色。如果四个点是白色的,十字是黑色的,那么混浊作用首先会引起黄色;由此又进入绿色和蓝色。如果相反十

---

　　54 《论自然科学》第Ⅰ卷,第 1 分册(1817 年),《眼内颜色的要素》第Ⅰ卷,第 3 分册(1820 年),"眼内颜色"。

字是白色的,角是暗的,那么通过更大的变暗作用首先产生的是蓝色,因为光亮被驱赶进黑暗的基底里。所以,在此我们在透明的媒介里获得了进一步的变暗作用,它被驱向颜色而且依赖脆的物体在性质方面的本性。

β)与此密切相关的是通过机械性方式出现的**眼内**颜色;我们用一个 [264] 透镜按压玻璃片上的点,这个点首先是黑色的,随着按压力增大,它会被拓展和区分成很多色圈,绿色,红色,黄色。当我们用石头按压冰的时候也会出现同样的现象。这里造成的颜色只是一种单纯的机械性压力,而且这种压力只是改变邻近部分里的内聚性,就像热也是内聚性的变化一样。如同在声音中振动是一种机械印象的散播,是一种自我扬弃的震颤,同样这里在玻璃里是一种持久的波动,——不同的对被压的抵抗,一种内聚性的持续不相等,这种不相等在不同的位置造成不同的致暗作用。因而,在眼内颜色现象中脆性造成了颜色,同时这也导致了内聚性的断裂。

γ)如果这种内聚性的断裂继续下去,那么我们就会得到**蜕变**颜色。在这种玻璃里,尤其是在方解石里,出现了片层,细小的裂痕;在此,颜色常常转化成为彩虹色,就像在鸽子颈那里的颜色一样。这里出现了一种致暗作用,其产生的方式是透明物体被进一步发展到其聚集的实在分裂。

这种规定属于从光亮向黑暗化的过渡。在光和暗的整全体里,光按照概念变成了完全另外的东西;它扬弃了构成自己本质的纯粹性质。或者说,物理性的东西作为透光的统一体、实体以及重力和进程的可能性而出现。**第三**,这些可以被展示为颜色材料的恒常物理颜色,是对物体的固定暗化;这种暗化不再作为一种外在规定,也不再作为一种光与物体的单纯作用而显现,相反,物质的暗本身由此只是其内在自身变暗,因为光被导致内在于物体并在物体中被特殊地规定。什么是这种物体颜色同单纯亮或暗的颜色之间的区别呢?因为物理物体是内在地具有颜色的,例如金子是黄色的,所以问题在于光是如何进入这种物体性里的?外部的光是如何凝结到物质中的,以至于它变成为一个与暗的物体结合在一起的颜料?正如我们在迄今的论述中从光亮出发那样,我们也必须在颜料问题上从光亮出发。晶体的首要特征是它抽象的—观念的相等性,是通过 [265]

异于它照射的光的透明性。所有物体首先只在表面上是量的,因为它被照亮了;其可见性是外在的光落于其上。但是晶体把光包含在自身之内,因为它彻底具有被看见的实在可能性,也就是以观念的或理论的方式处于他者当中,在他者中自我设定。因为这种可见性不是作为实在的光亮性,而是作为这种一般理论本性显现,而且形态自我点状化成为比重、内在存在的内在无差别性,也就是发展成为实在的脆性,成为自为存在着的统一体,所以这种从可见性到暗的进程,这种对于自由的内在结晶的扬弃就是颜色。因而,颜色是物理的东西,它出现在表面上,它如同在形态里的热那样既不具有任何内在的也不具有任何外在的东西,而是一种纯粹的显现;或者说,所有颜色**自在**所是的东西也是**确定在那的**。因此,确定的物理物体具有颜色。这种形态的变暗是对其均匀中性的扬弃,是对在中性中自我保持的形式本身的扬弃,因为形态始终是其各个环节的贯彻性统一,是对这些环节差别的否定。颜色是对形式具有的这种无关性和同一性之扬弃;由此,形式的变暗是对个别形式规定的设定,是对差别整全体的扬弃。作为机械整全体,物体是彻底内在发展的形式。把这种形式消解为抽象的无差别性是构成个体化物体中颜色的致暗作用。这种被设定的规定是个别之自由化,在此形态把它的部分规定为点状性,而且是以机械的方式,但还是一种自由化,这在形态的连续性里是该形态内在的一般无差别性。光的观念性和自我同一性变成为物质个体性的形式,它把自己归总在这样一种同一性中,而尽管该同一性由于把实在形式还原为无差别性是致暗作用,但它还是确定的;正是这种内在的结晶化自我变暗,也就是扬弃了形式差别并由此返回到纯粹的、密集的无差别状态,返回到高比重。作为内在无形式的同一性,这种内在存在,这种黑暗物质的密集性只是内在地具有强度,是**金属性**,是所有颜色化的原则,而颜色化作为物质则是物体展现出的有光一侧。高比重恰恰是未被敞开的内在存在,是还没有被分解的简单性;在金属中比重是有意义的,而在其他物体中比重相反几乎是没有任何意义的。

[266]

在此被设定为有差别的确定性构成了这些环节之一,因而它现在是抽象的纯粹同一性,但同时作为物体实在同一性,它是在物体本身作为其固有颜色而设定的光,是变为物质的同一性。由此,这种普遍性的东西成为一种特殊的、与整体分离的环节;而另一个环节则是对立。透明的东西也是无差别性,但却通过形式来成为这样;因而,这种无差别性就是与我们现在具有的僵死的、黑暗的无差别性相对立的。前者像精神那样是通过形式的支配而内在光亮的;而黑暗的无差别性则作为物体与自身的单纯密集性,由物质性东西支配。在眼内颜色和蜕变颜色里我们也看到了物质和形式的分离,这是开始黑暗和出现颜色的方式。作为个别化和点状化,这也是无形式性,但更是一种外在被设定的致暗方式。但自在无形式的东西并不是作为杂多,而是作为无差别,作为无形态;因而在金属物体中无法区分出复多。金属不是内在杂多的东西,既不是可燃的也不是中性的。

每个规整的金属都有特殊的颜色,这属于经验事实。谢林认为金子是凝结的光。[55] 相反,铁倾向于黑色,因为它是有磁性的。当颜色被作为颜料分离出来,所有具有颜色的物体都可以被展示为是金属;而且这必须以经验的方式来证明。甚至从植物中取出来的颜色,例如靛蓝,具有一种金属光泽,一般而言具有一种金属外观。血液的红色可以溯源到铁,等等。但当金属被带入化学关系中或者甚至也可以通过热的作用,它的颜色是可以改变的。就第二种方法而言,这里出现了颜色的无限逃逸。如果银被熔解,那么就存在着一个点,在此它达到了最亮的光彩;这就是最高的熔解度,金属学家称之为银的闪光:这只是瞬间的而不可被延长。在这种闪光之前,它经过了彩虹的各种颜色,这些颜色在其表面以波的形式闪亮;顺序是红、黄、绿、蓝。歌德在上述(本书第 244 页说明部分)援引位置后接着说:"我们加热一块磨光的钢,并且它在加热到一定程度变为 [267]
黄色的。如果我们把它迅速地从炭火移开,那么它依然保持着那种颜色。一旦这块钢被加得更热,黄色就显得更暗,如果温度再高,那么它很快就

55　《新思辨物理学杂志》第 I 卷,第 3 辑(1803 年),"四种贵重金属",§ XVII。

转变为紫红色。这种紫红色很难被固定下来,因为它很快就转变为深蓝色。如果我们迅速把这块钢从热火中取出来并且把它插到灰里,那么这种美丽的蓝色就被固定了。变蓝的钢材工艺品就是以这种方式来被制造出来的。但如果我们继续把钢放在火上加热,那么它很快就变成明亮的蓝色,而且它保持如此……当我们把削铅笔刀拿到光下,那么就会出现一种与刀身相交的条纹。在火焰中最深处的条纹部分是明亮的蓝色,它最终成为蓝红色。紫红色居于中间位置,然后是黄红色和黄色。这种现象可以从前面所说的推导出来;因为靠近把手的刀身没有刀尖加热的厉害,后者在火焰里;因而所有的颜色必然一次全出现,否则就会依次出现,而且我们可以最完善地把它们保存下来。"因而,这里也有单纯的密度变化,由此颜色差别被规定;因为物体的黑暗被设定在不同的规定中,由此造成了颜色。——因此,金属性是这种达到静止的物理自我相同性。金属在自身中具有颜色,这个颜色还绝对地属于光,而这个光仍然处于它纯粹的性质中,还没有被消解,也就是作为**光泽**。金属是不透明的;因为透明性是固有的无光的性质,实在的光则是异于这种性质的。

所以,在化学意义上金属是可被氧化的,是与中性状态相对立形式之一端,是该形式向形式性的、无差别同一性的还原。这样,金属容易通过一种弱酸变为白色的,就像铅通过醋酸变成铅白色;锌华也是通过类似的方式形成的。反之,黄色与黄红色亲和酸,蓝色和蓝红色亲和碱。但是,金属自己并不通过化学处理改变颜色。歌德(《论颜色学》,第Ⅱ部分,第451页)说[56]:"一切蓝色和紫色花朵的汁液(对着光亮进行)都通过碱变成绿色,通过酸变成纯红色。红色木材的煎熬汁液通过酸变成黄色,通过[268]碱变成紫色;但黄色植物制剂通过碱变暗,而通过酸则几乎彻底失去它的颜色"。在同一本书第201页[XL章,教学部分,第一节。Balancieren,第533页],他说:"石蕊是一种颜色材料,它通过碱被分化为红蓝色。这通

56　更准确地说:在历史部分,在关于 Edme Mariotte 的章节中,歌德从其《颜色性质研究》(巴黎:1688 年)中引用的。

过酸很容易变成红黄色,而通过碱又变回去"。

但因为我们在这里观察的是个体物体的特殊化,所以我们在这里不得不把颜色仅仅展示为环节,展示为属性,特别是带着向材料转化的可能性。因而,在这种分离和分化里,作为金属的颜色在此与我们毫不相关。作为属性,这些颜色还被保持在个体性里,尽管它们也被展示为材料;这种可能性来自个体性的无力,它在这里还不是无限的形式:完全当下存在于客观性中,也即在属性中。但如果在有机物里属性也被展示为材料,那么它就属于僵死的领域。因为在有生命的物体里,无限的形式通过其特殊化是自我对象化的,在其属性中是自我同一的,所以这种特殊化在这里不再是可被分离开的,否则整体就会死亡和消解。

作为属性,现在颜色假设了一个主体,而且它被保持在这种主体性里;但它也是作为特殊的东西存在,是为他的,——就像每一种属性本身仅仅是为了有生命物体的感官那样。我们,感知者就是这些他者;我们的视觉感受被颜色所规定。只有颜色是为了视觉的;形态属于触觉,而且为了视觉的只是通过暗与亮的交替所展示出的东西。物理的东西从触觉,从普遍的没有质的定在出发,自己把自己带回自身;它既是向自己返回,又是进入它的他在。重力和热都属于触觉;但现在,属性是一种普遍的当下,一种为他存在,一种像热和重力那样的散播,但同时属性在其中也始终是直接的对象性。自然首先发展出它的触觉感官,现在发展出它的视觉感官;由此它过渡到嗅觉和味觉。因为颜色是为他的,所以他者必然把颜色留给物体;而且他者仅以理论的方式而不是实践的方式和颜色发生关系。感官让属性如其所是;虽然属性是为它的,但是感官却并不自在地夺取属性。但因为属性属于自然,所以这种关系也必然是物理的,而不是纯粹理论的,如同有生命物体的感官那样;正如属性一方面属于事物, [269]它也同内在于无机领域本身的他者有关。颜色所关联的这个他者是光,是普遍性元素;光是属于它的他者,也即同一的原则,但前提是光不是个体性的而恰恰是自由的。于是,普遍性的东西是这种特殊化的力量并且总是消耗它;所有颜色,即无机物的颜色在光里都会褪色。但有机物的颜色则不然;它总是不断创造颜色。这种褪色还不是化学进程,而是一种静态的、理论进程,因为特殊的东西并不同它的这种普遍本质对立。

> 因为各种元素憎恨
> 出自人手的产物,[57]

正如普遍地对每个个体化物体那样,并且消解了它。但同样元素抽象的、普遍的观念性也总是在颜色里个体化。

β. 特殊化物体性中的差别

§321

差别的一个环节的原则(自为存在)是火(§283),但还不是作为实在的化学进程(§316),也不再是作为机械的脆性,而是在物理特殊性中,是自在的可燃性,这同时也是朝向外部有差异的,是与元素普遍性中的否定者、与空气,与无法映现出来的消耗者、与物体中空气进程(§282)的关系;这种特殊的个体性是**简单的理论进程**,是空气中物体无法映现出来的**挥发过程**。这就是**气味**。

> 作为自为存在的物质(参见:§126),**散发气味的材料**,物体气味的属性是油,是燃烧为火焰的东西。作为单纯属性,嗅味实存于例如金属的呛人气味里。

【附注】:第二个环节,对立,就像它在个体物体里所展示的那样,是气味和味道;它们是不同的感官并属于自我发展的进程。它们十分地接近,——在施瓦本人那里是没有区别的,以至于那里的人们只有四种感官。人们说,"花的滋味好",而不是"花闻起来香";因而,**我们**仿佛也用舌头闻,而且鼻子由此是多余的。

如果我们想更严格地把握这个**转变**,那么它就是:因为没有差别的暗

[270]

57　席勒:《大钟歌》,第Ⅴ章,第167行及以后。

或我们已经达到的金属性,在化学意义上是可燃的,也就是绝对可被氧化的,那么它就是一个基础,一个端项,它只**能**通过一种外在的东西被带入到行动性的对立里,因而就必须另一种不同的物体(酸物质等等)。当它被氧化时,这种可燃物的抽象可能性首先作为石灰石是可燃的;只有当酸把金属氧化了以后,它才与金属(与作为氧化物的金属而不是作为金属的金属)相中和;这就是说,金属必须首先被规定为对立中的一个方面,以便自我中和。因而,金属本身有能力构成化学进程里的一个方面;它的无差别性只是一种片面的、抽象的规定性,因而本质上是与对立关联的。但现在,我们从无差别中所进入到的这种对立首先是完全的对立,因为我们还不在化学进程的片面对立中,化学进程的两个侧面本身已经是实在的物体性。因为我们处于作为整体的对立中,所以该对立不是仅表象燃烧中一部分的这种可能性,相反我们具有为了整个进程的物质。这就是与金属意义不同的可燃物,这种可燃物是在普通意义上燃烧的物体,也就是只是该进程不同侧面中的**一个**侧面。但是作为对立之完整可能性,物质性东西是气味的基础原则。气味是对空气里这种静止的、内在于形体的慢慢散发的东西的感受;因而空气本身并没有气味,因为所有物体在空气当中**获得**气味,空气完全消解了所有气味,就像颜色在光里褪色一样。但颜色只是物体的抽象同一性,而气味凝聚在差异里,是物体的特殊个体性,是其转向外部的整个独特性并在其中自我消耗;因为物体已经失去了自己的气味,所以它变得无味和暗淡。对物体的这种消耗是一种没有进程的进程,而不是与作为火焰的火的关系;因为这是在个体形态中个体自身的消耗。但在无机物里,这种凝聚主要只是作为火;只有在有机物里,例如在花当中,才更多地出现芳香的气味。金属不是整全物体,因而本身也没有气味;相反,只有当它整合到其他物体里,才在一定程度上在自己周围形成某种气体,并以这样的方式自我消耗;这样金属就变得有毒并因此也闻起来呛人。但贵重金属很少如此,这恰恰因为它更难失去自己的规整形态;因此它主要被用来盛食物。正如在金属里的光,火在气味里也具有一种特殊实存,但这不是硫磺这种独立物质的实在性实存而在这里

[271]

只作为抽象属性存在。

§322

对立的另一个环节,中性(§284),自我个体化为盐性的确定物理中性及其各种规定,如酸等等;——自我个体化为**味道**,一种属性,它同时始终作为与**元素**的关系,与水之抽象中性的关系,在该关系里物体作为单纯中性物是**可溶解的**。反过来,在水里包含的抽象中性是可以与其具体中性的物理组成部分相分离的,而且可以被展示为结晶水,而该结晶水并不作为水实存于尚未分解的中性物体里(§286说明)。

【附注】:结晶水只在分离状态中作为水达到实存。它在晶体里又被假定为潜存的;但在晶体里是根本没有作为水的水的,因为在晶体里根本发现不了任何潮湿性。

味道是物体的第三种特殊性;作为中性物,味道也再次扬弃与元素的关系并把自己从这种关系中撤回来;也就是说如同气味那样,并不总出现进程的直接性实存,相反味道依赖一种偶然的汇聚。所以,水和盐彼此无关地相互对立存在,而且味道是从一个物体个体到另外一个物体个体而不是到元素的实在进程。因此,如果说可燃物是统一在一体的进程性东西而且不可区分,那么中性物体相反可以被分解为酸和碱。作为抽象的中性,水又是没有味道的;只有个体化的中性是味道,是一起沉入被动中性里的对立物之统一。只有这中性物体具有确定的味道,因为中性物体像盐那样把各种对立物分离开。就我们的感官而言,我们把它称为味道,但他者在这里还是一个元素;因为被水溶解的能力正是物体可以变得有味道。金属无法像盐那样溶解在水里,因为它不像后者是对立物的统一,一般而言不是一种不完整的、只是在金属矿里才又变得完整的物体;关于这一点我们在后面化学进程部分还要谈到。

[272]

颜色、气味和味道是个体物体特殊化的三重规定。通过味道物体转入化学的实在进程;但这种转变还是一件比较遥远的事情。在此,这些规定首先作为物体的属性与普遍元素相关联,而这是它们挥发的开始。普遍者的力量是一种没有对立的浸透作用和感染作用,因为普遍的东西是特殊东西的本质本身,前者已经**自在地**被包含在后者里。在有机物里,正是通过类属,这种内在的普遍性东西,个别物被导向自己的根据。在化学进程里,这些物体会来到我们这里,但在**相互作用**而不再与元素作用的进程里是作为独立的东西(参见本书第 267 页,§320 附注)。这在电中已经开始,因而我们必须完成向电的**转变**。作为个别物,这些属性也是彼此有关的。因为**我们**通过外在的比较把这些属性设定在关系中,所以这首先只对我们呈现;但进一步的是,这种个体物体性,正因为是特殊的,所以自己与他者关联。因此,个体化的物体不仅首先具有构成晶体直接整全体的毫不相关的持存,也不仅具有作为与元素不同的物理性差别,而是还具有彼此关系并且这种关系是双重的。首先这些特殊化只是表面性地彼此关联,自我保存为独立的;这就是电的东西,它在整全物体里出现。但这种实在关系是物体之间的相互转化,而且这是表达该关系深层内容的化学进程。

γ. 特殊个体性中的整全体;电

§323

物体按照它们的特殊性与**元素**相关联,但作为被塑型的整体它们彼 [273] 此之间也作为**物理**个体性发生关系。按照它们尚未进入化学进程的特殊性,它们是**独立的**而且彼此相互无关地自我**保存**,完全是在机械性关系里。如同它们在机械性关系里通过观念性运动把其自我展示为一种**内在的振动**——作为声音,同样它们在特殊性之间的**物理**紧张关系里展示它们的**实在**自我性,但这种自我性同时仍是抽象的实在性,是它们的**光**,尽管是在自身中**有差异的**光。这就是**电的**关系。

【附注】:电是一种熟知的现象,它以前像磁一样被认为是孤立存在的,而且它曾经被视为附属物(参见:前面§313 附注)。但如果我们在前面

（上一节附注）指出了电与其最接近现象之间的关联，那么我们现在想把它与更早的阶段，即声音做比较。通过声音我们进入了形态；在消解于化学进程之前，形态是纯粹的自我同一的形式，而这就是它作为电的光。在声音里，物体展示其抽象的灵魂；但这种对其自我性的展示还仍只属于机械内聚性的领域，因为物体在其总是自我撤回的运动里显现为机械的整全体。这里相反我们没有这样一种机械性的自我保存，而是按照物理实在性的自我保存。电的紧张关系之定在是物理性的。正如声音以敲击另外一个物体作为条件，电同样也是有条件的，为此两个物体是必需的；但差别在于，在电当中两个物体彼此不同，因而连刺激物也一起进入到差异当中，相反在声音里面只有一个被敲响，或者说两个物体的响声彼此无关。这种发展的基础在于，作为其属性的整全体，物理的个体化物体现在以不同的方式相互关联。如果说在我们的感官里这些属性彼此外在地分离，那么个体物体是它们统一的纽带，就像我们对事物的表象把它们又结合为一体。现在这种个体整全体发生作用，而且我们必须在这种立场上考察这种关系。但作为[274]　发展了的整全体，物体是有差异的整全体，而且因为这种差异始终作为整全体，所以它只是一般的差异性，因而必然需要两个彼此关联的项。

　　因为我们把物理物体作为一种物理整全体，所以许多这样的物体被直接地假设了；因为单一之复多化的过程从逻辑上看是清楚的（§97附注）。如果这些复多现在首先也是彼此无关的，那么这种互不相关性也扬弃了自己；它们彼此有别，这是因为它们必须是对其整全体的设定。它们通过设定证明自己作为彼此对立的物理个体；在它们的这种设定关系里，它们被假定同时保持其所是，因为它们是这个整体。所以，它们的关系首先是机械性的，这正是因为它们保持自己所是；这些物体彼此接触，相互**摩擦**。这通过外力来发生；因为它们被假定保持作为整全体，所以这种外关系不是我们前面曾见过的接触。它不涉及包含内聚性抵抗的毁坏作用；它也不是声音，也不是转化为热或火焰并消耗物体的力量。因而它只是一种弱的表面摩擦或者挤压，——是表面的碰撞，它把一个无关物设定在另一个所在的位置；或者说它是对形态的一种打击，一种声音的唤醒活动,是对其内在纯粹否定性之定在、对其振动之定在的设定。以此方式,它是一种被分裂的统一体,而且一种对独立的、无关物体之分裂被设定了;——这就是一种磁体,其两极是自由的形态,该磁体的对立被分配到这两种形态中,以至于作为定在的中项构成了自由的否定性,该自由否定性本身没有任何定在而且只存在于其构成项里。电是形态的纯粹目的,是从该形态解脱出来的东西,是开始扬弃其无关性的形态;因为电是直接的出现,或者仍来自形态、仍以形态作为条件的定在,——或者说还不是对形态本身的消解,而是差异抛弃形态的表面进程,但差异把形态作为条件而且在自身中还不是独立的。这种关系看起来是偶然的,因为它只是自在必然的。这种关系不难理解;但首先可以理解的是该关系被假定为电,为了证明这一点,我们必须把这种概念规定与现象相比较。

§324

机械性接触把一个物体的物理差异设定在另一个物体里;这种差异是对立设定的**紧张关系**,因为这些物体同时以机械方式始终彼此对立地保持独立。因此,在这种紧张关系里没有出现带有具体规定性的物体之物理本性,相反,只是作为**抽象**自我的实在性,作为**光**,而且被对立设定的光,个体性自我展示并进入进程。——对于分化的扬弃,表面进程的这另一个环节,把**无差别的**光作为产物;光作为无形体的东西直接消失了,而且除了抽象的物理现象主要只造成振动的机械性作用。 [275]

在电的**概念**中造成困难的,有一部分在于,对这种进程里的物体个体之物理惯性和机械惯性的基础规定。因此,电的紧张关系被归给了他者,归给了包含光的物质;而光与那种物体之保持在其独立性里的具体实在性不同,是以抽象地、自为地方式出现的。该困难的另一部分在于,概念一般的普遍性困难,即把光在其关联中理解为整全体的**环节**,而且这里不再像阳光那样是自由的,相反是作为特殊物体的环节,因为光**自在地**是作为特殊物体的纯粹自我,而且从特殊物体的内在中产生并进入实存。正如第一种光,太阳的光(§275)只从概念本身产生出来,同样这里(如§306)有了光的**产生**,但这里的光是不同的,来自一种实存,来自作为具体物体实存的概念。

众所周知,通过被完成的经验研究,更早的、与一种确定的感性实存关联在一起的**玻璃电**和**树脂电**之间的差别被观念化为**正电**和**负电**这种思想差别;——这是一个值得注意的例子,它表明那种首先要在**感性**形式里把握和固定普遍性东西的经验,如何自己放弃了其感性内容。——如果说近代关于**光的极化**有很多讨论,那么这种说法更应该被保留给电而不是马吕斯现象;在马吕斯[57a]现象中,透明的媒介,反射的表面以及这些表面相对不同的位置,还有其他许多条件,在光的**映现**里造成了**外在性**差别,但这种差别并不在其自身当中。——正电和负电出现的各种条件,例如较平滑的表面或较粗糙的表面,嘘气等等,证明了电进程的**表面性**,以及物体的具体物理性质很少参与其中。同样,两种电光的微弱色彩、气味、味道展示的仅仅是在始终具有进程紧张关系的光之抽象自我中物体性的**开始**,尽管该进程是物理的,但还不是一个具体的进程。扬弃对立紧张关系的否定性主要是**打击**;从其分裂中出来设定自我同一的自我也保持作为在机械进程外在领域里的整全化。光作为放电火花还没有开始把自己物质化为**热**,而且从这种所谓的放电里产生的**燃烧**,更是(伯叟莱《静电化学》,第Ⅰ部分,第Ⅲ章,注解ⅩⅠ)[58]震动的直接**效果**,而不是光实现为火的结果。——既然在不同物体里两种电被彼此分离,所以就像在磁(§314)中那样出现了这种概念规定,即行动性依赖于把对立者设定为同一的,把同一者设定为对立的。一方面,这种行动性是构成**空间的**吸引和排斥的机械行动性,其侧面,如果可以为了显现而被分离的话,构成了与磁本身显现关联的基础;另一方面,这种行动性在电传递本身或电传导的有趣现象中是物理性的,而且

[276]

[277]

57a 参见本书第123页,脚注3。

58 伯叟莱(Claude Louis Berthollet):《静电化学论文集》,2卷,巴黎:1803年。

是作为感应电。

【附注】:这种电的关系是行动性,但还是抽象的,因为它还不是产物;它只存在于紧张关系、矛盾尚未被扬弃的地方,以至于在每一个矛盾中它的他者和它还是独立的。

现在,这种紧张关系不是部分之间单纯内在机械性矛盾,相反它必须本质性地自我外化。这种外化一定有别于个体的物体性,因为个体在其变得有差异的时候保持其所是。因此,个体只有按照自己的普遍个体性才出现,而其实在的物体性并不介入该进程;因而这种外化还是抽象的、物理性的,也就是说,只是普遍的映像对物体展示为是有差异的。这样,其物理灵魂对物体展示为光,当这个光不像太阳那样是直接的和自由的,而是通过他者的力量被召唤出来。因此,光是物体彼此对立的定在方式;这种具有紧张关系的光趋向于在他者中自我差异化。然而,这种作为光的各种差异仅仅出现在它们的消失里,因为这种差异恰恰还不是独立的,而只是抽象的。因此这里并不像通过摩擦那样出现火焰,在那里光成为消耗物体的胜利的顶点;甚至在打火里,从火石里迸出的火花也是对于内聚性的扬弃和各个部分在点上的凝聚。但这里,观念性作为保持者出现了,即一种温和的火;火花是凉的,还没有任何燃料的单纯的光。因为具有紧张关系物体的特殊物质性还没有介入进程,而只是在其中以元素和灵魂的方式被规定。但光作为有差别者不再是纯粹的,而是已经具有颜色;负电火花具有一层淡红色,正电火花则具有一种蓝色的光。而且因为光是从物理性物体里钻出的观念性,整个个体性的其他物理规定,如气味和味道,也开始出现,但以完全观念性的、非物质性的方式。电有气味,例如当我们把鼻子贴近的时候,就会有类似蜘蛛网造成的感觉;味道也出现了,但这个味道是没有形体的。味道在光当中;一种味道偏向酸,另一种偏向碱。除了味道,最后还同样出现了构型:正电具有一种长条状的辐射火花,负电则更加集中在点状性里;当我们把两种火花打到松脂粉末上就会看到这些。 [278]

反思习惯于把物体个体理解为僵死的东西,它只出现在外在的机械性接触或化学关系里。我们这里所看到的紧张关系的外化因而并不归给该物体本身,而是归给另外一个物体,前一种物体则只是它的传递工具;这种他者被称为**电质**。物体只是一种海绵,让这种物质在内部流动,因为物体始终是其所是,只不过它接受电质更容易或更困难罢了;这不是物体的内在效用,而只是传导。另外,电被假定造成自然里的所有东西,尤其是气象现象。可电被假设所做的无法被指明。因为电不是物质,不是事物的散播,所以它像磁那样整体上显现为是多余之物。两种效用的范围显得十分有限;因为正像磁是铁指向北方的特殊性,所以电的特殊性是产生火花。而这到处可见,并且没有什么或者说没有很多东西由此出现。这样,电显得是一个隐秘的动因,就像经院哲学家所假设的隐秘性质一样。如果雷雨中有电,那么我们没有看出它为什么还会在别的地方存在。但是,像雷雨这样的自然现象绝不能按照与我们化学厨房相类似的方式来接受。云彩比海绵还要更加柔软,它们如何可以彼此摩擦呢?而且下雨的时候会打闪,整个天空布满潮湿的黑纱,那么所有电的紧张关系必然会被直接中和,因为降落的雨作为云和地的连接成为一个完全的导体(参见本书第 145 页及以后,§286 附注)。可假如电也在这里出现,那么我们也无法指明其目的在于电与有形体自然之间的必然结合和联系。但是电是普遍的牺牲品:"所有的东西都是电";可这是一个毫不确定的语词,它根本没有指出电的功能是什么。——当我们把电的紧张关系理解为物体固有的自我性,这是物理的整全体并在与他者的接触中自我保存。我们看到的正是物体固有的愤怒,固有的激昂;在此除了物体本身,至少是除了一种陌生的物质外没有任何人存在。物体的年轻盛气爆发出来,它凭靠自己的后肢;它的物理本性集中全力反对与他者的联系,而且是作为光的抽象观念性。不仅我们比较物体而且它们自我比较,并且在其中自我保持为物理的;有机物的开端也在同营养物的独立中自我保存。内在的物理反抗性构成物体的行动性,这是必然的事情。

[279]

在这方面要说明的是,现在由此我们最初作为直接规定的东西就变成了被设定的东西。作为晶体,形态曾经是直接透明的,就像天体曾经是独立的、直接的光。现在个体物体不直接发光,本身并不是光,因为作为形态它不是抽象的观念性,而是作为展开和发展的统一体把天体的规定作为属性包括在其个体性里;因此,以直接的方式,个体物体仅仅是作为他者通过自己、在自己当中的映现。尽管晶体通过形式把物质性自为存在的差别收回到统一体中;但是这种在其规定里的形式之统一体还不是物理的观念性,而仅仅是内在自身地被规定的机械整全体。相反,光是物理的观念性;因为并不自我发光,所以光是这种仅仅**自在的**观念性,因为它只是在对他者的反作用中展示这种观念性。但晶体自在所是的东西现在必须被设定;所以这种观念性,由于被设定在发展了的整全体里,不再只是被看见的映像,不再只是陌生的、入射的光,而是与他者对立的自我映现之简单的整全体。也就是说,因为形式的自我统一现在自我设定了,所以晶体在此自我构成为太阳;光作为有差异的自我出现在太阳里,仅仅在其特性方面把其整全体展示为一种简单的物理性实存。

通过什么出现了这种电的差异?这种对立如何与物体的物理属性作用?只要两个物体相互接触,主要是当它们被摩擦的时候,电就总会出现。因此,电不只是在电机里,而且每一个挤压,每一个打击都设定电的 [280] 紧张关系;接触是电的条件。电不是特别的、特殊的现象,只出现在琥珀、火漆等等东西上;相反它出现在每一个与其他物体相接触的物体里;关键在于,具有一个十分精密的静电计,以便确定电的存在。当被摩擦的时候,物体的愤怒自我会出现在任何一个物体里;所有物体都会相互对立地展现这种生命性。现在如果说正电首先出现在玻璃里,负电在松脂上(毕奥和一般的法国人仍然说树脂电和玻璃电),那么这种差别只是一个非常有限的差别,因为甚至所有物体都有电,金属也是;只是金属必须被隔离。另外,在玻璃里负电也会出现;这种变化依赖玻璃片被抛光还是粗糙,而且这种差别也展示出不同的电等等。奥伊(《矿物学研究》第 I 卷,第 237 页)[59]说:"电把矿藏分成为三大部分,它们对应着普遍的顺序。几

---

[59] 参见本书第 220 页,脚注 40(德文原稿为脚注 39,有误。——编者注)

乎所有的石头和盐具有一定纯度的时候,它们通过摩擦会带有正电。相反,可燃物质,如松脂、硫磺还有钻石,则会带上负电。所有金属都是导体"。因而,中性的物体带正电;那些属于火、否定性的、自为存在的物体,这些差异者展示负电;内在无差别的物体,按照它们的本性内在完全均匀的物体是流体,是导电的。这样几乎所有的流体都导电;只有油因为它的可燃性是不良导体。——普遍而言,电具有这种与确定自然性质之间普遍的关联;但它同时是如此地表面化,以至于物体的最小差别都足以带来电的变化。例如蜡和丝是不良导体;如果蜡被融化,丝被加热,那么它们就变为良好导体,因为热使其具有流动性。冰是一种很好的导体,相反干燥的空气和干燥的气体则是不良导体。磨光的玻璃,如果与毛织物相摩擦,就带有正电,与猫皮相摩擦,就带有负电。丝与松脂摩擦产生负电,与磨光的玻璃摩擦产生负电。如果我们摩擦两块相同的玻璃管,那么它们一个带有正电,另一个带有负电;如果用两根火漆棒摩擦,同样它们一个带有正电,另一个带有负电。如果我们取两条同种丝带,一根沿着横

[281] 向捋,就会产生负电;而另一条沿着纵向捋,则会产生正电。如果两个人处于绝缘状态(因为否则的话他们会把自身的电传给整个地球,而且他们也不是作为个体了),其中一个人手里拿着猫皮并用它摩擦另一个人的衣服,那么第一个人就带正电,而另一个人则带负电。这个差别来自前一个人的行动性。如果把熔解了的硫磺倒入绝缘的金属容器里,那么硫磺就带正电,而金属则带负电;但偶尔也会出现相反的情况。毕奥(《物理学研究》第Ⅱ卷,第356—359页)提出的主要情况是,"当物体的表面相互摩擦时,那个看起来带正电的,其构成部分之间具有最小的分离,而且造成同它们的自然状态和相对位置的偏移也更小。相反,两个表面中,一个的组成微粒由于另一个的粗糙而彼此具有更大的距离,这样的表面就更倾向于带负电。当该表面获得真正的扩展,这种趋向就会加剧。当坚固和干燥的动物或植物体同一个粗糙的金属表面发生摩擦的时候,前者就会带负电,因为它的构成部分具有更大的错位。如果这样的一个物体相反和十分光滑金属摩擦,而该金属很少改变其表面并把自己的作用

限制在挤压该表面和移开单个组成微粒,那么该表面或者没有显示带电或者带正电。当我们把带毛的毛皮和一个金属光滑或不光滑的表面加以摩擦,这些毛就只会被压,而它们的相对位置和状态绝不会遭到破坏;因而它们带正电。但如果这些毛被织成某种材料(这就需要它们被移动、卷曲并且自己挤压自己),并与一种金属的金属性不平滑表面摩擦,那么它们就不仅被压在了一起,而且由于该表面的粗糙而彼此分离和彼此拉开;由此它们就带负电,除非那个金属表面具有一定程度的光滑性"。另外颜色也会带来差别:"一个黑的丝织物,当它是新的时候,与一个白色的丝带摩擦,就会带负电,这就是因为该织物表面的黑颜色具有更多的粗糙性。相反,当那个黑色织物被使用过,而且它的颜色被磨掉了,那么在与白色丝带摩擦时就会带正电。一根白色(丝?)带,与白色毛织物摩擦, [282] 就会显示带负电,而与黑色的毛织物摩擦,则具有正电"。导致差别的各种性质因而或者是本质性质或者是表面性质。

鲍勒[60]在他关于孟克版 3 卷本《盖勒尔物理学辞典》[61]的书评(《学术批评年鉴》,1829 年 9 月,第 54/55 期)里说道:

"我们必须认识到,电的对立,几乎和颜色的对立一样,只是仍然以朦胧的方式来刻画氧化和脱氧化的化学对立,这种对立是高度运动性的并且常常几乎仍然完全独立于质量状态以及它们坚固的、内部的性质关系;【我们必须认识到】在看似相同的环境下,在两个实体的相互作用里,在通过最精细观察也不再可测的细微变化中,大自然几乎毫不费力地就在其显现趋向之生动活泼、逗人嬉戏的表演中,把电的对立里的+和-或者投入到这一侧,或者投入到那一侧,这就像大自然让同一物种从一个植物个体的同一颗种子里时而开红花,时而开蓝花一样……

孤立存在的因果关系从头开始就是一个被引入现象学的错误假设。由于一种通过运动被概念化把握的、流动的电的观念到处蔓延,该假设所

60　鲍勒(Georg Friedrich Pohl,1788—1894):数学家和物理学家。

61　盖勒尔(Johann Samuel Traugott Gehler):《物理学辞典》,4 卷,莱比锡:1787—1791年。

产生的最常见的,同时也是最有害的后果便达到登峰造极的程度。因为那种就其真正意义来说只是在崭露头角中被概念化把握的化学过程里最初活动的东西,被自为地设定为一种分离的、在现象的各种交替中持续存在的流体 X,那么人们就不再考虑要追随进程本身的进一步发展,并在它们符合本性的结合中认识属于该进程的所有规定;相反,按照曾经所坚持的观点,构成进程本身真正内在运动和持续构型的东西也会立即只在那种被虚构的电流体的单纯外在运动的空洞图式里被视为流,这种流接近于在原始形式的紧张关系中自我外化的活动,被完全设定为这种电基质的第二种效应。

[283]　　这种观点造成了对符合现象本性看法的偏离,而且敞开了肤浅和错误结论的源泉;由此,迄今为止关于电和电流的所有理论,在整体上以及在个别观察里以至在最近电流学家和电化学家所做的充斥着各种各样幻觉和颠倒的研究中,都是完全是病态的……

　　在最灵敏的静电计不再指示有电存在之细微迹象的地方,还要假设电的活动性之存在,这就是在奥斯忒[62]发现之前也不再能被认为符合经验;而如果我们在静电计已经长期失灵的地方,现在还仍然通过磁针直接来看不是长期以来被假设的电而是磁显示存在,那就完全没有理由证明这种假设本身仍要被坚持。"

　　电是自我差异化的无限形式,而且是这些差异的统一体;因而两个物体不可分离地联系在一起,就像一个磁体的北极和南极一样。但在磁当中只有机械性活动,因而仅仅有在运动效应中的对立;没有什么可以被看见、闻到、尝到、触到,也就是没有光、颜色、气味、味道。但在电里,那种漂浮不定的差异是物理性的,因为它们在光当中;假如它们是物体进一步的物质性特殊化,那么我们就获得了化学进程。的确,既然在电中差异者是有活性的而且本身始终保持这种活性,这种活性也可以仅仅存在于机械性活动中,存在于运动里。那就是接近和远离,就像在磁中那样;由此可

62　奥斯忒(Hans Christian Oersted,1777—1851):丹麦物理学家,于1820年发现电磁。

以解释电雨、组钟等等的作用。负电被正电所吸引,但却被负电所排斥。因为差异者自我设定在统一体中,所以它们相互沟通;可一旦它们被设定在统一体中,它们又相互逃逸,反之亦然。在磁那里,我们只需要**一个**物体,它还不具有任何物理规定性,而只是这种活性的基底。在电进程中,两个不同物体中的每一个都有不同的规定,这通过另一个物体来设定,但与这种规定对立,那个物体的其余个体性始终是自由的、与之有别的东西。因而,一种电与另一种电为了其实存需要一个固有的物体个体,或者说一个带电的物体只有一种电;但它把外在于自己的物体规定为被对立设定的,而且在仅有一种电存在的地方,会立即也出现另一种电。但同一个物体不会像在磁那样在自身中把自我规定为是极性的。因此,电具有像磁那样的推论之基础规定;但在电这里,**对立**达到了独特的实存。因此,**谢林**把电称为断裂的磁。这个进程比磁更加具体,但不如化学进程具体。处于紧张关系中的端项还没有造成任何实在的、整体的进程,相反它们仍然是自立的,以至于它们的进程只是其抽象的自我。因为物理差异不构成整个物体性,而且电因此只是物理领域的抽象整全性。因而,在力的领域构成磁的东西,这是物理整全性领域里的电。

[284]

　　如果一个物体被规定为是有电的,那么它的电是可以被传递的,特别是对于例如像金属这样的导体;尽管当金属处于绝缘状态时,它既可以保持好自己的电也可以作为自我区分的东西;玻璃也是一样,只是它不导电。但是作为一个被传导入电的物体,每一个物体都带同名的电,而且这样的物体是相互疏远的。现在,物理学家仍然区分电的传导和感应所显示的电。后者是这样的:把一个绝缘圆柱导体 B 放在带正电的物体 A 附近,使之不与这个已经被规定有电的物体接触,于是这个导体也显示带电,但却以下面这种方式,即它与 A 相对立的一端显示出-E,而相反的一端则显示出+E,在中间部分则显示为 0。这里有两种情况需要说明:α)如果把 B 从物体 A 的电场里取出,它的电就会消失。β)但如果它还在近旁,而且第三个物体 C 与它带正电的这一侧接触,而 C 通过传导占去了它的+E,那么当这第二个物体远离 A 的电场时,它仍然是带电的,但仅仅带负电。这种情况之所以出现,这是因为带电需要两个物体个体,因而正电与负电各需要一个物体。只要现在物体 B 不被接触到,那么它就在自身中具有紧张关系和差异,就像磁那样,而这并不构成其个体的规定性;
[285] 相反,在另外一个已经自为规定了的物体近旁,它只有通过另外一个物体来获得它的规定。作为导体,它在此保持为无差别;但因为它同时在带电范围中,所以作为可以延展的东西,它让不同的自在规定显示出来。尽管它有两种电,但电还不是存在于其自身当中,相反它的个体实存只出现在它带电的时候,而这需要另外一个物体与其对抗。因为现在通过这种接触它失去了无差别状态,而且它转给物体 A 的电之相反的电转入到接触物体 C 中,所以另外一个电相反停留在它当中。——另外因为对立面已经临近到连接,所以物体 B 的负电在与 A 的对立中距离越大,该负电也越强,而越接近 A,强度也就越小。两个玻璃片,先相互摩擦,然后再隔离开来,在相互挤压靠近时,它们没有显示带电的迹象,但当它们分离开来的时候,它们则显示出带电的迹象。金属片即使分离,也不会如此,因为它的电自在地自我中和了。如果我们取两个具有等量电和等量尺寸的小球,让它们彼此相互接触,那么在接触点位置强度为 0,而在两个小球距离远处的电,强度则增强。如果我们取的小球大小不同但电相同,那么同样在两者接触的时候接触点位置的电为 0;但当它们被分离开来的时候,在比较小的球上的接触点位置出现的电则是-E。如果它们的距离增加,那么这种规定就会消失,而那个比较小的球则整个球体带+E 电。正是量的不等在此设定了这种对立。奥伊(《矿物学研究》第 I 卷,第 237 页)也指出,电石和许多其他形式不对称的晶体,如果放在热水里,也可以放在火炭上,会在造成对称性断裂的各个末端部分获得电极,而在中间部分则是无差别的。

就电的**效应**而言,它主要出现在对紧张关系加以扬弃的地方。如果带电物体和水相连接,那么紧张关系就消失了。一个物体可以容纳多少电,这依赖于表面。一个玻璃瓶带的电可以增到它破裂的地步;也即在玻璃上紧张关系的强度不再有任何阻挡。最主要的扬弃方式是两种电相互

接触。每一个离开另外一个是不完整的;它们想把自己整全化。当它们
被彼此分离开的时候,它们处于一种强力状态。这种缺乏实体的对立没 [286]
有任何持存;它们是一种内在自我扬弃的紧张关系。所以当它们落入它
们的统一体的时候,它们是稍纵即逝的电光。但电光的本质是具有定在
的形态之无关定在的否定性;——电光击入形态当中并打破其无关性,这
是自我汇集为统一体的内在和外在形式。这种变得自我相同的形式是
光,它从内部迸发出来并与外部的光汇合在一起,是重力的一种内在存
在,这种内在存在自我摧毁并且在其消失中恰恰变成没有力量的、简单的
光,也就是恰恰和外在的光合而为一;——正如柏拉图把看理解为外在和
内在的光坠入一体的活动。通过在有紧张关系的物体之间设定一种连
接,一种差异坠入另外一种差异里,因为两种电相互整合在一起。但其产
物只是一种游戏,是两种抽象规定的丢失,是火花的相互渗透。主要作用
是毁坏相互连接起来的东西:电击碎木块,杀死动物,打破玻璃片,加热并
熔化金属丝,使黄金挥发等等。电手枪表明,电的作用也可以同样通过机
械压力来造成,因为在电手枪里按照体积的量装有两份氢气和一份氧气,
电火花可以用这两种气制造水。电进程中的化学性部分是水的生产。恰
恰因为物体的个体性不转化为紧张关系,所以电的效应只能以物理的方
式显示在抽象的中性中,显示在水中。这种效应是对水的主宰,即把水分
解为氢气和氧气;对此我们已经知道(参见本书第 148 页,§286 附注),
这两者并不是水的混合成分,而只是水得以出现的抽象形式,因为在电流
进程里我们看不到玻璃管里来回冒气泡,而且进入到玻璃管中间的酸也
没有发生改变,但把这些气体材料加入进去的话一定会出现变化。

§325

但个体物体的**特殊化**并不停留在不同物体的惯性差异和自我活动性
上,抽象纯粹的自我性、光的原则摆脱这种状态发展为过程,发展为对立
物的紧张关系,以及发展为这种紧张关系在其无差别状态中的扬弃。因 [287]
为特殊属性只是这种简单概念的实在性,是其灵魂,即**光**的身体,而且属

性、特殊物体的复合并不是真正独立的,所以**整个**物体性进入到紧张关系里和进程里,该进程同时构成了个体物体的变化。首先从概念里出来的形态,首先仅仅**自在地**被设定,现在也从实存的进程里出现并把自己展示为从实存中被设定的东西。这就是**化学进程**。

【**附注**】:我们从形态这个直接性的东西开始;我们已经把它认识为从概念中出现的必然性之物。但形态最终也必须把自己展示为实存的,也就是从进程中产生出来的东西。物体,直接性的东西以实在的化学进程作为自己的假设。父母因而是直接性的东西,由此人开始出现;但他们也把自己规定为是被设定的,这是就其实存而言。就概念而言,形态要转入到第三阶段;但这毋宁是第一个阶段,由此那个首先曾作为第一的东西就出现了。这被奠基在最深的逻辑进程里。特殊化并不停留在构成抽象自我性之紧张关系的差别中。特殊的物体不是独立的,不是自立的,而是链条上的一个环节并与其他环节相联系。这就是我们已经在电的进程里看到的概念之万能;在通过他者造成的对于物体的刺激里,只有物体的抽象自我性被要求并且显现。但进程本质上必须变成为物体规定的实在进程,因为整个物体性要进入到进程当中;物体的相对性必须显现,而且这种显现是物体在化学进程里的改变。

c. 化学进程

§326

[288]　　在发展了的整全体中的个体性是其环节本身被规定为个体的整全体,为完全特殊的物体;这些物体同时仅仅作为相互有差别的东西而相互联系。这种构成非同一的、独立的物体之同一性的关系是矛盾,——因而本质上是**进程**,它获得了与概念相吻合的规定,即把差异物设定为同一的,把它们无差别化,并把同一的东西差别化,使它具有精神并同

时使它分解。

【附注】：为了认识**化学进程的普遍性位置和本性**，我们必须前后联系地来看。化学进程是在形态里的第三阶段。第二个阶段是有差异的形态，其抽象进程是电。在形态里，当它被完成并成为中性的之前，我们也有一个进程，即磁。如果说形态是概念和实在的统一，那么仅仅作为抽象行动性的磁是形态的概念；第二个阶段，形态内在的并与他者相对立的特殊化，这是电；第三阶段，自我实现的非静止是化学进程，这是概念在这个领域的真正实在性。像在磁当中那样，正是**同一个**形式把自己分化成为差异者并同时作为统一体实存；但它并不停留于此。在磁里，差别出现在**同一个**物体中。在电里，每个差异属于一个固有的物体；每个差异是自立的，而且并不是整个形态介入进程。化学进程是无机个体性生命的整全体；因为我们在此具有完整的、以物理方式规定的形态。物体不仅按照气味、味道和颜色出现，而且作为有气味的、有味道的和有颜色的物质。这些物质之间的关系不是运动，而是完全不同物质的改变，是它们相互独立的独特性之消逝。物体的这种抽象关系是它的光，它不仅是抽象的，而且本质上是特殊化的东西；因而整个物体性介入到进程里，而且化学进程因而是实在的电的进程。由此我们获得了整个形态，就像在磁那里一样，但不是**一个**整体，而是有区分的整体。形式自我分化成的两个侧面因而是完整的物体，例如像金属，酸，碱；它们的真理是它们进入关联中。其中电的环节是这些侧面自为独立地彼此外在分离，这种情况在磁那里还没有出现。但后者不可分离的统一体同时支配着那两个物体；两个物体的这种同一性在电的进程里仍然缺乏，通过这种同一性这两个物体再次回到磁的关系里。 ［289］

　　所以化学进程是磁和电的同一，后两者是该整全体抽象的、形式性侧面，因而不是这个进程本身。每个化学进程都自在地包含磁和电。但在它所谓的饱和状态里，两者不可能作为差异物出现；只有在化学进程本身以抽象方式出现，因而还没有达到它完整实在性的地方，那种区分才可能。这就是在地球普遍个体性中的情况。自为的化学进程是这种地球上普遍的进程;但是它必须被区分为真正个体性的进程和普遍进程。在自我保存者中,化学进程尽管具有生命力,但本身只能以抽象的普遍性方式出现。地球个体并不是一个可以自我解体并在其他物体里自我实在地中性化的特殊东西。由于地球始终作为普遍个体,因而并不介入影响完整形态的化学进程;只有当它不作为普遍的东西实存时,即自我分化为特殊物体时,它才介入化学进程。因此,地球的化学进程是我们已经在气象进程中所看到的,是物理元素的进程,这些物理元素还没有构成个体物物体性而是普遍被规定的物质。因为化学进程在此以抽象的方式实存,所以这里也出现其抽象的环节。因此,在地球上,由于变化外在于地球,所以出现了磁,而同样雷雨中出现了电的紧张关系。但是,闪电、北极光等等所属的地球的电,是**不同于**地上的电的,而且并不与相同的条件相联系(参见本书第 145 页及以后,§ 286 附注;本书第 278 页及以后,§ 324 附注)。磁和电只有通过化学进程才被承载;它们只有通过地球的普遍进程本身才被设定。规定个别磁针的磁是可改变的东西,它依赖地球的内在进程和气象的进程。帕里[63]在他北极探险中发现,磁针在这里成为完全不受规定的东西:例如在浓雾里,指北的方向会变得毫无意义;磁针丧失了所有活动性,而且人们可以随心所欲地把它拨到自己想要的地方。电的现象,例如北极光等等,是某种更不稳定的东西。中午的时候,有人也在英格兰南部,甚至西班牙南部,看到北极光。因而,这只是整个进程的环节,这些电现象依赖于该进程。在化学进程里,特别是在其作为电流进程当中,也出现了电的紧张关系;但这种紧张关系也携带有磁的倾向。磁对化学进程的这种依赖是在最近的各种发现中值得注意的。地球的南北极性,地球驻轴的方向,通过地球的普遍性转动来规定,这种转动要围绕着自己的轴线转动,而这个轴线是东西极性的。奥斯忒[64]发现,电和磁的活

[290]

63　参见本书第 150 页,脚注 18。

64　参见本书第 282 页,脚注 63(德文原稿为脚注 60,有误。——编者)。

动性,由于作为方向同空间相关,也彼此相互对立,因为它们是相互交叉的。电的活动性是从东向西方向的,而磁的方向是从北到南的;但我们也可以颠倒过来(参考本书第 214 页及以后,§313 附注)。但磁本质上只是空间活动性,而电却具有更多的物理性。另外,这些发现现在也在个体物体性之化学进程中展示各个环节的相互关联和同时并存,而且这正因为它们在电流进程里作为电和磁的不同现象彼此外在分离。

体系性—哲学性的考察和经验考察的区别在于,不是把自然具体实存物的各个阶段而是把各种规定的阶段展示为整全体。因而,当地球首先被视为行星的时候,它的具体本性还没有由此被穷尽,相反,由于地球作为普遍个体可以被进一步规定,物理环节的进一步规定构成了地球的进一步规定;因为个体物体之间的有限关系与地球无关。个体性物体的情况正是这样。它们的阶段进程以及彼此的相互关联是一回事;对某个具体的个体物体本身的考察则是另一回事。个体物体内在统一了所有那些规定,而且就像一把花束那样,把它们都结合在一起。——如果我们把这些说明用于当前的情况,那么尽管在作为与太阳相对立之独立个体的地球上,化学进程展示自己,但这种进程只是展示为元素的进程。同时,地球的化学进程仅仅被理解为逝去的东西,因为这些巨大的环节,被自为地分离出来,停留在分化的阶段而没有转变为中性。相反,像那种在特殊物体个体性里产生的进程则会导致这些个体性自我还原为能够再次分化的中性的东西。这样的进程比普遍进程要更低;**我们**现在仅限于研究这类进程,而气象进程则是自然的巨大化学进程。但另一个方面,这类进程又处于比较高的阶段,因为它是生命进程的直接先前阶段。因为在生命进程里,没有一个环节还作为部分而实存,相反其持存仅在主观统一体中;而且在生命进程里,正是这个主观统一体构成了实在性的东西。相反,天体进程仍然是抽象的,因为天体停留在它们的独立性当中;个体的化学进程更加深刻,因为其中特殊物体的真理是实在的,它们寻找并获得了它们的统一。

这就是化学进程在整体中的位置。在这里元素进程和特殊进程彼此

[291]

区分,这恰恰是因为特殊物体不仅是特殊的,而且也属于普遍的元素。在这些物体里,因为它们构成进程中的特殊之物,所以那个普遍进程,即气象进程必然出现,因为这个进程是普遍的。所有化学进程都与地球的一般进程相关联。电流进程也受到季节和时辰的规定;尤其是电和磁这两个侧面,它们每一个都自为地展现这种关联。除了其他变化以外,这种活动性还具有它们的周期;有人已经准确地观察了这种周期性的变化,并把它们用方程表达出来。在化学进程里也看到这样一些东西,但不是很多;例如里特尔[65]发现,日食导致变化。但这样的关联是一种比较远的联系;它并不是元素本身介入该进程的那种关联。但普遍元素之被规定会出现在每一个化学进程里;因为各种特殊的形态只是对于普遍元素的主观化,而这种主观化仍与这些元素有关。因此,如果化学进程里的特殊性质被改变,那么普遍元素之被规定也就被造成了。水本质上是条件或产物;火同样是原因或结果。

[292]　　　　以此方式,由于一般化学进程的概念是要作为整全体,那么我们就获得了下面这种观念,在该进程里概念完全停留在其差别当中,也就是说,由于它把自己设定为自己的否定者,它同时完全泊守在自身中。因而每一个侧面都是整体。作为侧面,酸不是碱性的东西,反之亦然;因而两者是片面的。但进一步的情况是,每个侧面自在地也是他者,——其自身和他者的整全体;这就是碱性东西对于酸性东西的渴求,反之亦然。如果物体被精神化,那么它就要把握他者;如果它们得不到更好的东西,它们就进入与空气相互作用的进程。每一个物体自在地都是他者,这种情况是以下面方式出现的,即它寻求他者;由此它是自我矛盾。既然每个物体都是自我矛盾,所有物体都只有趋向。这之所以在化学进程里开始,这是因为在这里,这种物体,即**自在**中性的物体,为了成为整体而造成了无限的趋向;在生命里这种情况会进一步**出现**。因而化学进程类似于生命进程;我们在此所见的生命内在活动会令人惊奇。假如化学进程可以**通过自身**

_____

65　　参见本书第148页,脚注17。

自我持续下去,那么它就成为生命;因此以化学的方式解释生命,这是不难理解的。

§327

首先**形式**进程要被放在一边,因为形式进程是单纯差异物而不是对立物的结合。单纯差异物不需要任何实存的第三者,作为它们的中项使它们**自在地**成为统一体;共同性的东西或者种属已经构成了它们彼此相近的实存之规定;它们的结合或分离具有直接性的方式,而且它们实存的属性自我保存。并不通过化学方式相互激活的物体的这种结合是金属的汞合和其他熔合作用,是酸以及类似东西的混合,是酒精等与水和其他类似东西的混合。

【**附注**】:温特尔*把这种进程称为**物合**;这个名称在其他地方并没有出现,因而在第 3 版中被放弃了。这种物合是无须媒介的一种结合,它 [293] 不具有一种会改变而且自身经受改变的媒介;但它还不是本真的化学进程。当然在金属汞合作用中还需要火;因而火还不是本身介入进程的媒介。因为不同的不完整物体被设定在统一体里,那么问题就在于,在它们自身中什么东西被改变了。我们必须回答:那个使它们为特殊物体的东西。使它们成为特殊物体的最初的、本原的规定性是它们的比重以及还有内聚性。因此,同一种类中这类物体的结合虽然不是单纯的混合,但它们的差异在结合中遭受了改变。但是,如果那些物体普遍特殊性包含的规定性超出了真正的物理性差异,那么这些特殊性的变化就还不是特殊的化学变化而是物质内部的变化,在其中这个内部还没有达到差异本身的外在实存。因而,我们必须把改变的这种个别方式和化学进程区分开来;因为它也出现在每一个化学进程中,所以必然也要具有一种特殊的、

---

*　温特尔(Jakob Joseph Winterl,1732—1809)曾经是佩斯的一位教授,而且在 19 世纪初的时候,他曾努力要获得对化学更深的洞见。他声称找到了一种特殊的物质安德洛尼亚(Andronia),但这并没有得到证实。

自为自由的实存。混合不是外在的而是一种真正的结合。水和酒精被混合在一起,它们就彻底地相互浸透;尽管它们各自保持着自己原有的重量,但是比密则不同于两者的量的总和,因为它们占据的空间比以前更小。同样,金和银熔合到一起以后占据的空间也变得更小,因此希隆在把金和银交给金匠做王冠的时候,就怀疑他有所欺骗,克扣了其中一部分给自己,因为阿基米德根据两种物体的比重计算了整个混合物的重量;但阿基米德这样对待金匠是非常不公正的。就像比重和内聚性会变化,同样颜色也有变化。把铜和锡熔合为黄铜的时候,铜的红色就褪为黄色。水银易于和金与银汞合,而不易于和铁与钴汞合;在水银那里有一种确定的比例关系,依据这种比例关系两种金属就会相互饱和。例如,如果我们取的银太少,那么从没有得到饱和的部分就逸出水银;或者取的银太多,那么银的一部分就不会介入变化。这些结合物一方面比自为的单个金属具有更大的硬度和密度,因为差异表现了更高的内在存在,而没有差异的物体则相反比较松散;但同时这些结合物也比融合成它们的那些单独的金属更容易融合,因为具有内在差异的物体相反对于化学变化更加开放,而且对于该变化具有更弱的抵抗;就像意志最坚强的人在抵抗暴力时最强硬,但又通过自由意志去接受符合自己天性的东西。达赛[66]焊条是用 8 份铋、5 份铅和 3 份锡混合而成的,在低于水的沸点的温度里,甚至在温热的手里会变成流体。土也具有相同的情况,它本身不可熔化,但在混合物中变得可以熔化;这在冶金术里对于减轻熔解冶炼工作是重要的。另外对各种金属的提炼也是如此,因为它依赖熔解结合物之间的差异。例如,借助铅可以提炼出与铜结合在一起的银:也就是说,熔化铅的热也被银所吸收;但如果在金里加一些铜,那么金就会始终与铜结合在一起。王水是盐酸和硝酸的结合物;它们中任何单个一个都无法溶解金,只有两者的结合物才能做得到。因此,这种物合作用只是对于内部的、自在存在的差异之改变。但现在真正的化学进程假设了一种更加确定的对立,而且

[294]

66　达赛(Jean Pierre Joseph Darcet,1777—1844):化学家。

由此产生出一种更大的活动性和一种更加特殊的产物。

§328

但**实在的**进程同时与化学差异(§200以后)相关,因为物体完全具体的整全体同时介入这个进程(§325)。——介入实在进程的物体在与它们不同的第三个环节里被中介了,这第三个环节是那两个端项**抽象的**、仅仅**自在**存在的统一体,该统一体通过这个进程被设定在实存里。因此,这第三个环节只是一些元素,而且本身有差异,一方面作为化合作用的元素,一般的中性,**水**,另一方面作为差异和分解的元素,**空气**。既然在自然里不同的概念环节也把自己展示在特殊的实存里,因此进程的分解活动和中性化活动每一个在自身中都是双重性的东西,既有具体的一面也有抽象的一面。**分解活动**一方面是把中性的物体性分成为物体的组成部分,另一方面把抽象的物理元素差异化为四种由此更加抽象的化学环节,即氮、氧、氢和碳,它们一起构成了概念的整全体,而且它们按照概念的环节来被规定。由此,化学元素具有1)无差别物之抽象,即**氮**,2)对立的两个抽象,自为存在的差异,即**氧**这种助燃物,以及属于这个对立的无差别物,即**氢**这种助燃物,3)它们**个体**元素的抽象,即**碳**。

[295]

同样,化合物一方面是对具体物体性的中性化,另一方面是对那些抽象化学元素的中性化。虽然该进程的具体和抽象规定彼此十分不同,但它们两者同时相互统一在一起;因为作为两个端项的中项,这些物理元素是这样的东西,从其差异中彼此无关的具体物体性被激活,也就是说,获得了它们化学差异趋向中性化并向中性化转化的实存。

【附注】:因为化学进程是整全体,它的普遍本性是分离活动和把被分离者向统一还原的双重活动性。而且因为介入该进程的被构型物体作为整全体被假定彼此接触,以至于它们的本质规定性相互接触;——但当它们只通过摩擦,作为机械性相互无关物来彼此施加作用,就像在表面的电的进程里那样,上述情况就是不可能的;所以它们必须一起进入这个无关物中,后者作为它们的中兴物是一个抽象的物理元素,即作为肯定原则的水,作为火、自为存在和否定之原则的气。构成中项的这个元素一起介入进程并把自己规定为差异物,而且它们同样再次自我熔合在那个物理元素里。因此,这种元素的东西在此或者是有作用的东西,在其中个体仅仅相互显示它们的效应;或者它显现为被规定者,因为它转变成为抽象的形式。但端项被结合在中项;或者如果它们是中性的,例如盐,那么它们就被分解到端项。这种化学进程因而是一种**推论**,而且不仅是推论的开端,而且是推论的过程;因为为此需要三个要素,即两个独立的端项和一个中项,在其中它们的规定性相互接触并且自我分化,而在形式化学进程里(参见:上一节)我们只需要两个要素。完全浓缩的酸本身是不含水的,把它倒在金属上,不会使金属溶解,或者金属只会比较弱地被它侵蚀;假如相反酸被水稀释,那么它就会对金属有很大的侵蚀作用,因为这里恰好包含三项。同样的情况也出现在气里。特劳姆斯多夫说[67]:"在干燥空气里铅也很快失去了它的光泽,但在潮湿环境里失去得更快。当空气不介入的时候,纯粹的水对于铅毫无作用;因此,如果我们把一块刚熔化的、仍然十分有光泽的铅置于一个盛满新鲜蒸馏水并密封的玻璃瓶中,那么铅就始终不发生改变。相反,当铅处于一个与空气有很多接触点的敞口容器中的水里,它很快就不再闪亮了。"铁的情况也是一样:只有当空气潮湿时,铁才会生锈;如果空气干燥温暖,那么铁就保持不变。

上述四种化学元素是对于物理元素的抽象,而后者则是内在实在的东西。很长时间以来,人们认为所有碱都是由这类简单的材料构成,就像现在认为是由金属的东西构成的一样。吉顿[68]猜测说,石灰由氮、碳、氢组成,滑石由石灰和氮组成,钾碱由石灰和氢组成,泡碱由滑石和氢组成。施特芬斯[69]想在植物和动物体中再次找到碳和氮之间的对立等等。但这

67　特劳姆斯多夫(Johann Bartholomäus Trommsdorf, 1770—1837):化学家和药剂师;《化学大全地体系性手册》,8卷,埃尔福特:1800—1807年。

68　吉顿(Louis Bernard Guyton de Morveau,1736—1816):化学家。

69　参见本书第132页,脚注10。

类抽象物只在个体物体里,作为化学差异物,自为地出现,因为作为中项的普遍物理元素通过该进程被规定为实存的差异并由此被分解为它们的抽象。因而,水被分解为氧和氢。正如我们首先在气象学里(本书第148 [297]页,§286附注)已经谈过的,物理学家关于氧和氢构成水之**持存**的这个范畴是不被许可的;同样空气的持存也不由氧和氮构成,相反这些仅仅是空气借以被设定的形式。因此,这些抽象不会相互整合而是把这些端项整合在第三项里,这些端项由此否定了它们的抽象并自我完善为概念的整全体。就化学元素而言,不考虑它们的形式,按照其基础它们被称为材料。但是除了碳,我们根本没有任何东西是自为的材料,相反只能以气体的形式展示它们。但它们本身是物质的、有重量的实存物,因为例如金属,通过添加氧气而被氧化,由此也增加了重量,就像例如铅石灰,即铅与氧这个抽象化学元素的结合物,比它之前仍处于规整状态时要更加重。拉瓦锡[70]的理论就依据此。但金属比重被减小了;金属失去了无差别的密集性特征。

现在这四种元素构成整全体的条件是,α)氮是一个与金属性对应的僵死残留物:它不能呼吸,也不燃烧;但它可被分化,可被氧化,——大气里的空气就是氮的氧化物。β)氢是对立中的规定性中的肯定性方面,是被区分出的氮气;它不能维持动物生命,因为动物在氢气中很快就会窒息而死。在氢气里黄磷不发光,光和任何燃烧着的物体进入氢气就会熄灭;但氢气本身可燃,而且一旦有大气或氧气就会被点燃。γ)对立中的另一面,否定性方面,能动者是氧;它具有自己的气味和味道,而且激活前两个方面。δ)在整体里的第四个元素,即僵死的个体性,是碳,——通常的煤,地球上的化学元素。自为闪亮的碳是钻石,它被认为是纯粹的碳而且作为坚硬的土质形态是晶体。碳自己具有自为的持存,而其他元素仅仅以强制的方式达到实存并因此只具有暂时的实存。正是这些化学规定构 [298]

---

70 拉瓦锡(Antoine Laurent Lavoisier,1743—1794):化学家;推翻了燃素说,认识到氧在燃烧进程中的意义。

成了各种形式,一般的密集性东西自我整合在这些形式中。只有氮始终外在于这个进程;可氢、氧和碳是不同的环节,它们被转入物理性个体物体里并由此失去了它们的这种片面性。

§329

在抽象方面进程构成了本原分离与通过本原分离导致的差异物之统一的同一性,而且作为过程它是自我返回的整全体。但进程的**有限性**在于物体独立性也达到其环节当中;由此它所包含的内容就是,该进程把**直接的**物体性作为它的**假设**,而该假设同样也只是这个进程的产物。按照这种直接性,这些物体看起来是持存于进程之外,而且这个进程看起来达到这些物体。其次,进程**过程的各个环节**本身因此是作为直接的和差异的东西彼此外在分离,而且这个作为实在整全体的过程成为一个**特殊进程**的圆圈,圆圈的每一个特殊进程都以另外一个作为假设,但是必须自为地从外部获得自己的出发点,并湮灭于自己的特殊产物当中,而无须从自己出发使自己延续到作为整全体另一个环节的进程里,并内在地转入其中。物体在其中一个进程里作为条件,在另一个里则作为产物;它在那个特殊进程里具有这种位置,这构成了其化学独特性;物体的划分可以仅仅基于在特殊进程里的这些位置。

过程的两个侧面分别是 1)从无差别物体出发,经过其激活,到达中性,以及 2)从这种统一返回到分解再进入到无差别的物体。

【附注】:与有机物进程相比较,化学进程仍然是**有限的**:α)分化的统一和分化本身在生命进程里是绝对不可分离的,因为在这个过程里统一体总以自身为对象并且它总把从自身中分离出去的东西弄回自身,——[299] 这种无限活动性在化学进程中仍然分成为两个方面。被分开的东西可以被再次汇聚在一起,这对它们而言是外在的和无关的;通过分离活动,一个进程终结了,一个新的进程现在可以开始了。β)化学进程的有限性还在于,尽管每个片面的化学进程也还是整全体,但只是以形式性方式作为整全体:例如,燃烧,即设定分化,氧化,最终以分化为结果;但在这种片面的进程中也出现一种中性,水也被产生了。而反过来,在中性物体作为结果的进程里,还会被分化,只不过仅仅是以抽象的方式,因为是通过各种气体的发展。γ)在进程里介入的各种形态因此首先是静止的;进程是这样的东西,这些有差别的形态被设定在统一体里,或者摆脱它们彼此无关的持存来被分化为有差别的东西,而无须物体能够自我保存。差异物的这种自在存在的统一体尽管是绝对的条件;但因为它们仍然作为有差别的东西出现,所以它们只是就概念而言是统一的,而它们的统一还没有进入实存。酸和苛性碱自在同一,酸就是自在的碱;因而酸渴求碱,同样苛性碱也渴求酸。每一个都有自我整合的趋向,也就是说,它自在地是中性的,但还没有在实存中。化学进程的有限性因而在此,概念和实存这两个方面还没有相互对应,而在有生命的东西里,有差别者的同一也是实存的。δ)尽管各种差别在化学进程中扬弃了自己的片面性,但是这种扬弃只是相对的,导致另外一种片面性。金属成为氧化物,一种物质变成酸;——这些中性产物又一次成为片面的东西。ε)另外,进程整体分化成为不同的进程。其产物是片面的进程本身是不完整的,并不是整全的进程。当一个规定性被设定在另一个里的时候,进程就结束了;由此这种进程本身不是一个真正的整全体,而只是整个整全进程的环节。每个进程自在地是进程的整全体;但这种整全体分化成为有差异的进程和产物。因此,整个化学进程这个理念是被中断进程的过程,它表象了该进程的不同阶段和转折点。ζ)化学进程的有限性还要求,特殊的个体物体形态属 [300] 于这个进程的不同阶段,或者特殊物体个体按照自己所属的整个进程的阶段来被规定。电的进程的表面性和物体个体性的关系还很小,因为根据最小的规定一个物体或者是带正电或者是带负电;只有在化学进程里,这种关系才变得重要了。在个别的化学进程里,我们获得了很多能够加以区分的方面和物质。为了能够把握这种复合体,我们必须区分在每一个物体里什么物质性在发生作用,什么没有;而且我们决不能把两者设定在同一个阶段,相反必须把它们相互分离。物体的本性依赖于它们在不同进程里的位置,在这些进程里物体或者是生产者,或者是规定者,或者是产物。尽管物体也可以有其他进程,但是它在其中不是规定者。这样,在电流进程里,金属作为规整物体是规定性的;金属也转变为作为碱和酸的火的进程,但碱和酸并没有给金属指出它在整体中的位置。硫磺与酸也有关系并被认为是这样的东西;但它在其中作为规定者的关系是它与火的关系。这就是它的位置。可在经验化学里,每一个物体根据它与所有化学物体的关系来被刻画。假如一个新的金属被发现了,那么人们就会考察它与整个阶梯上的一切物体的关系。如果人们在化学教科书里依照一系列物体被引介的方式来考察它们,那么这就是所谓的简单物体和化合物之间的主要区分。在前者中人们同时发现,氮、氢、氧、碳、黄磷、硫磺、金、银和其他金属。但初看时,人们看到这些是完全不同事物。另外,结合诚然是进程的产物,但所谓的简单物体同样从抽象的进程中产生出来。最后,对化学家来说,那些在这个或那个进程里出现的僵死的产物是主要要被描述的问题。可实际上,进程以及进程的阶段顺序才是主要问题;它的过程是规定者,而且物体个体的各种规定性只有在其不同的进程里才有其意义。不过,这还是有限的、形式的进程,每个物体通过其特殊性展示一种被改变的整个进程的过程。物体的特殊作用及其特殊被修改

[301] 的进程正是化学的对象,而化学把物体的各种规定性假设为是被给定的。在此,我们相反必须考察进程的整全体,考察它如何区分物体的不同类并把它们标记为该过程中固定的阶段。

正如进程把自己的阶段固定在各个特殊的物体个体里,其**整全的**进程让这些阶段本身作为特殊种类的进程出现。这些阶段的整全体是一连串特殊进程;这些特殊进程构成一种循环,该循环的圆圈本身就是进程组成的链条。化学进程的整全体因而是一个特殊方式进程的体系:α)在我们前面(§327)已经处理的物合的形式进程里,差异还不是实在的。β)在实在进程中,关键问题在于这种活动性以什么方式存在:1.在电流活动里,它作为无差别物体的差异性而实存;在此,差异也仍然不是实在的,但是差异性通过进程活动性被设定为是差异。这样我们就在此获得了金

属,它们的差异性相互接触;而且因为它们在这种结合中是活动的也就是有差别的,所以进程就确定存在。2. 在火的进程里,自在的行动性本身外在于物体而实存;因为火是内在消耗的、否定性的自为存在,是不停止的有差别的东西,它的效应就在于设定差异。这首先是元素性的和抽象的;其产物,火的物化,是向苛性碱、向被激活的酸的转化。3. 现在第三个阶段是这些被激活东西的进程,而第一个阶段是设定氧化物,第二个阶段是设定酸。现在进行分化的行动性是以有形体的方式实存,这种进程是向中性的还原,是盐的产生。4. 最后我们获得了中性物向开端、向酸、向氧化物以及向自由基(Radikal)的返回。无差别的东西开始了,然后出现的是有差别的被设定物,继而是对立设定物,继而是构成产物的中性。但因为中性物本身是片面的,所以它被再次还原到无差别中。这种无差别是化学进程的假设,而且化学进程把该假设当作产物。在经验考察中,**物体**的各种形式是主要问题;但必须从**进程**的各种特殊形式开始而且这些形式要被区分。只有通过这种办法,我们才能把只与产物有关的经验性无限多样性排列在理性秩序里并同时阻止把所有东西毫无秩序扔在一起的抽象普遍性。

α. 化合

§330

1. 电流

形式上**直接的**、无差别的物体性构成了进程的**开端**,并由此构成了**第一个**特殊进程;那种直接的、无差别的物体性把尚未发展的不同属性统一囊括在比重的**简单**规定里,这就是**金属性**。只是**不同的**,但还未相互激活的金属要成为进程激发者的条件是它们通过那种密集的统一体(自在存在的流动性,导热—导电的能力)它们的内在规定性和差异相互传递;作为独立的东西,它们由此同时进入相互紧张关系中,这种紧张关系因而还是**电的**关系。但在与空气结合的、中性的、因而可分离的水这个媒介中,差异可以自我实现。通过水中性的、由此被揭示出的可差异化（纯粹的或通过盐等等被提升到具体的作用能力），出现了金属的一种实在（不单纯是电的）活动性及其同水有紧张关系的差异；由此，**电的**进程转化为**化学的**进程。它的作用是对金属的一般氧化活动和脱氧活动或氢化活动（如果这个进程走得这么远的话），至少是氢气的发展过程，同样也是氧气的发展过程，也就是对各种中性物分化出的差异之设定达到抽象的、自为的实存（§328），正如其与碱的结合同时液在**氧化物**（或**氢化物**）中达到实存；这就是**第二种物体性**。

[303]

    按照对进程的这种阐释，因为该进程也出现在**第一**阶段，电与一般进程的化学内容之差异，在此尤其是与电流进程化学内容只差异，以及它们之间的关联是一个清楚事实。但物理学却固执地认为，在作为**进程**的电流里只看得见电，以至于推论端项和中项的不同被综合把握为干和湿的**导体**之间的单纯区别，并把这两者一起归在**导体**的规定之下。——在此无须考察更进一步的修改，即端项也可以是有差异的流体，而中项也可以是金属；——在一些地方电的形式（像在这一节里指出的）可以被坚持，而在另一些地方电的形式一方面被弄成支配者，另一方面化学作用则被增强；金属的独立性需要水和具体的中性物，或者甚至现成的酸或碱与它们差异化的化学对立，以便转化为石灰，与此相反，**类金属物质**则十分不独立以便在其与空气的关系中立即跃进它们的差异化过程并变为**土质**等等。这些以及许多其他细节改变不了什么，相反更加阻碍对电流进程原始现象的考察；关于电流过程我们想使用这个最初就有的、当之无愧的命名。随着在伏达电池中对于电流过程简单化学形态的发现而立即扼杀对该进程的简明考察的根本祸害，是关于**潮湿导体**的这个观念。由此，那种想法，即对那种在水中被作为中项**设定**而且**在**其中并从其中显现**出来**的**行动性**之简单、经验的直观就被搁在一边并放弃了。它不是被视为一种活动性的东西而是惰性的**导体**。与此紧密联系的因而是，电同样作为一种现成的东西只有既通过水或通过金属来流动起来,因而连金属也在这方面仅仅被视为**导体**,而且是与水相对立的第一**类**导体。但**行动性**关系,甚至从最简单的关系开始,即水和**一种**金 [304]属的关系,直到通过修改条件而出现的多重缠绕的关系为止,在(格奥尔格·弗里德里希·)鲍勒先生的著作《电路中的进程》(莱比锡·1826 年)中获得了**经验性**证明,同时伴随着关于有生命的自然行动性之直观和概念之所有能量。把电流和化学一般进程的过程理解为自然行动性的整全性,或许只是这种更高的、对于理性官能提出的要求导致记载以经验方式证明的**事实**那种微不足道的要求迄今都很少被满足。在这个领域里,对经验明显忽视的一个表现是,为了表象水的**持存**由氧和氢构成,把电堆里——水被设定在其活动范围中——一个极上出现氧,另一个堆里极上出现氢,称为水的**分解**,结果认为氢作为与氧分离的水的另一组成部分,从发生氧的电极出发,神秘地通过仍作为水存在的媒质**导向**相反方面,同样氧则是从发生氢的电极出发,神秘地通过该媒质**导向**相反方面,而且两者是以相互穿透的方式走向相反方面的。把水的两个部分的物质内容相分离,这种分离的方式在于有一种尽管只是(通过金属进行的)传导性联系仍然保持存在,在该分离中氧出现在一极,氢出现在另一极,它们的发生都是以**相同的方式**通过下述条件**完成的**,即气体或分子那种以完全外在方式自为地毫无根据、神秘地向同名方向的移动是不可能的。这种想法的内在的不恰当之处不仅没有被注意而且甚至是被忽视了;同样人们避而不谈那些经验,即当一种酸和一种碱被放在相互对 [305]立设定的对应电极上时,两者都自我中和了——在这里同样会被认为,为了中和碱,对立方面的一部分酸就导向了碱这一侧,同样为了中和酸,对立一侧的一部分碱就导向了酸这一侧——[71]当通过石蕊试剂把酸和碱连接起来的时候,在这种敏感的媒质中感知不到任何发生作用的痕迹,由此也感知不到人们所假定的经过石蕊试剂的酸

---

71 拉松和霍夫迈斯特版在此处有一个弱转折词"而"(doch)。

的存在。

为此也可以提到,通过以水为媒质的电堆比以其他具体东西为媒质的电堆作用更弱这个经验事实,从而把水看成单纯的电的**导体**,这导致了一个原创性结论:(毕奥,《物理学研究》第 II 卷,第 506 页[72])"传导强电的**纯水**,比如我们通过我们的普通机器所激发的那种电,对于电动设备的微弱作用却成了**几乎绝缘**的东西"[73](在这个理论中电动设备指的是伏达电堆)。只有那种不为这种结论所动摇的理论顽固性才有勇气认为水是电的绝缘体。

[306]

但在这个理论的中心,在电与化学内容**同一化**的中心,所出现的是它虽然可以说对这两者间的明显不同惊恐后退,但后来又安于这种不同之未澄清;——的确,当同一化被假设后,正因此它们的区别被弄得不明显了。甚至把物体的化学规定和正电负电设定为相互等同都会立刻自为地显示出这种做法的肤浅和不令人满意。尽管化学关系与外部条件例如温度紧密关联并在其他方面也是有关系的,电的关系和化学关系相反,它是完全瞬时即逝的、运动的、能够被最轻微的环境变化而颠倒过来。另外,如果说**一**侧的各种物体,例如酸,通过其与碱的在量和质上的饱和比例关系来相互区分,那么与之相反,单纯的电的对立,假设它也是某种固定的东西,却根本没有显示出这类可确定性。但当化学进程里实在物体变化的整个可见过程没有被关注并很快地被弄成了产物,那么其与电的进程的产物之间的差异是十分明显的,以至于如果假定了这两种形式的等同就会对此差异感到惊讶。我现在想谈谈对于这种惊讶的表达;它在柏采留斯的著作《论化学比例理论》(巴黎:1819 年)中被以朴实的方式表述出来。在该书第 73 页,他说:"然而在这里有一个问题,它无法被**任何类似于电—化学放电**(为了强调电,化学结合被称为放电)的**现象**

72　参见本书第 138 页,脚注 12。
73　引文原文为法文。——译者注

所**解决**,……它们保持着与**力**的这种结合,这种力比一切能产生机械分离的力都要优越。在电对立状态被摧毁以后,所有**普通的**电的现象……**无法对我们说明**物体与一个如此巨大的力**持续结合**的原因"。[74]　在化学进程里出现的比重、内聚性、形态、颜色等等的变化以及还有酸、苛性、碱性等等属性的变化被放在了一旁,而且所有都淹没在电的抽象当中。但如果为了正电负电所有那些物体属性都可以被遗忘,那么人们就不要再批评哲学家对具体物体的剔除及其空洞的普遍内容了! 以前自然哲学的一种做法是,把动物繁衍的体系和进程提高,或毋宁说消散和冲淡为磁,把血管系统提高为电,这种做法和那种还原具体物体对立的做法是同样肤浅的图示活动;在过去那些做法中,那种削减具体东西、忽视特性内容并流于抽象的做法已经受到了正当的批评;——为什么当前的做法不同样受到批评呢? [307]

　　不过,在具体进程和抽象图式的区别里还留有一处困难,即通过化学进程化合为氧化物、盐等等物质的**结合强度**。就其本身而言,这种强度自为地与单纯放电的结果有着鲜明的对照,在放电以后,被激发成正电和负电的物体就保持处在那样的状态里,因而每个物体就像先前在摩擦中那样没有关联、相互独立,而火花则消失了。这就是电的进程的真正结果;由此按照那种给所主张的两种进程相同带来困难的情况而言,化学进程的结果或许可以和电的进程相比较。假如在放电火花中正电和负电的结合强度仅仅等于酸和碱在盐里的结合强度,那么这种困难不是会由此被放在一边吗? 可火花是要消失的,因而它使自己不再可被比较;但首先我们很明显地看到,在化学进程结果中的盐、氧化物仍然是超出那些电火花的东西;另外,在化学进程中出现的光和热的发展同样被以不恰当的方式解释成为这样一种火花。柏采留斯关于这里被指出的困难说:"这是原子固有的 [308]

74　柏采留斯(Jöns Jakob Berzelius):《论化学比例理论及电的化学影响》,巴黎:1819年。——德文版原注(引文原文为法文。——译者注)

特殊的力的结果,正如电的极化那样"——也就是说在物体里化学性东西是否仍然不是与电有差异的东西! 的确而且显而易见! ——,"或者一种电的属性,它在**普通**现象里**无法被感知**?"[75],也就是说像前面看到的那样,处于真正的电现象当中;这个问题同样可以被简单地肯定回答,即在真正的电里,化学的东西没有出现因而**不可被感知**,化学的东西只有在化学进程中才可以被感知。但关于物体电和化学规定的**差异**可能性的第一种情况,柏采留斯回答说:"结合的持续性**不该被归于**电的影响"[76],也就是说因为一个物体的两种属性有差异,所以它们**不应该有任何**相互**关系**;——金属的比重与其氧化无关,同样金属光泽、颜色与其氧化、中性化等等无关。可相反,一个最平常的经验表明物体属性本质上是顺从其他属性活动和变化的**影响**的;在甚至属于同一个物体的属性之差异性中,正是知性的枯燥抽象要求它们**完全分离**和**独立**。——关于另一种情况,即虽然同样在通常的电中无法被感知但电有力量分解强的化学结合,柏采留斯这样回答:"对电的极性的恢复甚至会摧毁最强的化学结合"[77],而且他通过一个特殊例子来肯定这一点,即一个伏达电堆(这里叫伏达电池)仅仅由 8 对或 10 对银片和锌片组成,每片有 5 块法郎那么大,它通过水银的帮助能够溶解钾碱,即能把钾碱的根保留在汞剂里。困难来自**通常的**电,它在与伏达电堆活动的区别中并**不**展示那种力量。现在,这样一个电堆的活动替代了通常的电,而且还有一个简单称呼的变化,现在被称为电池,以前它的理论名称是电动仪。但这种名称变化十分清楚而且很容易证明,因为为了解决阻挡电和化学作用同一化的困难,这就需要径直再次假设伏达电堆只是一个电的装置而且它的活动性只是激发电而已。

[309]

[310]

---

75 引文原文为法文。——译者注
76 引文原文为法文。——译者注
77 引文原文为法文。——译者注

【附注】：每个个别进程都开始于一个貌似直接的东西，但是该直接性的东西在圆圈式循环的另外一个点上再次成为产物。**金属**构成了一个真正的开端，这个开端是内在静止的，它只是通过比较表面上看起来与其他东西不同，结果无论它是否与锌有差别，它都是和金相等同的；它内在自身则是没有差别的，就像中性物或氧化物一样，——也就是说它不能被分解为对立的两个侧面。因此，金属首先是彼此不同的，但它们也不仅仅单纯为了我们而不同；相反因为它们相互接触（而且这个接触是自为偶然的），所以它们相互直接加以分别。它们的这种差异变得具有活动性的，并且可以自我设定在他者的差异里，为此其金属性由于连续性的缘故构成了条件。但是这需要**第三**种物质，它能够具有实在的区分，在它当中这些金属可以相互整合，而且这些金属的差别通过这第三种物质具有自己的养分。这些金属并不像树脂或硫磺那样是脆的，后者中被设定的规定局限在一个点上，相反对于那些金属而言规定性是完全被传导的，而且它们相互敞开了不同，因为一个金属可以让自己的不同在另外一个金属里被感受到。——因而，这些金属的**差异**在进程中建立了它们的关系，该关系一般而言正是内在的贵重性、密集性、延展性、流动性并与脆性和易氧化性对立。就像**金**、**银**、**铂**这样的**贵重**金属不会在单纯空气里通过火而成为金属灰；通过自由的火它们的进程是一种烧不尽的燃烧。在它们当中不会出现向碱和酸这两极的分解，以至于它们要属于这两侧面中的一面；相反出现的只是一种从固定形态向滴状流体状态的改变。这种情况来自它们的无差别性。金看起来最纯粹地展示了金属密集的简单性这个概念；金因而也不会生锈，所以旧的金币仍然是完全有光泽的。相反，**铅**和其他金属甚至会被弱酸腐蚀。那些拓展得更远的、被我们称为**类金属**的金属是这样的，它们几乎无法保持在规整的状态中，甚至在空气里就会被氧化。如果金、银、铂也被通过酸被氧化了，那么它们要恢复的话不需要添加任何可燃物质，例如碳，相反，它们在通红的火炉里加热就会自为地变成规整的金属。**水银**通过熔解会以蒸汽的形式挥发掉；诚然，它们通过振荡和摩擦，在空气的介入下，也会变成一种不完整的黑灰色金属灰，

[311]

273

而通过持续加热,会成为一种完整的、暗红色的金属灰并具有刺鼻金属的气味。但当水银处于封闭的干燥空气中,特劳姆斯多夫[78]指出,它会保持不变,所以它的表面没有遭受任何改变并且不会生锈;但他看到过"一个古布特纳尔人的水银小瓶,天晓得这个小瓶被保存了多少年"(空气通过纸面上的小孔进入瓶里),而且这个水银小瓶锈了,因为它的表面有薄薄一层红色的氧化汞。但水银的这种和所有金属灰通过在烈火中加热,不用添加任何可燃物质,就又可以恢复成规整的水银。所以,谢林(《新思辨物理学杂志》,第Ⅰ卷,第3部分【1803年:"四种贵重金属"】,第96页)把金、银、铂和水银这四种金属称为贵重金属,因为在它们当中被设定了本质(重力)和形式(内聚性)的无差别性;相反下面这些金属是不能被认为是贵重金属的,在它们当中形式大多数脱离开与本质的无差别性并且自我性或个体性处于主导地位,例如像在铁中;还有这样一些金属也不能认为是贵重金属,在它们当中形式的不完整性毁坏了本质,使它变得不纯和糟糕,就像铅等。但这些是不充分的。通过高度连续性和密集性,金属的高比重也构成了金属的贵重性。尽管铂比金的密度还要高,但它是若干金属环节,即锇、铱和钯的统一体。所以,施特芬斯比谢林还早(参见本书第165页脚注,§296附注)就断言,密度与内聚性成反比,但这只对某些贵重金属而言成立,例如金就比非贵重的、脆性金属的特殊内聚性要更小。——而金属的差别越是不同,它的活动性也就越**大**。如果我们取金和银,金和铜,金和锌,银和锌,让它们相互接触,而且在每两者之间加入第三者,即水滴(当然还必须有空气),那么立即会出现一个进程而且

[312] 具有明显的活动性。这就是一个**简单的**电路。通过偶然的机会人们发现,这个链条必须是闭合的,如果它不闭合,就不会有任何活动以及任何有活性的差异。通常人们认为,物体只是在那里,在接触中只是作为有重量的物质施加压力。但甚至在电当中,我们就已经看到,它们按照它们的物理规定相互作用。在金属这里,相互接触的同样是它们本性之差异、它

78　参见本书第294页,脚注67(德文原版为脚注66,有误。——编者)。

们的比重。

因为简单的电路一般而言只是通过差别可以达到实存的第三种东西，即可溶的中性东西把两个对立物结合，所以金属性不是这种活动性的**唯一**条件。一些流体也可以具有这种形式的进程；但总是它们简单的、彼此不同的规定性（因为构成金属物体的基础）构成了进程里的行动者。被里特尔[79]视为一种金属的煤也可以介入电流进程；煤是一种被燃烧过的植物性东西并且作为包含着熄灭规定性的残余物，煤也具有这种无差别的特征。甚至酸由于其流动性也可以展示这种电流进程。如果肥皂水与普通水通过锡连接起来，那么就会造成电流作用；如果人们用舌头接触肥皂水，用手接触普通水，那么由于这个链条的闭合，味觉器官就会受到影响；但如果把接触点交换，那么味觉器官会由于链条的开放受到影响。封·洪堡特先生曾经看到简单电路从热锌、冷锌以及潮湿中产生。施魏格尔[80]用盛满稀硫酸的热铜碗和冷铜碗制造出一些相似的电堆。这些差别也引发电流作用。当这种作用出现的物体是精细的，例如肌肉，差别就会小得多。

这样，电流进程的**活动性**是由一种内在矛盾的出现被引发的，因为两种特殊性要相互设定入对方当中。但行动性本身在于，这些内在差异之内在的、自在存在的统一体被设定。在电流进程里，电仍然处于主导地位，因为被设定为不同的东西是金属，也即无差别的、独立持存者，它们甚至在被改变中都坚守自身，这正是界定电的东西。一方面必须有负极，另 ［313］一方面则必须有正极；或者用化学方式来规定，一边必须产生氧而另一边必须产生氢。有人把这些内容和电化学观念联系起来。一部分物理学家走得如此远以至于他们相信电是与化学效应结合在一起的。渥拉斯顿[81]甚至曾经说电仅仅出现在有氧化作用的地方。人们有理由反驳说，猫的

79　参见本书第 148 页，脚注 17。

80　施魏格尔（Johann Salomo Christoph Schweigger, 1779—1857）：在 1811—1828 年间编辑《化学物理学杂志》（共 54 卷）。

81　渥拉斯顿（William Hyde Wollaston, 1766—1828）：医生和自然科学家。

毛皮与玻璃摩擦是在没有氧化作用的情况下产生电的。当金属被以化学的方式侵蚀时,它毕竟还没有被溶解,还没有被分解为构成成分,以至于它在自身中显现为是中性的;而金属通过氧化显示出来的实在差异是一种增添的差异,因为金属与其他东西结合在一起了。

这里两种金属的结合首先没有任何实存的**中项**;中项只自在地出现在接触里。但实在的中项是要把差异带入实存的;在逻辑演绎中构成简单中项的东西在其本性中具有双重性。在这种有限进程里,朝向两侧端项、并使它们相互整合的中介环节不仅只是自在有差别的而且这种差别必须实存;也就是说,这个中项必须按照其实存被分裂。因而,大气里的**空气**或氧气会促使电流活动被引发出来。如果我们把电堆和大气的空气隔绝开来,那么它就没有任何活动性。所以特劳姆斯多夫援引了戴维[82]的下列实验:"当两块金属板之间的水是完全纯粹的,而且外部空气通过一种树脂覆盖物同水物质隔离开来,那么在水里就不会分离出任何气体,没有产生任何氧气,而且该电堆的锌几乎没有变灰暗"。毕奥(《物理学研究》第Ⅱ卷,第528页)竭力反对戴维说,电堆在气泵底部还会造成气体分离出来,尽管比较弱;但这种情况之所以发生,这是因为空气并不可能被完全去干净。为了中项具有双重性,这要求在两种金属间不放薄纸片或薄布片而放盐酸、硇砂之类的东西时,电流的活动性被加剧;因为这样一种混合物已经自在具有一种化学多样性。

有人把这种行动性称为伽伐尼电,因为是伽伐尼最早发现了它;但却是伏达第一个认识了它。伽伐尼首先以完全不同的方式利用这个事实;伏达最早把这些现象和有机物分离开来,而且把它们还原到其简单的条件,尽管他认为它是单纯的电。伽伐尼曾经发现,当我们解剖青蛙,使其脊髓神经暴露在外并通过不同的金属(或者也可以只是银丝)与胫肌连接起来,这样就会造成痉挛,构成这些差异矛盾的行动性就通过痉挛表达

[314]

82　戴维(Sir Humphry Davy,1778—1829年):化学家。

出来。阿尔迪尼[83]表明,一种金属,也即纯水银就足以造成这种结果,而且常常一根潮湿的麻绳足以把神经和肌肉连接起来并使它们活动;他围绕自己的房子,盘引这样的绳子 250 呎长,取得了幸运的成功。另一个人曾发现,在体大活泼的青蛙中,单纯使其肌肉和神经接触而无需那些增加的连接金属,就会产生痉挛。按照洪堡特,在相同的金属中,对着一根金属呵气就足以引起金属刺激。当同一根神经的两个位置覆盖上两种不同的金属并通过一根良性导体连接起来,那么同样会出现痉挛现象。

　　这曾是电流的最初形式;人们曾把它称为动物电,因为人们相信它只局限于有机体中。伏达用金属替代了肌肉和神经,因而他用大量的成对金属片安装了伏达电池。每一对都有下面这种对立的规定性;而所有这些都把它们的活动汇总起来,以至于在一端所有都是负电活动,另一端则所有都是正电活动,在中间则是无差别的点。伏达也区分了潮湿导体(水)和干燥导体(金属),——仿佛这里只有电出现似的。但水和金属的区别完全是另一回事,两者不仅仅只有导体的功能。——人们可以很容易地分开电和化学效应。金属片的表面越大,例如 8 平方吋,那么电作用在产生火花方面具有的光泽就越璀璨。在其他现象上,这种尺寸看起来几乎没有什么影响,相反仅仅用三对金属片火花就产生了。如果在一个用 40 对同样大的锌片和铜片所建的电堆的银极上接一根铁丝,并把该铁丝引向锌极,那么在接触的一瞬间就会出现一朵火玫瑰,直径 3 到 $3\frac{1}{2}$ 吋,一些个别的光线竟达到 $1\frac{1}{2}$ 至 $1\frac{3}{4}$ 吋长,它们在一些地方被分割,而在 ［315］ 顶端则可见小火星。在火花中联通丝会被接得很牢固,以至于需要相当大的力才能把它们分开。在氧气里金和银的活动是同它们在大气空气里一样的,铁丝会着火并燃烧,铅和锌会更加旺盛地燃烧并带有更加鲜艳的色彩。如果这里化学作用被削弱,那么它就同燃烧区分开来,因为甚至在电当中也出现旺盛的燃烧,但这是作为加热熔解作用而不是分解水的作用而出现(参见:§324 附注,本书第 286 页)。反过来,当金属片变得更

83　阿尔迪尼(Giovanni Aldini,1762—1834):物理学家。

小而数量更多的时候,例如 1000 对,化学作用就变得更大,而电的作用则变得更弱。当然两种作用也相互结合,因而也可以通过强力放电来分解水。因为毕奥(《物理学研究》第 Ⅱ 卷,第 436 页)说:"为了分解水,我们先用强力放电并通过这个液体来传递,这个强力放电产生了伴随着火花的爆炸。但渥拉斯顿通过一种更醒目、更确定和更容易的方法达到了**相同的**结果,他通过一些两端成尖的、拧在一起的金属丝把电流导入水里"。[84] 里特尔院士建造了干燥的电堆,在其中电流活动是绝缘的。——因为人们现在已经看到,在电堆里单凭水的化学活动并不强,而电堆在其他的结合中却可以展示强的化学作用和高度的电的紧张关系,所以化学家认为,水在此的作用是电的绝缘体,它阻止了电的传导;因为如果没有这种阻碍,化学活动性会是很大的,而这里没有任何化学活动,所以产生化学效果的电的传导就被水阻挡了。但这是人们所知事物中最为荒谬的,因为水是最强的导体,比金属还强;因而这种荒谬根源于人们把化学作用仅仅归结于电当中,而且只看见导体的规定作用。

[316] 电流活动性既把自己表达为**味道**也把自己表达为**光现象**。例如我们把一块锡箔衔在舌尖和下嘴唇之间并让它凸出来,我们再让舌尖的上表面与银接触,让这块锡箔也与银接触,当两种金属相互接触的瞬间,我们立即感觉到一种明显的碱性味道,就像绿矾的味道那样。如果我们把一只盛满碱水的锡杯握在弄湿的手里并让舌尖接触该液体,那么我们就在接触碱液的舌头上获得一种酸的味道。相反,如果我们把一只锡杯,最好是锌杯放在一个银的支架上,并给它倒上纯净水,然后我把舌尖放到水里,那么我们不会有任何味道感;可一旦我们同时用湿润的双手握住银支架,那么我们在舌头上就会感到一种弱酸的味道。当我们往嘴里在上颚和左腮之间放一根锌棒,在右下颚和右腮之间放一根银棒,使两根金属棒露出嘴外,而且露出的两个末端相互靠近,那么在黑暗中当两个金属相互接触时,我们就会看到光。在此,这种同一性是主观地存在于感觉里的,

---

84 引文原文为法文。——译者注

而不会在外部激发出一种火花；这种情况很可能出现在大功率电池里。

现在，电流作用的**产物**一般而言是自在存在的东西——特殊差异物的同一性，这些差异物在金属里同时和它们的无差别的独立性结合在一起——，但由此同样一方的差异在另一方中达到实存，因而无差别的东西被设定为是有差别的。但这还没有达到中性的产物；因为还没有出现实存的差异。因为现在这些差异本身还不是物体而只是抽象的规定性，所以问题就是，它们在此应该以什么形式达到实存。这些差异物的抽象实存是元素性的东西，即我们所看到的作为空气或各种气体而出现的东西；所以我们在此需要谈论抽象的化学元素。因为水是各种金属之间具有中介作用的中性物，在其中那些差异可以相互接触（这种中性物也是两种盐之差异在其中自我消解的东西），那么每一个金属都从水里获得自己实存的差异，一方面把它规定成为氧化作用，另一方面规定为氢化作用。但因为水的特征一般而言是中性的，所以激活者、分化者并不实存于水而是在空气里。空气尽管看起来中性，但它是秘密分解者并且有活性；金属被激发的活动性因而必须来自自在的空气，这样这些差异以空气的形式显现出来。在此，氧气是激活、分化的根源。——电流进程的结果更加确定地说是氧化物，一种不同被设定的金属，——这是我们获得的第一个差异；无差别的东西变成整全的，尽管还不是完全的整全。可尽管产物立即就是双重的——氧化和氢化——，但毕竟出现的不是两个被差异化的东西。一方面出现氧化，因为例如锌变成了金属灰。另一方面，金、银等等，则保持在这种与其对立物相反的密集性当中，并保持规整状态；或者说如果它曾经被氧化了，现在就要被脱氧化，从而被再次弄得规整。因为对于锌的激活并不应该是对于片面差异的设定，而且另一方面不可能被脱氧化，所以对立的另外一侧仅仅以另外形式的水的方式出现，因为氢气发展了。里特尔发现还会发生的是，氢化金属而不是氧化金属出现了，因而另一方面被驱向了产物。但构成对立的被规定的差异是碱和酸；这不同于那种抽象的区分。可甚至在这种实在的区分中，这种对立也显得主要通过氧来造成的。——在构成电流结果的金属灰中还包括**土质**：硅土、石

[317]

灰、重土、碱土和钾碱；因为作为土质出现的东西一般而言具有金属碱。现在已经可以成功地把这种碱展现为是金属性的：不过很多只有金属碱的迹象。现在如果说这种金属性的东西也并不总能够被自为地保存，就像在类金属中那样，但它却还是表现在汞合物里，而且只有金属性的东西才能与汞形成汞合物。因此，金属性在类金属中只是一个环节；它们立即会再次氧化，例如像钨很难被弄成规整形状。阿摩尼亚尤其值得注意的，因为一方面它的碱能够被证明是氮气，另一方面是氧，但同样，它的碱也可以被展示为是金属性，即**铍**（参考本书第296页及以后，§328附注）；这里，金属性已经趋向完全显现为化学抽象物质，显现为气体状的东西。

[318] 进程把氧化的结果作为终点。与这种最初的抽象的普遍否定相对立的东西是自由的否定性，是与那种瘫痪在金属无差别性里的否定性相对立的自为存在的否定性。按照概念或者自在地，这种对立是必然的；但按照实存，火则是偶然出现的。

§331

2. 火的进程

在前面进程里仅仅**自在地**存在于相互联系的金属之不同规定性中的活动，被自为地设定为是实存的，这就是**火**；由此本身**可燃的物体**（如硫磺）——第三种类的物体性——就**燃烧起来**；一般而言，那种仍然处于不相干的、不活泼的差异里（像在中性里）的东西就被激活为**酸**与（苛性）**碱**的**化学对立**，——而这与其说是一种固有种类的实在物体性的对立——因为这类物体不能自为地实存——，还不如说只是**第三种**形式的物体性环节之**被设定存在**的对立。

【附注】：因为电流进程以金属氧化物、以土质结束，这样化学进程的过程就由此被中断了。因为就实存而言各种化学进程并不相互连接在一起；否则我们就要获得生命了，即进程的循环往复。如果现在产物被进一步发展，那么活动性就要从外部添加进来，就像金属也通过外在活动性被连接在一起。只有概念，内在必然性，继续着进程；只是以自在的方式进程持续发展到整全体的循环。因为我们带来的新形式只是为我们、在概念里，或者说自在地产生，所以我们必须按其本性来把握介入进程的东西。并不是同一个实存的产物（这里是终结电流进程的氧化物）被进一步处理，仿佛只是来自其他反应；作为自在被规定的东西，进程的对象毋宁被当作本原性的东西而不是按照实存业已生成的东西，相反把这种业已生成东西的规定性作为其概念的简单内在规定性。

进程的一个方面是作为火焰的火，其中构成电流进程结果的差异之统一现在自为地实存，而且其形式是自由的不平静、或自我消耗。另一个方面，可燃物是火的对象，其本性是作为火，但却是作为以物理方式持存的物体。进程的产物因而一方面是火作为物理性质而存在，或反过来，在物质里，那个产物就其本性规定性来说所是的东西，即火，被设定在自身当中。就像最初的进程是重物进程那样，我们这里获得了轻物进程，因为火把自身物化为酸。作为被燃烧和被激活的可能性，物理物体不只是僵死地向被动无差别性还原而且本身是燃烧着的。现在因为如此被激活的物质是一个在自身中具有绝对对立的东西，并且这种对立物自我矛盾，所以它需要他者，是绝对地仅仅存在于和其他者的实在关系里。因而，这种可燃物具有两种形态，因为既然这种否定者的自为存在进入区分，自我设定在自我区分当中。一种形态是通常的可燃物，硫磺、磷等等；另一种可燃物形态是中性的。在两者中，静止的持存只是一种实存的方式而不是其本性，可在电流过程里金属中无差别性构成了其本性。这些形态中更加值得注意的是单纯发光而不燃烧的东西，如很多矿物发出磷光的现象；当它们被擦破、擦伤甚或暴露在阳光下，它们也在很长时间里保持着磷光。正是同一种易逝的光现象构成了电，但没有分裂。第一种可燃物没有很大的范围：硫磺、沥青和石油精构成了它的范围。缺少固定无差别碱的脆性物体并不通过和一个差异物结合而从外部获得差异，相反它在其自我内部把否定性发展为自身。物体的不相关性转为化学差异。硫磺的可燃性不再是**停留**在进程里的表面可能性，而是这种被剔除的无关性。

[319]

可燃物燃烧,火是其实在性;它烧毁别的东西,它不仅燃烧,也就是说它放弃作为不相关的东西,——它变成为酸。的确,温特尔[85]曾把硫磺本身断定为是一种酸;而实际情况也是这样,因为硫磺中和含盐的碱(salzigen Basen)、含土的碱(erdigen Basen)和各种金属,甚至不需要其他酸所必需的水基(氢)。第二种可燃物是形式性的中性物,其持存也只是形式而且并不构成其本性之规定性,仿佛它可以经得住进程。形式中性物(盐是物理中性物)是石灰、重土、钾碱,简言之是土质,这就是氧化物,也就是以金属作为基础,这是我们通过伏达电池发现的,通过电池我们使碱性物质脱氧。碱性物质也是金属氧化物:动物的、植物的、矿物的。碱的另一方面,例如在石灰中,是通过使碳加热产生的碳酸,——这是一种抽象的化学物质而不是个体的物理物体。石灰是如此被中性化,但却不是一个实在的中性物;中性在其中只是通过元素的、普遍的方式来被完成的。我们也不想把重土、锶视为盐,因为使它们中和的东西不是一种实在的酸,而只是那种显现为碳酸的化学抽象物。这就是构成进程另一侧的两种可燃物。

[320]

在火的进程里冲突的东西外在地汇聚在一起,这是由化学进程的有限性来制约的。元素性东西作为中介者添加进来;这是**空气**和**水**。由此,例如要从硫磺中生产酸,我们就使用了水湿的墙壁与空气。这样,整个进程具有推论的形式,其中需要被断裂的中项和两个端项。这种推论更进一步的形式涉及活动性的方式,以及那两个端项为了相互整合而把中项所规定成为的东西。要更进一步地观察这一点,这可能是一个十分精细的分析工作而且同时会把我们带到很远。每个化学进程必须被展示为一系列的推论,其中曾经只是端项的变成中项,而中项则被设定为端项。普遍性的东西是,可燃物,硫化、磷或者形式中性物在这个进程里被激活。这样,土质通过火被置于苛性状态,而之前它作为盐则是温和的。金属性的东西(即不良金属,灰质金属)也可以通过燃烧如此被激活,以至于它

85　参考本书第292页,脚注。

不变成为氧化物,而是立即趋向成为酸。砷的氧化物本身就是砷酸。被激活的碱是腐蚀性的、苛性的,酸同样是损毁性和腐蚀性的。因为硫磺(以及类似的物质)内在没有无差别的碱(indifferente Basis),所以水在这里变成碱性的纽带,以便酸能够,尽管只是暂时性地,自为持存。可因为碱性物变成苛性物,作为结晶水(不再是水的东西)来构成中性作用纽带的水,通过火失去了其形式性的中性形态,因为自为的碱性物已经具有一 [321] 种无差别的、金属质碱(metallische Basis)。

§322

3. 中和作用,水的进程

如此得到区分的物体是绝对地与其他者相对立的,而且这就是它的性质,所以它本质上仅仅存在于和这个他者的关系中,其**物体性**在独立分离出来的实存中因而只是一种强制状态,而且它在自身中的片面性里是把自身与其否定者设定为同一的进程(即使这个进程仅仅只是通过空气,在空气里酸和苛性碱被中和了,也就是说还原成为形式性的中性)。产物是具体的**中性物**,**盐**;——这是**第四种物体**,而且是作为实在性物体。

【附注】:金属只是自在地与他者不同;在金属的概念中包含着他者,但仅仅是在概念里。但现在因为每个侧面作为对立面而实存,所以这种片面性不再只是自在的而是被设定的。由此,个体化的物体就是扬弃自己片面性并设定其按照概念构成的整全体之趋向。两个侧面都是物理实在性:硫磺或另一种酸,不是碳酸;以及氧化物、土质、碱性物。这些如此被激活的对立不需要只通过第三者来被置于活动性中;每一个自在就是不平静、自我扬弃、自己与其对立面整合并自我中性化;但它们不能自为地实存,因为它们并不自我相容。当水倒入酸中的时候,酸会发热并燃烧。浓酸会冒烟,从空气里吸收水分;例如,浓硫酸会以这样的方式增加自己的量,占据更大的空间,但变得更弱。如果我们把酸与空气隔离开,那么它会侵蚀容器。同样苛性碱会再次变得温和;于是有人说,它从空气里吸收了碳酸。但这只是一个假设;毋宁说,苛性碱用空气造成了碳酸,以便中和自己。

[322]　　使两个侧面激活的东西是一种化学抽象,是作为不同抽象物的氧的化学元素;碱(即便只是水)是无差别的持存,是键。因而,无论在酸还是在苛性物那里,激活都是一种氧化作用。而在相互对立中,酸和碱是某种相对物,就像在正电和负电那里已经出现的情况那样。所以,在算术里,负数有时被视为自在的否定者,有时则是他者之否定者,以至于谁负谁正完全是无所谓的。具有两个相反路径的电的情况完全相似,因为我们通过向前或向后都只回到同一个点上,等等。因而,虽然酸只是在自身中的否定者,但这种关系也同样表现出相对性。在一侧是酸的东西,在另一侧则是碱性物。例如,人们把硫化钾称为一种酸,尽管它是氢化硫;所以这里的酸是氢化。诚然情况并不总是这样,而是出自硫的可燃性。但它通过氧化变成硫酸,所以它可以具有两种形式。在一些土质那里也是一样;它们分成两列:a)石灰、重土和锶具有碱性,是金属氧化物。b)在硅土、黏土和苦土中,一部分可以通过类比猜测出这种情况,一部分则通过在汞合物中电流作用的痕迹。但施特芬斯[86]把黏土和碱性序列里的硅土对立起来。按照舒斯特尔[87],矾土也表现出对碱的反应,因而是酸;另一方面,它对硫酸的反应则是占据了碱这个侧面;而黏土溶解在碱性溶剂里,通过酸沉淀下去,因而它的作用与酸一样。伯叟莱证实了矾土的双重本性(《静电化学》卷Ⅱ,第302页):"氧化铝有一种倾向,它和酸结合或和碱结合几乎是一样的";在第308页中他说:"硝酸也有同氧化铝结合成为晶体的属性;很可能这同样可以通过一种碱来产生"。[88] 舒斯特尔说,"硅土是一种酸,尽管是一种弱酸;因为它中和碱:它与钾和钠结合成为玻璃"等等(上引书,第412页及以后)。而伯叟莱特别注意到(卷Ⅱ,第314

86　参见本书第132页,脚注10。

87　舒斯特尔(Johann Schuster):《雅各布·温特尔教授的二元论化学体系》,2卷,柏林:1807年;卷Ⅰ,第415页。

88　参见本书第276页,脚注58。——德文版原注(引文原文为法文。——译者注)

页），它只是更倾向于碱而不是与酸结合。

这里空气和水也是起中介作用的,因为脱水的、完全的浓酸(尽管它不可能**彻底**脱水)比稀释的酸作用要弱很多,尤其是没有空气的情况下, [323]因为这样的话作用可以完全停止。普遍抽象的结果是,酸与未被激活的碱性物构成一种一般的中性物,但不是抽象的无差别的而是两种实存物的统一体。它们扬弃了对立和矛盾,因为它们不能承受;因为它们扬弃了自己的片面性,它们就按照自己的概念设定了自己所是之物,既设定了这一方面也设定了另一方面。有人说,酸并非直接作用在金属上,而是首先把它弄成氧化物,弄成实存性对立的一个方面,然后自己和这个氧化物中和,而这个氧化物尽管是不同,但没有被激活为苛性的东西。作为中和作用的产物,盐首先是化学整全体,是中间点,但同时还不是生命的无限整全体,而是一种达到静止的、受他物局限的东西。

§333

4. 作为整全体的进程

这些中性物体,再次进入相互关系中,就构成了**完整的、实在的**化学进程,因为该进程以这些实在物体作为自己的侧面。它们需要水这种抽象的中性媒质来作为它们的中介。但作为自为的中性物,两者之间没有任何差异。这里出现了普遍中性的**分化**,以及由此同样出现了以化学方式被激活的物体之间差异的特殊化;这就是所谓的**选择亲合性**,即通过分离现成中性物体形成其他特殊的中性物体。

在选择亲合性中简化分化的最重要一步是通过里希特与吉顿·莫尔沃[89]发现的定律才出现的;这条定律是,当中性化合物与溶液混合并酸使它们的碱对换时,这些中性结合在**饱和状态**下**不会有任何变化**。与此有关的是酸碱量的标度,按照这个标度每种个别的酸要 [324]想饱和就要与每种碱具有特殊的比例关系;现在,对一种确定量的酸

89　参见本书第207页,脚注32;第296页,脚注68(德文原稿为脚注67,有误。——编者)。

来说,各种碱是按照它们使该等量酸中和的数量排列起来,那么**对任何其他的酸**,这种碱都保持着它和第一种酸相中和时**相同的**中和**比例关系**,而只有这些酸与那些碱的恒常序列相结合的数量单位是不同的。以此方式,每种酸都和每种不同的碱具有一种恒常的比例关系。

另外,选择亲合性本身只是酸与碱的**抽象**关系。一般的化学物体,特别是中性物体同时是具有确定比重、内聚性、温度等等的具体物理性物体。这些真正的物理属性及其在进程里(§328)的变化与其化学环节有关,加剧、阻挡或促进、改变它们的效应。因为伯叟莱已经完全承认选择亲合性的序列,所以他在其名著《静电化学》[90]里综述并研究在化学作用结果中带来变化的各种条件,那些结果往往只按照选择亲合性的片面条件来规定。他说:"这种说明带给科学的肤浅[91]竟然被有些人看作是进步"。

【附注】:在中性物里,对立物,即苛性物和酸的直接性相互整合根本
[325] 不是进程;盐是一个没有进程的产物,就像磁体附有北极和南极以及电所放出的火花那样。假如进程被进一步发展,那么因为盐是彼此无关和没有需求的,所以它必然会被再次置于相互外在的关系中。活动性并不在盐里,而是只有通过偶然环境被再次展现;彼此无关的东西恰恰只能在第三者中相互接触,在此这个第三者又是水。这里尤其是构型和结晶化具有自己的地位。进程一般而言是,一种中性被扬弃,但另一种中性又被产生出来。因而,这里中性被理解为自我斗争,因为作为产物的中性通过对于中性的否定来被媒介。因而酸和碱的各种特殊中性相互冲突。酸和碱的亲合性被否定,而这种对亲合性的否定本身正是酸和碱的关系或者说正是一种亲合性。这种亲合性既是第二种盐的酸和第一种盐的碱的亲合也是第

---

90   参见本书第 276 页,脚注 58。

91   法文原文第 9 页作"superficie"。

二种盐的碱和第一种盐的酸的亲合。作为对第一类亲合性的否定,这种亲合性被称为选择亲合性;而这就如同在磁和电中那样仍然仅仅意味着对立物——酸和钾——把自己设定为同一。它的实存的、显现的、行动的方式是同一个。一种酸从一种碱中把另一种酸驱逐出去,就像磁的北极排斥北极,但都与同一个南极相亲近。可这里,酸在第三者中相互比较,每一种酸都有**自己的**对立,它不是其他种而**只是这种**碱性物;规定不仅仅通过对立的普遍本性而出现,因为化学进程是一些以性质方式相互作用的种类排列。因此,主要的问题是亲合性的**强度**,但没有任何亲合性是片面的;所以**我**同某人有多亲近,**他**也同我有多亲近。两种盐的酸和碱扬弃了它们的结合并构成了新的盐,因为第二种盐的酸更容易与第一种盐的碱相结合并驱赶走它的酸,而这个被驱赶的酸和第二种盐的碱具有同样的关系;也就是说,当另外一种酸比另一种酸展示出更近的亲合性时,后一种酸就失去了它的碱。于是,这个结果又是一种实在的中性物,其产物就种类而言是和开始时的东西一样的;——这就是一种中性物向自身的形式性返回。

在说明部分中已经提到,里希特所发现的选择亲合性定律始终不受重视,直到英国人和法国人(伯叟莱和渥拉斯顿)提到里希特,利用他的 [326] 研究,于是使这个定律变得重要起来。同样,歌德的颜色学说在德国也曾经默默无闻,直到一位法国人或一位英国人采纳了他的学说,或者说独立地发展了相同的观点并使其有效。这样的状况不需要被进一步抱怨;因为现在在我们德国人这里总是这样,除非像加尔[92]的骨相学这样的胡话才会被支持。那条**化学计量学**原理被里希特用许多精细的反思分析过,现在很容易借助下面的比较来使其变得直观。假如我用弗里德里希金币购买不同的商品,那么例如为了一定数量的第一类商品我需要一个弗里德里希金币,而为同样数量的第二类商品我需要两个弗里德里希金币等等。现在假设我用银塔勒来购买,那么我就需要更多的银币,即 $5\frac{2}{3}$ 的银

---

[92]　加尔(Franz Joseph Gall,1758—1828):医生和解剖学家,颅相学的奠基人。

塔勒替代一个弗里德里希金币,用 $11\frac{1}{3}$ 的银塔勒替代两个弗里德里希金币等等。这些商品相互保持着同样的比例关系;具有两倍这样价值的商品就总是保持着这个价值,货币则要与之匹配。而且各种不同的货币同样彼此也有确定的比例关系;因此,它们按照这种相互规定性来抵任何一个商品的一部分份额。因此当弗里德里希金币的价值是塔勒的 $5\frac{2}{3}$ 倍,而每个塔勒可以买3件确定的商品,那么每个弗里德里希金币就可以买 $5\frac{2}{3} \times 3$ 件商品。——柏采留斯在**氧化阶段**方面也坚持同样的观点,而且特别是把这种观点概括为一条普遍定律;为此一种物质比另一种物质需要更多或更少的氧气,例如 100 份锡氧化为一氧化物需要中和 13.6 份氧,氧化为白色的二氧化物需要中和 20.4 份氧,氧化为黄色的过氧化物需要中和 27.4 份氧。首先道尔顿[93]对此做了研究,但他的规定被包裹在一个糟糕的原子形而上学形式当中,因为他把所有最基本的元素或所有简单的、基本量规定为原子,然后讨论这些原子的重量和重量关系:它们被假定为是球形的,部分被较稠密或较稀薄的热素大气所包围;而且他还教授如何规定复合物体里这些原子的相对重量、直径以及数量。柏采留

[327]

斯[94],尤其是施魏格尔[95]又制造出一种电化学关系的混合物。但在这种实在进程里,磁和电的形式性环节不能出现,或者说,即使它们出现,也要受到限制的。只有当进程不是完全实在的时候,那些抽象的形式才尤其会出现。所以,戴维[96]首先指出,两种**以化学方式相互作用的**物质以电的方式彼此对立。如果硫在一个容器里被熔解了,那么在两者之间就会出现一种电的紧张关系,因为这不是实在的化学进程。就像我们曾经看到的,出于相同的理由,电在电流进程里才最明确地出现;当进程变为化学性的,电也因此撤退了。只有当差异必然把自己显现为空间性的时候,磁才可以在化学进程里显现出来;这再次主要是以电流形式发生的,而电流

93　道尔顿(John Dalton,1766—1844):化学家和物理学家,近代原子理论的奠基人。

94　参见本书第 306 页,脚注 74(德文原文为:本书第 305 页脚注 73。有误。——编者)

95　参见本书第 312 页,脚注 80。

96　参见本书第 313 页,脚注 82。

形式恰恰不是化学进程的绝对活动性。

β. 分解

§334

在对中性物的溶解里，向特殊化学物体直到无差别物体的返回就开始了，这一方面通过一系列独特进程，而另一方面每种这样的分解本身一般而言同化合作用不可分离地结合在一起；而且同样，被认为是化合过程具有的各种进程同时包含着分解这另一个环节。对每种特殊形式进程所占据的**独特位置**而言，以及由此对所有产物中的特殊产物来说，必须考察**具体**作用物以及同样在**具体**产物中的进程。在抽象进程中，作用物是抽象的（例如在对金属作用中的单纯的水，或完全的气等等）；这种抽象进程虽然**自在地**包含进程的整全体，但是没有用清晰的方式把它的环节展示出来。　[328]

经验化学主要涉及**材料**和**产物**的**特殊性**，它们按照肤浅的抽象规定被汇集在一起，以至于它们的特殊性由此没有任何次序。在这种汇集中，金属，氧，氢等等，（以前叫作土质，现在）类金属，硫，磷作为**简单的**化学物体相互并列地显现在一条直线上。这些物体之间如此巨大的物理差异必然立即唤起对于这样一种并列的反感；但同样它们的化学起源，它们产生所需要的进程也是不同的。然而，这些比较抽象的和比较实在的进程被同样混乱地置于同一个阶段上。如果科学形式要进入这个领域，那么每一个产物都要按照具体的、完全发展了的进程阶段来被规定，因为该进程阶段构成了产物出现的本质条件并赋予后者独特的意义；为此，同样本质的是区分进程的抽象或实在阶段。**动物的**和**植物的**物质无论如何属于完全不同的层次；它们的本性几乎无法通过化学进程来被理解，相反它们毋宁是在化学进程中被摧毁的，而且只有**它们的死亡**之旅可以在化学进程中被把握。然而，这些物质曾主要用来对抗化学和物理学中居于支配地位的形而上学，也就是对抗那种认为**材料**在一切环境中都**不会改变**的思想或毋宁说是荒唐的观念,对抗用这样的材料**组合**和**构成**物体的范畴。我们看到,大家一般都承认,化学材料在化合作用中失去了它在分离状态中显示的**属性**;可下面这样的观念还被认为有效,即它们无论**有**还是**没有**这些属性都是同一个事物,以及作为**带有**这些属性的事物它们并不是进程的产物。那种尚不具有区分的物体,金属,以物理方式,通过把在自身中的属性显现为直接性的,获得了自己肯定性规定。但进一步被规定的物体不能以下面这样方式被假设,即它在进程里如何作用随后才被看到;相反,它们只按照自己在化学进程里的位置获得其最初的、本质的规定。物体的进一步规定是按照物体对所有其他特殊物体的作用方面具有的经验的、完全特别的特殊性;根据这种认识,任何物体都必须经过与所有作用物之间的同一串作用。——在这方面最明显的是,看到四种化学元素(氧等等)同金、银等等,同硫等等,作为**材料**被放在同一直线上,仿佛那四种化学元素具有和金、硫等等一样的这种独立实存,或者氧具有和碳相同的那种实存。从它们在进程中的位置中出现了它们的从属和抽象,由此它们按照种类完全和金属,盐区分开来,而且根本不和这些具体物体同属于一条水平线;这个位置在§328中被分析过了。因此,内在断裂的**抽象的**中项(参考§204说明)包含两个元素——水和空气,这是作为中项的代价;在抽象的中项里,推论的两个实在端项获得了它们本原的、仅仅自在存在的差异之**实存**。当该差异性环节**自为地**获得定在,那么它构成了作为完全抽象环节的化学元素;不像人们在"元素"这个表述中首先想到的那样是基础材料、物质性基础,那些物质毋宁是差异之最极端的顶点。

[329]

在此,像在一般情况中那样,需要把握化学进程的完全整全体。把形式进程和抽象进程这些特殊部分分离出来,这会导致关于一般化学进程的抽象观念,认为它单纯是一种材料对另一种材料的**影响作用**,由此发生的许多其他现象(例如到处存在的抽象中和作用,水的产生和抽象的分解作用,气体产生)表现为几乎附属的或偶然的

[330]

结果,或者至少只是外在关联着的,而不被看作是在整体的各种关系里的本质环节。但对化学进程整全体的完整分析会进一步要求,它既被解释为实在推论,同时也是包含最密切联系的推论的**三重体**;——这种推论不仅展示对其**端项**的一般连接,而且作为活动展示对于这些端项各种规定的否定(参考§198),并展示结合在**一个进程**里的化合作用和分解作用之关联。

【附注】:最初的进程走向结合,而彼此对立的中性物进程则同时是对中性物的分化或分解,以及对构成我们出发点的抽象物体的分解。因为我们把我们开端处的金属视为直接现存的,以这样的方式它现在构成我们前进到达的整个物体的一个产物。这里被分解并且构成具体中项的东西是一种实在的中性物(盐),而在电流中是水,在火的进程中空气是形式性中项。这些返回的方式和阶段各不相同;尤其火的进程,而盐的进程也同样如此。例如通过灼烧,在盐中被中和的酸会再次被激活;同样从石灰中碳酸会被排出,——因为石灰在这样的温度里被认为要更亲近"热材料"而不是碳酸。这会进一步发展到对金属的还原,例如当作为酸与碱结合的硫被分离出来而金属变得规整的时候。同时在自然中,只有很少的金属可以纯粹地存在;大部分金属只有通过化学进程才被分离出来。

这就是化学进程的整个过程。为了规定个体物体属于哪个阶段,化学进程的过程必须按照确定的阶段次序来被固定;否则我们就要处理无穷无尽数量的材料,它们自为地始终是无机混合物。因此物体个体就以这样的方式在进程中自我规定(这些物体个体是进程的环节和产物,它们造成了下面这个确定的、即有差异物体性的体系,而这些物体性现在则是被规定为个体性的具体元素): [331]

a)被个体化的并具有差异的空气是**各种气体**,而且本身是四种气体的整体:α)**氮气**,抽象的无差别的东西;β)**氧气**和**氢气**,它们是对立的气,前者具有助燃作用、激活作用,后者则是在对立中肯定性的、无差别的东西;γ)**碳酸气体**,它是土质的,因为它一部分表现为土质的,一部分表现为气体。

b）对立中的一个环节是**火的循环**,个体的、被实现的火,而它的对立物则是**被燃烧的东西**。这个环节本身构成一个整体:α）碱,是自在可燃的,自在有火性的东西,它并不是仅仅被设定在差异中作为规定的无差别者,也不是要仅仅被限定为是有差异的肯定者,而是自在的否定性,内在被实现了的**沉睡着的**时间（就像火本身可以被称作**活跃的**时间）,在这样的时间里它静止的持存仅仅是形式,所以否定性构成了其性质,它不是这种时间存在的形式,而是后者存在本身是这种形式,——这就是作为土质碱（irdische Basis）的**硫**,作为气体质碱（Luftbasis）的**氢**,**石油精**,植物**油**和动物**油**等等;β）各种**酸**,具体而言有 1. **硫酸**,土质可燃物的酸,2. **氮酸**,——具有各种不同形式的**硝酸**,3. **氢酸**,——**盐酸**（我把氢作为这种酸的根:空气个体性的各种无差别内容必然被激活为酸;因此它们甚至自在地就是可燃的,而不仅仅像金属那样,因为它们是抽象的东西:作为无差别的东西它们在自身中具有物质,而不是像氧那样在自身之外具有物质）,4. **各种土质的酸**:αα）各种**抽象的**土质**碳酸**,ββ）各种**具体的**砷酸等等,γγ）各种植物的和动物的酸（柠檬酸,血酸,蚁酸）;γ）与酸相对立的**氧化物**,一般的**钾类**。

c）对立的另一个环节是**被实现了的水**,是酸和氧化物的中和产物,——**盐**、**土**、**石**。这里真正出现了整全的物体;各种气体是空气,火的循环还没有达到整全体之静止,硫飘浮在作为超出其他土质物体之基础[332] 的火的循环里。土是白色的东西,绝对脆的东西,一般的个别物体,它既没有金属的连续性及其通过进程的发展,也没有可燃性。有四种主要的土。这种土质的中性物自我分化成为一系列的双重物:α）中性物体,它只以水的抽象物作为中性的基础,而且既作为一种酸的中性物也作为一种碱性物的中性物而持存;硅土、黏土和苦土（云母）造成了这种过渡。1. **硅土**类似土质的金属,是单纯脆的东西,它通过其个别性的抽象特别地和钾相结合并成为玻璃,因而它就像金属是有颜色和有密集性的那样,作为个别性展示出熔解的进程;硅土是没有颜色的东西,金属性在其中被销毁于纯粹的形式,内在的东西是绝对的分化。2. 不像硅土是直接的、简单的、没有被展开的概念，**黏土**是第一个有差异的土质东西——即可燃性之可能性。纯粹的黏土从空气里吸收氧，但一般而言和硫酸结合在一起形成一种土质的火：**瓷土**。它的坚硬性和结晶化归因于火。水比外在的内聚造成的结晶化结构要少。3. **云母**或**苦土**是盐的主体；因而海水出现苦味。它是一种媒介，是向火的根源变化的物质之味道，是中性物向火的根源返回。β）最后我们得到与此相反的对立，真正实在的中性物，**钙类物质**，碱性物质，有差异的东西，它再次消解了其土质根源而且只需要物理元素以便作为进程存在，——自我恢复的被剔除的进程；石灰是火的根源，该根源在火自身中被物理性物体所产生。

d）所有其他规定外在地进入仍只有重的土质，在这种土质中重力是和光同一的；这种土质是金属。由于重的东西是在不确定的外在性里的内在存在，所以这种内在存在在光当中是实在的。这样金属一方面有颜色，但另一方面其光泽是从自身中发出的、无规定的纯粹的光，这种光使颜色被克服了。金属的各种状态，一方面是它的连续性和密集性，另一方面是它对于进程的敞开，它的脆性、点状性、可氧化性；密集的金属在自身中经历了所有这些状态：α）所以一些金属是规整的；β）另外一些只是被氧化的、土质的，几乎不规整的，而且当它们如此出现的时候，它们完全显现为粉末状的，例如像砷；——同样锑和类似物体是如此脆和硬，以至于它们很容易被粉碎。γ）最后金属表现为渣滓，玻璃化了的，并且像硫那样，具有结构相同的单纯形式。 [333]

§335

虽然普遍而言化学进程就是**生命**；个体物体既在直接性中**被扬弃**又在其中**被产生**，由此概念不再保持只是内在必然性，而是**显现**出来。但正是通过介入化学进程的各种物体的**直接性**，化学集成也一般带有分离；由此它的环节显现为是外在的**条件**，自我映现出来的东西分解为彼此无关的产物，火和激活作用在中性物中熄灭了，而且再也不在其中自我振作起来；进程的**开端**和**终结**彼此是不同的；——这构成了该进程的有限性，这种有限性使它和生命分离并区别开来。

有些化学现象让化学在做说明的时候使用了**合目的性**这个规定,例如在化学过程中某种氧化物降低到较低的氧化程度,在该程度上它可以与有作用的酸相结合,相反它的一部分更强地被氧化了;这种合目的性规定是概念在其实现中一种来自自身的自我规定活动,以至于概念的实现不仅仅受到**外在**现成条件的规定。

【附注】:虽然这里有一个生命性的外貌,但是这种生命性在产物中消失了。假如化学进程的产物本身再次开始活动,那这些产物就成为生命。因此,生命是一种被弄成永恒的化学进程。这种对化学物体种类的规定性与它的实体本性是同一的;因此这里我们还在固定种类的领域里。相反在生命领域里,种类的规定性不再与个体的实体性同一,个体按照其规定性来说是有限的,但同样也是无限的。在化学进程里,概念把它的各[334] 个环节仅仅展示为断裂的:化学进程的整体一方面包含着这种固定的规定性,即以无差别的方式存在,另一方面则包含着这样的趋向,即内在地作为自己的对立存在,在其中规定性就消失了。但是,静止的存在和趋向是彼此有别的;只有自在地或者在概念里,整体才被设定。两种规定同时处于统一体当中,这种情况还没有成为实存;这种实存的统一体就是生命的规定,而且自然就是趋向于此。生命自在地出现在化学进程里;但是这种内在的必然性还不是实存的统一体。

§336

但化学进程本身就是要把那些直接性假设,其外在性和有限性的基础设定为被否定的,把作为进程特殊阶段结果出现的物体的各种属性相互改变,并且把那些条件设定到产物当中。这样在化学进程里被普遍性地**设定**的东西是直接实体和属性之间的**相对性**。彼此无关地持存的物体由此,仅仅被设定为个体性的**环节**,并且概念被设定在**与其相符的实在性里;在统一体里从不同物体性的分化中产生的具体自我统一**构成了这样的行动性,即否定其自我关联之片面形式,自我**分化**在概念的各个环节里,并且既退回到特殊的物体中又退回到那种统一体中,——这就是无限的自我振作和自我保持的进程,——也即**有机体**。

【附注】:现在我们必须造成从无机自然到有机自然的过渡,从自然的散文到自然的诗歌的过渡。在化学进程里物体并非表面性地发生改变,而是在所有方面:所有属性都消失了,如内聚性、颜色、光泽、不透明性、声音、透明性。甚至看起来作为最深的、最简单之规定的比重也不再坚持下去了。正是在化学进程里出现了个体性之看起来互不相关规定的相对性,这是偶性更迭里的本质;物体展示出其实存的流动性,而且它的这种相对性是其存在。假如物体要被刻画为其所**是**,那么只有当物体所有改变的整个过程被给出时,这个刻画才能完成;因为物体的真正个体性并不存在于个别状态中,而只是被穷尽和展现在状态的这种循环中。形态的整体不再坚持,而且正是因为它只是一种特殊的东西;由此它的权利与个体物体相冲突,因为个体物体是有限的,因而不能持久。这样就有了经历颜色整个循环过程的金属,它或者被中和为氧化物,或者被酸中和;它也可以形成透明的中性的盐,因为盐一般而言是对颜色的销毁。脆性、密集性、气味和味道同样消失了;这就是在此自我显现出来的特殊物的观念性。物体经历了这类规定可能性之整个循环过程。例如铜作为规整金属颜色是红的;但硫酸铜却产生了蓝色晶体,氢氧化铜作为沉淀物是山蓝色的,盐酸铜氧化物是白的;铜的其他氧化物是绿的、黑灰色的、红棕色的等等;蓝铜矿又有另外的颜色等等。反应因作用物而异,而且化学物体只是其各种反应的总和。也就是说,反应的整全体只是作为总和出现,而不是作为无限的自我返回。在所有物体和其他物体相互物合、氧化以及中和的反应里,物体保持其规定性,但只是作为自在存在而不是作为实存的;铁自在地始终保持是铁,但也只是自在地,而不是以其实存的方式。但问题在于对实存的保持,而不是自在;——由此,我们关心的是自在存在在实存里或者实存是自在的。特殊反应的循环过程构成了物体的普遍

[335]

特殊性;但该特殊性只是自在存在而不是普遍实存。只有在火的进程里活动性是内在的,——固有生命的一瞬间,然而其活动性在于加速自己的死亡。但因为在自身中具有特殊规定的直接形态在此消失了,所以其中出现的转化就是规定性自在的普遍性也被设定在实存当中,并且这正是有机物的自我保存。有机物进行活动并对不同的力做出反应;在每一种反应里它都被不同地规定,但它同样也保持作为自我统一体。这种从此

[336] 也成为实存的种类之自在存在规定性与他物有交往,但也中断这种交往,并让自己不和它们中和,而是在有机体和其他物体所规定的进程里自我保存。如果这种作为个体性灵魂的无限形式仍在形态中被物质化,那么它就被降低为内在自身中并非无限自由形式的物体,而是在其实存中的当下存在者和僵死者。可这种静止是与该无限形式相违背的,因为无限形式是不静止的,是运动,是行动性,而且正是以这样方式它作为自在和自为的东西出现了。它的环节僵死在形态里,其中每一个都可以作为独立的物质而实存,尽管每个环节也是无限形式向实存的进入,但是这里它们的统一体还没有任何其所是的真。现在因为化学进程恰恰展示出辩证关系,由此物体的所有特殊属性都被拽入消逝性中(化学过程就是要否定构成其有限性本原的直接性前提),所以仅仅固定存在的东西是自为存在的无限形式,是纯粹的没有形体的个体性,它是自为的并且对该个体性而言物质性持存是彻底可变的东西。化学进程是无机自然所达到的最高阶段;在其中无机自然消失了,并证明只有无限的形式是它的真理。所以通过形态的消失,化学进程是向有机物这个更高领域的转变,在后者中无限形式使自身实在地作为无限形式,也就是说,无限形式是在此达到其实在的概念。这种转变是把实存向普遍性的提升。因而,在这里自然达到了概念的定在;概念不再作为内在存在着的东西,不再沉沦在它相互外在的持存里。这就是自由的火,它 α)清除了物质性东西,β)被物质化于定在中。持存者的各个环节本身被提升到这种观念性里,只有这种观念性的存在而且不掉回到受限制的持存中;这样我们就获得了客观的时间,不会消逝的火,生命之火,正如赫拉克利特把火说成是灵魂并把干燥的灵魂当成是最好的。

第三篇　有机物理学

§337

个体性自我规定为特殊性或有限性,并且同样否定后者并返回自身,在进程的终点把自己恢复成为开端,这就是无限的进程;作为这种无限进程的物体之实在整全体由此是向自然最初的观念性之提升,不过结果是它成为一个**被充满的**,并且本质上作为自我关联着的**否定性**统一体,成为**自我性的**和**主观性的**。由此,理念达到了实存,首先是达到了直接性实存,达到了**生命**。这就是

A.作为**形态**,生命的普遍图像,**地质**有机体;

B.作为特殊的、形式的主体性,**植物**有机体;

C.作为个别的具体主体性,**动物**有机体。

只有理念在自身中是作为主观性的(§215),它才具有真和实在性;仅仅作为**直接性**理念的生命由此是外在于自己的,是非生命,只是生命过程的尸体,这种有机物是以无生命方式实存的、机械性的和物理性的自然之**整全体**。

与此不同,在**植物**自然里开始了主观的生命性,具有生命的东西;但个体仍然作为外在自身存在的东西,分解在其本身构成个体的环节里。

只有**动物**有机体在本质上只是作为其环节而实存的这种形态差异里被发展,由此动物有机体作为**主体**而存在。尽管自然的生命性分解为生命体不确定的杂多状态,但这些生命体在自身中是主观的有机体,而且只在理念里它们是**一个生命**,是该生命的**一个有机系统**。

297

[338]　　　　【附注】：如果我们回顾迄今为止的内容,那么我们在**第一篇**里已经看到α)物质,作为空间的抽象的彼此外在;作为彼此外在者的抽象的自为存在并作出抵抗的物质,是完全个别化的,绝对原子式的。这些原子式物体的相同性造成物质仍然是完全不确定的;但物质只是对于知性而言是绝对原子式的,而不是对于理性来说的。β)进一步是相互对立规定的、特殊的质量,以及最后是γ)构成基础规定的重力,在重力里所有特殊性都被扬弃了并成为观念性的。这种重力的观念性在第二篇中转化为光,然后转化为形态,现在它得到了恢复。在那里被个体化了的物质包含:α)各种自由的规定,就像我们在元素及其进程里所看到的;然后个体化的物质把自己展开为β)显现领域,也就是在独立性和向他者返回的对立里,也即作为比重和内聚性;直到γ)它在个体形态里自我塑造成为一个整全体。但因为个体物体是要扬弃其实存的不同方式,现在这种观念性是结果,——不含混的自我统一和自我相同,就像光那样,尽管同时作为产生于被挤压在一起并被收回到最初无差别性中的各种特殊化之整全体。现在,这种个体性内在自身地是重的和有光的,——这是凯旋的个体性,是作为进程在所有特殊性中出现的和自我保存的统一体;这就是**第三篇**的对象。有生命的物体总是准备向化学进程转化:氧、氢、盐总要出现,但总是不断地被扬弃;只有在死亡和疾病中,化学进程才能使自己占优势。有生命的物体总是使自己陷于危险,总是在自身中具有他者,但却忍受着这一矛盾,而这是无机物无法做到的。可生命同时也是对于这种矛盾的解决,而且在其中存在着思辨性的东西,而只有对于知性而言矛盾才是无法解决的。因此,生命之所以可以被以思辨的方式来理解,这是因为思辨的东西恰恰实存于生命里。生命的持续性行动因此是绝对的唯心论;生命变为一个总是被扬弃的他者。假如生命是实在论者,那么它就会对外部的东西保持敬意;但是它总是阻碍他者的实在性并把后者转变为其自身。

[339]　　　　因此只有生命是**真的东西**;它比星星和太阳更高级,因为后者虽然是个体但不是主体。作为概念和概念于其中自我保存的、转向外部的实存

之统一体,生命是理念,而且在这个意义上斯宾诺莎也把生命称为充分的概念,诚然这还是一个完全抽象的表达。生命是一般的对立之统一,而不只是概念与实在性对立的统一。在内在和外在,原因和结果,目的和手段,主观性和客观性等等是同一个东西的地方,就有生命。生命的真正规定是在概念和实在性的统一里,实在性不再只是以直接的方式、以独立的方式存在,即作为彼此外在的、杂多的实存属性,相反概念是无关的持存之绝对观念性。因为我们在化学进程里已经获得的观念性在这里被设定了,所以个体性被设定在其自由当中。主观、无限的形式现在也处于其客观性当中;它在形态里还不是这样,因为在形态里无限形式的各种规定仍以物质作为自己固定的定在。相反,有机物的抽象概念是,特殊性的实存,由于被设定为主体转瞬即逝的环节,因此是吻合概念统一体的;而在天体系统里所有概念的特殊环节是自为实存的、独立物体,它们还没有被带回到概念的统一体之下。太阳系是第一个有机体;但它只是自在的,还没有任何有机实存。这些巨大的组成部分是独立的形态而且它们独立性的观念性只是它们的运动;这只是机械论的有机体。而生命体是在统一体中具有这种自然的巨大组成部分,因为所有特殊的东西都被设定为显现的。在生命里,光因此是完全支配重力的主宰;这样生命体是个体,它内在克服了重力的进一步特殊化而且内在自身具有行动性。只有作为自我扬弃的实在性,概念的自我保存才被设定。化学物体的个体性会为一种异己的力量所控,但生命在自身中具有他者,它内在地是**一个弄成圆形的整体,——或者说是自我目的**。如果自然哲学的第一篇是机械论,第二篇的顶点是化学,那么第三篇则是目的论(参见§194附注2)。生命是媒介,但不是为了他者而是为了这个概念;它总是产生自己的无限形式。甚至**康德**把生命体规定为以自我自身为目的。改变只是为了概念才出　[340]　现,只是概念之他在的改变,而且在这种对于否定者的否定里,只在这种绝对的否定性里,概念才能够始终泊守于自身。有机物自在地已经是它实际所是的东西;它是其变化的运动。但是作为结果的东西也是在先的东西;——开端是终结所是的东西;这种迄今只是为我们所认识的东西现在进入的实存。

因为作为理念的生命是其自身的运动并由此使自己成为主体,所以生命把自己弄成自身的他者,弄成自身的对立;它给予自身以作为对象而存在的形式,以便返回自身并作为自我返回者而存在。这样,只有在第三篇中生命本身才出现,因为其主要的规定是主体性;更早的阶段只是朝这个方向没有完成的路。因而我们就有三个领域:**矿物界**,**植物界**和**动物界**。

被假设为是其自身的他者,生命首先是地质自然,因而它只是生命的基础和底层。尽管它是生命、个体性、主观性,但它不是真正的主体性,不是从分化向统一体的回退。尽管在生命里个体性的所有环节以及返回或者主体性必然出现,但是因为其直接性,这些侧面一定相互异化,也就是它们是彼此外在的。一方面是个体性,另一方面是个体性的进程;个体性还没有作为行动性的、观念化的生命而实存,还没有自我规定为个别性,而是僵化的生命,是与行动性生命相对立的。它也包含行动性,但是部分地只是自在地,部分地则外在于自身;主观性的进程是与普遍的主体本身相分离的,因为我们还没有任何个体,它自在地已经是内在地行动性的了。因而直接的生命是自我异化的生命,因而它是主观生命的无机自然。因为所有的外在性是无机的,例如像对于个体而言科学是其无机的自然,因为它还不了解后者;相反科学仅仅活动在个体中,而且自在地就是其必须自我吸纳的理性。**地球**是一个整体,是生命的体系,但作为晶体却像一副骨架,可以被看作是僵死的,因为它的组成部分看起来仍然以形式的方式自为地持存,并且其进程还是外在于它的。

[341] 第二个自然界是反思阶段,是初始的、真正的生命性,在其中个体在自身中是其行动性,是生命进程,但只是作为反思主体。这种形式主观性还不是和客观性、分化的体系相同一的主观性。这种主观性还是抽象的,因为它只是来自前面的异化;它是脆性的、点状的、仅仅个体性的主观性。尽管这个主体自我分化,在其与他者的关系中自我保存为主观性,使自己成为组成部分并贯穿其中;但是其形式性的方面在于,它还没有真正地在

这种关系中自我保存,而是同样被牵引到自身之外。因此植物还不是真正的主观性,因为主体使自己与自己相区分并使自己成为自己的对象,它还不能使自己信赖真正被分化出来的差别,而从这些差别的返回才是真的自我保存。因此,植物的立场是,仅仅形式性地把自己与自己相区分,而且仅仅以这样的方式可以保持泊守于自身。它展开了自己的部分;但因为这些部分本质上构成完整主体,所以它们没有任何其他的区分,相反叶子、根、茎也都仅仅是个体。这样,因为植物为了自我保存所产生的实在性东西只是与它自己完全相同之物,所以这些实在性的东西也没有成为真正的部分。因此,每个植物只是无限量的主体,而且它们借以显现为**一个**主体的结构只是表面性的。因此,植物没有能力把它的分化保持在它的力量中,因为植物的部分作为独立的东西逃离了植物,而且植物的无辜就是使自己同无机物联系起来的这种无能状态,在这里它的组成部分同时变成其他的个体。这第二个领域就是**水的领域**,是中性的领域。

第三个领域是**火的领域**,是作为完整生命性的个体主体性,——植物与差别的统一体。这种主观性是形态,是各种形式构成的第一个系统;但就像在植物那里一样,各个环节同时还不是部分。动物体在自己的他在中自我保存,但这是一种实在的差别;而且同时它的这些环节构成的系统以观念方式被设定了。所以有生命的东西首先是主体、灵魂、以太式的东西、分化和拓展的本质进程,但其方式是这些形态被直接地、以时间性方式设定,差别被永恒地收回。火把自己投放到各个部分当中,它总是转化为产物,而产物又总是返回到主观性的统一中,因为那些[1] 部分的独立性 [342] 会被直接消耗掉。因此动物性生命是在空间和时间里展开的概念。每一个部分都内在地具有完整的灵魂,不是独立的,相反只是作为和整体连接在一起的东西。感受、内在自我寻找是这里出现的最高阶段;这就是在规定性中自我保持统一,在规定性中自由地存在于自身。植物并没有内在地

---

1 米希勒(Karl Ludwig Michelet)版写作"indem jener Selbständigkeit",而不是目前版本中的"indem die Selbständigkeit jener"

自我寻找,因为它的部分是与它对立的独立个体。被展开的生命概念是动物自然;只有在这里真正的生命性才存在。——这三种形式构成了生命。

A. 地质自然

§338

由于首先被规定为直接的或**自在**存在的,第一个有机体没有作为**有生命者**而实存;作为主体和进程生命本质上是自我**媒介着的**行动性。从主观生命出发来考察,**特殊化**的第一个环节是使自己成为其**假设**,这样自我赋予**直接性**方式并且在其中把自己的条件和外在持存**对立**起来。内在的自然理念**内化**(Erinnerung)为主体的甚至精神的生命性,这是内在的和在那种没有进程的直接性中的**本原分化**(Urteil)。这种被**主观性**整全体自我假设的、直接性整全体仅仅是有机物的形态,——作为个体物体**普遍体系**的**地球物体**。

【**附注**】:在化学进程里地球已经作为这样的整全体出现;这种普遍性元素介入其特殊的物体性中,并且部分地是进程的原因,部分地是进程的结果(见本书第295页,§328附注)。可这种运动只是抽象的,因为所有物体性只是特殊的。现在地球诚然是整体;但因为它仅仅自在地是物体的进程,进程就外在于它永恒存在的产物。就内容而言可能并不缺乏属于生命的规定;但因为这些规定是以彼此外在的方式存在,所以缺乏的是主观性的无限形式。所以被生命假设为其地基,地球被设定为是尚未被设定的,因为设定被直接性掩盖了。于是另一个环节就是,这种假设自我消解。

[343]

§339

因此,这种仅仅自在存在的有机物的各个部分并不内在地包含生命进程,并且构成一个外在**体系**,这个体系的形成物展示了构成基础之理念的展开,但其**形成过程**却是一种**过去了的东西**。——自然把这个进程的各种力量作为独立性留在地球彼岸,这些力量就是地球在太阳系中的关联和位置,是其太阳的、月亮的和彗星的生命,是它的轴向轨道和磁轴的倾斜。海洋和陆地的切分和这些轴以及它们的极化有着极其密切的关系;它们在北部相互连接着拓展,向南部的各个部分分开并变窄成尖形,进一步分化为旧大陆和新大陆,旧大陆又更精细地分为各个世界部分,这些部分由于物理、有机性和人类学特征还彼此区分,而且还与新世界有差别;与这些部分联系在一起的还有更年轻和更不成熟的部分;——这就是山脉等等。

【附注】:a)这种进程的各种独立力量显得与其产物相对立,而动物作为在其自身中的进程内在地具有自己的力量;动物的组成部分就是动物进程的力能(Potenzen)。相反,地球仅仅只是在太阳系里具有这个位置,在行星序列中占据这个位置。但因为在动物中每个构成部分内在地具有整体,所以在灵魂中空间式的彼此外在被扬弃了;灵魂在身体各个地方。如果我们这样说,那么我们就又设定了一种空间关系,但这对于灵魂而言不是真正的东西;灵魂虽然无处不在,但是没有被分裂,不是一种彼此外在的东西。但地质有机物的组成部分实际上是彼此外在的并因此是没有灵魂的。地球是所有行星中最卓越的,是居中的行星,是个体性的;它的这种实存要归因于那些持续存在的联系;假如缺失了任何一个环节, [344] 那么地球就不再是其所是。地球看起来是一个僵死的产物;但它通过所有这些构成**一个链条**、**一个**整体的各种条件而被保存。因为地球是普遍性的个体,所以这些环节如磁、电和化学作用在气象进程里那样自为地、自由地出现;相反,动物不再是磁,而且电在它那里是某种从属性的东西。

b)因此,形成进程并不在地球本身,这正是因为地球不是有生命的主体。这样地球并不像有生命的东西那样通过这个进程出现;地球持续存在,但它并不自我生产。因此地球的组成部分也固定存在,而这并不是优点;相反,有生命的东西具有出现和消亡的优点。作为个别物体,有生命的东西是种类的显现,尽管也是在同种类的冲突当中;种类要通过个体的消失来显示自己。既然地球是作为普遍性个体而自为存在,那么地球的进程本身就只是一种内在的必然性,因为这个进程只是自在的,并不实存于有机体的组成部分中,相反在动物里每个组成部分都是产物和生产者。既然进程要在地球这个个体上来被**考察**,那么它就要**被视为**是一个过去了的东西,它把它的环节作为独立的东西留在地球的彼岸。**地球构造学**试图把这个进程展示为差异元素的斗争:火与水的斗争。一种体系,**火成论**,断言,地球具有形态、层理和岩石种类等等,这都应该归因于火。另一种体系,**水成论**,同样片面地说,所有都是水的进程的结果。40年前在韦尔纳时代[2],人们对此反复争论过很多。两种原理都必须承认是本质性的;但它们自为地是片面的和形式性的。在地球晶体里,火和水同样在发挥作用:在火山,泉水,一般的气象进程里。

地球进程中必须区分三个方面:

α)普遍的、绝对的进程是理念进程,是自在和自为存在的进程,由此地球被创造和保持。但这个创造是永恒的,它并不会逝去,相反它永恒地自我产生,因为理念的无限创造力是永恒的行动性。因而在自然里,我们看见普遍的东西没有出现;也就是说,自然的普遍者没有历史。相反,科学、宪法等等都有历史,因为它们是在精神中的普遍者。β)在地球上也实存着进程,但只是以普遍性的方式,因为地球没有把自我产生为主体。进程是一般性地使地球有生命、有结果,也就是有生命的主体从这种被给予生命者中自我取出的可能性。地球把自己弄成为有生命的基础和生命体的底层,这就是气象进程。γ)然而地球必须**被观察为**生成的和消逝的东西,就像在圣经里讲的那样:"天地将毁灭"。[3]地球和整个自然**要被观察**为产物;**按照概念而言这是必然的**。第二步在于,我们也要用经验的方

[345]

2 韦尔纳(Abraham Gottlob Werner,1749—1817):矿物学家和地质学家,是关键性的"水成论者";《关于矿脉形成的新理论》,Freiberg:1791年。

3 《马太福音》24,35。

式来证实地球构成中的这一规定;这首先是地球构造学的对象。这种构成本身直接表明地球具有过历史,也就是说,它的构成是一系列改变的结果。它指向了一系列巨大的变动,这些变动属于久远的过去而且**也**确实有一种宇宙的关联,因为就它的轴和轨道的夹角来看,地球的位置可能是**被改变过的**。在表面,地球展现出它自在地承载着过去的植物和动物世界,它们都埋在地里:1. 在较深的地层,2. 在巨大的沉积层,3. 在这些动物和植物种类不再继续生存的地方。

地球的这种状态,特别是按照埃贝尔的描述(《论地球的构造》,卷 II,第 188 页及以后)[4],是下面这样的情况:甚至在成层岩内我们就可以看到石化的木头,甚至是整棵树,植物的压痕等等,但是在冲击层看到的更多。巨大的森林倒塌下去,被上面的碎块埋在 40—100 呎下,有时甚至 600—900 呎下。许多这种森林仍处于植物状态,带着树皮、树根、树枝,没有腐烂和毁坏,包含树脂而且容易燃烧,另外的则已经石化为玉髓。这些树木种类中大多数还可以被认识,如棕榈树,特别是离康斯塔特不远内卡河谷的棕榈树化石林等等。在荷兰,在不来梅地区,人们通常会发现当 [346] 地森林中的树和它们的主根紧紧地连在一起,躺倒时都未曾折断,而在别的地方树干却平滑地折断了,而且与它们的主根分离,躺倒在这些还牢牢插在地里的主根那里。在东弗里斯兰,在荷兰,在不来梅地区,所有这些树的树冠都向东南或东北倒下。这些森林曾经在这里生长,而在托斯卡纳的阿尔诺河畔,人们则发现了橡树化石(上面还有棕榈树),它们和许多变成化石的海贝和巨大的骨骼缠在一起。这种巨大的森林存在于欧洲,北美和南美,以及北部亚洲的冲击层中。在动物界方面,海贝、蜗牛和植虫在量上居第一,在欧洲只要有成岩层的地方,因而在这个世界区域的无数地带,到处都有这些动物的化石;在亚洲,阿那托利亚,叙利亚,西伯利亚,孟加拉,中国等等,在埃及,在塞内加尔,在好望角的海岬,在美洲,

---

4 埃贝尔(Johann Gottfried Ebel):《论阿尔卑斯山脉中地球的构造兼对山脉及一般地球构造的考察》,2 卷,苏黎世:1808 年。

情况也是如此;无论在较深的地层,在原始岩层上的第一层岩层,还是在最高的地方,例如在比利牛斯山的最高峰,佩尔都峰,海拔 10968 呎高(伏尔泰这样来解释这种现象,游动的鱼、牡蛎和诸如此类的东西是作为食物被携带上去的),在阿尔卑斯山海拔 13872 呎的最高石灰岩山峰,少妇峰上,和在南美海拔 12000—13242 呎的安第斯山上。这种生命的残迹并不是零散地散落在整个山上,而是只在个别的岩层里,常常具有家族性方式,而且很有秩序,并且很像是在平静地定居时被保存下来的。在直接沉积在原始岩层上的最古老的成岩层里,整体而言很少看到海生动物硬壳,而且只是特定的种类。但在后来的成岩层里它们的数量和多样性却增加了,而且那里还出现了,尽管很少,鱼的化石;相反,植物化石最早出现在较年轻的成岩层里,而两栖动物、哺乳动物和鸟类化石则出现在最年轻的成岩层里。最值得注意的是四足动物的骨骼,如象、虎、狮、熊,而且恰恰是那些已经不再实存的种类。所有这些大型动物都只浅埋在沙砾、泥灰岩或黏土下面,在德国,匈牙利,波兰,俄罗斯,特别是俄罗斯的亚洲部分,那里有很多用挖掘出来的动物长牙做生意。洪堡特先在墨西哥山谷,后来又在基多和秘鲁的山谷发现过猛犸象的骨骼,常常是在海拔 7086—8934 呎的高度处,在拉普拉塔河流域他发现过一种巨大动物的骨架,12 [347] 呎长,6 呎高。——不仅这些有机世界的遗迹,同样地球的地球构造学意义的建构,一般而言冲击层的整个形成,都展示了强有力的变动和外在生成的特征。在山脉中存在着一些完整的构型物,甚至一些层系,这些层系形成稳固的山和山脉,它们完全由漂石和岩屑组成并固结在一起。瑞士境内的钉状岩石是一种由光滑的卵石构成的岩石,又通过砂岩和石灰岩结合在一起。钉状岩石层的分层十分有规则:例如一个岩层几乎纯由厚半吋的巨石构成,接着的一层则是由比较小的卵石构成,第三层则是由更小的构成,在这层之上的那一层又接着是巨大的漂石层。其构成部分是种类众多的岩屑:花岗岩、片麻岩、斑岩、杏仁岩、蛇纹岩、硅酸片、角岩、火石、盐性致密灰岩、泥质岩和铁质岩、阿尔卑斯砂岩。在一块钉状岩石里某一种构成成分更多,而在另一块中则是另外一种成分更多。这样一种钉状岩石形成了一个山脉,宽有 $1—3\frac{1}{2}$ 小时行程那么宽;这个山脉高到海拔 5000—6000 呎(利基山脉高 5723 呎),因而比瑞士境内的树木生长的高度要高。除了阿尔卑斯和比利牛斯山是例外,这些山岩的高度超出了所有法国和英国的其他山脉;而且西里西亚境内大山的最高峰也只有4949 呎高,布罗肯峰只有 3528 呎高。——最后,所有原始从岭、花岗岩山以及山岩都自在带有可怕的断裂和毁坏的恐怖痕迹,被无数逐级相互覆盖的长谷、交错谷和沟壑所截断等等。

这些属于历史的东西必须被接受为事实;它不属于哲学。假如现在这些现象要被说明,那么我们必须解释它们被研究和被考察的方式。历史是更早地来到地球,但现在它已经达到静止的状态;当生命内在酝酿时,它在自身中具有时间;这是还没有到达对立状态的地球精神,—— 一位沉睡者的运动和梦,直到他醒来并在人当中获得他的意识,因而作为静止的形态化自我相对立。关于这种过去状态的经验方面,人们这样来推论:在地球构造学中的主要研究兴趣与时间规定有关,哪个岩层最古老等等。理解地质有机体通常意味着把这些不同层系的相继顺序当作主要问题;但这只是一种外在性的说明。人们说,首先花岗石原始岩层,最深的岩层,相继在时间中出现,然后是再生的、被溶解了的花岗石又再次沉积下来。更高的岩层,例如成岩层,可能是在较晚时间沉积下来的,在岩缝里涌进了流质等等。这种只是时间区别的单纯发生,岩层的前后相继根本没有使任何东西概念化,或者毋宁是完全把必然性,把概念理解完全抛弃了。在水里或火里瓦解完全是一些个别方面,它们不能表达有机体的酝酿;当我们把这些方面理解为氧化作用或脱氧作用,或者把它们完全表面化地还原到碳族和氧族的对立,这也同样没有表达有机体的酝酿。整个说明方式只是从并列到前后相继的转化,就像我看到一栋房子有底层、一层、二层和房顶,然后带着巨大的智慧反思并推论说:"因而底层是最先建的,然后首先建第一层"等等。为什么灰岩出现得晚?因为这里灰岩在砂石之上。这是一个很容易得到的见识。那种转化其实没有任何真

[348]

正的理性价值。进程的内容就是产物。无所谓的好奇心就是也要用相继的形式看到那些并列着的东西。关于这些变动之间的广阔间隔,关于通过地轴改变带来的更高的变动,另外关于海洋的变动,我们可以获得一些有趣的思考。但这些是历史领域中的假设,并且这种单纯地前后相继的视角和哲学的考察毫无关系。

但在这种连续中有某种深刻的东西。进程的意义和精神具有内在关联,是这些构型物的必然关系,对此前后相继毫无作用。这种层系顺序的普遍规律要被认识,为此人们无须历史的形式;它是本质性的东西,即理性的,只对概念而言是有趣的:认识其中概念的进程。这就是韦尔纳的伟大贡献,关注这个顺序并且用正确的眼睛来整体地看。内在的关联在当下是作为一种并列而实存,它必然依赖构型物本身的构成和内容。因而,地球的历史一方面是经验性的,另一方面是从经验材料而来的推论。要规定100万年前是什么样子的(以及由于人们可以随便给出年数),这不是有趣的事情;相反,有趣的事情限于确定存在的东西,——有差别的构型物的体系。这是一门很广泛的经验科学。人们从这具尸体中什么也无法理解,因为偶然性在此发生作用。哲学同样没有兴趣,在模糊混乱状态里认识立法的理性体系,或者以什么样的时间顺序,在什么样的外在条件下该理性体系得以出现。

[349]

一般而言人们把生命体的生产展示为从混沌中来的一个变动,在混沌中植物的和动物的生命,有机物和无机物处于**一个**统一体里。或者有人认为,好像一个普遍的生命体已经实存,而它又分裂成为许多种类的植物,动物,分裂成一些人种。但我们既不接受在时间里出现的感性分裂也不接受这种以时间方式实存的普遍—人。设想这样一种神秘的东西,是一种空洞想象力的观念。自然的、有生命的东西并不是混合而成的,并不像阿拉伯图案那样是所有形式的混合。自然本质上具有**知性**。自然的构型物是被规定的、受限制的并且本身进入到实存里。因而,**如果说**地球也曾经处于这样一种状态,即它没有生命体而只有化学进程等等,可一旦生命的闪电射入物质当中,一个确定的、完整的构型物就确定存在了,就像密涅瓦全身武装地从丘比特的脑袋里跳出来一样。犹太的创世纪最好地展现了这些,因为它十分素朴地说:今天出现植物,今天出现动物以及今天出现人。人不是从动物中构型出来,动物也不是从植物中出来的;每一个一下子就完全是其所是。在这种个体中也有演进;作为刚刚被诞生的东西,它还是不完整的,但已经是所有它要变成的东西之实在可能性。有生命的东西是点、灵魂、主观性、无限的形式,因而是直接自在和自为地被规定的。甚至在作为点的晶体里也立即就有整体形态,形式的整全体就在那里;晶体可以生长,这只是量方面的变化。在有生命的物体中,情况更是如此。

c)地球的各种特殊层系属于**物理地理学**。作为构型的差异,地球的自我是所有部分的静态展示和独立性。它是地球的固定建筑,它还没有把生命作为灵魂而是作为普遍的生命。正是具有未被激活形态的无机地球就像一个僵硬物体那样展开了它的组成部分。地球分开为水和陆地,它们只有在主观性的东西里才连接和贯通起来;分开为固定的陆地和岛 [350] 屿,而且它们形成和结晶化为山谷和山脉,这属于纯粹的机械构型。在此当然可以说,地球在一个位置收缩,在另外一个位置扩展;但由此什么也没说。在北部的收缩构成了产物、植物、动物共同性的条件。在边端地区,动物构成物分化和个体化为不同的属和种,它们是世界各个部分所特有的。这看起来首先是偶然的;但概念的行动性是把在感性意识看来偶然的东西看作是必然规定的。但是偶然性也有它的领域,但是只是在非本质的东西中。各大陆和山脉从西北向东南的走向也可以被还原为磁轴。但一般而言,磁作为直线性方向是完全形式性的环节,它的力量甚至在球体内已经被压制,而在主体中更加如此。要理解完整构型,与其说要把固定的层里同海洋加以比较,还不如说要同洋流加以比较,也就是同地球自身中的自由运动的表达加以比较。普遍而言,与球体对立而趋向规定的构型活动指向于金字塔形的东西,因而在球体内部形成一个基础,一个向相反方向形成尖顶的宽面,因而陆地向南分裂。但是,不静止的、旋转的洋流却在从西向东的方向上到处冲刷这种形状,仿佛在向东推挤这块固定物并使这个形状向东面膨胀,就像一张绷紧的弓那样,结果这个形状在西边就鼓出和膨胀起来。但一般而言陆地分成为两个部分,旧世界和新世界。前者形状向马掌,后者沿从北向南的方向延伸,而且新世界并不只因为后来被偶然发现,也就是说偶然加入普遍民族体系,而是新的(尽管它也正由此是新的,因为它的实存只有在这种关联中才是实在的),相反在新世界里的所有东西都是新的:人的教化没有相互对立的巨大文明武装,没有马和铁。旧世界没有任何一个部分受到新世界的压迫,但新世界只是欧洲的猎获物;动物的世界更加弱,相反却有一个巨大的植物界。在旧世界,山脉整体而言是从西向东,或者也可以说从西南向东北,相反在美洲是旧大陆的反面,从南向北;可是河流却向东流,特别是在

[351] 南美。一般而言,新世界展示了一种还没有被塑形的分化,以磁的方式分为北部和南部;但旧世界则完整地分化为三个部分,一个是非洲,具有密集性的金属,月亮元素,由于热而僵滞,在那里人内在地是迟钝的,是没有进入意识的迟钝的精神;另一个是亚洲,这里有酒神性的、彗星性的放荡偏离,是狂热地一味从自身进行生育的中心,是没有形式的生产,而它不能成为支配自己中心的主人;而第三个是欧洲,这里构建了意识,地球的理性部分,以及河流、山谷和山脉的平衡,它的中心是德国。因而,这些世界的部分不是偶然的,不是为了方便而被划分的,相反它们具有本质性的差别。

§340

这种物理组织作为直接性的东西并不开始于简单的、被包裹的萌芽形式,而是从一个分解为双方面的结局开始,即分解为具体的**花岗石**的原则,它是展示着已经内在发展的环节的三重性之岩石核心,以及**石灰质**的原则,它是被还原到**中性**的差异。把**第一**原则的各个环节塑形为各种形态,这包含有阶段性的过程,在这个过程中进一步的构成物**一部分**是转化形态,其中花岗石的原则仅仅作为内在不相等、不均匀的东西始终作为基础;**一部分**则是其环节外在分化为确定性差异和抽象的矿物环节,即金属以及一般的矿物学对象,直到发展沉溺在机械性层理以及缺失内在形态

的冲击层里。由此,**另外的**、中性的原则之继续构建**一方面**是作为弱的转型,**一部分**则把两种原则把握在具体化的构型里直到相互的外在混合。

【附注】:按照韦尔纳[5],人们在矿物学里区分**岩石类**和**矿脉类**:**地质学**研究前者,**矿物学**研究后者。在有学识的矿物学中,人们无须再命名它 ［352］们;只是矿业师还固守这个区分。岩石类别把握了具体质量,而地质学考察岩石类别基础形式的进一步形成和它的各种变化,在这些变化里岩石类别保持作为具体的构成物。从中构型出比较抽象的东西;而这就是另外一种东西,即矿脉类,它们也把自己弄成山岳,因为两者一般不能准确分开。这种抽象的构型物是晶体、矿石和金属,在此出现了差别。它们把自己弄成为中性的东西并且可以构成具体的形态;因为在这样的抽象当中形态恰恰变得自由了。矿脉类是具有任何确定混合物、具有石类和土类东西的山脉,它由后者所构成;矿脉类具有确定的纹理或倾斜度,也就是和水平面所成的角度。现在,这些岩层就被矿脉以不同的角度切分了,而且正是这些矿脉对于采矿来说是重要的。韦尔纳把这些矿脉表象为一些裂缝,它们由另外一种完全不同于山岳构成物的矿物所填充。

地球的物理构型是这样构成的,它的表面会打开一些有机中心点,即整全体的点,这些点内在地统一了整体并由此出发让整体分解,使之显现为个别地产生的。那种收缩,在展示自己时,转入到环节的彼此外在分离中。这些中心点是一类**核心**,它们通过**外壳**和表皮展示整体并通过后者使自己贯通在普遍的基层里,作为它们的元素。

这些构型的核心和根不是简单的自我,而是被发展了的构型的整全体,它已经内在地包含着相互外在分离的所有环节;——这就是有机统一体的实存,因为它可以存在于这种普遍的个体性中。这种核心是花岗石,它如此混合,如此坚硬,如此坚固,以至于所有个别部分很难以纯粹的形态分离出来。这就是一种**结晶化的**开始。整体而言,花岗石是最内在的

5　参见本书第344页,脚注2。

东西、中心的东西、基础,在其向两面延伸中其他东西才沉积下来。花岗石具有三种构成部分,尽管它是本源性的东西;但这三种成分构成一个完全坚硬的物质。众所周知,花岗石的构成中包含有:α)**硅石**,**石英**,绝对的土质,有脆性的点状性,β)**云母**,自我发展成为对立的平面,自我展示的点状性,包含所有抽象活动的萌芽的可燃性这个环节,最后 γ)**长石**,在

[353] 硅石层内被指示出的但还没有发展的石灰的中性和结晶,因为在那里可以找到 2%—3% 的钾。这种简单的、土质的三一体,现在**向它不同的侧面**发展,而且更准确地说是向进程的两个方向发展:一方面,这个整体把差别作为它自身中的形式,而整体尽管被不同地修改,但就内容而言保持不变;另一方面,差别贯穿实体并且变成为简单的抽象;前一个方向是构型,正如它在这里显现的那样,后一个方向是区别,但它失去了所有化学作用的意义并且恰恰是对简单物理物体的构型。

进一步我们获得了:a) 原始岩层的外在形成活动;b) 对整全体定在环节的剔除,并把它们纯粹分离成为抽象,——即成岩层;在此 c) 分解活动进入无差别的定在,——即冲击层。

a) 在原始岩层里,就像贯穿所有其他进一步的层理中那样,立即出现了这些对立:α)**硅质物**的对立,β)**黏土物**及其关联物的对立,γ)**钙质物**的对立。与花岗岩对立的是原始石灰;所以**硅石系**和**石灰系**形成一种本质性对立。施特芬斯[6]在更早的著作中已经注意到这个对立,而且这在他通过粗野而缺乏概念的幻想所表达出的其他原始并毫无教化的内容中,是他最好的见地之一。在原始岩层里,两个侧面的不同特征都是明显而富于确定性的。石灰这一侧是完全中性的,它的所有改变更多地涉及外部构型而不是内部自我分化的差异。在硅的形成里,花岗岩构成了基础,这里相反出现了更多确定的区别。

α) 花岗岩层构成了开端,它是最高的;其他岩层都依赖花岗岩,结果最高的东西总是最底层的而其他岩层又依仗最底层的岩层。紧接着的岩

6　参见本书第 132 页,脚注 10。

层部分是对于花岗岩的一些改变,是对其一个方面的进一步构型,其中或者这个方面或者又是另外一个方面具有支配作用。花岗岩层使**片麻岩**、**正长岩**、**云母岩片**等等围绕自己层叠起来,这不过是花岗岩易于发生的各种改变。埃贝尔[7]说:"一种岩石通过其混合部分的逐步改变,转化成为另一层面的岩石。以这样的方式,致密完整的花岗岩转化成为带有细纹的花岗岩和片麻岩,最坚硬的片麻岩通过混合部分之间的一系列比例关系转变成为最柔软的云母片岩,而云母片岩则转化为**原始泥质片岩**"等等。最后这些彼此十分相近,以至于转化关系很容易被看出来。——因而,在地质学研究中,首先看的是普遍性物质和环节概念,而不是在找到任何细小的差别时就诉诸没有思想的罗列,从而立即构造出一种全新的属或种。最重要的事情在于探索层理转化[8]的本性。只是普遍而言自然和这种秩序结合在一起并以众多的变化创造这种秩序,但在变化中它的基础轮廓始终保持不变。然而,由于自然把它们作为部分以彼此无关的方式并列在一起,它还是暗示了一种通过差异物之间相互转化的必然性;但不仅仅通过单纯的逐渐递减,而且恰恰按照概念加以区分,这些种类的差异就对于单纯的直观出现了。自然把这些转化刻画为质的内容和量的内容的混合,或者展示出,就种类而言两者是彼此不同的。在一种岩石内开始形成另一种岩石的球体、窝穴、中心点,这些部分是混合在前一种岩石里的,部分也是与之外在地分离的。海谋[9]曾以真正的哲学观点极好地阐释了这种转化,认为它是一种岩石在另一种岩石里的突破。正长石是花岗石的对手,因为一种被包含的不是云母而只是**角闪石**,后者比云母更具有泥质性的东西,但又与之相似。——从云母片岩起现在的转化过程是以确定的**平面化**方式进行;石英消失得不见了,黏土变得更加有力,直到各种薄片和黏土在泥质岩片、在构成下一个变化形式的一般页岩中

[354]

7　参见本书第 345 页,脚注 4。

8　米希勒版写作"der Natur der Übergäng"。德文编者根据《耶拿时期实在哲学》(霍夫迈斯特主编,第 112 页)修改为"der Natur, den Übergang"。

9　海谋(Johann Ludwig Heim, 1741—1819):地质学家。

变得完全具有优势,而石英、长石、云母和角闪石这些构型的特殊本性则瓦解和消失了。再进一步下去,无形式的东西具有优势,因为从那里起花岗石的转型开始持续进行;那里也有许多还属于花岗石的东西,但却是作为花岗石规定的退化。——云母片岩转型成为**斑岩**,它主要由黏土但也由其他物质块(角闪石)构成,这种其他物质块还被**长石粒**,同样还有**石英粒**所穿过。古老的斑岩仍然属于原始岩层。页岩转向不同的侧面,在[355] **硅质片**中变得更加坚硬,更像石英;另一方面在**硬砂片岩**和**硬砂岩**中变得更像砂质,以至于黏土被挤退。例如,在哈茨山中,硬砂岩是花岗石较低级的再生,外面看起来像砂石并且是石英、泥质片岩和长石的一种混合;**绿石**更加如此,它由角闪石、长石和石英构成,其中角闪石构成主要的构成成分。与此关联的是整个进一步拓展的**暗色岩形成**,只是在此所有都混合在了一起。这就是那些绝对岩层的界限。

像已经说过的,从花岗石出发构型过程发展到它特殊构成部分的消失。三重体构成了基础;但这些环节彼此外在,这一个或另一个突出出来。**玄武岩**是中心点,在此这些元素再次互相渗透:它包含有40成硅石,16成黏土,9成钾,2成滑石,2成泡碱;其他的元素是氧化锰和水。玄武岩火成论具有这样的真理,它属于火的原则,但是既很少通过火也很少通过水来产生。在它那里出现了一种内部的无形态,在**杏仁岩**、**橄榄岩**、**辉石**等等当中更加如此,这些是抽象的、内在地达到完全特殊化的构成物。由此开始,出现的只是那些元素的一种形式性混合或形式性分解。按照这种原则,进一步的个别性必须被建立:1. 继续构型的一条路只是改变花岗石,在此仍然存有这种三重体基础的痕迹:在片麻岩、云母片岩、斑岩,进一步到绿石、硬砂岩、玄武岩、杏仁岩,直到普通的砂质物。2. 另外一条路是具体物分解成相互外在的抽象形式。这里特别出现了硅石系和石灰系的对立:αα)在山脉里,ββ)在那些以前所谓的矿脉类里。

β)如果说至此我们主要展示的仅仅是硅石层,那么在另一个侧面则是整体转化为盐土的**滑石形式**,转化为展现出苦味的可燃物、**蛇纹石**以及类似的东西,这种岩石到处都以不规则的方式出现。

γ)一般钙质性的东西和这种可燃形式相对立,一般钙质性东西是中性物,但被金属性所渗透,所以自身中具有性质方面的统一,因而完全被有机构型所渗透。**原始石灰**已经和花岗石结合在一起并且与花岗石族同样真纯。这样,在原始岩层四周就围上了石灰岩;这种原始石灰石是小颗粒状的、晶体状的。在**过渡性石灰**中,这种与花岗石对立的原始石灰接近石灰更加被敞开的方式。人们也发现一些岩层,在这里花岗石和石灰相互聚集在一起;这样原始石灰岩就渗透了例如云母。"原始石灰是片岩岩石的伴随者,它和片岩岩石混合在一起,在稀薄的夹层、在细褶皱、在巨大的矿床,它和片岩岩石相互交替,以至于有时它构成了碎块岩石,在其中片岩几乎完全被压制了"。*

[356]

b)这些主要的层系转化成为所谓的**成层岩**和冲击**层岩**,在此这些环节几乎作为纯粹的土质被相互分离,展示出完全被分解的整体:这个整体分解为**砂石层**、**黏土层**和**壤土层**、**石炭矿层**、**泥炭层**、含沥青的片层、石盐层;最后还有混入石盐层里的石灰层、**石膏层**和**灰泥**。因为花岗石质的东西更多地变成为一种不确定的混合物,所以会发生下述现象,即不同东西的一些特殊部分以更加抽象的方式出现;这是一种差异的模糊,就像在暗色岩和硬砂岩里那样,这两者属于过渡性种类和矿层种类。但因为花岗石及其所属物自身汇集于抽象作用当中,越纯正,花岗岩固守自身的整全性和致密性就越丧失和越平面化;相反相互分离的矿石和它们伴随的晶体越展现自身,尤其早的是**铁质东西**,它遍布岩石体,遍布各个层理,尤其是在矿脉和矿层当中。内部的东西被袒露出来,以便出现抽象的构型物。这种矿脉种类是对于较具体的岩石种类中特殊元素的发展;而且因为这些矿脉种类达到自由构型,它们造成了众多的晶体构型物和纯粹构造形态。在花岗石里它们还没有或很少出现,只出现了锡。只有当原始岩层自己进一步展现为次生的石灰(因为在原始石灰里也没有金属),金属才出现。只有这种自为抽象的或者混合的岩层,才允许这些抽象活动出现。有些洞穴已经打开,在此岩晶的构型已经达到了它们独特的构型并使自

* 落默尔(【Karl Geory】v.Raumer):《地球构造学探索》,柏林:1816 年,第 13 页。

已摆脱了它们紧密的结合。

人们把矿脉看作这些岩石种类的窝穴和容器,看作某种仅仅以机械方式把岩石贯穿起来的东西。由于失水,岩石被认为会获得裂缝、罅隙,以至于熔化了的金属浆等等会流入其中,特别是按照水成论的看法。所[357]以,后来治愈这样的创伤就是十分可以理解的。但这是没有思想的观念,这里的关系并不是那么机械;相反它实际上是物理性关系,其中自我简化的整体之部分扬弃了被发展了的定在,因而现在恰恰以抽象的形式把这种定在驱赶出来。矿脉的走向与岩石的走向大都是对立的,——仿佛是断层面,但不只是在空间形态方面而且是在物理意义上。按照特莱布拉[10]的观察,所有的矿脉是沿缓坡走势的。

对于岩石种类来说,这些矿脉不应该被看作是偶然性的;尽管这种偶然也必然在这里发挥它的巨大作用,但两者的本质关系不应该被弄错。对此矿工有很多的经验。最重要的观点之一是规定那些穿插在一起的金属和其他构型物的范围。例如,金常常与石英在一起,或者是单独与它在一起,或者和铜与铅,和银与锌等等一道,但不会和汞、锡、钴、钼、钨一道。银是比较合群的,常常与其他金属在一起,最常见的是和方铅矿在一起,而且有锌矿相伴随。水银和石英、方解石、铁在一起,因而也和菱铁矿在一起;但很少和铜在一起。各类的汞大多数相互在一起,它们首先是在泥质的东里里。铜及其各种矿石很少有伴随者。锌不和银、铅、钴、方解石、石膏等等穿插在一起。有些金属出现在所有岩石构造的内部,例如像铁;其他金属则更限制在原始岩石中:钼、钽、钛、钨、铀、锡。钼和钨很明显地随着原始岩层消失了。金常常出现在赤道下。——其他指向更高联系的一些值得注意的关系是矿脉形成优质矿和低质矿的过程。在图林根森林里,利格尔斯道尔佛和沙勒费尔德的钴层只有在矿脉降至古老的砂石层时,才成为富矿。在哈尔茨的安德列阿斯贝格,岩石种类有片岩和硬砂岩,当矿脉降低到硅石片岩层的时候,它是低质矿;在克劳斯塔勒,矿脉由

10　特莱布拉(Friedrich Wilhelm Heinrich Trebra,1740—1819):地质学家。

于下落的壤土裂隙成为低质矿，而在弗赖堡地区则是通过斑岩的作用。同样金属也出现在确定的深度。角银矿、白锑矿只出现在上层。在蒂罗尔的一个菱铁矿、泥铁矿和铁菱镁矿中，它出现在消失着的黄铜矿里。在多菲内的拉戈尔代特，纯金位于上层，特别是在含有铁赭石的裂罅穿过的地方。——矿脉层理也按照比较大的裂缝相互区分。在沙英—阿尔登基尔森林，矿脉变得更加狭窄，这里常常能出现镜铁矿，而在变宽的地方，则出现褐铁矿、黑磁铁矿和菱铁矿。"在一种脂肪质的、已变成高岭土的云母内，以及在易碎的、部分纯粹、部分与许多铁赭石混合在一起的高岭土内，出现了黄晶，后面这种高岭土也把它的构型归因于云母，而且有石英和瓷土相伴随。无论在黄晶里还是在兰柱石里，都可以清楚地看到很精致的高岭土小鳞的明显痕迹，这些痕迹充分证明这些矿物是同时形成的。萨尔茨堡地区的祖母绿的情况也是一样。在片麻岩里，云母自己分离出来，形成几呎宽的矿脉。祖母绿很少在片麻岩里被发现，而是总在云母中出现，不过从来不成团，相反云母里的晶体是散乱生长的。另外祖母绿晶体也具有其周围的云母磷的痕迹"。[*]

[358]

c) 最后的过渡是从成层岩向**冲击层**的过渡，这是一种混合并且同样是黏土、砂、石灰、灰泥的抽象沉积，这是完全缺乏形式的东西。——这是进程的普遍的分界，以进行规定的概念作为基础。原始岩层发展自己，直到它失去了自己的矿物组成，而且在那里它就和植物的东西相连。黏土质的东西、石灰层系明显退化为**泥炭**，在这里人们不再区分矿物的和植物的东西；因为泥炭以植物的方式出现，但同样也还属于矿物。在另一方面，石灰层系在其最后的层理中这是朝着动物骨骼的方向发展。石灰首先是颗粒状的，是大理石，彻底是矿物的；但是进一步发展出的石灰，部分属于成层岩，部分属于冲击层，它转化成为不同形态，对此人们无法说这些形态是矿物的还是动物的(**贝壳**)。还没有任何贝壳，人们可以把它看作是一个消失了的动物世界的遗迹；诚然，这是动物构型物的化石大量存在于石灰裂隙中的方式。但在另一个方面，存在有石灰层系，它不是遗迹

* 斯皮克斯和马齐乌斯：《游记》，卷 I，第 332 页。参见本书第 186 页，脚注 30。

[359]　而只是动物形态的开端,在此石灰层系终结了。因而,这就是石灰和真正的石化之间的一个中间阶段,但人们必须只把这个中间阶段视为贝壳类动物的进一步发展,一种单纯的矿物的东西,因为这种构型物还不属于动物的完美形式。这样,硅石系和石灰系的对立就指示了一种更高的有机区分,因为它们的界限一方面与植物自然相连,另一方面与动物自然相连。施特芬斯也提出了这个方面,但在进一步的含义上,被推得太远了:α)仿佛这些层理是从地球上植物和动物的进程中蹦出的,β)仿佛硅石系是碳族,石灰系是氮族。

　　至于进一步说到那些在地质有机物中开始的有机构型物,那么它们首先属于泥质片岩和石灰层理,部分地以个别动物和植物的形式被分散开,但主要是以完全巨大的物质块形式彻底有机地形成的;同样人们可以在石灰层内看到这些有机构成物,在石灰层中人们常常明确地认出树木形式,以至于如果把**角砾岩**也算上的话,那就有同其他东西一样多的有机构型物。诚然,在此人们可以立即承认那里曾经有过一个有机世界,它消失在水中了。但是这个有机世界到底从哪里来的呢? 它从土里兴起,不是在历史上而是不断地从土里产生,在其中获得自己的实体。那些有机形式,特别是在它们个别出现而且并不构成整个物质块的情况下,出现在岩层相互过渡的地方。在**边界**处,无进程的自然所外在分开的各个环节被设定在一个统一体中;这个边界首先是有机构型物的所在之处,是石化和这类构型物的所在之处,这些构成物既无动物形式,也无植物形式,而是超出晶体形式,作为有机形成活动的表演和尝试。在片岩和石灰层系里特别展示出来的是无机的东西。因为片岩从其土质中出来一方面形成硫质的东西,而另一方面在自身中保持金属性根源,由此扬弃了它固定的主观性。它的点状性,通过沥青被展现,在自身中具有一般性的分化,在金属性里接受绝对主体和谓词的连续性,它是无限的并且陷于有机物和无机物之间的摇摆中。同样作为中性物,石灰质的东西具有实在性这个环节,具有在其各个侧面持存这个环节,而且简单的金属性通过其连续性的简单性作为质方面的统一而出现,这种统一剔除了那些侧面的互不相

关性;——这种统一包含中性物的各个方面,而中性物又是具有统一性 [360]
的。这样,石灰质的东西就展示了向有机物的过渡:一方面是在僵死的中
性里的跳跃,另一方面是阻止向僵死的抽象和简单性跳跃。不要把**这些**
有机形式(诚然是个别的,但这里我们并不讨论它们)看作好像它们首先
是实际地活着的,然后死亡,而是它们生来就是僵死的;正如骨纤维不是
先是血管和神经,然后才硬化的那样,这些形式也是一样。有机的——可形
变的自然在有机物直接性存在的元素里,因而作为僵死的形态来生产并
且彻底地结晶化,就像艺术家在平展的亚麻布上展示人和其他东西的形
体一样。艺术家并不把人打死,晾干,给人塞上石料或把人挤压到石头里
去(他也能这样,因为他要塑造模型),而是按照他的理念,通过工具来这
样展示生命,但并不产生本身活着的形式;但自然直接就这样做,无须这
些媒介。也就是说,概念并不是作为被表象的东西,事物也不是作为与表
象者相对立的并受到后者的作用;概念没有意识的形式,而是直接地在存
在这个元素里,与它不可分离。有机体的各个环节出现在其整全体里的
地方,概念才获得它工作的材料;说自然到处是有生命的,这不是在谈论
自然的普遍生命,而是在谈论生命的本质:生命要被概念化把握,它要被
展示在它实在性或整体性的环节里,而且这些环节要被指明。

§341

这种生命晶体,这种地球的处于僵死中的有机体,它在自身之外的星
球联系中具有它的**概念**,但把它独特的进程当作一个被假设的过去,这就
是气象进程的**直接性主体**,由此这个主体作为生命的自在存在的整体不
再只被孕育为个体构型(参考§287),而是被孕育为**生命性**。——陆地,
特别是海洋,作为生命的实在可能性,在每一点上都无限地迸发入**点状的**
和**暂时的**生命性中;——在海里是地衣类、鞭毛类和难以估量的大群发磷
光的生命点。但自发生产,因为在自身之外具有那种客观的有机体,恰恰 [361]
被限制在这样的点上,它不是内在地向确定分化发展着的、不是自我再生
的有机化。

【附注】：如果在其形态构成进程中地球的地质有机体只是产物，而它现在作为生产性的、构成基础的个体性扬弃了它的僵硬性，并把自己展示为主体的生命性，但是它却从自身中排斥掉这种生命性并把它让渡给其他个体。也就是因为地质有机体仅仅自在地构成生命性，所以真正的有生命的东西是不同于它的。但因为它自在地是对自身直接性的否定性和扬弃，所以它设定它自己的内部，但是作为它自身的他者；也就是说，地球是有孕育力的，——恰恰作为地球上个体生命性的基础和底层。但地球只是以不确定方式构成生命性；尽管这种生命性在地球各处迸发，但在地球中它只是残缺不全的。这种地球的普遍性生命具有生命的部分，这些部分是元素，也就是它普遍性的东西，它的无机自然。但因为地球也是同其卫星、太阳以及彗星相对立的特殊物体，所以这种永恒性生产，即对于差异体系的保存，就是绝对普遍的化学进程。然而因为这种分化的各种巨大组成部分是自由的、独立的个体，因而它们的关系单纯作为运动的自由进程而实存，而彗星本身则是这种过程的一种新的、不断的生产。于是这种进程达到了它的实在性，达到了那些看似独立的形态的毁灭，因而实在的个体性统一体出现了；这些仅仅在个体化学进程里发生，因而该进程比那种普遍的进程更加深刻和基础。但因为元素的普遍进程是物质的进程，所以个体进程不可能脱离它而存在。普遍进程的各个自由、独立的组成部分，如太阳、彗星和月球，现在实际上是这些元素——作为大气的气，作为海洋的水，作为地球之物的火，但它被包含在有孕育力的、分解了的土里并且作为孕育万物的太阳分离出来。地球的生命是大气和海洋的进程，在其中地球产生这些元素，它们中每一个都是自为的固有生命，而且同样所有元素仅仅构成了该进程。这里化学进程失去了它的绝对意义

[362] 并且只是一个环节；它返回到自立性中，受到主体的约束，并且僵死地拘泥于主体之中。每个元素通过作为自由主体的实体本身与他者关联，而且有机地球的形态包含着其有机生命定在的各种方式。

　　a)现在它的第一个确定生命是**大气**。但气象进程不是地球的生命进程，尽管地球通过该进程被赋予生命，因为这种对于生命的被赋予只是

主观性在自身中作为有生命物体出现的实在可能性。作为纯粹运动,作为观念性实体,大气尽管在自身中具有天体领域的生命,因为它的各种变化和天体运动联系在一起,但它同时在其元素里物质化这种运动。大气是被分解了的、纯粹具有紧张关系的地球,是重力和热的比例关系;它既纵贯年份的周期也纵贯月日,并把它们表达为热和重力的变化。这种周期性交替又互相外在分离,所以在自转占优势的情况下,天的周期就具有优势,因此在赤道上有每日的气压变化,其每日的**涨落**,但是在一年中这种关系并不外在分离;——与之相反,在我们这里,每日的涨落几乎无法被注意到,所有变化的时间都更加和月亮联系在一起。

重力是内在的重力,是作为压力的弹性,但本质上是比重的变化:大气的运动、波动,这和**温度**变化联系在一起,但却以这样的方式,即这种变化具有作为普通的和光的温度这种对立意义,前者是被释放出来的热,后者则自由地通过光而附加出现。后一种热一般而言是光的透明性,是它纯粹的弹性,是高气压状态;而前一种热属于构型,而且出现在弹性物转化成雨和雪的地方。这些抽象的环节正是在空气里返回自身。

就像天体运动在空气里自我物质化,所以同样海洋和土体也在另一方面参与这个运动并且消散于其中,——一种没有进程的、直接性的转化。空气在这种运动中使两者个体化,一方面成为普遍的大气进程,在其中正是它们最高的独立性,把水和土溶解到气味里并形成固有的放电作用和向水转化;另一方面,它自我转化为构成转瞬即逝彗星的流星,即,转化为它所创造的土,也就是说,转化成为陨石,部分成为对动物体有毒的风,如**瘴气**,部分成为**甘露**和**霉菌**,成为动物的和植物的气。

b)但中性的土,海洋,同样是**涨落**运动,这是通过太阳和月亮位置改 [363]
变以及地球形态复合而成的运动。就像气作为普遍性元素从土中取得自己的张力一样,海洋以同样的方式取得自己的中性。土和海洋一样都向气蒸发;但与海洋相反,土是晶体,它把多余的水从自身中排除出去,成为源泉,而泉水又汇集成为河流。但作为淡水,这只是抽象的中性,相反海洋是物理性物体,是土这个晶体转化而来的。因此,取之不竭的源泉之起源不应该以机械和完全表面的方式被展示作为一种渗透作用,另一方面也同样不应该这样来展示火山和温泉的产生;相反,正如源泉对于土的蒸发构成**肺**和分泌管道,那么火山就是它的**肝**,因为它展示出那种在其自身中自我加热。我们到处可见一些地带,尤其是砂石层,它总是排除水分。因而,我不把山脉看作渗入其中的雨水的汇集器。相反,产生像恒河、罗纳河、莱茵河这些河流的真正源泉具有一种内部的生命、趋向和冲动,就像女神娜娅岱一样;土排出其抽象的淡水,淡水则加速注入其具体的生命性,注入海洋。

海洋本身是比气更高的生命性,是苦味、中性和分解的主体,——一种生命进程,它总是准备突破进生命中,而生命又总是再次退回到水中,因为水包含该进程所有环节:主体的点,中性以及把主体向中性的分解。如果坚固的土是有孕育能力的,海洋也是同样如此,而且海洋还具有更高程度的孕育力。海洋和陆地所展示出来的赋予生命的普遍方式是自发产生,而真正进入个体实存的生命性假设了另外一个同类个体。有人假设了这样一个命题:一切生命来自卵;可这些人并不知道某些微小动物是从哪里来的,所以他们就以杜撰来作为遁词。但有些有机体是直接产生的而不会再生;鞭毛虫会衰退并变成另一种形态,以至于它们仅仅起过渡作用。这种普遍的生命性是一种有机生命,它在自身中自我生产,作为刺激而作用于其自身。海洋是某种异于泉水和盐水的东西,它不仅包含单纯的食盐而且也包含硫酸镁,是一种作为有机物的具体盐性,它到处表明自己是生产性的,就像水一般而言总是趋向要消失并自我转化,因为只有大气的压力把它保存在水的形式中。海洋具有独特的腐烂气味,——一种仿佛因为变质而总是解体的生命。夏季,船员会提到海洋在**开花**。在7、8和9月里,海洋变得不纯、混浊、黏液状,在西方,在大西洋里这种情况比在东边海洋里要早一个月出现。海洋里充满了无限繁多的植物点、纤维体和扁平体;这是一种迸发成为植物的倾向。如果被更高地刺激起来,海洋会在巨大幅度内迸发出磷光,——一种表层的生命,它汇集在简单的统一体中,但也同样汇集在完全返回自身的统一体中。因为这种光常

[364]

常来自鱼类和其他已经属于生命主观性的动物。但是海洋的整个表层也部分地是一种无限的映像,部分地是一种不可估量的、无边无际的光海,它由纯粹的生命点所构成,而这些生命点没有进一步自我组织。假如人们从中取出水,那么这种生命性立即死亡,留下的是一种**胶状的黏液**,这是植物生命的开端,海洋从上到下正是充满了这样的东西。甚至在任何发酵的过程中都会出现微小动物。但海洋也还完全地走向一些确定形态,走向鞭毛虫和其他微小的软体动物,它们是透明的并具有更长的生命,但还是十分不完整的有机体。所以,冯·夏米索先生[11]在海樽中精彩地发现了一种海樽,它是如此具有孕育力,以至于就像一种植物的自由花瓣团簇在花梗周围一样,它的产物大多相互成层地形成花冠或花环,在那里众多东西具有**一个**生命,就像水螅那样,而且又再次聚集成一个个体。这种低等动物世界中不少动物是发光的,由于该动物世界仅达到暂时存在着的胶质状态,所以动物体的主观性在这里只是单纯被带到发光体,被带到自我同一的外在映现中。这种动物世界无法内在地把它的光作为内在性自我,而只是把它的光作为物理性的光洒向外面,无须停留下来,而且成百万的生命再次迅速分开到这种元素里。以这样的方式,海洋就展示出一群星星,它们密集成银河,这些星星像天上的星星一样亮;但这些 [365] 星星只是抽象的光点,而前者则是来自有机的构型物。在天上的星星那里,光是处于其最初的、未被加工的素朴状态,而在海洋的星星里,光来自动物并作为动物体而投射出来的东西,这就像腐朽的木头发光一样,——一种生命的逐渐熄灭和灵魂的出离。有人在这个城里传说,我把星星和有机物体的发疹相比照,在发疹时皮肤出现无数的红点,或者,我把它和蚁群相比照(参见前面§268附注,第81页及以后),在后者中也有知性和必然性。实际上,我把具体的东西比抽象的东西看得更高,也把只是带有胶质的动物性比星群看得更高。而且不考虑鱼类在内,海洋世界也还

11　冯·夏米索(Adalbert von Chamisso):《根据林奈的蠕虫分类论动物》,柏林:1819年(第一册:"海樽")。

包含有水螅类、珊瑚、石性植物、石性动物、植物性动物等等。海洋之所以像陆地一样包含有内在于其自身的生命性,这是因为它的流体性不允许生命性点状化为生命体,自己与海洋分离并内在地保持与之对立。海洋的中性把这种初始的主观性拉回到自己无关的母体中并由此构成其生命力,这种生命力为自己攫取那种主观性,又再次消融于普遍性东西中。尽管最古老的观念认为所有生命物都从海洋中来,但是恰恰这种"从中来"是其自身与海洋分离,而且生命体只是作为自我与海洋撕裂的东西并在与中性对立中自为地自我保存。因而,在其流体性中海洋停留在元素性生命中,而且主观生命,在被抛回和拉回海洋时,就像在仍是哺乳动物的鲸鱼中那样,也在被构型的组织中感觉到这种对未发展的重滞状态之保存。

c)作为先前内在的、现在已经消失的生命之巨大尸体,**陆地**是这种个体性的、从中性中挣脱出来的坚固物,是月亮元素的稳固晶体,而海洋却是彗星元素的东西。可因为这两个环节在主观性生命中相互渗透,所以胶质、黏液就变成保持作为内在性光的外壳。和水一样,土展示了无限普遍的孕育能力;但如果说水主要是长出动物生命,那么土则长出植物生命。海洋之所以更加具有动物性,这是因为中性是一种内在的拓展,地球首先是植物性的,是作为把自己保持在点状化中的东西。土到处被绿色植物所覆盖,——不确定的构型物,人们同样可以把它们归给动物一侧。诚然,个体植物必须从同种类植物的种子中产生,但普遍的植物生长并不是这种个体性东西。这就是在各种石头那都可以长出的地衣、**青苔**。在土、空气和潮湿的地方就会出现植物。在某物发生风化的地方就会立即出现植物性的构型物,即**霉菌**;**真菌**也到处产生。因为这些植物生长还不是个体性之形成,所以是无机—有机构型物,就像地衣和真菌那样,关于它们人们并不真正地知道应该如何来对待;——这就是独特的、接近动物体的粗糙的实体。鲁道勒菲说【《植物解剖学》,§14 和§17】:"在地衣那里根本碰不上在植物构造中人们可以当作特征性的东西;地衣的确没有真正的组织,没有血管或导管,就此所有作者都是一致同意的。至于它们所谓的生殖器官真的实际如此,我从没有找到过证明;或许更加可能的

[366]

是，它是一种长出的芽，由此地衣通过类似其他多种真正植物的方式自我繁殖，但这也什么都没证明。它们的色素，它们的胶和脂的成分，糖黏液以及鞣酸，在许多情况下表明了它们的植物本性。——真菌在构成上完全离开了植物。我做了很多研究并发现它们实体的这种特性，即人们可以有理由把它们称为动物。在柔软的真菌那里，人们可以见到一种纤维状的黏液组织，它十分接近动物的黏液组织而彻底不同于植物的僵硬细胞结构。在鬃状珊瑚菌那里有一种绒毛状组织，它根本不是植物类型的，而是构成从柔软真菌向木质真菌的明显转化，我愿意把后者的实体同柳珊瑚的菌类相比照"。——"如果人们考察真菌的动物性混合以及它们在电流中的作用"，亚历山大·冯·洪堡特男爵*说，"那么人们更容易抛弃这种观念，即认为真菌属于植物界，是真正的植物。当动物或植物部分腐败或解体的时候，如果完整地观察真菌的产生方式，那么正是这种腐败产生了新的形态，就像胃状珊瑚菌只在死的毛虫上生长那样"。这些无限数量的构型物不能归之于胚芽或种子的点，后者只在达到主观性的地方才存在。真菌可以说是不生长的，而是像结晶物一样突然结出。在　[367]这种植物的出现问题上也并不需要考虑种子，就像在许多不完整的动物构型物那里不需要一样：鞭毛虫、蛔虫、猪囊虫等等。不仅在海洋和陆地上，而且在独立、有生命的主观性中同样出现这种普遍的生命性。在对什么是植物，动物的规定中，可以通过归纳来说明细胞组织、种子、卵子、生长之类的东西。但这种规定性无法被固定下来，而且也没有这样的规定性，因为真菌、地衣以及类似的东西普遍而言是植物性的，尽管它们缺乏那种规定性，因为在它们的展示中自然并不固着在概念上。它们形式的宝藏是不确定性以及在这些形式中的作用；并不是从这些形式中提取概念，相反它们要与概念相匹配。这样一些界限模糊的中间物，它们既不是鱼也不是肉，而是整个形式的不同环节，不过是孤立的罢了。

---

　*　《论被刺激的肌肉和神经纤维》(柏林：1797 年)，第 171—180 页。

§342

普遍的、自我外在的有机体和这种仅仅点状的、瞬间即逝的主观性之间的分离，通过它们概念自在存在的同一性自我扬弃为这种同一性的**实存**，扬弃为**被赋予生命的有机体**，即在自身中自我分化的主观性；这种主观性从自身中排除了仅仅**自在**存在的有机体，排除了物理意义的普遍和个体的自然并与它们对立，但与此同时，在这些力量中获得自己实存的条件，自身进程的刺激和材料。

【附注】：这种对有机物的展示，一般而言的直接有机物所缺乏的东西是，概念在这里还是直接性的，仅仅作为在相互无关的元素里的内在目的，而它的环节则是物理实在性，这些实在性不是向自身返回的，没有形成一种与那种相互无关性对立的统一体。但是，普遍性的东西，目的，在其中自我拓展，返回自身；它们的相互无关性是片面的环节，它汇集在否定性当中并且构成个体。这种实体不仅把自己分为不同的东西，而且分为绝对对立的东西，并且其中每个都是整体，都是返回自身之物，它们彼此相互无关，就本质而言是统一体，并且不仅按照本质，而且在其实在性本身是这种统一存在的事物中，构成这种否定性，也就是说，其定在就是在其自身中的进程。

[368]

由此，生命本质上是其所有**部分的**完全流动性的互相渗透，也就是与整体毫不相关的那些部分的互相渗透。这些部分不是化学抽象物，而是具有实体的、固有的、完整的生命，是不停地内在消解自己并且只产生整体之部分的生命。这个整体是普遍性实体，它既是基础也是作为结果的整全体，而且它是这种作为实在性的整全体。它是一个统一体，这个统一体内在地包含着在自由状态中连接在一起的各个部分，它把自身分化为这些部分，给予它们自己普遍性生命，并把它们作为它们的否定者，作为它们内在的力量。这是通过下述方式被设定的，即它们在自身中具有自己独立的循环进程，但这个进程是对于它们特殊性的扬弃和普遍性内容的变化。这就是在个别实在性里的普遍的运动圆圈,更准确地说,这个圆圈是三个圆圈的统一体,是普遍性和实在性的统一体:它们对立的两个圆圈以及自我返回的圆圈。

第一,有机物是实在的,它自我保存并且经历在自身中的进程;它对自身而言是自己的普遍者,这个普遍者自我分化为自己的部分,这些部分自我扬弃,因为它们产生整体。在此,类处于有机物这个侧面。结论是,类和无机物是直接统一的;因而有机物把自己分化为两个普遍的端项,无机自然和类,有机物是这两者的**中项**(普遍性—个别性—特殊性[12])而且有机物和它们中的任何一个都是直接统一的,其本身就是类和无机的自然。因而,个体仍在自身中具有自己的无机自然并且自我营养,因为它作为自己固有的无机性来消耗自身。但由此,**它内在地自我分化**,也就是说,它把自己的普遍性分化为自己的差异物;这就是在其内部的进程过程,是有机物的非排他性分化和自我关联。普遍性的东西不得不在自身中自我实现;它正是通过使自己变得自为的运动来给予自己自我感觉。有机物作为这种直接的普遍物与自身相对立,作为这种有机的类返回。这就是它个体化的进程;它内在地自我反对,就像此后它反对他者一样。他者仍然被约束在概念之下。既然个别的东西已经被假设,它在这里还 ［369］是把构成其普遍性的类和特殊化的普遍者联系在一起。后者是一个端项,一旦被纳入绝对的类中就变成绝对的特殊性和个体性。这就是个体性环节的特殊诞生过程,是已经作为存在者介入进程的个体性之生成过程。这里所出现的就是已经在那里的东西。这是它自身的消化进程和分化进程,是各个环节的**构型**;各个组成部分既被消耗也被产生,并且在这种普遍的不平静中,那种始终如一的简单物就是灵魂。在此,个体通过类达到与灵魂的撕裂;类中的进程正好使它成为在自身中具有否定性的统一体并与作为普遍物的类相对立。

第二,普遍物是定在者,有机统一体是支配其自我否定性者的力量,

12　黑格尔在此使用缩写 A-E-B;其中 A 代表普遍性,E 代表个别性,B 代表特殊性。

是这种外在性的东西,而且自我消耗,以至于这种外在性的东西只是被扬弃之物。有机物是个体性和普遍性的直接统一,是有机的类;它是排他性的同一体,把所有普遍性的东西从自身中排除出去,——是作为被否定性力量、被生命所遗弃的类。或者说有机物自己设定自己的无机物。类是绝对的普遍者,它与抽象的普遍者相对立;但由此它也使个别性这个环节释放出来,它具有反对无机物的否定性作用。正如之前个体性的东西曾经是中项,其侧面是普遍性端项,现在同样类是元素;因而在此有机物通过类和无机物相沟通(特殊性—普遍性—单个性)。第一项是支配最后一项的力量,因为它是绝对普遍性,——是**营养进程**。无机物是作为不实在的类的普遍性,在其中支配力量部分落在一般个体性,土这边,部分落在摆脱一般个体性的个别性这边;这种普遍性是单纯的被动性。但在其实在性中,像在其自身中那样,普遍性是有机自然和无机自然的相互外在分离,——前者是个别性的形式,后者是普遍性的形式。两者都是抽象产物;实体在它所自我规定的两种类中是同一的。

α)规定性始终是普遍性,属于元素和根源;**对有机物而言根本不存在它自身所不是的东西**。在其返回中,下述这种情况被收回了:其无机世界是自在的;这个世界只是作为被扬弃物存在,而有机物则是对它的设定和携带。但单独采取这种行动性同样是片面的。毋宁说地球也制造太阳和它的元素,就像每种有机物那样,因为地球就是这种普遍性的有机物;但同样地球自在地是两者。无机物之被设定存在是它的被扬弃存在;它并不是自在的。有机物是独立的;但对于有机物最初作为自在无机物首先是两者互不相关的定在,可后来转化为具有紧张关系的定在,转化为进入有机物的自为存在之形式。

β)作为类的有机物之那种直接存在同样是绝对通过无机物被中介的:它只是通过这种他在、通过这种反对自己的对立来作为抽象的普遍性;它是脱离了个体性的类。但因为这种普遍性在其自身也是生命,它在自发产生中通过自身转化为有机物;一般而言,有机物的定在是整个地球自我个体化的、进行收缩的行动,是普遍者的自我返回。但是地球同样会

[370]

成为静止下来的自我返回之存在,而且比较名贵的植物和动物就是这种稳固下来的自我返回之存在,它不像真菌,不像没有个体性的胶状物或地衣,从土里发出,这些只是处于分化缺乏状态中的一般的有机生命。可在地球的定在中,它也仅仅达到普遍性返回,而且在此显露出其直接的生成变化。现在自我返回物是自为地固定下来的,并且在那经过自己固有的圆圈;它是一种固有的定在,这与地球的定在相对立并且坚守自己的否定性本质,否认自己的起源,而且自为地展现自己的变化。

第三,这种被产生的实在性东西是类,是反对个别者及类之进程的力;该力扬弃了这种个别者,产生一个构成类之实在性的他者,但正因此也是反对类所陷入的无机自然之分裂作用。这样,有机物通过无机物和类相沟通的东西(单个性—特殊性—普遍性)就是**性别关系**。结论是构成整个有机体的两侧的关系,或者这个整体向对立的、独立的两性分化,——也就是对个别物的扬弃和类的生成存在,不过这个类是再次开始循环进程的个别实在的东西。因而结果是,个别物把自己从类中分离出来。因此,这种独立性的东西就和作为类而与其相同的东西有关联;类自我分化为独立性的东西,它们每一个作为整体都是自己的对象,不过是外在于自己的。在第一个进程里我们获得了自为存在,在第二个中则是对于他者的表象和认识,在第三个中是它他者和其自己,这两者的统一体。这就是概念的真正实现活动,是两者完全的独立性,其中每一个在他者中都把自己认识为自身;这是变得纯粹观念性的关系,以至于每一个**对于自己**而言都是观念性的,一个自在的普遍者;——在这种纯粹的非对象性被设定在自我本身当中。 [371]

有机物以个别性作为开端并把自己提升到类。但这个过程同样直接是对立进程:简单的类下降到个别性,因为个体通过其被扬弃而向类的完成同样是后代直接个别性的变化。——因此,与地球上普遍生命相对立的他者是真正有机的生命体,它在自己的类中自我延续。这首先是植物自然,自为存在或自我返回的第一个阶段,不过只是直接的形式性自为存在,还不是真正的无限性;植物把它的环节作为组成部分自由地从自身释放出来,这是生命的主观性点。因此,植物性东西从这里开始,即生命性把自身聚集在一个点中,而且这个点自我保存并自我生产,自我排斥并重新生产。

B. 植物自然

§343

根据**主观性**有机物作为**个别物**而存在,这个主观性自我发展为一种**客观的**有机物,**形态**,这是一个自我分化为**相互区分**的部分之肢体。在植物中,在**仅仅最初的直接性**主观生命性中,客观有机物和其主观性仍然是直接同一的,由此植物主体的分化和自我保存进程是一种超出自身之外并向诸多个体分化,对于这些个体而言,一个完整的个体毋宁是底基而不是组成部分的主观性统一;部分,——如芽、枝等等,——也是这个完整植物。另外也因此,**有机部分的差异**只是一种表面的**形变**,而且一个部分可以很容易地转化到另一部分的功能当中。

[372]　　**【附注】**:如果说地质有机物是构型物离开**观念性**的单纯体系,那么现在这个观念性随着植物生命的主观性而出现了。可是作为当下出现在其所有组成部分中的观念性,生命本质上是**有生命的东西**,而通过外在的东西只是被刺激。因而这里因果关系丧失了,正如普遍来说所有知性的规定在生命中不再有效。可假如这些范畴现在被使用,那么它们的本性必然被颠倒,因而人们可以说有生命的东西是自因的。——人们可以建立这个定理:"自然里的一切都是有生命的";这是崇高的,而且应该说是思辨的。但生命的概念,即诚然无处不在的**自在**生命是一回事,而实在的生命,即生命体的主观性是另一回事,在这个主观性中每一部分都是作为被赋予生命的东西而**实存的**。因而,地质有机物不在个别物体中而只在整体中是有生命的,——也就是说,仅仅自在地是有生命的,而不是在实

存的当下中。但是生命体本身也自我区分为主观性的和僵死的：一方面在木质化中、在骨头中，它给自己制造了自己详细架构的假设，就像在地质有机体中的整体情况一样；但另一方面生命体是使实体形式寓于自身中的形态，这个实体形式不只是规定个别部分的空间关系，相反同样是不停地从自身出发来规定物理属性的进程，以便从这些属性中产生出形态。

植物是最早自为存在着的主体，这个主体仍然源自直接性；尽管如此，植物是柔弱的、幼稚的生命，它**在自身中还没有展开区别**。因为正如每一个生命体，植物自然也是被特殊化了的；可如果说在动物那里这种特殊性同时是这样一种东西，即在与之对立中作为灵魂的主观性也是一个普遍性的东西，而在植物那里特殊物完全和它一般的生命性直接同一。这不是通过与其内在生命不同的状态之方式，相反它的性质完全渗透了其普遍的植物本性，而不是像在动物中那样这是被区分的。因而在植物中，所有组成部分只是彼此对立的特殊物，而不是与整体对立；这些组成部分本身又是整体，就像在僵死的有机体中它们在各个层理中也还是相互外在的。现在因为植物把自己设定为自己的他者以便使这种矛盾永恒地观念化，所以这只是一种形式性区分；它所设定为他者的东西不是真正他者而是作为主体的同一个体。

[373]

因而，在植物体中居支配性的**生长活动**是它自身的**增殖**，这是**形式的改变**，而动物生长活动只是大小的改变，但同时保持**一个**形态不变，因为所有有机部分的整全体被纳入主观性当中了。植物的生长是把他者吸纳进自身；但作为使其自身多样化的活动这种吸纳也是超出自身之外的活动。它不是作为个体来到自身而是**个体性的多样化**，结果同一个个体性只是许多个体性的表面统一。所有个别物保持是排他性的，是彼此无关的众多，它们并不产自构成它们共同本质的实体。所以舒尔茨说（《有生命植物的自然》卷I，第617页）[13]：“植物的生长一种对于新的、以前不存

13　舒尔茨（Carl Heinrich Schultz）：《有生命植物的自然：与整个植物生命相连的循环进程的发现只拓展和充实》，2卷，1823/1828年。

在部分的永恒**增添**"。植物部分的**相互外在**之所以和它们的**同质性**连接在一起,这是因为它们之间不是作为质上的差异物而相互关联,——换言之,有机物并不同时以内脏方式被系统化。它是一种外在性的自我生产,但尽管如此还是从自身出发的一般性生长而不是某种外在的结晶活动。

§344

以此方式,**个别**个体的构型和繁殖进程与类的进程是一致的,而且是永恒的对新个体的生产。这种自我的普遍性,这种个体性的主观同一性并不把自己和实在的特殊化活动分离,相反只是沉溺于后者之中。因为作为与其自在存在的有机体相对立(§342),还不是自为存在的主观性,植物没有从自身出发自我规定其位置,也没有位置的移动,植物也不是自为地与那种有机物的物理特殊化和**个体化**相对立,因而没有间断性的吸收作用,相反具有一种连续流动着的营养过程,而且不与被个体化的无机物而与普遍性元素发生关系。植物还几乎不能有动物的热和感觉,因为它不是那样一种进程,把更多只是部分并且本身是个体的组成部分带回到否定的、简单的统一体中。

[374]

【附注】:所有有机物都是内在自我区分之物,它把多样性包含在统一体中。但作为有机体之真的动物性生命,继续前进到这样一种被更高规定的区分中,即被实体形式所渗透的区别只是一个方面,而另一方面是自为的实体性形式与这一沉浸相对立;因而动物是感受性的。但植物还没有发展到这样一种内在的区分中,即自我性的统一点和有机的晶体已经是其生命的两个部分。构成动物灵魂的、赋予生命的东西,因而在植物中还没有沉浸到进程性的相互外在关系中。相反在动物那里,同一个赋予生命的东西以双重的方式存在:α)作为寓居者和赋予生命者,β)作为自我性的统一体,它作为简单的东西而实存。尽管两个环节及其关系也必须出现在植物当中,但是这种区分的一个部分外在于植物的实存,而在动物中生命体的绝对返回作为**自我感觉**而出现。相反,实存的植物只是一个有肢体的有机物,在其内部那个纯粹的自我性自我统一体还不是以实在的方式出现,而仅仅出现在概念当中,因为它还没有变成为客观性的。因而在植物那里,被分化的肢体还不是灵魂的客观性;植物**对于自身还不是客观性的**。由此,统一体对于植物而言是外在的东西,就像有机体的进程外在于地球一样,而且植物的这种外在性物理自我是它所追求的光,就像人追求人那样。植物与光有着一种本质的、无限的关系;但是它只是一种对于其这种自我的追寻,就像重的物质那样。这种外在植物的简单自我性是其最高的力;因而谢林说:假如植物有意识的话,那么它就会把光尊奉为它的上帝。这种自我保存的进程是,赢得自我,满足自我,达到自我感觉;但因为自我外在于植物,所以它向着自我的趋向毋宁是被拉向自身之外的活动,因而它的自我返回总是超越出去,反之亦然。这样,作为自我保存的植物就是其自我的多样化(§343)。植物主观性的、自我性的统一体之外在性,在其与光的关系中是客观性的,就像光在胶质的海洋构成物(参见本书第 364 页,§341 附注)中,另外也像在热带鸟类的颜色中(参见本书第 303 页,§303 附注)显现为外在那样,结果这里甚至在动物中光的力量都是可见的。人更加内在地构建自我;但南方的人也没有达到以客观性方式注意自己的自我、自己的自由。植物在光中才获得汁液以及一般而言获得一种有力量的个体化活动;离开光尽管植物也会长得更大,但它始终是没有味道、颜色和气味的。因此植物转向光:地窖里发芽的马铃薯植物,从距离许多呎的地方,沿着土地爬向有光孔的那一侧,而且仿佛知道路径一样,沿墙壁攀援而上,以便达到开口处从而可以享受阳光。向日葵和很多其他的花朵都追随天上太阳的移动并转向太阳。傍晚,当人们从东面踏进一片鲜花盛开的草地,就会看见很少或根本没有花朵,因为所有花朵都转向了太阳方向;当从西边看,那就会有花开满目的景象。而早晨来到这个草坪,如果时候还早,那么人们从东面来就看不见花朵;只有当太阳出来的时候,花才转向东面。维尔德诺夫 *

［375］

---

* 　维尔德诺夫(Karl Ludwig Willdenow):《草木学大纲》,柏林:1792 年,林克(Heinrich Friedrich Link)编辑,第 6 版,1821 年,第 473 页。

说:"一些花只在正午 12 点的时候朝太阳开放,例如马齿苋、毛毡苔,有些则只在晚上开放",如名贵的火炬掌,它只开花几个小时。

α)像所说的,现在因为在植物这里,主观性的统一体落入自己的性质方面并且特殊化,植物的否定自我性由此还没有自我关联,所以这种自我也还没有作为那种恰恰被称为灵魂的绝对非感性者而实存,相反还是感性的,尽管不再作为物质性量但还是作为物质的感性统一体。现在这种感性的东西,始终保持作为统一体的东西,是空间。这样因为植物还不能完全否定感性东西,所以它还不是内在的纯粹时间;因而,植物存在于一个确定的地点,而且尽管它在这个地点展开自己却不能否定它。而动物作为进程与地点相对立,否定地点,尽管它继而又再次设定地点。同样,自我也要自己移动这个点,也即改变自己的位置,或者说构成点的感[376] 性的直接性持存;或者说,自我要作为统一体的观念性来同作为感性统一体的自我相区分。在天体运动中,尽管一个体系的物体也有自由运动,但这个运动不是偶然性的;它们的位置并不是它作为特殊者的设定,而是按照规律植根于太阳中的体系时间来设定自己的位置。同样在磁当中,相互对立设定的性质是规定者。但在作为自为时间的主观性生命体中存在有对于位置的否定,而且是以不相关的方式被设定的,或者说作为内在的不相关性被设定的。尽管如此,植物还不是对于空间漠不相关的外在存在的支配,因而它的空间仍然是抽象的空间。雌蕊和雄蕊的相对移动,丝藻类的摇摆等等,仅仅要被理解为简单的生长活动,无须偶然对位置的规定。这种植物运动通过光、热和气来被规定。例如,特雷维拉努斯 * 通过跳舞草表明:"这种植物每根茎末端都有一片较大的椭圆披针形叶子,在叶片旁边,在同一根主茎上生有两个较小的带柄的侧叶。主茎和主叶的运动不同于侧叶的运动。主茎和主叶的运动在光下是坚挺的,而在黑暗中是低垂的;它发生在叶子和茎以及茎和枝相互连接的关节处。甚至从 20 步远的墙上放射过来的太阳光会导致它明显的坚挺,同样一个不透明

---

* 特雷维拉努斯(Gottfried Reinhold Treviranus):《生物学或关于有生命自然的哲学》(为自然研究者和医生,6 卷本,哥廷根:1802—1822 年),卷 V,第 202 页及以后。

的物体或一片太阳前浮过的云彩把阳光阻隔,就足以使叶子低垂。在正午充足的阳光中,以及在通过凸透镜所汇聚的阳光中,胡弗兰德曾注意到主叶和整个植物的震颤运动。月亮光、人造光对于那种运动毫无影响。单纯由小的侧叶所进行的第二种运动,通过每一对这种小叶片的交替上升和下降来表达自己,而这些小叶片是在同一根枝上对生的;它仅仅同植物的死亡一起凋亡。并没有外在的原因直接地作用于这种运动;然而这种运动在授粉时尤其的强烈"。但由于它们游离开这些植物,特雷维拉努斯还是把随意性运动归给了丝藻类的种子。* 丝藻类的运动部分应该 [377] 是钟摆式的:"它的各种单个丝状体,用自由的末端,断断续续地从右向左,从左向右地弯曲;它常常以如此方式旋转,以至于它们的自由末端画出了一个圆"。但这种运动还不是自由意愿的运动。

β)假如植物自己中断了与外部的关系,那么它必须作为主观性的东西而实存,必须作为自我同自我发生自我关系。植物这种不间断的吸收作用的基础因而正是它的这种本性,即它不是真正的主观性,相反它的个体性总是分解在它的特殊性中,因而并不是作为无限的自为存在来坚守自身。只有作为自我的自我是对外排斥性的,正因此灵魂是作为自我关系的活动;而且因为自我在灵魂中构建了该关系的两个侧面,所以这种关系是灵魂的内在圆圈,它使自己与无机自然分离。但因为植物还不是这样的,所以它缺乏摆脱与外部关系的内在性。这样,空气和水总是对植物发生作用;植物并不饮一口水。尽管光的作用通过夜晚或者冬天被外在地中断或减弱,但这不是植物本身的一种区分,而是一种外在于它的区分。因而如果我们在夜晚把植物置于光亮的房间,在白天把它置于黑暗的房间,我们就可以逐渐地改变植物的活动性。德·康道勒[14]以这样的方式对含羞草属和一些其他植物加以改变,通过亮灯的方式仅几夜就改

---

　*　参考:上引特雷维拉努斯著作,卷 V,第 4 页及以后;维尔德诺夫上引著作,第422—488页。

14　德·康道勒(Augustin Pyrame De Candolle,1778—1841):植物学家。

变了它们睡眠的时间。植物的其他活动依赖季节和气候;具有冬眠习性的北方植物到了南方地域会逐渐改变这种习性。——同样植物仍然与个体无关,这也是因为它不是自我与自我的关系,因而它的他者不是一个个体,相反是元素性无机物。

[378]

γ)关于植物的热做过很多研究,也引发了很多争论;特别是黑尔姆施泰德[15]也对此有很多研究。有人确实想在植物体内找到比其环境高一些的比热;但是一无所得。热是被改变的内聚性的冲突;但植物是没有这种内在内聚性改变的,没有这种燃烧,没有这种构成动物生命的内在的火。尽管有人把温度计放进了自己钻透的树木内部并发现了外部和内部温度之间的明显差异,例如列氏−5°和+2°,−10°和+1°等等。但这种现象的出现是因为,木头是一种不良的热导体,而树干保持着从土中传导给它的热。不管怎样,特雷维拉努斯说(同上书,卷Ⅴ,第16页),"**芳塔纳**的4600多次试验表明,植物的热完全依赖它们所处的媒介的热"。特雷维拉努斯在第19页中继续说:"在特定环境中,个别植物种类的确能够制造热和冷,因而**抵制**外界温度的影响。不少人在斑叶海芋和其他物种的肉穗花序表面观察到,当肉穗花序突破外衣长出来的时候,热会在四、五个小时内增加,在斑叶海芋中下午三、四点之间增加,然后又在相同的时间减少,而且在其温度最高的时候超出了外部空气的温度:在斑叶海芋中超过约15—16华氏温度,在心叶海芋中超过约60—70华氏温度*。冰花毫无疑问从含硝石部分制造出冷。但那种热却不是用来在植物授粉期间防止冷,同样这种冷也不是保护植物防止热"。因而植物依然始终没有那种内部进程,因为它只是固执在超出自身之外的活动中;相反,动物是这种流动的磁体,其不同的部分相互转化并因此制造热,热的根源就只在

---

* 林克(Heinrich Friedrich Link):《植物解剖学和生理学基础教程》,哥廷根:1807年,第229页,他就此指出:"花发出很强的臭味;在我看来,油或引发臭味的碳化氢气的释放和分解是热出现的唯一原因"。

---

15 黑尔姆施泰德(Siegmund Friedrich Hermbstädt,1760—1833):化学家和药物学家。

血液当中。

δ）植物没有感觉，这还是由于那种主观性的统一体落入在它的性质方面，落入在特殊性本身，内在存在还不像动物那样作为神经系统独立地与外界相对立。只有内在地具有感受的东西可以经受它自身作为他者，可以通过个体的坚硬性接受它，并且敢于和其他个体进行斗争。植物是直接的有机个体性，其中类具有优势并且返回不是个体性的，个体本身并不是那种返回自身之物而是他者，因而没有**自我感觉**。某些特定植物的 [379] 感受性不属于自我感觉而只是机械性的弹性，就像在植物睡眠中与光的关系起作用一样。就这个方面，特雷维拉努斯说（同上书，卷Ⅴ，第206—208页）：“有人想把对于外在的、单纯位置影响的应激性和对于这些影响的反应运动都看作是感受，而且这和动物肌肉纤维的收缩也有无可置疑的相似性”，——但动物肌肉纤维的收缩可以脱离感受而发生。“受精器官尤其表现出这种应激性，在触动雄蕊花丝的时候，花粉就从花粉囊里散布出来，受机械刺激后，雌蕊和雄蕊就产生运动，特别是花丝被触动时它向雌蕊运动”。但这种应激性原因的外在性尤其证明了特雷维拉努斯（同上，第210页）所援引的梅迪库斯的观察：“较冷地带的不少植物在下午和干热的天气里根本没有应激性，相反在早晨大露后和整个细雨天具有很强的应激性；温暖气候的植物只在晴朗天空的时候具有应激性；并且当花粉刚成熟而且雌蕊被亮油覆盖时，所有植物的应激性都最强”。就叶片的应激性而言，最出名的是某些含羞草种和其他与此同属的荚豆科植物：“捕蝇草环绕茎周围生有大量叶片，敏叶酢浆草的叶片由12对卵形小叶片构成；当被触摸的时候，它就会闭合其自己的叶片。阳桃的叶片呈羽毛状，当人们触摸它的叶柄时，它的叶片就会低垂下来”。* 鲁道勒菲和林克的解剖学观察证实了这一点。鲁道勒菲（《植物解剖学》【柏林：1807年】，第239页）说：“对它们而言，叶柄以及次生叶柄的关节是独特的。叶片被集结在基部，而在其他羽毛状的叶片中，基部是伸展出来的，或至少并不更窄。另外，在那些植物中叶柄密集在茎节上，比在其他位置

---

*　特雷维拉努斯：同上书，卷Ⅴ，第217页及以后。

更加粗,由此密集的茎节就更加明显可见。另外这种变粗的现象仅仅由通常很快就会木化的细胞组织构成。——如果我们把**山扁豆**、**羽扁豆**等

[380] 等切断,很快所有部分都会卷折在一起,就像植物睡眠时那样,不再打开自己。一株新鲜的含羞草只要轻微的触动就会一起下垂并且很快挺起;当它得病或者疲倦的时候,人们对它长时间刺激可能都是徒劳的,而且在它抬起下降的部分之前也要持续很长时间。——像米尔贝尔所说的,德斯丰泰因在旅行时随身带着一株含羞草。车子刚刚移动,它就闭合了它所有的叶片,但后来这些叶片在无人注意的情况下又再次打开,而且旅途中没有再次闭合,仿佛它们已经习惯了车子的动荡似的"。林克说(同上书,第258页):"叶片在风中一起下垂,但尽管有风,它们又会挺起来,并且最终如此地适应风,以至于风对它不再起作用";在《基础讲义补编》中(卷Ⅰ,第26页):"应激性只限于震动所及的范围。人们可以给小叶片很强的作用力,而邻近的叶片不会由此被影响;每种刺激看起来只是附着和作用在它被刺激的位置"。这样,我们在这里确实只有比较快并突然展示出来的收缩和扩张之简单现象;而在我们在前面(β)说到的行动性变化中,效果则比较缓慢。

§345

但作为有机物,植物本质上把自己也分化为抽象构型物(细胞、菌丝以及诸如此类的东西)和具体构型物之间的差异性,不过该差异性仍然停留在它们本原的均质性中。植物的**形态**,还没有脱离个体性进入主观性,也保持接近几何形式和晶体的规则性,就像植物进程的产物仍和化学进程相近一样。

歌德的《植物的变形》[16]开始对植物的本性进行理性的思考,因为他把通过纯粹单别性而努力得来的表象带到了对于生命**统一体**的

---

16 《解释植物变形的尝试》,Gotha:1790年。后来以"植物的变形"为标题收于《论形态学》卷Ⅰ,第Ⅰ分册,1817年。

认识中。在变形的范畴里,器官的**同一性**是支配性的;设定生命进程 [381]
的组成部分的确定差异以及它们的独特功能是另外一个必然性方
面,不同于那个实体性的统一性。植物的**生理机制**必然显得要比动
物的生理机制更晦暗一些,因为植物的生理机制更简单,它的吸收作
用经过较少的中介,而且它的改变是作为**直接性的影响**发生。——
正如在所有自然的和精神的生命进程中那样,在吸收作用和分泌作
用中主要的问题是**实体性**改变,也就是一种从一般的外在或特殊材
料向另外一种的**直接性**转变;其中会出现一个点,在这里中介过程会
被中断并变得不可能,无论该过程的**渐进性**是化学方式还是机械方
式的。这个点是无所不在的和渗透性的,而且对于这种简单的同一
化以及简单的分化的不认识,或者毋宁说不承认,是使生命体的生理
机制不可能的原因。——我的同事舒尔茨先生(《有生命植物的自
然,或者植物和植物界》,2 卷)[17]关于植物的生理机制提供了有趣的
阐释,这里之所以更要提到它是因为下面几节里所指出的关于植物
生命进程的一些特别要点是从这里汲取的。

【**附注**】:植物的客观化完全是形式性的,不是真正的客观性:植物不
仅一般地走向外部,而且它把自己的自我作为个体来保存依赖通过对一
个新个体的永恒设定。

α)整个植物的**原型**简单地说就是这种东西:它是作为一个**点**(胞
果)、一个芽、种子、节,或随便怎么称呼而存在。这个点发出丝状物,把
自己弄成为一根**线**(如果有人愿意,他可以把它称为磁,但没有两极的对
立),而且这种沿长度方向的向外生长又会被阻止,产生一个新的种子, [382]
一个新的节。通过自己对自己的排斥,这些节又再次不停地继续发展自
己,因为在一个丝状物中植物分裂为很多芽,这些芽又是完整的个体;这
样组成部分就产生了,它们每一个都是一个整体。这种分节活动是否停

---

17 参见本书第 373 页,脚注 13。

留在一个个体中还是它们同样分在几个个体中,这最初是无所谓的。因而这种繁殖不是通过对立来被中介的,不是从对立中产生的汇合,虽然植物也把自己提升到这种汇合阶段。但在性别关系中对立的真正相互外在出现属于动物性的力,而在植物里就这方面所出现的只是一种表面性的东西,后面我们要谈到它。在**丝藻**的例子中,这种植物的原型以最简单的方式和直接性方式表现出来,这些丝藻仅仅是这种没有其他形态的绿色丝状物,——水中植物的最早的开端。特雷维拉努斯这样来描述它们(同上书,卷 Ⅲ,第 278—283 页):"泉生黄丝藻通过一种卵形的小芽来增殖,而那种构成植物的娇嫩丝状体顶尖向这种小芽膨胀。一段时间后这些芽与丝状体分离,自我固定在一个邻近位置并且很快冒出顶尖,这个顶尖延伸为完整的水丝。所有被罗特归为仙菜属的那些种类都以类似的简单方式进行繁殖。在它们的茎或枝的表面,于一定时间,更准确地说主要在春天,产生出一些浆果类的物体,它们通常包含一个或两个小的核,在完全成熟的时候就会脱落或者裂开,并掉出它们的种子。在真正的丝藻(黄丝藻属)、网水绵属、分歧藻属以及许多银耳属那里,都有在植物实体中繁殖的器官(?);而且这种器官具有两种类型。它们或者由比较小的、彼此规则排列的核构成,这些核甚至在植物最初形成中就以同样方式出现;或者它们表现为比较大的、卵状的形体,它们与丝藻的内胞囊有相同的直径,而且只在这些植虫的一定生命周期中才出现。前一种在一些丝藻那里核排成锯齿形或者螺旋形,而在另一些丝藻那里则排成星形图案,矩形等等,或者它们彼此排列成树枝形,而且这些树枝以轮形方式环绕在一个共生的干周围。它们会游离开并且构成新丝藻的开端。——与这些

[383] 比较小的核不同的是比较大的、圆形(卵形和浆果状)物体,它仅仅产生在一些被分化的丝藻中,而且只产生在它们生命的一定周期里(在 5 月、6 月和 7 月)。大致在这个时间,比较小的原始核放弃了它们规整性的位置并把自己统一进一个较大的、卵状或小球状的物体。随着后面这种物体的生长,丝藻丧失了自己的绿颜色,留下的只是一种透明无色的表皮,这种表皮在它每一个组成部分中都含有一个棕色的果实。当那层膜最终

被分解了以后,这些果实就掉落到地面,在这里安静地等到来年的春天,到那个时候从这些果实的每一个中生长出一种和以前丝藻同类的丝藻,其生长的方式看起来更像动物从卵中破壳而出而不像种子发芽"。在书的同一地方(第 314 页及以后)特雷维拉努斯认为丝藻具有**交配**和交媾活动。

β)在更高级的植物那里,尤其是在小灌木那里,直接性生长立即以分成**枝**和**条**的方式出现。在植物中,我们区分根、茎、枝和叶。然而,人所共知的莫过于每根枝和条都是完整的植物,它既在植物里也在土地里有自己的根,把它从植物体上折下来并作为**压条**插在土里,它就会生根并成为完整的植物。而且这种情况也通过某些个体的偶然撕裂来发生。特雷维拉努斯说(同上书,卷 III,第 365 页):"植物通过**切分**所进行的繁殖绝不会在它们那里从自由部分发生,相反总是通过人为或偶然的方式。首先是铁兰这种凤梨科的寄生植物拥有通过这种途径增殖的能力。如果这种植物的任何一部分被风刮下来并被树的枝条撑住,那么它就会立即很好地发出根来并生长,就如同它从种子中生长一样"。众所周知,草莓和很多其他植物都长蔓茎,即从根发出的匍匐长的茎。这些丝状物或者叶子茎长出节(为什么不是由"自由部分"长出的呢?);如果这个点接触到土地,那么它就再次生根并长出新的植物。维尔德诺夫指出(同上书,第397 页):"美国红树把它的树枝垂直弯向土地,并把树枝转变为树干,以至于在亚洲、非洲和美洲的热带地区,仅仅一株树就能把潮湿的岸边覆盖一哩远,而且在上面覆盖的是由树木众多的树干构成的森林,这些树干的顶部被遮盖起来,像片茂密的、整修过的门廊"。

γ)枝条从**芽**中生出。维尔德诺夫援引奥贝尔·杜·佩蒂—图阿尔斯[18]说(同上书,第 393 页):"从每个芽出发,导管延伸自己并且向下穿过整个植物,以至于树木实际上是所有芽之根纤维的构型物,而且木质 [384]

18　奥贝尔·杜·佩蒂—图阿尔斯(Aubert du Petit-Thouars, 1758—1831):植物学家。

的植物是许多植物的汇集体"。维尔德诺夫继续解释说:"如果人们把一棵嫁接的树在嫁接处打开,那么无论如何会看到纤维从接穗那里长进一小段距离,进入到主干里,就像林克也已经观察到的而且我同样也看到的那样"。关于这种**芽接法**,他在第 486 页以后继续说:"众所周知,在另一个干上植入的一种灌木或乔木的芽会在这一个干上长起来,而且要被看作一个特殊的植物。它根本不改变自己的本性,相反它就像在土地里生长那样来生长。在这种增殖方式方面,阿格利科拉和巴尔内斯更加幸运;他们直接把芽种在土里,并由此培育出完整的植物。在这种人工增殖的方式中,值得注意的是不论通过扦插、枝接或芽接哪一种方式,当枝条或幼芽被培育成为一个新的植物,这个新植物所由生长的那个植物不只是作为物种繁殖自己,而且也是作为变种繁殖自己。种子只繁殖物种,这样的物种在诸多方面能作为变种来生长。因而博尔斯托尔弗的苹果必须总是通过枝接和芽接来保持不变;但从种子中我们会获得出完全不同的变种"。当这种芽把自己弄成另一棵树的枝条时,它如此保持着自己的个体性,以至于人们例如可以在一棵树上摘到一打不同种类的梨。

鳞茎也是这种芽(即在单子叶植物里)并且同样内在自我切分。特雷维拉努斯说(同上书,卷Ⅲ,第 363 页及以后):"鳞茎是单子叶植物所特有的。它或在根部生长,或在茎和叶柄夹角处生长,例如在鳞茎百合和王贝母那里,或在花朵里生长,像在葱属的一些种类里。那些根部带有鳞茎(即简单地自我分化)的植物通常长出一些不结果实的种子;但如果幼鳞茎一出现就遭到破坏,那么这些种子就变得可以结果实了。在王贝母那里,每一个叶片都有能力离开茎叶长出鳞茎。如果在秋天的时候靠近[385]鳞茎切下这样一种叶片,轻轻压在吸墨纸之间并保存在一个温暖的地方,它就会在与根结合在一起的最下端长出新的鳞茎,并且就在这种自我生长的关系中它自己渐渐地衰亡了。在一些植物那里,它们的鳞茎在叶片或茎的夹角处生长,这些鳞茎有时会自动和母体分离,并在这种分离状态中生长出根和叶。这种植物尤其该被称为有生命的胎萌植物。在鳞茎百合、鳞茎早熟禾和葱属的一些种类那里,这种现象的出现无须人工的介入。在郁金香、百合科一属和一些其他有汁液的单子叶植物那里,这种现象只有借助人工的帮助才出现,人们把这种植物的花在授粉前摘下来并把带叶的枝种植在一个有阴影的地方"。维尔德诺夫直接指出(同上书,第487页):"石柑属和鸡蛋花属甚至可以从叶片来增殖";对此林克补充说:"这种属性最明显的是在落地生根属中"。一片叶子,水平放在地上,就会在整个边缘周围长出纤维和细小的根来。林克说(《基础讲义》,第181页):"这样我们就获得了从叶柄产生的带根的芽的例证;曼迪洛拉最早通过人工的方式从叶子培植出树木。从每个仅仅包含螺旋状导管和细胞组织的部分都可以长出一个芽,这是可能的"。简而言之,植物的每个部分都可以直接作为完整的个体而实存,这在动物那里是彻底不可能的,除了在水螅类和其他不完整的动物种类那里。因而,植物实际上是大量个体的汇集体,它们构成了一个个体,而该个体的部分是完全独立的。部分的这种独立性是植物的**软弱无力**;相反,动物具有内脏,不独立的有机部分,它们只能在和整体的统一体中实存。如果内脏被损伤(即紧要的内部部分),那么个体的生命就消失了。在动物有机体那里,诚然一些部分也可以被摘掉;但是在植物那里只出现了这种情况。

因而,歌德曾通过巨大的自然感受力把植物的生长规定为同一种构型物的变形。植物学家对于这部1790年出版的著作《植物的变形》[19]无动于衷,他们不知道应该用它来做什么,这正是因为这本著作中被说明的是一个整体。超出自身进入很多个体的活动同时是一个整体形态,一种完整具有根、茎、枝、叶、花和果实的有机整全体,尽管如此它也在自身中设定差别,对此我们在后面将做出阐释。可歌德的兴趣在于表明,所有这些不同的植物部分如何是一个简单的、始终封闭在自身中的基础生命,以及所有形式如何不仅在理念中而且也在实存中始终是同一个同一的基础

[386]

19　参见本书第380页,脚注16。

本质的外在形变,——每一个部分可以很容易地转化为另一个部分;一种形式所具有的精神的、飘忽的气息,并没有达到在性质方面的基础差别而只是在植物材料中的一种观念性的变形。所有部分作为自在的等同者而实存,而且歌德把差别仅仅解释为一种**扩张**或**收缩**。众所周知的是,例如人们把树颠倒过来,根部朝向空气,而枝条插入土里;这样出现的现象是,根长出叶、芽和花等等,而枝条则变成了根。例如在玫瑰那里,开重瓣的花无非只是野玫瑰的花丝、花药和雌蕊由于较多的营养转变成为花瓣,这种转变或是完全的,或是仍可看出原来的痕迹。在很多这种花瓣里,花丝的本性仍然保留,以至于它一方面是花瓣,另一方面又是花丝;因为花丝恰恰就是收缩的叶子。人们称为"怪物"的郁金香具有一些在花瓣和茎叶间摇摆的花瓣。这些花瓣本身只是植物的叶子,不过被精细化罢了。雌蕊也是一种收缩的叶子;甚至花粉,例如蔷薇植物里的黄色粉末,具有叶子的本性。同样种囊和果实也完全具有叶子的本性,就像我们有时在果实背面还看见叶那样。同样在果核里叶的本性也可以被辨认出来。野生植物的**刺**在经过栽培后成为叶子;苹果、梨和柠檬树在贫瘠的土壤里有刺,通过培育这些刺会消失并转变成为叶子[*]。

[387] 以此方式,在植物的整个生产中表现出这种同类的、简单的生长活动;而且**这种形式的简单性**是**叶子**。一种形式可以如此容易地变化为另一种形式。**胚芽**甚至自在地通过自己的子叶或小子叶显示出自己作为一种叶的特征,这就是说,子叶或小子叶是带有尚未加工的、粗糙材料的叶子。胚芽会由此转化为**茎**,在茎上会长出叶子,这些叶子常常是羽状的因而十分接近花。如果纵向生长持续了很长时间(例如在丝藻那里),那么这些茎叶就会长出节并在这些节点处出现叶子,这些叶子在茎部下面是简单的,然后则分开,相互分离,自我切分;在下面最初的那些叶子中,外围、叶缘还没有长出形状[**]。歌德利用他给一种一年生植物提供的图

[*]　参考:维尔德诺夫:同上书,第293页。
[**]　参考:歌德:《论形态学》卷Ⅰ,第Ⅰ分册,1817年;《植物的变形》,第7—10页(第10段及以后)。

像继续说[20]:"不过进一步的发展会不停歇地通过叶从一个节到另一个节……从此叶子就显得是切割深裂进去的,由一些小叶子组合而成,在后一种情况中它们让我们提前看到一种完整的小的枝条。关于这样一种最简单叶片形态的连续的最高程度的多样化活动,枣椰树给我们提供了一个鲜明的例证。在诸多叶子组成的序列中,中脉向前推进,扇形的简单叶片被分裂、切割开,而且一种最高程度组合在一起、同枝条相竞争的叶子就长出来了"(歌德,同上书,第11页,第20段)。这些叶子现在比子叶长得更加精致,因为它们从茎部吸收自己的汁液,而茎是一种已经被有机化了的东西。

关于物种的区分我在此做一个重要的说明:这种在一个物种中通过叶子生长方式表现出来的进程,首先也是这样一种东西,它在不同的物种那里是规定者,结果所有物种的叶子一起展示出叶子的完整生长过程,就像人们例如在一系列天竺葵那里所看到的,在这里最初彼此不同的叶子通过转化而相互沟通。"众所周知,植物学家绝大部分在叶子形态中找 [388]
出了植物的特殊差别……让我们观察一下栎叶花楸的叶子。这些叶子中的一些几乎还是完全吻合的,只有在侧脉之间的某种较深的锯齿叶缘缺刻向我们暗示,自然从此趋向于更深的分化。在其他叶子那里,首先是在叶子的基础和下半部分,这种缺刻更深,而且我们可以明确地看到,每个侧脉要变成为一个特殊小叶片的主脉。其他叶子已经出现最下面的侧脉明显分离成自己的小叶片的现象。在接着的侧脉中,最深的缺刻已经形成,而且人们认识到一种力求分脉的更自由的趋向在这里也已经克服了**吻合**。现在这在其他叶子里达到了,在那些叶子中从下到上两对、三对直到四对侧脉都被分开了,过去的中脉通过迅速生长把各个小叶片相互移开了。这样叶子现在就是一半羽状的,一半还是吻合的。按照树是年轻

20　下面黑格尔十分广泛地引述歌德的著述,然而并不总是直接引用而是常常采用概述的形式。与米希勒(Karl Ludwig Michelet)版本相反,在此仅仅给直接引文加上双引号;有细微差异的地方则重新引述歌德的文字;省略之处用省略号标出。在黑格尔给出的页码后面用方括号添加段落数。

还是年老,按照它不同的状态,甚至也按照时年情形,人们有时看到分脉这种相互分离的活动占支配地位,有时看到吻合或多或少占支配地位,我有一些叶片,它们几乎完全是羽状的。如果我们现在去看看鸟花楸,那么很明显这种物种只是栎叶花楸演进史的继续,两者仅仅是碰巧被区分开来,栎叶花楸趋向于在组织间的一种更强的紧密关系,而鸟花楸则趋向一种更大的繁盛的自由”。*

继而歌德从叶子转到花萼(同上书,第15—20页,第29—38段):“我们看到向**花开状态**的转化或快或慢地发生。在后一种情况里中,我们通常注意到,茎叶又开始从自己的边缘向里紧收,特别是失去了自己多种多样的外部划分,相反在和茎连接在一起的茎叶的下面部分却或多或少地扩张;与此同时,我们看到虽然茎的空间没有从一个节到另一个节伸长,但至少茎与先前状态比长得更加精细和柔软了。人们已经注意到频

[389] 繁施肥会阻碍植物开花……我们常常看到这种变化迅速发生,在这种情况下,茎会从最后长出的叶子的节那里突然伸长并且变细,向高处生长,并且在其末端一些叶片围绕着轴聚集起来”,——这就是**花萼**。花萼的叶子和茎叶是同一个器官,但现在聚集在一个共同的中心点周围。“另外,我们在许多花那里看见未曾改变的茎叶,它们就集合在花冠下面成为一种花萼。因为它们仍然自在地完全带着自己的形态,所以我们这里只能依靠外观和植物学术语把它们命名为苞叶”。在茎叶**一点点**紧缩的地方,它自我改变并且好像将自己悄悄潜入花萼似的。我们看到这些叶片还无法被辨识,因为它们常常结合在一起并且共同在侧面生长出来。“这些相互如此靠近和挤压的叶子……展示给我们一些钟状的或者所谓单叶的花萼,花萼从上部被往里或多或少地切刻……因而大自然以这样的方式来塑造花萼,即它围绕一个中心点把许多叶片以及由此许多节结合在一起,而这些节似乎是前后相接并相隔一定距离地生产出来……这样,在花萼中,自然并没有塑造新器官”。相反,花萼只是一个点,围绕这

---

* 舍尔维(Franz Joseph Schelver):《对植物性别学说的批判》,1802年,第Ⅰ卷,续编,1814年,第38—40页。

个点以前被分配在整个茎上的东西汇集成一个圆圈。

　　花本身只是对于花萼的一种二重化；因为花瓣和萼片相互十分接近。在此，在"从花萼向花冠的过渡"中，歌德也没有提到对立："尽管花萼的颜色仍然通常保持绿色而且接近茎叶的颜色，但这种颜色常常在花萼的一个或另一个部分中发生改变，如在顶尖、在边缘、在背后，甚至在花萼的朝内侧面，而外面仍然保持绿色；我们看到一种精细化的活动与每个时期这种颜色变化联系在一起。由此出现了一些界限不明显的花萼，它同样有理由可以被视为是花冠"。现在再一次通过**扩张**，花冠就可以被产生了。"花瓣通常要比萼片大，而且我们可以注意到，由于在花萼里所有器官被紧缩，它们现在作为花瓣再次扩张……被精细化为一种很高的程度……假如我们在很多不寻常的情况中无法窥探自然，那么这些器官的精细组织、颜色、气味会让我们完全无法辨认出它们的起源。这样，有时例如在一种石竹的花萼内就出现另一个花萼，它一部分完全是绿色，显示出一种单叶的、有缺刻的花萼的附属；另一部分则分裂，而且在自己的顶尖和边缘地方被转变成为花瓣娇嫩的、扩展的、有颜色的实际开端……"在许多植物中，在它们要开花之前很久，茎叶就已经显得"或多或少地有颜色了；其他植物则在完全接近开花的时候才有颜色。有的时候在郁金香的茎上也……展现出一种几乎完全长成和有颜色的花瓣。更加值得注意的是这种情况，即一种这样的叶子一半是绿色的，一半属于茎，并始终固着在茎上，而它另外的并且着色的部分却随花冠向上生长，并且叶子被分成两个部分。花瓣的颜色和气味归因于其中现有的雄性种子，这是一个非常可能的想法。大概这种种子在其中还没有充分把自己分离出来，而是和其他汁液结合在一起并被冲淡了；颜色的亮丽显现把我们导向这样一种想法：充满叶子的材料尽管具有很高的纯度，但仍未处于最高程度，在最高程度中这种材料在我们看来是白色的和没有颜色的"。（歌德：同上书，第21—23页，第40—45段）。

[390]

　　结实是光在植物里的最高的发展阶段；而且在此歌德指明了花瓣和**花粉器官**的亲缘性。例如在昙花属里，这种转化是十分有规则的。"真正的、很少被改变的花瓣在上部边缘紧缩，于是表现出一个花粉囊，在那里其他的花瓣替代了雄蕊。在看起来比较经常长出重瓣的花中，我们在其所有的阶段都可以观察到这种转化。在很多蔷薇科的植物那里，在其完全长好的并且有颜色的花瓣内部，呈现出其他的花瓣，它们一部分在中间紧缩，一部分在侧面紧缩；这种紧缩由一种小的硬结造成，这种小的硬结让自己或多或少看起来是完整的花粉囊……在一些重瓣的罂粟花那里，一些完全长好的花药待在重瓣甚多的花冠之很少改变的花瓣上"。那些被称为蜜腺的器官是花瓣向花粉管的接近。不同花瓣都自在带有小窝或**油腺**，它们分泌出一种蜜类汁液，这种汁液是还没有被加工过的精液。"茎、花萼、花瓣向广度扩张的所有原因都在这里彻底消失了并且出现了一种弱的、最高度简单的线状体……正是那些在延长、在扩张并且又彼此需要的导管出现在高度收缩的状态中"。——这样，花粉粒就更加有力地向外作用于雌蕊上；歌德把雌蕊也归于同一个原型："在很多情况中，花柱看起来和没有花药的雄蕊几乎相同……当我们通过观察可以一目了然雌性器官和雄性器官的准确亲缘性，那么我们就会发现把交配称为吻合的这个想法是恰当的和有启发的。我们十分经常地发现花柱是由很多单个的花柱一起长成的……鸢尾属带有柱头的雌蕊是以花瓣的完整形态呈现在我们眼前的。瓶子草属的伞状柱头尽管不那么鲜明地显现为是由很多花瓣复合而成的，但它甚至不否定绿色的颜色"（歌德：同上书，第 23—26 页；第 30—34 页，第 47 段及以后，第 62 段及以后，第 69 段及以后）。关于花药，一位生理学家说："在花药的形成中，萼片的边缘向内卷，以至于首先出现的是一个空心的圆柱体，在这个圆柱体的顶尖处有丛绒毛。后来当花药变得更加完整和充实的时候，这从绒毛就脱落了。在花柱那里出现了类似的转变，在这里萼片，常常是很多萼片，从边缘往里卷曲；由此首先出现的是一个简单的空室，后来出现了子房。那丛长在空室顶尖处的绒毛并不像在花药里那样变得枯萎，而是相反获得了完整柱头的性质"。*

[391]

---

　　* 奥滕里特（Hermann Friedrich Autenrieth）：《论性别》，图宾根：1821 年，第 29 页及以后。

果实,种皮可以被同样证明是叶子的变形:"这里我们实际上谈论的是这样一些种皮,它们……包裹着所谓被覆盖的种子"。石竹上的**种子荚**常常又变成花萼性叶片:"甚至有这样的石竹,在其中果实的外壳变成了事实上完整的花萼,然而这种花萼的缺刻在顶部还带有花柱和柱头的细微残余,从这第二个花萼的最内部又长出或多或少完整的叶形花冠而不是种子。另外,自然本身通过规则的和持续的塑造以十分多样的方式 [392] 向我们揭示了这种隐藏在叶子中的结果能力。这样,一个尽管被改变了的、但仍然完全可以辨识出来的菩提树叶子从中脉里产生出一种小梗,在这个小梗上还长出完整的花和果实……蕨亚科茎叶的直接结果能力在我们看来更强,仿佛是巨大的,这些茎叶长出……无数能够生长的种子,并使之遍布四周"。在种子外壳里,"我们不会弄错叶子的形态。所以,例如,假如荚壳就是一种简单的、叠在一起的叶子,那么长荚果就是由更多叠在一起生长的叶子构成的……这种和叶子的相似性大多看不出来,因为它们形成了有汁液的、软的或木质的以及稳固的种子外壳……种子荚和先前各个部分的亲缘性也通过柱头显示出来,这些柱头直接坐落在这些外壳上并和它们不可分离地连接在一起。我们已经在前面展示过柱头和叶子形态的亲缘关系"。在不同种子中我们可以注意到,种子把叶子转变成自己直接的外皮。"我们在许多翅果上,例如槭树的翅果上,看见了这种并不完全契合种子的叶片形态的痕迹……为了不放弃曾经被把握住的线索,我们一直考察的仅仅只是**一年生**的植物……只是为了给这项研究提供必需的完整性,现在还必须谈谈幼芽……幼芽无须子叶"等等(歌德:同上书,第 36 页及以后,第 74—80 段,第 83 段及以后,第 89 段)。后面我们还会谈到**多年生**植物的趋向和活动。

这是歌德《植物的变形》中的主要思考。歌德以一种感性的方式把统一体展示为精神性的引导者。而变形只是尚未穷尽整体的一个方面;我们也必须关注构型物的差别,正是通过这种差别生命的本真进程出现了。因此,必须在植物中区分两个方面:α)其完整本性的统一体,其组成部分和构型物对其形式改变的无关;β)不同的发展,生命本身的过程,——一种向着性别差别发展的组织活动,尽管这种发展也只是无关和多余的。**植物的生命进程**是在每一个部分中自为的植物之进程;条、枝、叶,每一个都有一个自为的完整进程,因为每一个也是完整的个体。

[393]　因此,植物的生命进程在每一部分里是完整的;因为植物是被彻底分化了的,而其进程并没有分化为不同的行动性。因此,植物的进程作为它在自身中的区分,无论在其开端还是在其终点都看起来只是构型。在这个方面,植物处于矿物晶体和自由的动物形态的中间;因为动物形态具有卵形的、椭圆形形式,晶体则是在直线里的知性形式。植物的形态是简单的。知性仍然在直线形的茎中具有支配地位,就像一般而言在植物中直线仍然是十分具有优势。在内部存在着细胞,一部分像蜂房,一部分则纵向伸长;然后是纤维,尽管它们缠绕成为螺旋形,但后来又成为直线形而并没有内在地把自己恢复成圆形。在叶子里,平面具有支配地位;叶子、植物以及花的不同形式仍然是十分规则的,而且在它们确定的缺刻和尖齿中可以明显地看到一种机械式的同形性。叶子是牙齿状、锯齿状、披针状、针形、盾形和心形的,——可尽管如此它们不再是抽象和规则的:叶子的一个侧面和另外一个侧面是不等同的,一半更加收缩,另外一半则更加舒展和圆满。最后,在果实里球形具有支配地位,但它是一个可通约的圆形而不是动物圆形这种更高形式。

根据**数目**的知性规定在植物中也仍然具有支配地位,例如,3或6;后者在鳞茎中具有支配地位。在花萼中具有支配地位的数字是6、3和4。当然也有数字5,具体而言是这样的,如果花有5个花丝和花药,那么也会出现5个或10个花瓣;于是,花萼也有5个或10个萼片等等。林克说(《基础教程》,第212页):"实际上,只是5个叶片看起来构成了完整的轮生体。如果有6个或更多,那么人们一定会注意到两个或更多轮生体,1个内嵌在另一个中。在一个轮生体中如果有4个叶片,那么留有一个空缺给第5个,3个叶片指示了一种更不完整的形式,而2个或甚至只有1个同样会留下空缺给第二个或第三个"。

正如植物的形态,植物的**汁液**同样在化学和有机材料之间摇摆。进程本身也在化学和动物进程之间摇摆。植物性产物是酸（例如柠檬酸），——这种物质虽然不再完全是化学性的，相反更加无差别，但也并 [394]
不因此就和动物性的一样。我们无法通过单纯的氧化和氢化作用解决问题，在动物中更加如此，例如在呼吸问题上。有机的、纵贯生命的、个体化的水逃脱了化学的手，——是一种精神性的纽带。

§346[21]

构成生命性的进程，正因为自己是**同一的**，自我分解为进程的三重性（§217—220）。

a）构型进程，植物**自我关联**的内部进程，按照植物本身的简单本性立即是与外部和外在化的关联。一方面这个进程是实体性的，部分地是营养液**直接**向植物种类的特殊本性的转化，部分地则是内在被变形的液体（汁液）向构成型物的转化。另一方面作为自我**媒介作用**，α）进程开始于同时导向**外部**的根和叶之间的分化以及普遍性细胞组织内在抽象化为木质纤维和**生命导管**，其中木质纤维同样和外部发生关联，而生命导管则包含有**内部的循环过程**。其中自我媒介着的保存是 β）**生长活动**，它是对于新构型的生产，是向**抽象**自我关系、木质部分和其他部分的**硬化**（知道在竹子一类的植物中达到石化程度）以及茎的表皮（持久的叶子）的分化。γ）把自我保存统握在统一体中并不是个体和自身的连接而是对于一个新的植物个体、对于**芽**的生产。

【**附注 1**】：就像我们已经（§342 附注）说明的那样，在分成三个推论的植物进程里，第一个普遍进程是植物有机体内在于自身中的进程，是个 [395]
体的自我关联，在其中个体自我消耗，使自己成为自己的无机自然并通过这种消耗把自己从自身中生产出来，这就是构型进程。**第二**，生命体并不

21　米希勒版把这一节分为 §346（只有第一句话）和 §346a。后面的两个附注在米希勒版中被相应分在这两节。

在自身中具有自己的他者,相反它的他者是独立的他者;它本身并不是其无机自然,相反这个无机自然被发现为是对象,——是带着偶然性的映现被遇见的。这就是反对外部自然的特殊进程。**第三个进程**是类进程,是对于前两个进程的统一;这是所有个体和作为类的自己相互作用之进程,是对于类的生产和保存,——是消耗个体来保存类的活动,是作为对另外一个个体的生产。这里,无机自然就是个体本身,相反其本性则是它的类;但同样类也是一种他者,是它的客观性自然。在植物中这些进程并不像在动物中那样被区分出来,相反是相互交织的并且这恰恰构成了对植物有机体加以解释的困难之处。

【**附注2**】:在构型进程里,我们开始于作为直接性东西的生命体胚芽。但这种直接性只是一种被设定的直接性,也就是说胚芽也是产物,然而这是在第三个进程里才出现的一个规定。构型进程应该只是内在性进程,它构成植物的自我生产。但因为在植物体中,对自身的生产是超出自身之外的活动,所以这种生产是对于他者的生产——芽的生产。这也立即触及向外的进程;因而第一个进程不可能脱离第二个以及第三个进程来被把握。自为的构型进程应该是个体内脏同自我作用的进程,这在植物中还是缺乏的,因为植物恰恰没有内脏而只有具有朝向外部关系之组成部分。但一般而言,有机进程本质上也具有这样一个方面:它否定、影响并吸纳从外部到来的东西。吸收水分就是生命性力量对于水的接触,以至于水被立即设定为由有机生命所渗透的东西。这是直接发生的还是变化中的一个阶段?在植物那里,主要的情况是这种转变是直接地发生的。但在更高程度有机化的植物那里,人们可以也可以找到这样一个进程,它由许多中介过程所贯穿;在动物有机体中情况也是如此。无论如何[396] 在动物这里也出现了直接对淋巴的影响,而无须通过该作用的组成部分来中介。在植物那里,尤其是在低等植物那里,没有通过对立进行的媒介活动,——即没有从对立走向聚合,相反营养活动是没有进程的转变。植物内部的生理构造因而也是十分简单的;林克和鲁道勒菲曾经指出植物里存在的只是简单的细胞以及还有螺旋导管和小管。

α)**胚芽**是构成整体概念的尚未展现的东西,即植物的本性,但这种本性还没有作为理念存在,因为它还没有实在性。在**种子**里植物作为自我和类的直接性统一体出现。由于其个体性的直接性,种子因而是一种无关的东西;它落在土里,这对于它而言是一种普遍性力量。好的土壤只意味着作为始终被敞开的有机力量或者可能性而存在,——就像一副好的头脑单纯意味着可能性。作为本质性力量,种子通过落在土里而扬弃了土之为土并自我实现。但这不是彼此无关的定在之间的对立,因为与其无机自然相对立;相反,"它被埋在土里"意味着:它是力量。因而,种子藏在土里是一种神秘的、有魔力的行动,它暗示着种子中具有尚未显露出来的秘密力量,暗示着它实际上不同于它在土里所是的东西;就像孩子并不只是这种无助的、不把自身展示为理性的人的形态而相反自在地就是理性的力量,他完全不同于既不能说话也不能做理性事情的东西,而且受洗正是对于精神王国的同胞的庄严承认。巫师给我用手搓碎的种子赋予了一种完全不同的意义,——这位巫师正是自然的概念,对他而言一盏旧灯就是一种有力的精神;种子就是法力,它召唤土地用它的力量为自己服务。

1. 胚芽的发展首先是单纯的生长,单纯的增殖;它自在地已经是一个完整的植物,它是小型的树等等。各个部分已经完全被构型好了,只是需要被变大,形式性重复,变硬等等。因为要生成变化的东西已经存在了;或者说这种生成变化就是这种单纯表面性的运动。但它同样是一种在性质方面的分化和构型,——由此就是本质性的进程。"种子的胚芽首先通过潮湿长出。在完善的植物那里,在未来的植物或胚胎上,可以清楚地看见未来的**茎**并且这构成了我们通常称之为**幼根**的锥状部分;尖的部分是底端,未来的根就从中生出。这部分极少向上伸长;人们通常把这种伸长部分称为**茎干**。有的时候在那里也可以找到幼芽,小芽的征兆。从胚胎的侧面常常生出两片种叶或**内核片**,它们以后会继续发展并展示出**子叶**。人们没有理由把幼根视为未来真正的根;它只是向下生长的**茎** [397]

353

罢了。当植物较大的种子,例如小麦、南瓜、豆子的种子发芽时,我们观察它们,就会看见如何从那个物体(在小麦里它被分为三个部分)中出现更细更嫩的真正的根"*。如果我们把尖的部分朝上,那么它也发芽,但以弧形方式生长并把它的尖朝向下。"胚芽由小喙和带叶小芽构成。从前者中生出根,从后者中则是植物体的地上部分。如果人们把种子掉过来埋到土里,结果小喙就会反过来朝向土表,但它绝不会因此向上生长。它使自己伸长,但尽管如此还是向土里走,从而掉转过来种子的方向,结果回到了它正确的位置上"。** 维尔德诺夫在此做出了下述发现:"欧菱没有小喙。这些坚果长出长长的带叶小芽,这种小芽朝向水面的垂直方向,它在侧面巨大的间隔处长出丝毛状的、条状的叶片;这些叶片中有些倾向朝下并牢牢地植根在土壤中。人们从中看到,小喙对于一些种子是可以缺少的;但一个能结的种子却没有带叶小芽和子叶,这是完全不可思议的。还没有人敢于在任何种子中否定带叶小芽的存在……值得指出的是,在具有鳞茎的植物中,小喙已经变成了鳞茎,但在某些具有**中间**茎的鳞茎植物中(也就是说,这种植物既不属于向下长的茎也不属于向上长的茎,有的时候看起来像根,有的时候像茎,在前一种情况中是块茎状的并且或是芜菁状的或是洋葱状的,例如在毛茛属植物那里等等。)小喙已经变成了这样的茎,例如在仙客来那里;最后,在一些植物中,小喙在发芽以后不久就消失了,而真正的根则在侧面长了出来"。*** 人们可以把这种统一体向两个方面的分化称为极化;这两个方面中,一个是作为土壤、具体的普遍者、普遍的个体的土,而另一个则是纯粹的、抽象观念性的东西、光。

[398] 　　在叶和根之间的**第一**个分化是**茎**;我们在此谈论的是具发展了的定在的植物,因为菌类及类似植物不属于这里。但茎并不就是本质性的;叶子可以直接从根里生长出来,而且很多植物限于那两个主要环节中(叶子和根)。这就是单子叶植物和双子叶植物的巨大差别所在。前者包含

---

*　　林克:《基础教程》,第 235 页及以后。
**　维尔德诺夫:同上书,第 367—369 页。
***　维尔德诺夫:同上书,第 370 页及以后,第 380 页。

有鳞茎植物、禾本科和棕榈科，——这就是林奈那里的六雄蕊和三雄蕊植物，林奈（相反首先是裕苏[22]）还没有注意到这种差别并仍然把所有植物放在同一水平线上。这个问题在于，胚芽发出的小叶片是双片还是单片。因为根和叶子构成了第一组对立，在单子叶植物中最初的、受压迫的本性最初就出现在根和叶子那里，但这种本性没有发展成对立，在根或鳞茎与叶之间出现了另外一种东西，茎。尽管棕榈科植物有干；但只有叶子在向下生长才出现干，这也还完全可以从外部看见。"棕榈科植物只在顶端有枝条，而就是在茎干顶端也只有花枝。看起来仿佛叶子的过大尺寸把枝条都吸收掉了。在羊齿植物那里情况也是一样的。甚至在我们本地的禾本科和许多鳞茎植物里我们所看到的，除了开花的枝条以外很少有别的"*。它们只是在实体里内在地具有细胞和木质纤维而不是髓部纤维的对立。叶脉不弯曲或很少弯曲，在禾木科植物中叶脉是直线向前伸的。单子叶植物既缺乏真正的茎，也缺乏现成的平展的叶片；它们总是绽开但却从未完成的被发展了的芽。因此单子叶植物也缺乏能够结果的种子；它们的根和整个茎是髓。茎是继续生长的根，既没有芽也没有枝，相反总是有新的根，它们会衰亡并且通过木质纤维相互结合。过强的光不允许形成木质的内在性；叶子并不衰亡而是自在地产生新的叶子。——但如果说在棕榈科植物中叶子显得像茎和枝条，那么反过来也有长茎的物种，[399]它们的茎和叶保持同一，例如像在仙人掌那里，茎从茎里生长出来："通常被当作叶的茎节是茎的部分。这种植物的叶子是锥形、肉质的尖状物，它常常在其基部被小刺环绕。这个组成部分（当然是茎节部分）一发展它们就脱落了"，"而且它们先前的位置显示出叶痕或者一丛毛刺"**。这种植物保持自己有汁液的叶子来抵挡光，在它们那里只长出刺而不是木头。

---

* 林克：《基础教程》，第 185 页。
** 维尔德诺夫：同上书，第 398 页。

---

22 参见本书第 133 页，脚注 11。

2. 在植物里,细胞组织构成了普遍的组织结构,而细胞组织就像在动物中一样是由小细胞构成的;它是普遍的动物和植物产物,——是纤细的环节。"每个细胞都和别的细胞相分离,没有和其他细胞的共同性。在韧皮部分细胞采取卵形、尖卵形或者长形的形式"。在植物的这种基础中,小泡和长细胞立即相互区分开来。α)**"有规则的**细胞组织是 αα)**柔软组织**,是松弛或疏松的细胞组织,它由宽细胞构成;人们很容易辨认它们,特别是它们处于茎的表皮和髓部。ββ)**韧皮组织**,纤维状的、绷紧的、严密的细胞组织,尤其出现在花丝、雌蕊的承载体以及类似部分;它具有十分长的、狭窄的、但仍然清晰的细胞。只是在内表皮、在木材、在叶肋处,这种韧皮组织或者纤维组织的结构很难被辨认出来。——β)**不规则的**细胞组织只出现在这类植物体中,在那里人们外在地只区分果实荚和其他支持体。地衣或者有树皮状的支持体,或者有叶片形的支持体;外皮完全彻底地由**大小十分不同**的圆泡或细胞**以无序的方式堆砌**而成。藻类和前面的植物十分不同。如果我们在它支持体的最厚处切开,那么我们会在里面注意到十分清晰的、但仿佛胶状的纤维,而且这些纤维方向众多、相互缠绕。一些水藻的基础是膜,常常是黏液状的,也常常是胶状的,但无法在水中溶解。**真菌**的组织由纤维构成,人们有时把这些纤维看作细胞。在这些纤维组织之间到处散播着一些颗粒,就像在地衣那里一样,它们可以被当作是孢子。这些涉及细胞组织的外在形式。——现在这种细胞组织如何发展和改变自己? 很明显新的细胞组织会出现在老的细胞之间。细胞内的颗粒可能是植物的**淀粉**"*。

[400]

如果说第一种分化立即与向外的进程相关联,如根和土地,叶和空气与光处于交互关系中,那么第二种、更进一步的分化是植物自身自我切分为木质纤维或有活性的螺旋导管以及舒尔茨先生[23]称为生命导管的其他导管;舒尔茨先生在他的经验领域以及哲学问题上都是十分地透彻,尽管

* 林克:《基础教程》,第 12、15—18、20—26、29—30、32 页。

---

23 参见本书第 373 页,脚注 13。

人们在后一方面可能在细节上另有看法。植物向自己内在构型物的这种切分,对于螺旋式东西的产生等等,也是直接性出现,一般而言是单纯的多重化。首先是髓细胞进行增殖,在其中也有螺旋导管、木质纤维的增殖等等。林克尤其清楚地指出:"螺旋导管是纽带,它们以螺旋形式卷成一种管道……当螺旋导管的旋转圈两个一组地长在一起时,螺旋导管就变成为**梯状脉管**;梯状脉管是不能卷的。通过相邻部分的增大,螺旋导管就受到张力或者压力;这产生了**交叉条带**的波形弯曲,并且当两个旋转圈相互重叠的时候,也产生了交叉线条的表面分裂,——或许这也是真正的**分裂**。具有这样条带或点的导管是**带点**或**带斑**的导管,我认为它们和梯状脉管是同类的"。首先剩下的还只是一些交叉线,长得极其靠近的螺旋导管的旋转圈也还仅仅显示出一些小斑点而不是线、缺刻和交叉线。"**环纹导管**是这样产生的,即在附属部分的快速生长中,螺旋导管的旋转圈相互拉开并且保持个别状态。毫不奇怪,在快速生长的根以及这种螺旋导管必须大量表达其作用的其他部分中,比起那种更加安静生长的地方,也会找到更多老的、改变了的导管……螺旋导管拓展到几乎植物的所有部分并构成了植物的骨架。实际上,当叶子里以网状方式分配的螺旋导管束脱离了所有这些导管间的细胞组织之后,我们也把它称为叶骨架。**只有在花药和花粉中,我从来没有找到过螺旋导管**。韧皮组织到处伴随 [401]
着螺旋导管,而且我们把和韧皮组织混合在一起的导管束称为**木质**。环绕在木质周围的细胞组织被称为**表皮**,而由木质所环绕包围的细胞组织被称为髓"*。

　　"很多植物都缺少这些导管:在带有异常细胞组织的植物里,例如地衣、藻和真菌中,人们从来没有见过这些导管。带有规则的细胞组织的真正植物或者带有螺旋式的导管或者带有非螺旋式的导管。后者有叶状苔藓、苔纲和一些少数的水生植物,如轮藻。螺旋导管最初怎样产生的,这我不知道。因为它们后来作为细胞组织出现,所以施普伦格尔说它们当然是从细胞组织中产生的。这在我看来是不可能的,相反我认为它们是

---

*　林克:《基础教程》,第46—49、51—58、61页,第64页及以后。

从在韧皮细胞之间排出的汁液里产生的。另外螺旋导管可以生长而且在它们之间会出现新的导管。除了这些人们统称为螺旋导管(**实际上我把它们和梯形脉管以及有斑导管相对立来加以命名**)的导管以外,我在植物中就没有看到任何导管"。* 可生命导管位于哪里呢?

按照林克在"补编"(卷Ⅱ,第14页)里所说的,人们可以得出结论认为螺旋导管从木质纤维的直线性状中起源:"我认为自己不得不再次接受一个古老的观念,简单的、长的**纤维**存在于植物当中;至于是空的还是实的,这无法被清楚地知觉。这种简单的纤维,没有任何条的痕迹,根本不会拓展到整个植物里。在枝从茎中长出的地方,我们清楚地看到这些枝的纤维**附着**在茎的纤维上,**而且仿佛在茎里形成了一个楔子**。在这些相同的茎和枝当中,它们看起来也并非没有断裂地持续发展……这些**纤维导管**总是成束地出现,这些束在最老的茎里同韧皮一起聚集成环。通常它们包围着一束螺旋导管,但在一些植物里也存在着下面这种情况,即只有纤维导管而没有螺旋导管的任何痕迹。这些导管的方向是径直的,而且在束当中相当地平行。在树干与根当中,我们看见更加偏离而且似乎交错在一起的导管。这些导管出现在大多数植物里,一般而言见于显花植物。在很多地衣和水藻里,我们只看到一些盘绕在一起的纤维,在真菌里这常常很清楚。不过也有真菌、地衣和水藻,在其中见**不到这些纤维的任何痕迹而只有孢囊和细胞**"。这样,我们就在孢囊和纤维的对立中看到了核或者节与简单长度的原初对立,而螺旋导管则趋向变圆。

[402]

尽管奥铿[24]根据原则展示了从细胞组织向螺旋导管的这种转化(参见:前面§344附注,本书第374页),但带有以前自然哲学的图式论:"螺旋导管是植物里的光的系统。我当然知道,这种学说和迄今所被接受的学说十分冲突;但我收集了所有相关事实,思考了各种意见和实验,并且可以满怀信心地指出,它们都支持这种哲学建构的结果"。但这种建构只是

* 林克:《基础教程》,第65—68页。

---

24 奥铿(Lorenz Oken,1779—1851):自然研究者和自然哲学家。

一种保证而已。"如果螺旋导管是光的系统,那么植物中的**精神性**功能或者单纯极化功能就被转给了它们……螺旋纤维起源于光和细胞组织的对立,或者起源于太阳和行星的对立……光线穿过植物孢囊或者胚芽……孢囊或细胞或黏液点"(植物原初在种子里就是这样)"逐渐按照这条极线依次排列……在这个领域和由光所带入的线之间的相互斗争中,尽管黏液小球依次以直线方式排列,但它们由于细胞组织的类似行星的进程总是被向下引入到化学作用的范围中,从这种斗争中螺旋形式出现了。通过太阳运行,每一瞬间植物都是一部分受光一部分变暗,因而时而是茎时而是根;太阳的这种运行具有什么样的作用,我仅仅想提一下"。*

3. 最后,与此相关的另一个方面是进程本身,是在最初规定里的行动性,是普遍的生命;这是单纯直接性变化的形式进程,是构成生命无限力量的影响作用。生命体是自在自为的稳固的和确定的东西。从外部以化学方式接触它的东西会通过这种接触直接转变。因此,生命体直接克服了那种以化学方式发挥作用的狂妄并在与他者的接触中自我保存。它 [403] 直接使他者中毒、改变;精神也是一样,它直观某物、改变该物并把使其成为自己的,因为这是**它的**表象。在植物那里,这种进程本身又要按照两个方面来被把握:αα)作为木质纤维的行动性,这是一种吸收作用,以及 ββ)作为汁液在生命导管中保持植物本性所依赖的行动性。这种吸收作用以及被弄成植物—有机的汁液循环作用是概念的本质性环节,尽管在个别方面还可能有各种变化。叶子首先是生命汁液的行动之所,但它和根与表皮一样可以很好地具有吸收作用,因为它已经处于和空气的交互关系当中;因为在植物中每一个组成部分并不像在动物中那样具有如此特殊的功能。"叶子的最重要功能之一是",正如林克(补编,卷Ⅰ,第54页)所说的,"为其他部分准备汁液"。群叶是纯粹的进程,因而也可以按照林奈的说法把叶子称为植物的肺。

关于导管和细胞组织的各种一般性**功能**,林克指出:"完整无损的根不接受任何有色的液体;这些液体也不能渗透进有色的上皮中。因而在

---

* 奥铿:《自然哲学讲义》(3卷,耶拿:1808—1811),卷Ⅱ,第52页及以后。

这些有营养的汁液在被导管接纳之前,首先要通过上皮中**不可被觉察到的**小孔并且充满根尖端处的细胞。这些汁液穿过不同的导管,特别是细胞组织里不被任何外皮包裹的脉管,渗透到螺旋导管中等等。空气存在于螺旋导管和所有类似的导管中;在纤维导管中的汁液从这种导管中出来渗透到细胞当中,把自己向各个方向扩散。纤维导管到处伴随着空气导管……在我看来,上皮上的**裂孔**现在仍然具有分泌腺的功能"(补编,卷Ⅱ,第 18、35 页)。因为"油、树脂和酸是植物的分泌物和衰亡的沉淀物"。* 斯皮克斯和马齐乌斯也在他们的《巴西游记》(卷Ⅰ,第 229 页)[25]里谈论过李叶豆树在表皮和木质之间产生的树胶,这种树在当地被称为 jatoba 或者 jatai:"当这种树的主根从土里露出来的时候,树脂的绝大部分都出现在主根下面,这种现象大多只在树倒了以后才会发生。在老树

[404] 下人们有时可以发现淡黄色的圆饼,这有六至八磅重,这个重量是通过树脂逐渐渗漏在一起而形成的。这种在根之间树脂块的形成看起来为**琥珀**诞生问题带来一束光,琥珀在被海洋卷走之前就是这样聚集起来的。昆虫,尤其是蚂蚁,也在李叶豆树的树脂块和琥珀中被找到了"。

如果说螺旋导管具有第一种功能,即吸收**直接被给予的**水分,那么它的第二个功能就是有机化的汁液。这种有机化作用按照植物的本性以直接性方式发生。不像在动物那里,这里没有胃等。这种汁液在整个植物体中循环。生命性内在的这种震颤来到了植物中,因为植物是生命体,——不停歇的时间。这就是在植物里的血液循环。早在 1774 年,科尔蒂教士** 就在水生纤维植物中(枝灯形植物,轮藻属)注意到一种汁液的循环流动。1818 年阿米契*** 重新研究了这种循环流动并在显微镜帮

---

*　舒尔茨:《有生命植物的自然》卷Ⅰ,第 530 页。

**　科尔蒂(Corti):《在显微镜下对银耳和一种水生植物的液体循环所做的观察》,卢卡:1774 年。

***　乔梵尼·巴梯斯塔·阿米契(Giovanni Battista Amici):《对轮藻植物中吸收循环的观察》,Modena:1818 年。

25　参见本书第 186 页,脚注 30。

助下做出了如下发现："在这种植物的所有部分中,既在最纤细的根部纤维中也在最精细的绿色茎和枝的纤维中,我们都看到被包含汁液的规则性循环流动。不同大小的白色透明小球恒常地、规则地作不间断地以循环流动方式移动,而且速度从中心向侧壁逐渐增加;运动分成两个相互交替的对立流向,一个向上一个向下,更准确地说是分成同一个运动的两半,不被任何隔膜分开,并行进于一个简单的圆柱形通道或导管中,这些管道沿纵向穿过植物纤维,但通过节点被一节一节中断,而且被一个限制循环的隔膜所封闭……这种循环流动常常也是螺旋形式的。这样这种循环流动行进在整个植物体中,而且在其所有纤维中从一个节流到另一个节,并且在每个如此形成的受限距离中,这个流动是自为的,并且独立于其他部分而单独进行。在根部纤维中只出现这种循环流动的简单形式;因为出现的只是这种简单的中心导管;但在植物的绿色纤维中则有多重导管,因为大的中心导管被许多小的相似的导管所包围,这些小的导管通过自己的壁和中心导管分离开来。如果这种导管被轻轻扎住或者被弯成 [405] 一个锐角,那么循环就像被一个自然的节点所中断,然后又越过去,在结扎或弯曲处的下面像先前那样继续流向整个导管;如果过去的状态又得到恢复,那么原初的运动也再次恢复起来。如果这样的导管被横切,那么包含的汁液并不同时完全流出来,相反流出的只是两半导管中的一半汁液,更具体地说是朝向切割方向的汁液流,其他汁液则继续进行这种循环"。* 舒尔茨教授在一些发展了的植物里看到了这种流,例如在有一种黄色汁液的白屈菜上以及在虎刺梅中。舒尔茨对此给出的描述就是概念的活动;一种思想的直观如此外在地展示自己。这种流是一种从中心点向腔壁,又从腔壁转回到中心点的运动,而且这种水平的流和朝上朝下的流共同出现。向腔壁而去的进程方式如下,这些腔壁也不是稳固的,相反一切都要从中产生。这种流是这样被看到的:一个小球要形成,并且它总是不停地被解体。如果人们把植物一分为二并让汁液在水中流动,那么

---

* 《维也纳年鉴》,1819 年,卷 V,第 203 页(马齐乌斯关于轮藻结构和本性的研究,载于列奥波尔德和科洛林自然研究科学院,《生理学和医学新文献》卷 I,爱尔兰根:1818 年)。

人们就会看见像在动物中血液小球那样的小球。这种流是如此的纤细，以至于它无法在所有种类的植物中被辨认出来。在舒尔茨教授研究的植物中，这种流并不像在轮藻中那样流动于**一根**管中，相反有两个导管供往上流动和往下流动。我们必须要研究，在已经嫁接的树中这个循环流动是否被中断。通过这种流遍整体的循环，形成植物的诸多个体现在被结合成**一个**个体。

αα）现在舒尔茨（同上书，卷Ⅰ，第 488、500 页）这样表象那种双重进程：**第一**，"**木质汁液**是尚未完全被吸收的"（很少被分化的）"植物营养，这种汁液只有到后来才被更高程度地组织并被导入到循环流动系统中。木质是**吸收**空气和水的**系统**；这种吸收是一种生命活动"。由细胞组织和螺旋导管构成的木质，通过根部的木质纤维吸收水分，从空气中吸收空

[406]　气。"在很多根尖处可以清楚看见**乳状突起**，其任务是吸收营养汁液，然后螺旋导管就从这里吸收营养汁液以便把它带到别处去"。* 毛细管及其规律，毛细作用，不适合植物；植物需要水分，会渴，因而吸收水分。

ββ）双重进程中的**另外一个**是舒尔茨完全独特的、最为重要的发现，即现在被吸收了的汁液的运动，尽管人们无法在所有植物中证明这一点，因为这种运动很难被观察。木质汁液还没有什么味道，只是某种甜味的东西并且还没有加工成为植物的独特属性，这种独特属性被分化成为气味、味道等等。关于这种**生命汁液**，舒尔茨现在说（同上书，第 507、576、564 页）："植物中这种在整个冬季都持续进行的循环，是一种完全有机化的汁液运动，它在一个封闭的系统内、在植物的所有外在部分中流动：在根、茎、花、叶和果实中；同样正如所有这些部分都有它们的吸收工作，但这常常和循环流动形成**两极**对立，而且在其中木质汁液的运动方式**不同于在循环流动系统中**。在生命汁液中的木质汁液之转化也仅仅在外在植物部分的端项中进行，主要是在有叶的地方，在叶子中，另外也在花和一些果实部分中进行。相反木质汁液并不从任何木质纤维束中直接转化到生命导管中。从木质汁液向表皮的转化通过叶子做媒介"。因此，如果表皮

---

*　林克：《基础教程》，第 76 页。

衰亡了,它就没有任何芽或叶子的关联了。林克在这方面援引了下面实验:"迈耶尔分离了几块表皮,因为他环绕表皮切除几块条带并看见曾经有芽和类似东西的这些表皮块能自我保存,但没有芽和类似东西的那些表皮块则很快衰亡了。我在杏树上重复了这个实验并且发现是正确的。一块表皮,没有以这样的方式切出来的幼芽和叶子,很快就萎缩和枯干了,而且也不会流出什么树胶来。另外一块,带着三片被切出来的幼芽和叶子,则枯干得更慢并且也不会流出什么树胶来。另外还有一块,带着三片未受损伤的幼芽和叶子,没有收缩,始终保持绿色而且下面的部分流出树胶来。在脱掉的表皮中,首先出现的是一层柔软组织,仿佛是一种新的髓;继而出现的是带有个别螺旋导管和梯状脉管的韧皮层;所有这些都覆盖着由最先产生的柔软组织形成的新表皮,正如它也构成了年轻的茎和胚芽的基础。在一定程度上长出的是新的髓,新的木质和新的表皮"。* [407]

γγ)**第三**,植物的生命汁液转入到产物中:"随着叶子的长出,在植物的所有部分里表皮容易和木质脱离,而且这产生于处在它们**之间**的、嫩的、柔软的物质那里,即最初和叶子一起长出来的**形成层**那里。相反,生命汁液不在中间而是在表皮里"。那第三种汁液是中性的:"形成层并不移动并在植物中周期性地存在……形成层是整个个体生命的残留物(就像类的生命之果实形成);它不像其他植物汁液那样是液体状的,而是整个的、已经被构成的植物整全体之娇嫩的胚芽形态,是没有展开的整全体,就像没有木质的植物(或者像动物的淋巴)。形成层从表皮的生命汁液中通过循环流动来被形成,由此同时长出木质和表皮层……细胞组织也从没有区分的形成层里长出。因而,正如在循环流动的导管系统中生命导管和木质汁液相对立,在吸收系统中螺旋导管和木质汁液相对立一样,在细胞组织中出现了细胞核与其流动性内容之间的对立……在根和枝的延伸中,新的胚芽结构着落在它们的尖端部分,这些形态从均质的物质出发向上长,而它们从形成层出来则向侧面长,但没有出现任何本质差别。在蕨亚科、禾木科和棕榈科植物那里,一个节长在另一个节上;在鳞

* 林克:补编,卷I,第49—51页。

茎植物那里,节是彼此并列生长,从这些节中一方面长出根,另一方面长出芽。在更高级植物那里,这种外在的长节现象就不再如此可见了而是相应地在节的顶端形成木质和表皮物体"。*

如果我们现在来总结一下上面所说的内容,那么我们在植物内在的构型进程中首先区分这三个环节:αα)向根和叶的分化,这本身构成向外部的关系,是内在的营养进程,——即木质汁液;ββ)朝向内部的关系,纯粹内在的进程,是生命汁液;γγ)普遍性产物是(1)植物学家的形成层,(2)在以太油和盐中僵死的分泌物;(3)植物内在向木质和表皮物质的分化。——由此,第二,我们获得了构成类的多样化的成节过程,最后是指示性别差别进程的芽。

[408]

β)那种被弄成植物性的汁液及其产物,把以前无差别之物向**表皮**和**木质**的分化,可以同在地球普遍生命进程中介入的个体之分化相比较,后者为过去的、外在的生命活动性本身以及作为进程物质基础和残留物的有机构成物系统。植物像动物一样永远在自杀,因为它和存在是对立的;这就是在植物中的木质化,在动物中的骨骼系统。这种骨骼系统是动物有机体的承载者,但作为抽象的静止存在,它是被分泌出来的、钙化物质。同样,植物在其自身内部设定自己的无机基础,其骨架。这种尚未展示出来的力,纯粹的自我,正是由于自己直接的简单性沉落到无机物中,它是木质纤维;从化学角度来观察,它是碳物质,抽象的主体,它在土壤里,在根部,始终作为纯粹的木质而没有表皮和髓。木质是构成火之可能性的可燃性,但自身不是热;因而它常常发展为硫的状态。在一些根中产生了完全构型好的硫。根是这样一种把平面与直线变弯和剔除的活动,是这样一种成节的活动,以至于那种分化被扬弃,一种密集连续性出现了,它准备作为完全无机的东西而没有任何形态上的区分。奥铿把木质纤维看作神经纤维:"对于植物而言,木质纤维是神经之于动物所是的东西"。**但木质纤维不是神经而是骨骼。植物仅仅达到这种作为抽象自我关系的

---

* 舒尔茨,同上书,卷Ⅰ,第632、636、653、659页。

** 奥铿:同上书,卷Ⅱ,第112页。

简单化;这种自我返回是僵死的,因为它只是抽象的普遍性。

进一步的**木质化进程**在其细节上十分简单。林克在《基础教程》(第142—146页)中以下面方式来描述这个进程:"在单子叶植物中,茎的内部构造十分不同于双子叶植物。前者缺乏区分髓与表皮的**木质圆环**;木质束分散在细胞组织中,朝表皮部分的量较多,朝中心部分的量较少。在双子叶植物里,所有的木质束成圆圈状;然而因为自然从来不划定清晰的边界,这种分散的束可以在南瓜属和少数其他植物中见到。尽管通常韧皮组织与细胞组织相伴生,但是有一些情况,在茎中十分狭窄的、长条状的细胞组织或韧皮组织束相当地远离导管束。这样,一些唇形科植物在茎的四角具有这种韧皮束,很多伞形科植物则在凸起的棱内有这样的韧皮束……茎的**持续生长**以及**木质层的形成**在单子叶植物中以简单的、普通的方式出现。各个部分并不是单独地延长和拓展自己,相反在旧的部分之间长出新的部分:——在旧细胞之间出现新细胞,在旧导管之间出现新导管。一根老茎的横切面和一根新茎在各个部分都相似。在树状禾本科植物里,各个部分以非同寻常的方式自我硬化"。维尔德诺夫指出(同上书,第336页):"人们在很多禾本科植物里发现了二氧化硅,在刺箭竹等等中也曾发现过;二氧化硅也构成了植物纤维的一个成分,例如在大麻和亚麻里。在胶枞木和白桦木中看起来也有,因为这种木质在旋转时常常打出火花"。

[409]

林克继续说:"双子叶植物中情况则完全相反。**在第一年里**,首先木质束相互分离,排成一个圆圈,并且被柔软组织环绕起来。在这最早的年龄阶段,这些木质束看起来只是韧皮,往里则是一束螺旋导管。首先正是韧皮组织生长并插入到柔软组织之间",以至于出现了纤维和柔软组织的轮流长出。"木质束向侧面扩展,把柔软组织挤在一起,并最终形成一个连接性的圆环,它把髓包裹起来。这种木质束的韧皮组织的厚薄是相互交替的;大概同样有新的韧皮插入在老的韧皮之间。在朝髓的方面,木质圆环里还有个别木质束环绕成圆圈。所谓的**髓纤维**既长在交替的韧皮那里也长在被挤在一起的柔软组织那里"。因而它是髓的延长并从髓这里向外部、向表皮生长,处于纵向纤维之间,而且不存在于单子叶植物里。"通过木质圆环现在首先髓和表皮相分离……此外,木质束向内部拓展自己;木质圆环变得更宽。一系列梯状脉管呈射线状指向髓"(但毫无疑

[410]

问是垂直的)。"在围绕着髓的圆环内侧,环绕着相互分离的螺旋导管束。但髓的细胞不是变得更小而是更大,尽管髓的数量相对于茎的厚度已经变少了。髓之所以减少,这是因为它的外在部分变少了,并且向着侧面被压缩成了射线;但它从不会这样减少,即它被压缩到中间一个更小的空间里。因此,最初的(最内部的)螺旋导管束并没有被生长了的木质推向内部,而是在髓中的束总是重新长出,先前的束已经向侧面拓展并且挤压柔软组织。从螺旋导管中出现梯状脉管,而且因为螺旋束首先相互分离,所以现在梯状脉管也排列起来,向内部生长。从所有这些可以明显看出,木质层自我形成,因为被分散的螺旋导管束和韧皮组织向着侧面汇聚并结合在一起,此外,因为新的螺旋导管束不断地向内部生长成一个圆圈并且同样在侧面相互结合"。*

"在以后的年份里,每年一个新的木质层插入到表皮和木质之间。正如在第一年里木质层在木质束中生长并由此变大,那么十分可能的是,在随后的年份中这种新的木质层环绕在木质体周围。同样在外部表皮里有新的柔软组织层,在内部表皮里有新的韧皮组织层。但是,从一层向另一层的准确有序的转化表明,生长活动也在老木质层的导管与细胞组织的中间区域进行,另外也在髓中进行,直到它被完全填满。到处都有一些部分被插入,只是向外部的数量比较大,以至于在那里增殖变得十分明显。在生长活动本身中没有出现层之间的区分,木质到处均匀生长并且从不间断,而且只是在木质层的厚度和松散度方面存在着区别。但较老的木质层不保持它的厚度;它变得越来越薄,而且最后变得如此薄,以至于人们几乎无法再区分和数它们。因而,有一种真正的紧缩,它把韧皮组织的细胞变得更加紧密。当所有髓都被消耗掉的时候,在木质内部的生长最终停止了。我曾经从5月到7月天天研究头年生的枝,而且很长时

* 林克:《基础教程》,第146—151页(补编,卷I,第45页及以后)。

间没有发现任何第二圈年轮的痕迹。最后**它却突然出现了**，而且立即就 [411]
具有可观的尺寸。因此，在我看来木质的紧缩突然造成了年轮，这种紧缩
在夏至左右或其后必然发生，而且与木质每年的生长毫无关联。一定存
在这样的情况，当一个新的年轮只是被绕在最外层，那么人们就会在春天
和夏天认识到头年的年轮"。* 因而，在植物中，向木质圆环的变化也总是
一个新的创造而不像在动物那里只是单纯的保存。

γ) 同时和这种生产活动联系在一起的是个体性内在的恢复，而且这
是**芽**的生产。芽是在一个过去植物上的新的植物，或者是对于这种植物
素质的简单恢复："每一个芽都长出带着叶片的枝，而且在每个叶柄的基
部又有芽。这就是一般生长发生的方式。假如一旦芽开出花，不是每一
个芽在完全开花和结果之后就衰亡，那么从芽到芽的发展就会没有界限
地持续下去。花以及继之而来的果实的生长构成枝条生长活动不可逾越
的边界"。** 因而，花是一种一年生的植物 ***。由此植物的进程被封闭
了；植物通过自身繁殖自我保存，这种繁殖立即是生产另一个植物体。因
而进程通过一个被给定的环节来被中介；它在生产方面仍然是形式性进
程，是把在最初的主要趋向中包裹起来的东西单纯敞开。

§347

b) 构型进程直接与第二个、**朝向外部自我分化的进程**结合在一起。
种子只有获得外部刺激才发芽，而且形态向根和叶的分化本身就是向着
土壤和水分这两个方向的分化，以及向着光和空气这两个方向、向着吸收
水分和通过叶子与表皮、光与空气作为中介的吸收作用的分化。吸收作 [412]
用终结于自我返回活动中，这种自我返回并不在与外在性对立的内部主
观普遍性中具有**自我**，并不把自我感觉作为结果。毋宁说，植物是被光，
这种其外在于自身的自我拉向外面，向着光攀援，自我分裂为众多的个

---

* 林克：补编，卷 I，第 46—48 页；卷 II，第 41 页及以后（《基础教程》，第 151—153 页）。
** 维尔德诺夫：同上书，第 402 页及以后。
*** 歌德：《论形态学》卷 I，第 I 分册，"植物的变形"，第 54 页。

体。植物**内在地**从光那里吸取特殊的热气和力量,得到气味、味道的芳香和精神性,得到颜色的光彩和深度,得到形态的敦实和力量。

【附注】:因为这个向外部的进程和第一个进程如此地联系在一起,以至于在它们的生命性实存中根和叶的进程只是作为朝向外部的进程而存在,所以这两种进程只有这样来被区分,一方面朝向外部的方面被更加确定地注意到,但另一方面则主要由于自我的生成——即自我感觉,而是自我返回,是自己从克服无机自然中而来的满足,——在此这具有一种**独特的**形态,即同时是作为一种朝向外部的发展,因而无法被纳入形态进程当中。在形态中出现的自我介入到朝向外部的进程中,以便通过这种自我媒介来媒介自身,把自我生产为自我。但是自我并不保存自己;它的这种满足在植物中并不是自我统一而是自我发展为光的植物。这代替了感觉的位置。自我在其定在中存在,在其形态中返回自身;在此,这意味着:它的定在和形态到处都是完整的个体,本身是一个存在者;但它在自己的定在里本身并不是普遍性个体,以至于它是其自身和普遍性的统一,相反它所关联的另一个别物只是整体的一部分并且本身是植物。自我没有成为自我、本己自我的对象;相反植物根据概念必须关联的第二个自我是外在于它存在的。自我不是为了植物,而是植物只有在光里自己变成自我;植物被照亮、变得有光并不是它本身变成光,相反只是在光下和在光当中植物被产生了。构成对象当下性的光之自我性因而没有变成为观看活动,相反视觉感觉始终只是光,植物上的颜色,而不是那种再次诞生于沉睡的午夜,诞生于纯粹自我之黑暗中的光,——不是这种构成实存的否定性的被精神化的光。

[413]

这种**朝向外部活动的封闭圆圈是一年生的**,尽管另外也有植物,例如树,是多年生的;而且不仅花蕾的绽放是一年性的,而且所有包含其他向外关系的部分和器官,根和叶也是这样。维尔德诺夫说(同上,第450页及以后):"在北方的气候里,叶子秋天掉落;但在其他地方的气候中它可以保持数年"。可如果维尔德诺夫把落叶归因于汁液中断(第452页),

林克(补编,卷 I,第 55 页)则采纳了相反的原因:"看起来叶子脱落与其说是以汁液缺乏为先导,不如说是以汁液过多积累为先导。完全成环的表皮上的缺刻由此来促进落叶,即通过表皮里汁液的回流必须停止……部分由于茎的生长,部分由于寒冷造成的表皮削弱在我看来是叶子掉落的第一原因"。同样根会衰亡并产生新的根:"植物的根在不断的变化中。纤维和枝不断地衰亡,而其他的又长出来。从根当中长出的大量纤维和须是通过潮湿被诱出的,把自己向各个方向拓展;而且以这样的方式根被潮湿环境所吸引。根也散发出水分,这就是为什么根带着泥土。因为老根很快就显得不合适了,或许还因为螺旋导管移动如此厉害,所以根就使土地变得肥沃和腐败。主根很少持续数年;当它发出带着新根的枝和茎后,它就衰亡了。在树木中,茎往土里生长,最终替代了根。因为不仅根向下生长,而且茎也从来不缺乏这种生长;我们在发芽后几天就已经可以明显地看到茎往土里钻"。*

植物相关联的**外部自然**,是元素,而不是被个体化的东西。植物与 α)光,β)空气和 γ)水发生关系。

α)如果说植物与空气和水这两种元素作用的进程是普遍的,那么**与光的作用关系**尤其展示在**花蕾**的绽放中,但花蕾的绽放作为一种新形态的生产属于第一种进程,同样作为性别差别的指示,它也属于第三种进程,—— [414] 这证明了植物的不同进程如何相互渗透并且只是表面性地相互区分。在光下,植物在各个方面都是有力的、芳香的和有颜色的;光是这种具有性质的基础,而且也保持植物的直挺。"在光里,叶子会变绿;然而也有植物的绿色部分,完全与光隔绝,如内表皮。新的叶子如果被放在阴暗处就会变白;但当它们变得更大更强壮时,它们在同样的阴暗处也变成绿色。而花在光里会获得更漂亮的颜色;气味好闻的油和脂会增加。在阴暗处,一切都变得比较苍白、比较无味、比较无力。在暖房里,植物会冒出长长的嫩枝;但只要缺乏阳光,这些嫩枝是柔弱的,没有颜色和气味"。** 构成进程

* 　林克:《基础教程》,第 137 页(补编,卷 I,第 39、43 页),第 140 页。
** 　林克:《基础教程》,第 290 页及以后。

之自我的表皮和叶子仍然处于未分化状态,正因此还是绿色的。这种蓝色和黄色的综合颜色通过水的中性被扬弃并且分化为蓝色和黄色,而且之后黄色还会转变为红色。人工园艺就是要让花出现所有这些颜色及其混合。但在植物和外在于其自身之自我的关系中,植物并不同时以化学方式活动,而是把那个自我纳入自身并内在地拥有它,就像在观看活动中那样。植物在光里,在它同光的关系中,是自为的;与自己绝对的力量,与其本己的同一性相对立,植物自为地构造自己。就像人类个体在与构成其伦理实体性、其绝对力量及其本质的国家关系里,恰恰在这种同一性中,是独立的和自为的,变得成熟和本质性的;同样植物在与光的关系里提供了它的特殊性、内在自身中的特殊和有力的规定性。特别是在南部出现了这种芳香;一个有芳香植物的岛屿在海上可以飘香几哩远,展现出一大片花的景象。

[415]

β) 在**空气进程**中**植物内在地规定空气**,这是以下面方式出现的,即植物把空气作为一种确定性气体再次从自身中提供出来,因为它通过内化作用来区别元素性东西。这种进程最接近化学进程。植物进行蒸腾作用;它把空气转化为水,反过来又把水转化为空气。这种进程是**呼吸**作用;白天,植物吐出氧气,夜间则吐出二氧化碳。* 由于植物封闭性的自我坚持,这种进程是一种黑暗进程。如果我们这样来理解吸收作用,即被吸纳的部分已经现成并且只把异质的东西排除出去,那么我们说,植物自在地从空气中吸收二氧化碳,把其他东西,如氧气等等释放出来。这种据说是哲学性的观察是基于这样一些实验,在其中,植物被暴露在水和光下,它就排放出氧气,——仿佛这并不同样也是和水相互作用的进程,仿佛植物也并不分解空气并把氧气纳入自身。但一般而言并没有出现这样的化学性定在;因为那样的话有机生命就被剔除了。在从空气向水的转化中,任何化学看法都无助于说明从氮向氢的转化;因为两者是不可转化的物质。但这种转化作用通过作为否定性自我的氧气来发生。然而进程并不就此结束:它返回到碳这种稳固性的物质中;同样反过来,植物通过相反

---

* 林克:《基础教程》,第283页。

的途径把这种点状的物质分解为空气和水。植物使大气保持湿润,而且它同样吸收大气的水分;所有否定性的同样是肯定性的。但在植物那里,这种进程就是其形态:1. 植物变成为稳固的自我,变成木质的东西,2. 变成充满水的东西,中性的东西,3. 变成空气的、纯粹观念性的进程(参考本书第 407 页,§346 附注)。

因而,林克展示了这种植物和空气相互作用的进程:"我曾经发现,氧气对于植物的生命是不可或缺的,但植物在其中并不彻底生长,相反当二氧化碳以 1/12 的比例和氧气混合,它使植物在光里出色地生长;二氧化碳被分解了,氧气被释放出来。在黑暗的地方二氧化碳是有害的。按照索修尔[26]的实验,植物吸收氧气,**把它转化为二氧化碳**,并在把二氧化碳分解后呼出氧气。非绿色的部分不吸收氧气;它们**直接把氧气转化为二氧化碳**。从肥沃土壤中的提取物有助于为植物施肥。氧气从中吸收碳以便形成二氧化碳。深层的土壤不适合为植物施肥,但如果它长时间暴露在空气中,就会变得适合"。在这里一场雨就会让所有东西再次变好。"索修尔曾经看到,裸露的、尖端浸入水中的、暴露在不可呼吸的空气中的根会枯萎,在氧气中则继续生长。**它把氧气转化为二氧化碳**;但是如果在这些根上还找得到茎,那么它们吸收二氧化碳并从叶子中放出氧气"。* 与空气作用的进程因而根本不应该被理解为,植物吸收一种已经现成的东西并且仅仅以此方式机械式地增殖自己。一般而言,这类机械观念应该完全抛弃;出现了一种完全的转化,——一种通过生命体的威势来造就东西,因为有机生命恰恰是控制无机物、使它转化的力量。此外,特别是在未成熟的植物里,例如葡萄里经常出现的钾,或许就是由此而来**。

[416]

维尔德诺夫(同上,第 354 页及以后)以下面方式描述植物和空气作

---

*　林克:补编,卷 I,第 62 页及以后;《基础教程》,第 284 页及以后。

**　林克:补编,I,第 61 页。

㉖　参见本书第 147 页,脚注 14。

用进程的**器官**:"开孔出现在植物的上皮中;这是具有异乎寻常娇嫩性的长的裂口自我开合。原则上,这些开口早晨打开,在炎热的中午闭合。人们在植物的所有那些部分暴露在空气中并具有绿颜色的部分中看得见这些开口,而且在叶子的下表面比在上表面更加常见。在水下的叶子和它们漂浮在水上的那一面中缺乏这些开口;在水藻、苔藓、地衣、真菌和类似的植物中也缺乏这些开口……但从这些表皮开口没有通向植物内部的任何通道,以至于人们无法发现与这些表皮开口联系在一起的导管;这些表皮开口没有任何其他装置,终结于被封闭的细胞中"。

γ)除了空气进程,**水的进程**是主要的进程,因为植物只有通过水分才结果实;在植物中没有任何自为的趋向,相反离开水胚芽就是待死的。"种子就这样待在那里——或许无数年,没有生命冲动、没有活动并且始终封闭! 一个偶然的幸运机会唤醒了它,离开这个机会种子还要更长时间僵死在无关的状态中或者最终会腐烂"。"把这种生长从土地的影响中摆脱出来并从长出来的(自己的)营养中生长,这是发芽的茎所具有的趋向。从长出来的营养中生长"(根)"摆脱了这种生长的偶然[417] 性,并达到与土地的充分影响相对立的自己的尺度和转变的形式,这就是叶子的生命"。*

大多数植物不需要土壤来作为它们的营养;人们可以把植物插在玻璃粉和碎石内,这些不受植物的影响,也就是说,植物可以不从中吸取任何营养。因此,植物通过水可以一样好地生长下去;不过在可能的情况下水中必须有油性东西。"黑尔蒙特首先发现,一棵树,在盛满土的盆里,其重量的增加多于土重量的减少,而且他由此推出,水是植物真正的营养物质。杜阿梅尔把一棵栎树栽在纯粹的水里,它存活了八年之久。特别是施拉德尔做了严密的实验,研究种在升华硫中的植物的生长,并把它用纯净水浇灌;但它没有长出任何成熟的种子。毫无疑问,植物,不被种在它们自己所属的土壤中而种在单纯的水、砂土或者硫中,也达不到其所应有的完整性。一种在石灰质土壤中长的植物永远不会沉浸在单纯的砂

* 舍尔维:同上书,卷Ⅰ,第23页;同上书,第78页。

里,反过来砂土植物原则上不会在肥沃的土壤中长出成熟的种子……**盐**或许真正地有肥力而并不只是作为刺激物;但如果量比较大的话,盐是有害的。土壤不可分解的基础在植物生长中并非关,或者说只在下述条件下起作用,即它能透水或保水。硫在空气中加速种子的发芽,氧化铅也可以做到而且没有脱氧活动的痕迹”*。——“由于缺乏水分,植物常常损耗自身,就像被置于干燥环境中的鳞茎植物所证明的,它展开了叶和花,但这样也耗尽了整个鳞茎植物”**。

朝向外部的进程一方面受根另一方面受叶的引导并且是被拉向外部的消化生命,就像在白屈菜属和其他植物中的那种循环流动也从根部流到叶子。这种进程的产物是植物在其自身中的**长节**。这种从产物内容中而来的发展和长出可以被表述为植物在其自身中**成熟**。可由此它也阻止了这种长出,这正是它自身在芽当中的多样化。如果说第一种趋向是单纯形式地增殖已然存在的东西,单纯地继续发芽(就像芽也常常产生叶子,叶子又产生芽,并且直到无穷),那么花蕾同时既是对长出、对一般生长的**阻挡**和收回,但立即会出现开花的状态。“在我们这里每种草木一年有两次发芽;一个是主芽,在春季展开;它由大量的汁液形成,这些汁液是根在冬天里吸收的。在我们这里,只有在 1 月 20 日圣费边和圣塞巴斯蒂安节前后,当人们给树木钻孔时会在其中发现汁液;在继之而来的暖和天气里,这种汁液并不如此流出,相反只有再等到天冷的时候才行。在晚秋直到一月中旬根本不流任何汁液”。之后,当叶子长出来以后,也不再流任何汁液;因而只是在一月随着根的活动开始,以及之后只要叶子还再活动并从表皮汲养的期间,汁液会流出。“第二次长芽并不是十分强烈,而且出现在白天最长的时候,因而在夏至前后,由此它也被称为‘约翰芽’。它由在春季吸收的水分所产生。在温暖地带,两种发芽活动同样地强烈,　因而在那里植物生长得更茂盛”。***因而在那里也有两种不

[418]

---

* 　林克:《基础教程》,第 272—274 页,第 278 页及以后。
** 　维尔德诺夫:同上书,第 434 页及以后。
*** 　维尔德诺夫:同上书,第 448 页及以后。

同的发芽;但在这种南部的植物中,生长及其终止是同时发生的,而在我们这里这两者并不在同一个时间。因为生命体的繁殖把自己展示为对于整体的恢复,所以与新芽的出现结合在一起的也有新的木质圆环的出现,或者一种新的内在分化;因为就像夏至前后下一年的芽就长出来了,同样新的木质也长出来了,如同我们前面(见本书第411页,§346附注)已经看到的那样。

通过阻止一般的长出,同样也特别通过嫁接,树木的结果实能力获得了增长,这恰恰因为陌生的枝条更加保持与处于生长中的整个生命相分离。因而,接穗结出 α)更多果实,因为它作为独立物脱离了单纯的发芽,并且可以在独特的生命中更加投入到结果实活动中,β)此外,更加优良和精细的果实,因为"服务于更加优良植物的野生物种的根总是被准备好了,而且这种更加优良植物中被嫁接的器官也同样已经准备好了"*。另外,通过(在油料树木那里)表皮里圆环的出现,生长趋向被阻挡了,而树木由此被弄得更加能结果实;同样根的生出通过缺刻而被促进。

[419]

但一般而言,这种进程的**规定**并不是一种无尽头的生长,而毋宁是自我把握,把自己带回自身;开花本身就是这个返回、自为存在的环节,尽管植物从来不能真正达到自我。花是这种节,它不是那种仅仅生长的芽;相反,作为阻挡生长的长节活动,花是更加精细发育的叶之聚集。从细胞组织的点状基础或者最初的胚芽开始,通过木质纤维的直线化和叶子的平面化,植物在花和果实中达到了完满的形态;多重的叶子再次汇集在一个点中。作为这种被提升到光、提升到自我的形态,它首先是具有颜色的花;在花萼中单纯中性的绿色已经被染上颜色,在花中更加如此。另外,花不仅像树叶那样在被擦碎时才有气味,相反它本身就有芳香。在开花期最终出现了器官里的分化,人们把这种分化与动物的性别部分相比照,它们是在植物自身中产生的自我关联之自我的形象。花是自我包裹的植物生命,它在胚芽周围产生一个圆环作为内在产物,而之前它仅仅向外生长。

* 舍尔维:同上书,第46页。

§348

c）植物在**开花过程**中也从自身中产生光作为**它本己的自我**，在开花中首先是中性的、绿色的颜色被规定为一种特殊颜色。作为个体性自我的自我关系，作为自我返回，**类属进程**阻止生长活动，这种生长是自为地、无止境地从芽到芽的往外生长。但植物并没有把生长活动带到个体本身的关系中而仅仅是带到一种差别中，这个差别的侧面在自身中并不同时是完整的个体，并不规定完整的个体性，因此这种差别也只是达到类属过程的开端和前兆。**胚芽**在此要被视为是同一个个体，其生命性贯穿这个 [420] 进程，并且通过自我返回既自我保存也发展到种子的成熟；但这个过程整体而言是一种多余，因为类属进程和吸收进程本身已经是繁殖，是生产新的个体。

【附注】：在植物那里，最后的活动是开花，由此植物使自己成为客观的，吸收光并把外在东西生产为其自己的。因而奥铿说（同上书，卷 II，第 113 页），花是植物的脑；相反来自同一个学派的其他人认为，植物在土壤中具有它的脑，即根，而性别器官反而朝天。花是植物最高的主观性，是整体的收缩，像在个别物中那样，是在它们自身中的对立以及同自身的对立，——但同时是与外部的对立，因为花序的展现本身又是一个连续序列："茎比枝条开花要早，枝条比侧枝要早等等。在同一根枝上下面比上面部分开花要早"。* 但更准确地说，因为植物产生其他个体同时自我保存，所以这种结果实的能力不仅意味着植物通过经常的长节而超越出自身，而且毋宁是对生长的阻碍，而且对这种向外长芽的阻挡是那种结果实能力的条件。假如现在对这种来到自身之外活动的否定在植物中获得了**实存**，那么这就只意味着，植物自为独立的个体性、构成植物概念并自为地寓于整个植物中的实体性形式、植物的**母本**被**分离**出来了。通过这种分离，当然仅仅是另一个新的个体产生了，但这个个体由于作为对多样化

* 林克：补编，卷 I，第 52 页。

的阻挡,因而只是内在自身的一种分化;当我们观察性别部分的命运时,这就是在植物中发生的内容。正如在一般生殖活动中那样,研究在没结果实的种子中有什么以及通过结果实增添了什么,这种研究在此没什么帮助。这种观察脱离了扼杀生命体的化学的粗糙的手,并且只能看见僵死的东西是什么而不是生命体。植物结果实单单在于,它在这种抽象活动中,在相互分离的定在中,展示了自己的各个环节,并且通过接触把这些环节再次设定在统一体中。这种运动,作为在抽象物、在差异物、在被精神化的东西、由于抽象而定在的东西之间的运动,是植物在自身中展示出来的实在化。

[421]

α)从林奈开始,这种展示一般被视为是性别进程;然而它如果是这样的进程,它就不仅必然把植物的部分作为环节,而且把整个植物作为环节。因而在植物学中一个著名的、有争议的问题就是,是否在植物中真的像在动物中出现的情况那样首先有性别差别,然后才有受精作用。

1. 就**第一个**问题我们必须回答:植物获得了植物性自我和植物性自我的差别,以便每一个都有把自己和另一个相等同的趋向;——这个规定只是作为性别关系的类比物而出现。因为相互关联的东西并不是两个个体。只有在个别的构型物中才以如下方式出现了**性别差别**,即被分离的性别被分配在两个独立的植物当中,——这就是**雌雄异株**:重要的植物有棕榈、大麻、啤酒花等等。这样,雌雄异株构成了对受精作用的主要证明。但在雌雄同株的植物里,如香瓜、南瓜、榛子、枞树、橡树这些植物,雄性和雌雄的花出现在同一株植物上;也就是说,这样一些植物是雌雄同体。另外还有**杂性式**的植物,它同时带有性别分离的花和两性的花。* 但这种差别在植物的生长期间常常变化很大:在雌雄异株的植物中,例如在大麻、山靛属等等当中,一株植物较早的时候显示出雌性的萌芽,但后来它却变成了雄性的;因而这种差别仅仅完全是部分性的。不同的个体之所以不能被视为不同的性别,这是因为它们并没有被沉浸在它们对立的**原则**中,——因为它们的对立原则并没有完全渗入它们,并不是整个个体的普

---

* 维尔德诺夫:同上书,第235页及以后。

遍环节而是它的一个被分离的部分,并且两者仅仅按照这个部分相互联系。本真的性别关系必须把整个个体作为其对立的环节,这些个体的规定性如果完全返回到自身就会把自己拓展到整体当中。个体的整体习性必须和它的性别联系在一起。只有当内在的生产能力获得完整的贯彻和满足,个体的趋向才会出现,性别关系才会觉醒。在动物中从开始就是性别的东西,仅仅自我发展,获得力量,成为趋向,但并不是形成其器官的东西;这种东西在植物中则是一种外在性的产物。 ［422］

植物之所以是没有性别的,即使是雌雄异株,这是因为除了其个体性所有**性别部分**都形成一个封闭的、特殊的圆圈。我们一方面把**花丝**和**花药**作为雄性的性别部分,另一方面把**子房**和**雌蕊**看作雌性性别部分;林克(《基础教程》,第215—218、220页)以下面方式加以描述:"我从来没有在花药中找到过导管;花药大部分由大的、圆的和多角形的细胞构成:只有在人们发现神经的地方,"(?)"这些细胞才是比较狭长的。在花药中可以找到花粉,大多数是分散的、呈小粒状。花粉很少被固着在细小的纤维上;在一些植物里,花粉是一种树脂性的东西,在另外一些植物中,它具有一种动物性物质,即磷酸钙和磷酸镁。苔藓的花药在外在形式上,在带有排列规则的叶子周围,和雄蕊有许多相似之处……导管束从来没有从花柄或者子房中央径直通到雌蕊当中;相反这些导管束,是从果实外皮或者从邻近的果实中出来,在雌蕊中相遇。因而有时雌蕊基部显得是空心的,并且有一条有力的、细小的细胞组织穿过雌蕊中央。并没有另外一条从柱头通向种子的管道来使后者受精"(难道这种细胞组织并不真通向种子吗?)"导管常常并不进入柱头,或者它从柱头经过种子中的外在果实,然后到达花柄"。

2. 是否出现真的性别部分,这第一个问题连带着**第二个问题:是否交配活动本身**真的发生。受精作用实际存在,柏林那个众所周知的事情对此给予了证明:"那里植物园的格列迪奇于1749年用从莱比锡波什植物园送给他的雄性矮棕榈的花粉,给一株开花30年但没有长出成熟果实的雌性棕榈授粉,获得了成熟的种子。1767年春天,克勒罗伊特把在卡尔斯鲁厄植物园收集的矮棕榈花粉一部分送给在柏林的格列迪奇,另一部分送给在圣彼得堡的园艺师埃克莱本。在这两个地方,对雌性棕榈的授粉都获得了幸运的成功。在圣彼得堡的棕榈已经一百岁了,而且总是只开花不结果"。*

[423]   3. 如果我们由此必须承认实际的受精作用,那么还会出现**第三个问**题:这种受精作用是否**是必然的**。因为芽是完整的个体,植物通过蔓茎就可以发展,叶子、枝条只需要接触土地,就会作为独立的个体自为地结果实(本书第 384 页,§345 附注),所以在植物这里通过媒介方式综合两种性别——生产——来造就一个新的个体,这是一种游戏、一种奢侈物、一种对于植物发展多余的东西;因为植物的展开本身只是其自身的多重化。通过两种性别结合的受精作用不是必然的,因为植物构型物既然是完整的个体性,本身就已经受精了,因而也无须被另外一个个体接触。很多植物具有这种受精作用的工具,但是只产生无法受精的种子:"一些苔藓可以具有雄蕊,但无须它来进行增殖,因为它们通过芽就足以使自己繁衍。但这些植物难道不像木虱那样,至少经过几代,没有受精也会产生发芽的种子吗?斯巴兰让尼[27]的实验看起来证明了这点"。**

现在如果我们问:一株植物是否可以产生成熟的种子,而无须雌蕊从花丝和花药那里受取花粉粒,那么回答就是:在一些植物中,它们不产生任何成熟的种子,但在另外一些植物中这却是可以的。因而事情一般就是:在大多数植物那里受精作用的条件是雌蕊和花粉粒的接触,但在很多植物那里虽然没有这种接触但受精作用依然进行。因为柔弱的植物生命虽然显示出向性别差别转化的倾向,但它还没有完全获得这种差别,相反在整体上植物的本性与此是无关的,所以一些植物即使雌蕊、柱头弄坏

---

*   维尔德诺夫:同上书,第 483 页;舍尔维:同上书,第 12 页及以后。

**   林克:《基础教程》,第 228 页。

---

27   斯巴兰让尼(Lazzaro Spallanzani, 1729—1799):近代生物学奠基人之一。另外参见本书第 481 页,脚注 42。

了,植物生命受到了损伤,它们依然成熟并且独立地结果实;因而这些植物是自为地自我完成的,而且以这种方式种子没有比芽有优势。在雌雄同株的植物中,例如在香瓜、南瓜当中,两个部分也并不同时成熟,或者说它们处在一定的距离和位置以至于无法相互接触。这样,我们在很多花中,特别是在白前科植物中,看不到花粉如何可以到雌蕊上去。*在一些 [424] 植物中,必须由昆虫、风等等来完成。

β)现在出现性别差异和类属进程的地方出现了一个进一步问题:因为该进程对于种子成熟并不是必须的,那么它应该如何被理解,以及是否它应该被认为是动物进程的类比物。

1. 在植物那里类属进程是**形式性的**;只有在动物有机体中它才具有真正的意义。如果说在动物的类属进程中,作为个体之否定性力量,类属通过牺牲这一个体自我实现,用另一个个体替代这一个体,那么在植物那里这个进程的肯定性一面已经存在于前两个进程当中,因为与外部世界的关系已经是植物自身的繁殖,因而和类属进程融为一体。这种与外部世界的关系因此实际上同样是性别关系,或者毋宁被视为是**消化进程**;这里消化活动和生产活动是同一的。这种消化活动自己产生个体;但在植物中被生成的是另一个个体,就像在生长的直接性消化活动中一样,这恰恰是结节。芽的产生和成熟只需要对于繁茂生长加以阻挡;整体由此集中到节、果实当中并且分成很多可以独立存在的籽粒。因而对于植物本性来说,类属进程并不重要。它展示出个体的繁殖本身构成一个完整进程,以一种**间接的**方式来进行,尽管所有这一切在植物中同样又是个体的直接产生,——既是种子的性别差异又是种子的产生。

2. 但在出现实际接触的地方**发生了什么**? 花药绽开,花粉粒飞出并且接触到柱头和雌蕊。接着花粉粒的**飞出**出现了雌蕊的**萎缩**和果实节、种子及其外皮的膨胀。可为了个体被产生,只有对于生长的否定是必需的;甚至性别部分的命运也只是遭到**阻挡**、**否定**、**弄碎**和**枯萎**。在动物生命中阻挡、否定也是必需的。每一种性别否定了其自为存在,把自己和另

---

* 林克:《基础教程》,第219页。

[425] 外一种性别设定为是同一的。然而在动物中不只是通过这种否定来设定生命的统一体,相反通过那种否定来被媒介的两者同一性之被设定也在其中起作用。这就是被受精、胚芽、被产生。但在植物那里**只有**否定是必需的,因为在植物里个体性、胚芽和母本的肯定同一性立即自在地普遍出现,因为它是原初的同一物,每一个部分都是个体。在动物中,相反对于个体独立性的否定也是作为感受统一的肯定。但这种在植物中唯一必需的否定方面出现在花粉的粉碎中,后者与雌蕊的枯萎联系在一起。

3. 舍尔维更进一步把这种否定性方面视为雌蕊**中毒**。他说:"如果我们取走郁金香的花药,那么它不会长出种子荚和种子,而是始终保持不结果实。花药对于植物的果实结出是必需的,而且不应该被切除"(但就像我们看见的,这并不是普遍情况)"但由此还无法得出,花药是进行受精作用的性别。如果并不服务于受精作用,那么它也并不因此是多余的部分,我们可以在不伤害植物前提下取走或损伤它。切除花瓣和其他部分也可以伤害植物的发展;可我们并不因而说,如果它们被切除,那么果实进行受精作用的性别部分就被取走了。难道花粉不也是必然先于种子成熟的分泌物吗? 只要不带偏见地考虑一下这种情况,人们大概就会发现,也有一些植物,在适合它们的气候中,切去雄蕊也会有利于它们的受精作用,而这种切除对于其他植物普遍而言是有伤害的。另外,切除根和枝,刻刺表皮,抽取营养物质等等,也常常使不结果实的植物结果实。但斯巴兰让尼也曾经无损害地摘掉雌雄同株植物的雄花,并从未授粉的果实中获得了成熟的、再次发芽的种子,例如在甜瓜和西瓜中"。* 当雌雄异株植物的雌花被封闭在玻璃导管中,我们也可以看到同样的现象。切除树、根等等以便获得更多的果实,这是对于过多营养的抽取,这可以被看

[426] 作是给树木放血。大量的实验和对照实验已经被进行;对于一方成功的,对于另一方则失败。"假如果实要**成熟**,那么**植物的生长和发芽**就必须**被终止**;因为当植物总是不断地开始力图凭借其年轻的力量从内部向外部生长,那么必然不可能同时有对植物生长的终止,或者说成熟以及形成

* 舍尔维:同上书,第4—7页(14—15)。

果实达到静止。因此，一般而言幼年的植物和汁液丰富、营养旺盛的植物很少结出成熟的果实。当果实已经部分形成以后，果实的长势本身常常有被排斥或者被转变为趋向，就像在所谓抱茎植物的花和果实那样。作为这样一种**限制生长的、扼杀性的毒药，花粉作用于柱头上**。一旦胚开始膨胀并成熟，雌蕊就逐渐枯萎了。如果说现在这种死亡并不来自植物进程的内部转变，那么胚离开外在的帮助也不会成熟。但这种帮助来自花粉中，因为花粉本身是达到自己顶点趋向的爆发和显现，是相互外在拉开的成长。花粉里这种扼杀生长的力量首先在于花粉中的**油**"。因为植物给自己生产一种可燃性的自为存在。"在所有植物部分中，油、蜡和树脂都是外在的、限制性的、闪亮的覆盖物。油难道不是甚至自在地就是植物物质的界限，最高的、最后的产物吗？这种产物几乎超出了植物本性，类似于动物性物质、类似于脂肪。通过转化为油，植物体衰亡了，因而在其中存在着制止胚发新芽的力量……所谓的杂种表明花粉也使其他植物变得结果实"。* 通过柱头与油性东西的接触，受精作用因而只是否定，它扬弃了性别部分的相互外在性，但并不作为一个肯定性的统一体。在新一期的杂志里，舍尔维详细论述了相关实验中没有根据的内容。**

γ）这种否定进程的结果是**果实**的形成，——是非直接性的芽的形成，它相反要通过被发展的进程所设定，而直接性的芽只是对于整体的形式性重复。可果实明显地是要产生种子，因而植物也在其中使自己结成为圆形的。

1. 在果实中被生产出来的**种子**是多余的东西。就作为种子而言，种子并不比芽有优势，因为只是一个新的个体要被产生。但这个新个体是 ［427］
未被消化的[28]植物；在果实里植物自我展现，从自身中并通过自身形成自

---

*　舍尔维:同上书,第15—17页。
**　《关于植物性别学说的批判》,第二期,1823年。

28　米希勒版写作"verdaute"（被消化的）。德文编者根据《耶拿实在哲学》（霍夫迈斯特编，第137页）修改为否定形式"unverdaute"。

己的有机本性,相反在很多没有种子的植物中,类属并不以这样的方式自我保存保而是类属进程已经和个体性进程融为一体。

2. 种子是种子本身,而果皮是种子的**外皮**,——**荚果**,或者**水果**,或者木质的**硬壳**,其中植物本性的整体一般而言最终以圆形的方式被汇集在一起。叶子从种子、从个体的简单概念分离成直线和平面,叶子把自己汇集为有香味的、有力量的叶子,以便成为种子的种皮。在种子和果实里,植物产生两种有机物体,但它们彼此无关并相互外在。土成为生成种子的力量,而且果实不是种子的母体。

3. 果实的**成熟**也是它的腐烂;因为它的损伤帮助它成熟。在昆虫把花粉传到雌性部分的地方,那里就不长果实。但舍尔维在无花果那里指出,正是损伤让其果实成熟。关于无花果授粉,他援引(同上书,第 20 页及以后)尤利乌斯·邦台德拉(《文集》,帕塔维:1720 年,第 XXXII 章):"就像在我们这里多数植物中,果实由于外在损伤不久就成熟脱落,同样苹果树和其他这类树的果实不成熟也掉落,人们这样来帮助它们,即让它们承受石头的重负,同时加固它们的根。由此常常可以防止果实损失。在杏树那里,乡下人通过打入橡木楔来造成同样的结果。在其他植物那里,则是把棍子一直钻到髓里,或者切割表皮。因此,我相信,一种特殊种类的蚊子被创造出来,它会产生在不结果实的"(雄性的)"棕榈花上;它叮住可结果实的胚胎并刺穿它们,通过一种仿佛有益的叮咬影响它们,以便所有果实不脱落并获得成熟"。

舍尔维继续说(第 21—24 页):"无花果应该通过无花果刺蜂来受[428] 精,由此它拥有昆虫在这一技艺上的头等荣耀;在无花果那里,对所传来的花粉的任何怀疑都消失了,因为这种授粉只有针对气候才是必要的"。无花果授粉一说是因为,那种必须扎优良无花果树以便它可以产生成熟的果实的昆虫,只出现在其他不良品种的无花果树上,因而这种树必须被种植在附近。"约翰·鲍欣说:从野生无花果树的腐烂果实中产生的蚊子飞到优良的无花果树的果实上,而且因为这些蚊子通过叮咬打开那些果实,**它们从中抽取多余的水分**并由此促进和加速成熟。普利尼(《自然史》,卷 XV,第 19 页)说:让无花果很快变干并裂开的土壤会造成与昆虫对其受粉作用的贡献相同的效果;——在一个地方,许多干燥灰尘从大路落到树上并且多余的汁液被吸收,无花果授粉作用就不必需了。在我们这个地区,雄性的树和昆虫匮乏,无花果的种子不能完全长成,因为它没有完全成熟。可是,在炎热的国家未经授粉作用而成熟的无花果只是一个成熟的花托而不包含任何完整的种子,这只是一个单纯的断定"。因而,事情的关键在于气候的温暖和土壤的本性。无花果授粉作用是果实本性里的一种阻挡,而且这种异类的、扼杀性的东西形成了植物本身的繁殖并完成了这种繁殖。昆虫叮咬果实并由此把它变得成熟,而不是通过被带入进来的花粉粒;这就像一般而言被刺伤的果实会脱落并较早成熟。

"但只要低级生命在统治,花、授粉和果实就是安静的。如果花获得了展现,那么秘密的最高展现就到处占据了统治地位;生长和发芽被遏制了,花所具有的颜色、香气继而常常在所有部分中被发展。当授粉占据统治地位,被展开的东西作为被完成的东西而衰亡了,那么这种枯萎就在所有部分中开始了,叶子很快就会掉落,外在的表皮变干并且脱落,木质变硬。当最终果实统治的时候,那么同一个生命精神就进入每一个部分,根造成嫩枝,表皮发出芽;在叶腋中开始发芽增殖。授粉就是植物自为的目的,——完整植物生命的一个环节,这个生命贯穿所有部分并且最终,自为地突破,仅仅在花药里达到其显现的分离"。*

§349

[429]

但在概念中被设定的是,进程展示自我联合的个体性以及首先作为个体存在的部分,这些部分也是作为属于中介并在其中消失的环节;由此植物生命的**直接个别性**以及**相互外在性**表现为是被扬弃的。这种否定规定的环节构成了向真正有机物**转化**的基础,在后者中,外在形态与概念是吻合的,各个部分本质上作为有机部分实存,并且主体性作为整体之渗透性**同一体**而实存。

---

*　舍尔维:同上书,第 56 页及以后,第 69 页。

【附注】：植物是一个从属性的有机体,它的规定是把自己献给更高级的有机体,以便被后者所享用。就像在植物颜色中光是为他存在,植物的空气形式是为他之气味,同样果实作为以太油,把自己凝聚成糖中可燃性的盐并且变得更少流动性。这里植物展现为是概念,概念物质化光的原则并把水的东西弄成为火的东西。植物本身是内在的火的东西之运动,它转化为发酵;但它从自身中释放出来的热不是血而是它的损毁。这种比它作为植物更高的,这种动物进程是它的毁灭。——因为花的生命阶段只是与他者的关系,而生命在于把作为差异物的自身与自身相关联,那么这种在花中使植物变得自为的接触就是它的死亡;因为它不再是植物的原则。这种接触是把个体物、个别物设定为与普遍的东西相同一。但由此个别物被降低了地位,不再是直接的而只是通过对其直接性的自为否定,但以此方式在通过个体达到实存的类属中自我扬弃。可由此我们就达到了动物有机体这个更高概念。

[430]

C. 动物有机体

§350

既然形态的固有外在性被**观念化**为各个有机部分,有机体在其向外的进程中内在地包含自我性之统一体,所以有机的个体性作为**主观性**实存。这就是**动物**的本性,其在直接个别性的实在性和外在性里相反同样是**个别性之自我返回的**自我,是**内在存在的主观普遍性**(§163)。

【附注】：在动物里,光已经找到了自己,因为动物阻止自己与他者的联系;正是自我是为了自我的,——即贯穿差异者的两者实存统一体。因为植物要发展到自为存在,所以两个独立的个体——植物和芽并不是作为观念性的东西而存在;一旦两者被设定在统一体中,这就是动物性的。因而,动物性有机体是主观性的双重化,主观性不再像在植物里那样以差异方式实存,相反是以这样的方式,即这种双重化的统一体达到实存。所以,在动物里实存的是真正的主观统一体,是简单的灵魂,是内在的形式无限性,这种无限性被展示在肢体的外在性中,而这种外在性再次和无机自然,和一个外在世界联系在一起。但动物的主观性是要在其肢体性以及被外在世界的接触中自我保存,并且作为普遍性的东西泊守于自身之中。因而作为自然中的最高点,动物的生命是绝对唯心论,要以完全流动的方式内在地具有自己肢体性的规定性,——要把并且已经把直接性的东西吞入主观性的东西中。

因此在这里,重力才真正被克服了;中心成为被充实的中心,它把自己作为题材并且只有这样才是真正自为存在着的中心。在太阳系里,我们有太阳和组成部分,它们是独立的并且只按照空间和时间而不按照它们的物理本性相互关联。如果动物性的东西现在也是太阳,那么其中各个星球则是按照它们的物理本性相互关联并且被收回到太阳当中,太阳 [431] 内在地把它们包含在**一个**个体性里。动物是实存的理念,因为所有有机部分绝对只是形式的环节,总是否定它们的独立性并把它们归入统一体当中,这个统一体构成了概念的实在性并且为了概念存在。如果人们砍断一根手指,那么它就不再是手指,而在化学进程中逐渐瓦解。在动物中,被产生的统一体是为了自在存在的统一体而存在,并且这种自在存在的统一体是灵魂,是出现在物体性中的概念,因为这种物体性是观念化的进程。空间性的彼此外在持存对灵魂而言毫无真理;灵魂是单一的,比点更加精细。有人努力寻找灵魂;但这种做法是矛盾的。有上百万的点,在其中灵魂无处不在;但是它却不在任何一个点上,因为空间的相互外在性恰恰对它毫无真理可言。这种主观性的点要被固定;其他的则只是生命的谓词。但这种主观性作为纯粹的、普遍的主观性,还不是自为的;它还没有思考自己,它感觉自己,仅仅直观自己。也就是说,它只在个别物中同时是自我返回的,这种个别物如果被还原为简单规定性就是以观念性的方式设定的;只有在一个被规定的、特殊状态中,这种主观性对于自身是对象性的并且是对每个这类的确定性之否定,但还没有超越这类确定性;——正如感性的人也可以把自己投入一切欲望当中,但并不超越这些欲望,以便通过思的方式把自己把握为普遍性的。

§351

动物具有偶然性的**自我运动**,因为它的主观性像光一样,是摆脱了重力的观念性,是一种摆脱了实在外在性的自由时间,是按照内在的偶然性从**自身**出发把自己**规定成为位置**。与此相连的是动物具有**声音**,因为它的**主观性**作为**实在的**观念性(灵魂)是对于时间和空间抽象观念性的支配,并且**内在自身地**把自己的自我运动展示为一种自由的振动;——动物具有动物的**热**,这是在持续保持形态中各个部分的内聚性和独立持存的持续**分解进程**,——此外还有**不间断的吸收活动**,构成了与个体性无机自

[432]

然的自我个体化的关联;——但首先是**感觉**,这是在规定性中对自己而言直接**普遍的**、简单泊守于自身并自我保存的个体性:被规定存在的**实存的****观念性**。

【附注】:在动物那里自我是为了自我的,其中立即包含着构成动物种差及其绝对明显特征的对**感受**之规定,这是作为主观性之完全普遍者。自我是观念性的,既不被流露出来也不沉浸在物质性中,相反只是在物质性中行动和在场,但同时内在地自我寻找。这种构成感受的观念性在自然中是实存的最高宝藏,因为所有东西都被挤压其中。愉悦、疼痛等等尽管也是以身体的方式来形成,但是所有这些身体性的实存还有别于这一点,即该身体性实存作为感觉被收回,也就是说,被收回到简单的、自为存在的实存。在看、听活动中我直接就在我自身那里,而且这只是在我自己当中的我的纯粹透明性和清晰性的一种形式。这种点状的、但却无限可规定物是如此不含混地始终处于自己的简单性中;因为它把自己作为对象,把主体作为自我—自我、作为自我感觉。因为动物具有感受,所以它具有和他者的理论关系;而植物或者对于外部无动于衷或者是以实践的方式相联系,而在后一种情况里,它并不让外部保持存在而是把外部吸收

进自身。尽管动物也像植物那样与作为观念性东西的外部相联系,但同时他者也被释放出来,始终持存,并且由此具有与主体的关系而不是始终与之无关。这是一种非欲望性的关联。感受的动物内在地被满足,因为它被他者所改变,而且这种内在的满足恰恰构成了理论关系的基础。以实践方式发生关系的东西,因为他者被设定在它那里,所以并不内在地被满足的,相反必须对这种在它当中设定的改变来进行反应,扬弃这种改变,并把它和自己等同;因为这种改变是一种干扰。但动物却在与他者的关系中是内在地被满足的,因为它可以承受他者所引起的改变,而且它同时把这种改变设定为是观念性的。——他者只是感受的结果。

α)尽管作为感性之物,动物是重的,始终与中心处于连接中;但是地点的个别性摆脱了重力,动物被捆束在重力的单一位置上。重力是物质 [433] 的普遍规定,而它也规定个别位置;重力的机械关系恰恰在于,因为空间中的某物被规定了,在此它只有在外部中才有自己的规定。作为自我关联的个别性,动物具有这种位置的个别性,但不是作为从外部对它的规定,相反作为自我返回的个别性,它与无机自然是无关的,而且在自由运动中单纯通过一般的空间和时间处于与无机自然的关系中。因而,位置的个别化在于动物自己的力量而不是通过他者来设定;相反,动物自我设定这个位置。在所有他物那里这种个别化是稳固的,因为它不是一种自为存在的自我。尽管动物并不来自对个别位置的普遍规定,但**这个**位置是被动物所设定的。正是由此动物的主观性不单纯地和外在自然有别而是它自己与之相区分,这就是一种最为重要的区分,是自我设定,这由**这个**位置、**那个**位置等等的纯粹固有否定性构成。整个物理学是在与重力的差别中发展了的形式;可它却没有达到反对重力迟滞的这种自由,相反只有在动物的主观性中这种自为存在与重力相对立地设定了。物理个体性也并不来自重力,因为它的进程仍然具有位置和重力的规定。

β)声音是动物的高级特权,它可以显得令人惊讶;它是对于感受、对于自我感觉的表达。动物内在地是自为的,这展现了动物的自我感觉,而这种展现就是声音。但只有感受者可以展现它是感受着的。由于疼痛、需求、饥饿、满足、欲望、喜悦、性欲,空中的鸟和其他动物会发出声音:当马要奔赴战场的时候,它会嘶鸣;昆虫会嗡嗡作响;当猫感到舒适的时候,它会发出呼噜的声音。可唱歌的鸟的理论性自我表达是一种比较高级类别的声音;而且鸟的这种能力很发达,这已经是不同于动物一般发声能力的特殊的东西。因为如果说鱼在水中是沉默的,那么鸟在空中自由地飞来飞去,把空气作为自己的元素;与地球的客观性重力相分离,鸟用自己充满空气并在特殊的元素里表达它的自我感觉。金属可以发出声响,但还不是声音;声音是一种变得精神性的机械作用,它以此方式自我表达。

[434] 无机物只有受到促使和击打才会展示自己特殊的规定性;但动物会从自身中发出声音。主观性的东西把自己表现为具有灵魂性,因为它内在的振动并使空气发生振动。这种自为的主观性是完全抽象的,是时间的纯粹进程,在具体物体里该进程作为自我实现的时间是振动和音律。音律这样来到动物中,即它的行动性本身是使有肢体的有机体之振动。但由此没有任何东西被外在地改变,而只是被移动;而且被造成的移动只是抽象的、纯粹的振动,由此只有位置改变了,而这种位置改变同样又被扬弃了;——对比重和内聚性的否定,但这两者同样又被恢复了。声音是离思最近的东西;因为在这里纯粹的主观性变得对象化了,不是作为一种特殊的实在性,作为一种状态或感受,而是在空间和时间的抽象元素里。

γ) 与声音联系在一起的是动物的热。化学进程也产生热,它可以升高到火;但这种热是瞬间的。相反,动物作为自我移动、自我消耗和自我生产的持续进程,持续地否定物质性东西并又再次产生它,因而必然总是产生热。特别是热血动物,在它们这里感受性和应激性的对立达到了特别的高度(参见本书§370附注),而且应激性在血液里被自为地构建,人们可以把这种血液称为流动的磁体。

δ) 因为动物是达到了个体性的真的、自为存在的自我,所以它是排外的并把自己孤立出来,摆脱地球的普遍物质,而且后者对它来说具有一种外在的定在。外在性的东西是不受动物自我支配的,它对于动物自我而言只是其自我的一种否定性的东西,是一种漠不相关的东西;与之直接联系在一起的是,其无机自然对它个别化了,因为与元素的距离不再产生了。**这种**与无机自然的关系是动物的普遍概念;动物是个体性的主体,其与个体之物本身关联,不像植物那样只与元素性的东西关联,或者除了在类属进程中也不与主观性的东西关联。动物也有植物式的本性,与光、空气、水的关系;但动物还有感受,而人除此之外还有思考。所以亚里士多德提到三种灵魂:植物灵魂、动物灵魂以及人的灵魂,他把这三者作为概念发展的三个规定。作为差异性个别物之自我返回的统一体,动物作为目的实存,而该目的是自我产生的;——这就是返回到**这个**个体中的运动。个体性进程是一个封闭的循环,一般而言在有机物里是自为存在的领域;因为这是其概念,所以它的**本质**、它的无机本性就对它个别化了。但因为它同样作为自为存在的自我而自我关联,所以它把其自为存在设定为与其在同无机自然关系中存在相区分。动物中断了这种向外的关系,因为当它吃饱喝足的时候它就满足了;——因为动物有感受,是自为存在着的自我。在睡眠中,动物沉浸到与普遍自然的同一性中,在清醒状态,它与个体有机物发生关系,但也中断这种关系;而且动物的生命是在这两种规定之间交替变化的过程。

[435]

§352

动物有机体是作为概念有生命的普遍性而存在的;概念作为推论经过自己的三个规定,其中每一个**在自身中**都是实体统一体的同一个**整全体**,同时按照形式规定是向另一个规定的**转化**,结果从这个进程中以实存的整全体**产生了**;只有作为这种自我繁殖之物而不是作为当下存在者,生命体才**存在**并且**自我保存**;因为它使自己成为自己所是,生命体才存在;生命体是在先的目标,该目标本身又只是结果。——因而有机体要被看成是 a)个体性理念,它在自己的进程里仅仅**自我**关联并且在自己内部自我联系,——**形态**;b)理念,它与自己的**他者**、自己的无机本性相联系,并内在地把后者以观念方式设定,——**吸收作用**;c)理念,它同本身是生命个体的他者相联系,并由此在他者中自我关联,——**类属进程**。

【附注】：动物有机体是微观宇宙，是自然变得自为的中心，在其中整个无机自然聚集在一起并且被观念化了；这要做详细的说明。因为动物有机体是主观性的进程，在外在性中自我关联，那么只有在此其余的自然才作为外部而出现，因为动物体在与外部的关系中自我保存。但因为植物被拉向外部，而无须在与他者的关系中真正保持自己，所以对于植物而言其余的自然还没有作为一种外在的东西存在。——动物的生命是作为自己的产物、作为自我目的（Selbstzweck），即同时作为目的和手段。这种目的是一种观念性的规定，它已经在先存在，并且因为后来实现化的活动介入了，该活动必然与现存的规定相吻合，所以不会出现其他任何东西。这种实现化同样是自我返回。被达到的目的具有相同内容，该内容已经在行动中出现；因而生命体没有通过所有自己的活动进一步发展它。正如有机组织以自身为目的，同样它也是自己的手段，因为它不是一个持存性的东西。内脏，有机部分一般总是以观念性的方式设定，因为它们相互作用；而且就像每一个中心点以其他部分为代价产生自己，同样它也只通过进程实存；也就是说，被设定为手段而遭到扬弃的东西本身就是目的、产物。——作为发展概念的东西，动物有机体是仅敞开了概念差别的理念，因而每一个概念环节包含其他环节，本身就是系统和整体。这些整全体作为被规定的东西，在其转化中产生每个系统自在所是的整体，而整体是**一个统一体**，是主体。

[436]

最初的进程是自我关联的、自我肢体化的有机体，它在自身中具有他者，而第二个进程与无机自然，即其作为他者之自在相对立，是生命体的本原分化，是生命体之行动性概念；第三个进程是最高的进程，也即是个别性和普遍性的进程，是与作为类属之自己相对立的个体进程，该个体自在地与类属相同一。——在完整的动物里，在人类这个有机体里，这个进程最完整和最清楚地形成了的；因而一种**普遍的原型**出现在这种最高的有机体中，在这个原型中并通过这个原型尚未发展的有机体的意义才能被认识，而且该意义才能在它那里发展。

a. 形态

§353

作为**仅仅自我关联**的整体,形态是动物性主体。它在自身中通过其 [437]
被发展的并且在其中实存的[29]各种**规定**来展示**概念**。这些规定尽管内在
地作为在主观性里的具体之物,α)但却是其简单的要素。因此,动物主
体是 1. 在其外在性中自己简单的、**普遍的内在存在**,由此作为特殊性的
实在规定性被**直接**纳入**普遍性东西**中,而且这种普遍性东西处于主体不
可分割的自我同一性中,——**感受性**;2. 特殊性是来自外部的被刺激性
并从接受刺激之主体中发出的对外部的反作用,——**应激性**;3. 这两个
环节的统一,从外在关系中出来的**否定性**自我返回,以及由此把自己生产
和设定为**个别物**,——**繁殖**;这是前两个环节的实在性和基础。

【**附注**】:植物让其木质和表皮衰亡,让其叶子掉落;但动物就是这种
否定性本身。植物只有对变化保持超然的态度才能反对自己向他者的变
化并拯救自己。但动物是其自身的否定性,它超出其形态并且不在消化
和性别进程里让生长活动停止;相反,作为自己的否定性,动物固有的内
在进程是把自己形成为内脏。因为它这样把自己形成为个体,它是形态
和个体性的统一体。——概念普遍主观性之简单的自我同一性,感受者,
精神中自我所是的东西,就是感受性(Sensibilität);如果这被他者影响,
那么它立即把后者转入自身之中。首先以观念性方式设定的特殊性在应
激性里获得了权利;主体的行动性在于,拒斥它自己所关联的他者。应激
性也是感受,主观性,可却以关系作为形式。但因为感受只是作为被否定
的与他者之关联才是这样,所以繁殖是无限的否定性,使外在性的弄成为

29　在 1830 年德文版中写作"und in ihm als existierenden"(在其中作为实存的);米希
勒版写作"und so in ihm nun existierenden"(这样在其中现在实存的)。

自我的并使自我的成为外在性的。这首先是实在者而不是抽象的普遍性,——被发展了的感受性。繁殖贯穿感受性和应激性并吸收后两者;所以它是派生的、被设定的普遍性,但后者作为自我生产活动同时是具体的个别性。繁殖首先是整体,——直接的自我统一,在其中它同时进入到关系当中。动物有机体是繁殖性的;它本质如此,或者说这就是它的现实性。生命体的最高本性就是在此抽象的环节——感受性和应激性自为地出现;低级生命体保持繁殖,高级生命体则内在地具有更深的差别并且在这种强大的分化中自我保存。这样就有一些动物仅仅是繁殖——一堆没有形态的胶状物,一种自我返回的、活动性的黏液,在此感受性和应激性还没有分离。这两者是普遍性的动物环节;然而,它们不应该被视为属性,以至于每一个仿佛具有特殊作用,就像颜色特别地作用于视觉,味道特别地作用于味觉等等。诚然,自然也把各个环节如此相互无关地分离开来,但是完全只在形态中,即只在有机体的僵死存在中这样做。——在自然里,动物在自身中是最明显的东西;但它最难被理解,因为它的本性是思辨的概念。因为尽管自然是作为感性的定在,但它却必须被以概念的方式来把握。如果说生命体在感受中具有最高的简单性,而所有其他的是各种性质的相互外在,那么生命体同时也是最具体的,因为概念的所有环节在同一主体中是实在的,生命体允许所有这些环节赋予自身定在,相反僵死的东西则是抽象的。——在太阳系里,感受性起源于太阳,差异者是彗星和月亮,繁殖是行星。然而如果说这里每一个都是独立的组成部分,那么它们现在则被保持在一个统一体中。在整个自然中认识理念,这种唯心论同时是实在论,因为生命体的概念是作为实在性的理念,即使在其他方面所有个体仅仅对应着概念的一个环节。一般而言,哲学在实在的、感性的物体中认识概念。我们必须从概念出发;如果概念或许还没有穷尽人们所说的自然"丰富多样性",那么我们仍必须要信任概念,即使还有很多特殊的东西没有被解释。这一般来说是一个不确定的要求,并且如果这种要求没有得到满足,这也不会给概念带来任何损害;而经验物理学家的所有理论则完全相反,它们必须解释一切,因为它的保证仅仅依赖个别情况。但概念是自为有效的；具体细节我们已经给出了（参见本书第 106 页，§270 附注）。

§354

概念的三个环节 β）不仅是自在的具体元素，而且在三个系统即神经系统、血液系统和消化系统中具有自己的实在性，其中每一个系统作为整全体都按照同样的概念规定内在地相互区分。

1. **感受性**系统自我规定为 αα）**抽象**自我关系的端项，由此这个关系是向**直接性**、无机存在和无感受性的转化，但不是一种被完成了的转化状态，——**骨骼系统**，它对**内部**来说是外壳，对**外部**来说是对抗外部的内部之坚守；ββ）**应激性**这个环节，大脑系统和其在神经中的进一步分化，同样这些神经对于内部来说是感受神经，对于外部来说是运动神经；γγ）**繁殖系统**这个环节，交感神经和神经节，在此只有迟钝的、没有被规定的和非意愿的自我感觉。

2. **应激性**既是可受他者刺激以及自我保存对于该刺激的反作用，反过来也是能动的自我保存和其中把自己向他者的让渡。应激性系统是 αα）抽象的（感性的）应激性，在反作用中对于接受性的简单改变，——一般的**肌肉**；肌肉获得骨架的外在支撑（为了其分化的自我关联），首先把自己分化成为**伸肌**和**屈肌**，然后又把自己形成为独特的末端系统。ββ）应激性是自为的、和他者有别的并且具体地自我关联着的并**内在**自我坚持的，它是内在的行动性，**脉动**，有生命的自我运动，其物质性东西只是一种**流动性**，有生命的**血液**，——而且这种运动只能是循环流动，它首先分化为它根源的**特殊性**，在自身中是双重的并且在其中同时指向**外部**，——也就是作为肺系统和门静脉系统，在前者中血液内在地**激励**自己，在后者中则与他者相对立来激励自己。γγ）**脉动**作为应激性的自我联系的整全体，是从其中心点，即**心脏**出发，在动脉和静脉的分化中返回自身的循环流动，这既是**内在性**进程，也是供其他有机部分**繁殖**的代价，这些其他有机部分是从血液中吸取营养的。

3. 消化系统作为带有表皮和细胞组织的腺系统是**直接的**、植物性的,而在真正的内脏系统中则是**起中介作用的**繁殖。

【附注】:因为作为神经系统的感受性,作为血液系统的应激性,作为消化系统的繁殖也自为地实存,所有动物的身体被分成三个不同的构成部分,由此形成了所有的器官:即细胞组织、肌肉纤维和神经髓,——三个系统简单、抽象的元素。但因为这些系统同样没有被切分并且每一点都把三者包含于一个直接的统一体中,所以它们不是抽象的概念环节——普遍性、特殊性和个别性。相反,这些环节的每一个都在自己的确定性中展现概念的整全体,以至于在每一个系统中其他系统作为实存的东西而出现:到处都有血液和神经,到处也都有构成繁殖的腺体和淋巴。这些抽象环节的统一体是动物的淋巴,有机体的内部就是从中分出来的;虽然这种统一体内在地自我分化,但它同样也用表皮自我包裹起来,把表皮作为自己的表面,或者作为植物有机体与无机自然的普遍关系。但如果现在作为被发展了的整体,每个系统也在自身中同样具有其他系统的各个环节,那么在每一个系统中概念的一种形式却是支配性的。——直接形态是僵死的、静止的有机体,它对于个体而言是其无机的自然。因为这种有机体是静止的,所以概念,自我还不是实在的,它的产物还没有被设定;或者说这只是一个内在性的东西,我们不得不去理解它。这种外在有机体在其规定中是反对同样无关的形态的;它是整体的机械作用,该整体被分化在其持存的部分中。

1. **感受性**,αα)作为感受之自我同一,被还原为抽象的同一性,是非感受的(Insensible),是没有运动的僵死,是自我扼杀,但它仍落入生命性范围之内;而这就是**骨骼**的生产,由此有机体自我假设了自己的基础。因此,甚至连骨骼系统也参与有机体的生命:"年迈的时候骨骼会变小,头盖骨和圆椎骨会变薄;它们的髓腔看起来"仿佛"是靠消耗骨骼物质来增大的。年迈者完全干枯的骨架变得相对更轻;因而即使不考虑年迈者的驼背,他们也变得更小……由于大量的血管,普遍而言骨骼是比较有生命

[441]

力的部分"（与软骨相比较）；"这可以由以下现象来证明：比较容易发炎、病变和再生，此外骨骼尖端容易吸收东西，**在骨骼中容易唤醒感受作用**，以及骨骼本身的复合结构"。* 骨骼，也就是属于形态本身的感受性，就像植物的木质那样，是简单因而僵死的力量，这还不是进程，而是抽象的自我返回。但它同时也是返回自身的僵死；或者说，它是植物性的芽，它通过产生他者来自我产生。

（1）骨骼的形态**首先**是**骨核**；因为所有骨骼都这样开始。骨核增殖自己并把自己伸长，就像植物的节变成木质纤维。骨核始终处于有机部分的末端；它内在具有**骨髓**，作为它固有的尚未生长出来的神经。骨髓是脂肪，因而在瘦人中骨髓很少或者是流动的，而在胖人中则很多。**骨膜**是骨骼的真正生命，是一种完全朝向外部的产物，它因而内在地衰亡并且仅仅存活于骨骼的表面，——内在的模糊力量；因此骨骼系统与表皮系统在繁殖中同时发生。不断地向整全体发展，从骨核和骨线中长出骨骼，继而在这里神经替代了骨髓；神经是一种从自己的中心点发出自己的经线的核心。但是通过整全性，骨骼放弃了属于形态本身；它的髓变成有生命的感受性，一个点，这个点以直线方式拓展，而且各个维度就是从作为整全体的这个点发出的。作为核心骨骼是形态的直接可感物；但更准确地说，作为骨架它自己的首要规定是与作为静止的、仅仅稳固的、坚硬的他者相联系，使自己仅仅内在地稳固，达到机械式客观性，并由此与作为一般稳固者的土地相对立来赢得一个支点。 ［442］

（2）骨骼的延长是**中项**，是这样的转化，即形态沉入具有另一个内部的外部。在有机部分中，骨骼是内部，是直接稳固的东西；但进一步它放弃了作为内部存在。就像植物的木质是植物的内部，而表皮是外部（相反在种子里木质被克服了，它只是其外在的壳），同样骨骼对于内脏而言是外壳，这个外壳不再具有任何固有的中心点，但它首先仍然是被中断的，而且既不通过固有的线来连接也没有固有的分化。但最后它再次变

---

*　奥滕里特（Johann Heinrich Ferdinand von Autenrieth）：《经验人类生理学手册》第 II 部分，图宾根：1801/1802 年，§ 767,772。

成没有固有内在性的纯粹平面;——它是向点或线的转变,由此又发出一些线,直到平面化,这构成了单纯包裹性的表面。这就是还没有完全完成的整全体,它在自身中还没有转向外部。这样,**第二个**对于骨骼的规定是被一个他者刺激,内在地把他者作为主体,并且向外发展至稳固的支点,如角、爪等等。表皮延长到指甲、利爪等等;它是有机体中不可被摧毁的,因为,当尸体中一切化为粉末以后,表皮常常在一些部分还是可见的。

(3)因为在**椎骨**里中项的节被突破,所以骨骼的**第三个**规定是,它在返回自身的同时是一种空心**颅骨**。椎骨的形式构成了颅骨的基础而且颅骨可以在其中被分解。但蝶耳骨却要完全克服这个中心点并且把颅骨完全平面化而无须固有的中点。但同时这种对于核心性的完全扬弃转化为对于核心的恢复:**牙齿**是这种核心的自我返回,这种自我返回贯穿整个进程,也就是说,牙齿是否定的、行动性的和有作用力的,因而放弃了仅仅作为消极的分化作用——这是直接的感受性,它转变成为应激性。在牙齿那里,骨膜不再是外在的而只是内在的膜。骨骼和骨膜是没有感受的;但如果患淋巴方面的病,它们就获得了感受。

[443] 骨骼的基础有机体是椎骨并且所有都是椎骨的变形,也就是说,对内是导管而对外是导管的延伸。尤其是歌德 * 带着他对有机自然的感受已经看到,这构成了骨骼形成的基础形式;在一篇写就于 1784 年,后来编入《形态学》一书的研究论文中,他完整地考察了所有的转化。歌德曾经把这篇论文寄给奥铿,而奥铿在一篇它就此所写的纲要中把歌德的思想直接炫耀为他自己的财产并博得了这个发现的声誉。[30] 歌德指出(而且这是他所获得的最棒的直观之一),头骨完全只从这种形式中被形成出来:蝶耳骨、颧骨,直到前额骨和作为头内髋骨的额骨。但对于这种骨骼变形,

---

* 参考《论形态学》【卷Ⅰ,第2分册,1820年】,第162页【"比较解剖学普通导论第一稿,从骨学出发",1795年】,第248页,第250页及以后。【"上颚的中间骨骼要被归给人和动物",1786年】。

---

30 参考:奥铿的耶拿大学就职演讲(1807年)"论头盖骨的意义"。

即它们不是内部的中心点而是现在变成包裹性的,并且具有这样的规定向外变成末梢、胳膊、腿等等的支点,相互连接起来并且同时是运动的——对于这种转变来说,形式的同一性是不充分的,就像在植物体那里也是不充分的一样。另一方面是把椎骨变成为单个骨头,歌德对此没有研究,但奥铿却很好地研究了。椎骨是骨骼系统的中心点,这个中心点分化成为颅骨和末端并同时把它们连接起来:在前者那里出现骨腔,它通过面的结合封闭成为向外的圆形结构,在后者这里骨骼沿纵向延伸,这种延伸进入中心点,并通过内聚性本质性地把自己固定在纵向肌肉中。

ββ)感受性差异这个环节是向外导向的、与他者连接在一起的**神经系统**:感受是被规定的,——现在它或者是被直接外在设定的感觉或者是自我规定。从脊髓发出的更多是运动神经,从脑部则主要是感受神经;既然前者是实践性的,它是神经系统,——而后者作为神经系统是被规定的,它包含感觉器官。但一般而言,所有神经聚集在脑部,但也从中再次分化,因为神经分配到身体各个部分当中。在身体被触动的地方会出现感受,神经就是其条件;同样它也是意愿的条件,一般而言是每一个自我规定之目的的条件。尽管如此,我们对于大脑的组织结构仍然知之甚少。"经验教导说,当从这些部分发出的神经或者脊髓,与那些神经相连的小脑或者大脑,受到损伤或损坏,那么特定器官为了进行意愿性行动所做的运动,以及从这些器官中发出的感受兴奋或者削弱或者完全停止……个别的神经纤维与它们的神经膜通过细胞组织被结合为神经束,而这些神经束被或松或紧地结合成为更大的、可以感觉得到的神经丛……甚至个别的神经髓纤维通过充满髓的小侧管彼此多样地连接在一起,这些小侧管在相遇的时候看起来形成了十分精细的神经节,而且在这方面神经束类似张开的网,网的纵向被拉得很严密,而其纬线几乎是平行分布的"。* 从脑部出发同某个外在部分的**沟通**不应该被认为仿佛在其神经中特定部分被影响以后,现在这个特定的神经纤维会自为地传递影响,或者仿佛大脑会按照神经的外在结合而作用于一个特定神经纤维;相反,传导通过共

[444]

* 奥滕里特,同上书,第 III 部分,§824,866,868。

同的干来进行并且由于意愿和意识的普遍存在,该传导是被规定的。神经纤维与很多其他东西相联结,神经纤维受影响也会影响后者而无需由此产生很多感受,反过来,从脑部发出的普遍性主干也不会让所有神经运动起来。

γγ)进入自身的感受性形成了神经节;这种感受性是感受者最内在的东西,这使得感受者不再是抽象的;是还没有切分出来的、尚未构建成为确定感受活动的一般**神经节**系统以及尤其所谓的**交感神经**;人们可以把神经节看作下腹内的小脑,但它们不是绝对地独立自为的,也就是说除了与神经连接,它们直接同脑与脊髓神经联系在一起;但同时它们在功能与结构中是独立的并且与后者相分别。*。由于头部大脑与腹腔大脑的[445] 划分产生了由腹部引起的头疼。"值得注意的是,在胃里,人们几乎可以说在贲门那里,直接从大脑中长出的第八神经停止了,它把其余部分让给了交感神经,而且仿佛在这里就是**清晰感觉的边界**。在很多疾病中贲门扮演了突出的、重要的作用。死亡以后在贲门附近比在胃里任何其他部分都更经常发生炎症。自然界在很大程度上允许食物的选择、咀嚼、吞咽以及最后废物的排泄受意愿控制,但是却不允许真正的消化功能受它控制"。** 在梦游状态中,外感官昏厥僵化而且自我意识是内在的,内部生命性落入到神经节里以及这种具有黑暗的、独立的自我意识之脑部中。因此里舍尔兰德***。说:"通过交感神经,内感官摆脱了意愿的支配"。这种神经节系统是不规则的****。毕夏+说,"我们可以把神经节系统分成为头、颈、胸、腹腔和盆腔神经节"。因而,它们可以在整个身体中被找到,但首先是在属于内部形态的部分中,尤其是在下腹中。"一系列这样

* 奥滕里特,同上书,第 III 部分,§ 869。
** 奥滕里特,同上书,第 II 部分,§ 587。
*** 里舍尔兰德(Authelm Balthasar Richerand):《生理学新原理》,巴黎:1801 年,卷 I,导论,第 111 页。
**** 奥滕里特,同上书,第 III 部分,§ 871。
+ 毕夏(Marie François Xavier Bichat):《关于生和死的生理学研究》,巴黎:1800 年,(第 4 版,巴黎:1822 年),第 91 页。

的神经节分布在椎骨间隙的两侧,在那里脊髓神经的后根形成了这些神
经节"*。通过相互连接,这些神经节形成了所谓的交感神经,此外形成
了眉形神经丛、腹腔神经丛和内脏神经丛,最后通过分支形成了眉形神经
节和胸神经节之间的相互交流。"我们在很多主体那里发现所谓的交感
神经是间断的,也就是说,胸部的神经部分和腹部的神经部分通过中间间
隔相互分离。常常,当交感神经在茎部发出很多神经纤维以后,它比以前
变得更密了……该系统的神经纤维非常不同于真正的脑神经和脊髓神
经。后两者更粗,数量更少,颜色更白,组织更密,在形成中很少有变化。
相反,神经节的特征是:极细,特别在神经丛方面纤维数量多,颜色呈灰 ［446］
色,组织十分柔软,在不同的主体中通常有极多的形成变化"。** 这些神
经节是独立的还是从脑和脊髓中**生发出来**的,这点是有争议的。在神经
与脑和脊髓关系中,这种生成说是主要观点,但并不意味着就是确定的。
神经从脑中生成,这被认为是一个既成真理。但就像神经在这里与脑同
一那样,同样在别的地方存在着两者的分离,可这并不是说脑在先而神经
在后;——正如手指并不是产生于手掌或者神经并不产生于心脏。我们
可以切除个别神经,脑却继续保持生命力,同样也可以取走脑的一些部
分,而神经继续保持生命力。

2. 因为外部有机体的感受性转化为**应激性**、转化为差异,所以它被克
服的简单性就转化为 αα)**肌肉系统**的对立。骨骼的芽被返回到肌肉的简
单差异中,肌肉的行动性是与无机自然的实在物质性关联,是朝向外部的
机械式进程。有机的弹性是柔软性,它在受刺激时就向内部收缩,而且既
扬弃这种【对刺激的】屈服又以绷紧直线的方式来恢复它。肌肉是这双重
方面的统一体,而且两个环节也作为不同类的运动实存。特雷维拉努
斯 *** 提出这样一个命题:"与收缩联系在一起的是内聚性的实在增加"。

* 奥滕里特,同上书,第 III 部分,§870。
** 毕夏:同上书,第 90、92 页。
*** 同上,卷 V,第 238 页。

尤其是下面的实验证明了这个命题。"爱尔曼³¹（吉尔贝特《物理学年鉴》，1812 年，第Ⅰ卷，第 1 页）把一个两端都敞开的玻璃圆筒的下端用塞子堵住，把一根铂丝穿过塞子插入圆筒并给玻璃圆筒装满水。他把一条活鳗鱼的尾巴放进水中，然后把圆筒的上面同样用塞子堵住，也把一根铂丝穿过这个塞子插入圆筒，另外还插入一个两端开口的细玻璃管。当按压后一个塞子时，细管中就渗入了一些水，水的高度可以被很准确地标记出来。之后爱尔曼把脊髓同一根金属丝连接，把肌肉同另一个金属丝连接，再把两根金属丝和伏达电堆的两极接上，每次当肌肉收缩的时候细管里的水都下降 4—5 分，而且是以颤动的方式"。* 另外肌肉自为地就是可被刺激的，例如心脏肌肉，而且也无须刺激它的神经；同样在电流中肌肉被运动起来，也无须接触神经**。特雷维拉努斯还认定（卷Ⅴ，第 346 页），他的"假设，意愿刺激向肌肉的发展和外部印象传达到脑部是神经不同构成部分的作用结果，前者通过神经膜，后者通过神经髓来完成"，这还没有被反驳。

ββ）肌肉运动是一种弹性的应激性，它作为整体的部分，设定一种独特的、自我分离的、阻碍输入的运动，而且作为自在的运动，它是火的进程，扬弃那种惰性的持存，也从自身中设定并产生这种持存。这种对于持存的瓦解是**肺系统**，是同无机自然，同空气元素相作用的朝向外部的真的观念性进程；这种进程是有机体固有的自我移动，该有机体作为弹性既吸入又排出。**血液**是结果，是自在地通过自身返回自身的外在有机体，是有生命的个体性，它把有机部分生产为内脏。血液，作为旋转的、围绕自身自我追逐的运动，作为这种绝对的内在振动，是整体的个体生命，其中没有任何东西被区分；——这是动物时间。继而这种旋转运动就分为彗星

---

* 特雷维拉努斯：同上书，卷Ⅴ，第 243 页。
** 同上书，卷Ⅴ，第 291 页。

---

31 参见本书第 214 页，脚注 38。

[447]

或大气进程以及火山进程。**肺**是动物的叶子,它与大气相关联,并且造成了这种既自我中断又重建、既呼气又吸气的进程。相反,**肝脏**是从彗星进程出来,向自为存在,向月亮进程的返回;这是寻求自己中心点的自为存在,是自为存在的发热,是对他在的愤怒和对他在的烧毁。肺和肝脏进程处于紧密的相互联系中;——散逸的、偏移的肺进程减弱肝脏的热,后者则激活前者。当肺内在地接受自为存在的热时,肺就处于向肝脏转化的危险当中,自我成结,以便以后自我消耗。血自我分化为这两种进程。因而其实在的循环流动是包含三重循环:一个是自为的,另一个是肺的循环,第三个是肝脏的循环。在每一个当中都有一个固有的循环过程,因为在肺循环中显现为动脉的东西,在门静脉系统里就显现为静脉,反过来在门静脉系统里介入的静脉则显现为动脉。生命运动的这种系统是与外在有机体对立的;这是消化活动的**力量**,——即克服外在有机物的力量。在此,这种无机自然必然是三重的:(1)外在的、普遍的肺;(2)特殊化之物,被降低为有机环节的普遍者,即淋巴以及作为整体存在着的有机体;(3)个别化者。血通过空气、淋巴和消化作用自我准备并且是这三个环节的转化。从空气中它获取纯粹的分解,获取空气中的光,氧气;从淋巴中获取中性的流动性,从消化活动中获取个别性,实体之物。这样它设定完整个体性并又与之对立而且产生形态。 ［448］

(1)在肺循环中的血具有一种固有运动,它是纯粹否定性的、非物质性的生命,对此生命来说自然就是空气,而且在此该生命具有对于空气的纯粹克服。第一次呼吸是孩子自己的个体生命,孩子之前浸泡在淋巴里并且以植物性方式进行吸收活动。从卵或母胎中出来以后,孩子开始呼吸;它与自然的关联就变成为与空气的关联,而且不是这种连续性的流动,相反是连续流动的中断,——即简单的有机体的应激性和行动性,由此血液成为并证明自己是纯粹的火。

(2)血是对于中性的扬弃者,是对于在淋巴里浸泡的扬弃者;血液克服了这些,因为它刺激整个外部有机物,使它运动,并安排它返回自身。这种运动同样是消化系统,是不同环节的循环。淋巴管到处形成自己的淋巴结,过滤器,其中淋巴消化自己并且最终把自己归集到胸导骨里。在其中血液赋予自身其一般的流动性;因为它不可能是凝固的东西。淋巴从含水的中性物质转变为脂肪(骨髓是同样的脂肪),因而不转变为更高级的动物形式而是转变成为植物油,并且提供营养。因此,冬眠的动物在夏天里十分肥,在冬天里则消耗自己,结果到春天的时候它就完全瘦了下来。

(3)最后,血液是个别物真正的消化进程,而且这是一般性的**蠕动运动**。作为这种个别性的进程,血液分为三个环节:(αα)钝的、内在的自为存在,——这是疑病和忧郁症的产生,它的睡眠,在脾脏里成为午夜力量的一般的静脉血。有人说,它在其中被碳化了;这种碳化恰恰是血液变成土,也即变成绝对的主体。(ββ)由此出发,它的中项是门静脉系统,在这里它的主观性是运动并且变成为行动性、变成为消耗性的火山。血液在肝脏中这样被激活,就对胃里制成的糊状食物发生作用。在胃里,这种消化活动从咀嚼和通过淋巴渗入唾液开始的。胃液和胰液仿佛就是溶解物、是食物发酵的酸;这就是淋巴活动和发热作用,——是化学的—有机的环节。(γγ)在十二指肠,通过火和胆汁产生了真正的、完全的克服,而胆汁是由门脉的静脉血产生的。转向外部的、但仍在淋巴中的进程变成自为存在并且现在转成动物性的自我。乳汁,这个血液的产物,返回到血液中;它自我生产。

这就是个体性巨大的内部循环,它的中项就是血液本身;因为它是个体生命本身。作为所有部分的普遍实体,血液一般而言是把所有东西应激性地汇集在内在统一体中,是热、是内聚性和比重的转化;——可这不只是在分解这个侧面,相反是对于所有东西的实在的、动物性的分解。虽然所有营养物质转化为血液,但血液同样也是牺牲品,一切都从这里吸取养分。在完全实在性方面,这就是脉动。有人曾经说过,因为所有汁液是被排出的,所以它们是无机的,而生命只属于固定部分。只是这种自在区分一方面是没有意义的,另一方面血液不是生命,而是有生命的主体本身,是与类、普遍者对立的。瘦弱的素食民族,如印度人,根本不吃动物而

[449]

是保全动物的生命;犹太的立法者只是禁止吃动物的血,因为他们认为动物的生命存在于血液中。血液是这种无限的、不断的、趋向超越自身的骚动,而神经是静止的,始终泊守于自身中的。这种无限切分,这种对于部分的分解和再分解,就是概念的直接表达,在这里可以说它是显而易见的。概念直接以感性的方式展示在舒尔茨教授[32]为此所做的描述中:小 [450] 球要形成,可它也没有出现。如果我们让血液在水里流动,它就滚成小球,但血液本身在它的生命性中不会这样。这样,血液小球只在它要死亡的状态中出现,即当血液来到大气中的时候。因此血液小球的**持存**是幻想,就像原子论一样,而且是基于错误的现象之上,即当人们强迫血液流出。血液的脉动始终是主要规定;这种循环是生命点,在那里没有任何知性的机械式说明可以提供帮助。最精细的解剖学和显微镜也无济于事。如果在空气中血液内在自身地燃烧,那么,这意味着,大气被吸入了,而氮气和碳被呼出了。可借助化学什么也无法理解;这不是化学进程而是一直中断化学进程的生命。

γγ)把这种内在分化汇集在**一个**系统中就是**心脏**,有生命的肌肉体;——这是一个到处与再生连接在一起的系统。在心脏里,我们看不见神经,相反心脏是在中心部位的应激的纯粹生命性,是脉动的肌肉。作为绝对运动、自然的生命性自我、进程本身,血液不再被移动,而就**是**运动。生理学家竭力解释血液被移动:"心脏肌肉首先排出血液,并借助动脉壁、静脉壁以及血液所冲击的固定部分的压力;诚然在静脉那里心脏冲力不再起作用,而只有血管壁的压力起作用"。可生理学家的所有这些机械性说明是不充分的。因为血管壁和心脏的弹性压力从哪里来呢? 他们回答说:"来自血液刺激"。这样,心脏由此使血液运动,而血液运动又成为使心脏运动的东西。可这是一个循环,一个永动机;因为各种力处于平衡状态,所以它必然立即停止下来。正因此,毋宁说血液本身是运动的根源;它是跳动点,通过它动脉的收缩和心室的舒张相互吻合。这种**自我运**

32　参见本书第373页,脚注13。

动并非不可理解、不可熟知,除非理解意味着要揭示其他东西,即原因,而由此把它作为被造成的结果。但这只是外在的、即根本不是必然的。原因本身又是一个事物,我们需要把握它的原因,这样就会总是推到另一个事物中,直至坏的无限性,这种坏的无限性无法思考和表象普遍者、基础、

[451] 作为对立之统一的简单者,以及使运动发生的不动者。而这就是血液,主体,它就像意愿一样好地开始一个运动。作为整个运动,血液是基础和运动本身。但它同样出现在一个侧面,作为环节;因为它是自我区分。运动恰恰是它自我的走向侧面,由此它是主体,是事物,而对于它的走向侧面的扬弃是作为对于其自身和对立面的统摄。但运动既显现为是部分也是结果,因为正是自在的对立面自我扬弃了,而从其侧面的返回发生了。这样血液之有生命的和激活的力量从形态中生成,而它的内部运动也要求真正机械的、外在的运动。血液运动,把部分保持在它们否定性的、质方面的区分中,但需要外在运动的简单否定者。一个长期不运动的病人,例如在截肢手术情况里,会患关节强硬;关节液会减少,软骨会硬化成为骨头,肌肉通过这种外在静止而变得苍白。

血液流动本身一方面被看作这种普遍的循环运动,由此每个部分都进行圆圈运动;不过血液流动同样是某种完全有内在弹性的运动,而不仅仅是那种圆圈运动。甚至在不同的部分中一般而言流动也是某种有差异的东西:在门静脉系统里,流动是比较缓慢的,在头盖骨内部和其他部分中也是如此,相反在肺里则比较快。患脉冠炎的时候,(翘骨)动脉每分钟搏动 100 下,而在健康的时候只有 70 下,与心脏的搏动共时。此外,动脉血和静脉血的相互转化通过最精细的管道(毛细血管)来进行,在有些地方它是如此得纤细,以至于它不包含任何红血球而只包含黄血浆。索梅林(§72)[33]说:"在眼睛里看起来有下面这种情况,动脉血在比较纤细的、不再包含任何红色血液的支脉中延续,这些支脉开始的时候转入同样的静脉当中,但最后则转入输送红色血液的小静脉中"。因而,在此作为

---

33 索梅林(Samuel Thomas von Sömmerring):《人眼睛的映像》,法兰克福:1801 年。

真正血液的事物并没有转化;相反被设定的只是一种运动,在其中该事物消失了并又再次出现,或者说一种弹性振动而不是前进。因此,转化并不被或很少被直接地注意到。此外,特别是各条动脉,也有静脉,常常或者 [452] 吻合在更大的支脉中,或者它们形成完全巨大的组织,在其中因而不再有任何真正的**循环**可以被思考。血液从两侧涌入吻合在一起的支脉里;这是一种平衡,它不向侧面偏斜流动而只是内在自身的一种振动。在支脉中,有人或许会认为,在这里一个方向具有主导性;然而,在许多完整的冠,吻合的组织那里,一个方向扬弃了另外一个方向并使运动成为一个内在自身的普遍脉动。"在每个打开的动脉里,血液在心脏收缩的那一瞬间比在其舒张的时间点上喷射得要远得多。在动脉中,收缩的时间点要比舒张的时间点持续时间长一些;心脏的活动正好相反。但我们不应该这样来思考被赋予生命的**动脉系统**,仿佛圆形血液波一个接一个地先向移动,或者仿佛纵向袒露出来的动脉就像一条穿着许多念珠的绳。相反,在其完整的长度和其所有的支脉中,动脉系统总显现为圆柱形,在心脏的每一次跳动中,它都会均匀地震颤;然而很少并且只在较大的血管中某种东西才会明显地向侧面拓展,但在心脏收缩的时候,动脉系统仿佛随之缩短"。* 这样尽管出现的是循环,但却是**震动着**的循环。

动脉血和静脉血的区分在肺和肝脏中达到了它们的实在性;这就是伸肌和屈肌之间的对立。动脉血是向外流出的、分解性活动,静脉血则是向内流入的;肺和肝脏作为系统是它们的独特生命。化学这样来阐释这种区分,即动脉血包含更多的酸性物质,因而是更亮的红色,静脉血则包含更多的碳化物质,这种物质如果在氧气中震荡,也会变成比较亮的红色;——这样的区分仅仅表达了事物而没有表达它们在系统里的本性和关系。

普遍进程是自我从彗星的、月亮的和地球轨道出来向自身的返回,从它的内脏出来向自己的统一体返回。而这种返回就是它普遍的消化活动,因为这样返回,它的定在就是静止;也就是说,它返回到构成结果的一

---

* 奥滕里特:同上书,第 I 部分,§ 367—369。

[453] 般形态。那种扬弃形态的进程把自己仅仅分化为内脏,但由此恰恰自我构型,这样的进程就是营养进程,其产物正是形态。现在这种营养进程并不在于,动脉血分离出自己有酸性的纤维素。相反,动脉的呼气管具有更多被加工过的蒸汽;——这是完全普遍性的营养物质,每一个个别部分都从中吸取自己的营养部分并由此造成自己在整体中所是东西。从血液中产生的淋巴是赋予生命的营养物质,或者毋宁说这是普遍的赋予生命,是每一个有机部分的自为存在,以便内在地转化无机自然、普遍的有机物。血液并不提供物质,而是为每个有机部分赋予生命,这些部分的形式是主要问题;这不仅是动脉的作用,而且是作为双重物质的血液的作用:即作为静脉和动脉。这样心脏就无处不在,而且有机体的每一部分只是心脏本身的特殊力量。

3. **繁殖**或者**消化系统**并不真正地作为被构型的分化而出现。因为如果说感受性和应激性属于发展过程的分化,那么繁殖并不产生任何形态,除了只是形式性的也不是完全的形态,因而并没有分化成为不同形式规定。繁殖系统在此只能被称为是抽象的,因为它的功能属于吸收作用。

αα)迟钝的、**直接的繁殖**是细胞组织、腺体、皮肤、简单的动物性**胶质**、导管;在仅仅由这些东西组成的动物中,还不存在对差别的构型活动。这种形态以表皮作为自己有机的行动性;与之联系在一起的是**淋巴**,其与外部的接触就是整个营养进程。外部有机体的直接自我返回是表皮,在这里它成为自我关联的;只不过表皮还只是内部有机体的概念,因而是形态的外部。表皮可以是并变成所有东西,如神经、血管等等;作为具有**吸收功能**的东西,表皮是植物有机体的普遍消化器官。

ββ)可现在,在爪子、骨骼和肌肉中赋予自己不同关系的表皮中断了吸收作用,并且作为个别物与空气和水发生作用。有机体不仅和作为普遍元素的外部发生关联而且也和被个别化的外部发生关联,即便只是个别一口水也罢。这样,皮肤是朝向内部的;除了皮肤是完全开放的以外,它现在形成了一个个别的开口,即**嘴巴**,而无机物作为个别物体被捕捉和吞食。个体强占了这种无机物,撕碎了它作为形态的纯粹外在性并把它

[454]

转入自身内部,不是通过直接的影响,而是通过一种中介运动,这种运动使那些无机物经历了不同的环节;——这就是**在对立中的繁殖**。直接简单的消化活动在较高级的动物种类中,在内脏系统中展示自己:胆汁、肝脏系统、胰腺或胃腺,还有胰液。一般而言动物的热是由此来被设定,即一般意义的个别形态通过这种热被扬弃。这种热是自我返回的有机体绝对的中介运动,该有机体在自身中具有所有元素,通过这些元素发挥活性作用,因为它通过这些元素的运动来攫取个别物体:(1)通过有机体的淋巴,即**唾液**,影响该个别物;(2)通过酸碱中和,或者通过动物的胃液和胰液;(3)最后通过胆汁,通过火类的东西作用于被接收的营养。

γγ)**返回自身的**或者内脏的生产是胃和肠道。胃直接是这种一般的消化性热,肠道则把消化物分为(1)完全无机的、被排出的东西,以及(2)完全被动物化了的东西,这是持存形态和分解活动的热之统一体,也就是血液。最简单的动物只具有肠道。

§355

γ)但对形态而言,元素的差异和它们的系统也统一成为普遍的、具体的渗透活动,以至于每一个形态构型物都在自身中包含它们的相互连接,形态也自我 1. 切分为三个系统中心,即头、胸和腹,这些系统的端项做机械运动和捕捉活动,它们构成了把自身设定为**对外**不同的个别性这个环节。2. 形态根据抽象差别把自己区分成**朝内和朝外**这样**两个**方向。每一个形态都在每一个系统中被分成一面朝内部,一面朝外部;其中超外部这一方面作为**差异者**在自身中通过器官和有机部分的对称二分展示这种差异(毕夏"有机生命和动物生命"[34])。3. 作为向独立个体完善的形 [455] 态,整体在这种自我关联的普遍性中同时在自身中被**特殊化**为**性别**关系,朝外转向与另外一个个体的关系。形态在自身中指示了自己两种向外部的方向,因为它是内在封闭的。

---

34 毕夏:同上书,第7页及以后。

【附注】:感受性、应激性和繁殖,当被具体地汇集成为完整形态,就形成了有机体的外部形态,生命性的晶体。

1. 这些规定**首先**是单纯的形式,就像它们在昆虫那里相互分离一样;每一个环节是作为这种规定性或在其中一个形式下的整全系统。因而,头是感受性的中心,胸是应激性的中心,下腹是繁殖的中心;这些中心包含有最重要内脏、内部,而末端,如手、脚、翅膀、鳍等等,则标记有机体与外部世界的关系。

2. **第二**,这些中心也是被发展了的整全体,以至于其他规定不仅被规定为形式,而且被展现和包含在其中每一个整全体里。每一个抽象系统贯穿一切系统并和它们联系在一起,每一个都展示了完整形态;因而神经、血管、血液、骨骼、肌肉、皮肤、腺体等等系统每一个都是完整架构,而且这构成了有机体的交叉状态,因为每一个系统都与另一个占主导地位的系统相交叉,与此同时在自身内部保持这种联系。头、大脑具有感受器官、骨骼和神经;它们同样也包含其他系统的所有部分,如血液、血管、腺体、皮肤。胸同样具有神经、腺体、皮肤等等。

3. 在这两种不同的整全体形式之外还有**第三种**形式的整全体,它属于感受活动本身,因而在这里有灵魂的东西构成了主要内容。这种更高级的统一体把所有整全体的器官汇集在自己周围并在感受活动主体中具有它们的统一点;这些高级统一体仍然构成巨大的困难。一个体系的特殊部分和一个或所有其他体系特殊部分的相互关联,但就它们的功能而言它们之所以联系在一起,这是因为它们一方面形成了一个具体的中心点,一方面在感受者中具有它们统一之自在,具有它们更深的规定,——也即所谓的有灵魂的节。一般而言,灵魂作为自为规定者现实存在于肢体中,而无须单纯屈服于身体性东西的特殊连接。

[456]

αα) 这样,例如嘴属于一个个别系统,属于感受性,因为在嘴里有作为理论环节的舌头,这个味觉器官;此外嘴还有牙齿,它们属于末端,因为它们被规定为向外攫取和撕碎;另外,嘴是声音、说话的器官;其他近似的感受,如渴的感受,也在嘴里;笑,还有接吻同样靠嘴来进行,结果是四种感受的表达统一在嘴里。另外一个例子是眼睛，视觉器官，它同时也流泪，因为动物也哭泣。看和哭泣在**同一个**器官当中，尽管看起来相互外在，但却在感受者的本性中具有它们联系的内在基础，因而具有更高的联系；对此我们不能说这种联系处于生命有机体的进程里。

ββ）还有另一种联系，在这里有机体中的不同现象出现在相互有距离的部分中，这些部分不是以物理方式而只是自在地相互联系，以至于人们说这些部分之间存在着一种交感作用；人们想通过神经来解释这种交感作用。但所有有机体部分都具有这种联系；因而这种解释是不充分的。这种联系基于感受的规定，而在人这里则基于精神性东西中。声音和青春期发育就是一种这样的联系，它位于感受者本性的内部；妊娠期间乳房的膨胀也是同样如此。

γγ）虽然感受者在此产生非物理性的联系，但它同样也又分离出一些具有物理性联系的部分。例如，人们可以让身体的任何一个部分活动，这种活动性要通过神经来传导；然而这些神经本身是一些神经分支，它们与许多其他神经分支联系在一起，它们和这些其他神经分支统一成一个神经干，而这个干又与脑联结在一起。在此，感受者诚然会在所有这些中发生作用，但是感受会分离出这样一个活动点，以至于它通过神经来发生或受到神经传导，而无须其他身体关联参与其中。奥滕里特（同上书，第 ⅠⅠⅠ 部分，§937）为此提供了下面例子：“更加难以解释的是由内部原因导致的流泪；因为通向泪腺的神经是第五对神经，而这对神经同时也提供给许多其他部分，在这些部分中悲伤的情绪不会像对泪腺那样带来任何变化。但灵魂具有这样的功能，按照某个特定的方向从内部发生作用，而这个方向并不受神经的解剖学联系所规定。这样我们可以按照特定的方向通过个别肌肉移动个别部分，即使这块肌肉同时通过共同的神经干同许多其他肌肉联系在一起，并且无须所有这些肌肉现在也一起参与起作用。可在这样一种情况中意愿如此清楚地仅通过所有它们共有的神经干来起作用，而这个神经干的个别纤维如此复杂地纠缠在一起，以至于如果神经被切断或扎断，灵魂就不再对它所趋向的肌肉有任何影响，即使这些

[457]

肌肉同身体其余部分的所有其他种类的连接,如通过血管、细胞组织等等,始终未受损害"。这样,作为最高的东西,感受者之自在支配着各个系统的有机联系和效应;它或者建立非物理性的联系或者反过来切断这种联系。

在这种形态里也出现了对称,但这种对称只在一个方面:即在朝向外部这个方面;* 因为在与他者的关系里自我同一性仅仅显示为相同性。形态向内的各种不同环节不仅不是以对称方式成双成对,相反解剖学家碰见的还"常常是内部器官在形式、大小、位置以及方向上的差异,如在脾脏、肝脏、胃、肾、唾液腺以及特别是淋巴管中,而两个主体很少具有同样数量和体积的淋巴管"** 。在感受性系统里,毕夏(同上书,第 15 页及以后)十分正确地指出感受神经和运动神经是对称的,因为它们在每一侧都具有相同的两对;同样感觉器官也是对称的,因为我们有两只眼睛,两个耳朵,而且鼻子也有两个鼻孔等等;另外骨骼系统也是高度对称的。

[458] 在应激性系统里,肌肉,妇女的乳房等等是对称的。同样作为服务于运动、发音和机械性捕捉动作的末端的四肢尺寸也是对称的,两两相同,如胳膊、手、腿。毕夏(同上书,第 41 页)把经常出现的喉的非对称显现界定为是一个例外:"大多数生理学家,特别是哈勒尔,指出声音缺乏协调的原因是喉相互对称的两侧不一致,这两侧肌肉和神经强度是不同的"等等。另外,脑、心脏、肺、神经节、内部再生血管系统、下腹肌肉、肝脏和胃是不对称的。神经节尤其明显,走向完全没有规则,也就是说根本就不分为两侧:"交感神经完全被规定给内部生命,在其大多数分支中展示了一种无规则的分布;腹腔、肠系膜、腹下部、脾脏和胃的神经丛等等就是这方面的例子"。***

而均匀成双的东西也不是完全相同的。尤其是在人这里,构型的相同性一般会通过职业、习惯、活动、精神被再次修改成为不相同性。作为

---

*　毕夏:同上书,第 14 页。

**　同上,第 22 页。

***　毕夏:同上书,第 17 页及以后。

精神性者,人尤其可以把自己的活动聚集在**一个**点上,可以说不仅仅形成自己的嘴来获得动物营养,就像动物的嘴被自然所形成的那样,而且也形成自己的形式,因为它设定自己向外的个别性,因而以个别的方式把它肢体的力量发展到**一个**肢体点中并由此处于**一个**方面,——例如按照书写的目的——而且并不保持平衡。因此在人这里,右臂比左臂更发达,右手比左手更发达;这种现象的根源自然在于和整体的联系,因为心脏在左侧而且人总是撤回这一侧并用右侧保护它。同样很少有人两个耳朵听力同样好;眼睛也不是同样锐利,人脸颊两侧也很少完全相同。在动物那里,这种对称性则确定得多。因而在有机部分和强度方面存在着相同性,但行动性则是不同的。而更少受精神活动规定的活动尤其在运动中保持对称。"动物更加灵巧地从一个山崖跳到另一个山崖,在此极小的偏差都可以让它们坠落深渊,而且它们能以惊人的准确性在没有它们肢体末端宽的平面上行走。甚至连最笨拙的动物也不像人那样经常摔倒。在动物那里,两侧运动器官的平衡"比在人这里更加严格地保存,人通过自己的意愿带入了不等性。如果人获得精神性的和特殊的灵巧,例如流畅地书写、音乐、美术、手工艺、剑术等等,那么平衡性就失去了。*另外,较粗糙的、单纯身体性的活动,如队列操练、体操、跑步、攀岩、在狭窄平面上行走、跳跃、马背体操,都保持着这种平衡,但这些活动与前面那些活动是对立的,由此一般而言是与精神性汇集相矛盾的,因为它们是没有思想性的。

[459]

如果说在这一节里形态**首先**被视为静止的,**第二**被视为向外与他者关联着的,那么形态中的**第三个**环节也是与他者的关系,但是这个他者同时既属于相同的类,而且在其中个体也达到了对于自身的感受,因为它在他者中感受到了自己。通过雄性和雌性出现了对完整形态的规定,一种不同的习性,这种习性在人那里也拓展到精神领域并且变成一种有差别的自然物。

---

* 毕夏:同上书,第35—40页。

§356

δ. 形态是作为生命的、本质的进程,而且更具体地说它本身是**在自身内部抽象的、构型进程**,在此进程里有机体使自己的有机部分成为自己的无机自然,成为中介者,消耗自己,并且自我生产,即这种分化的整全体,结果每个环节,交替作为目的和手段,在他者中并与其相对立地自我保存;——这种进程的结果是简单直接的**自我感觉**。

【附注】:作为第一个进程,构型进程是进程的概念,是不平静的构型活动,但仅仅是作为普遍的行动性,作为普遍的动物进程。尽管作为这样的抽象进程,它像与外部世界相互作用的植物进程那样来被理解,因为生命体的力量是外部的东西向动物性的直接转化。但因为有机体作为被发展了的东西在自己特殊的分化中自我表达,而这种特殊的分化并不包含独立的部分,相反只是在有生命的主观性中的环节,所以它们被扬弃,被否定,并且通过有机体的生命性被设定。它们既存在又不存在,既被抛到主观性之外又被保存在主观性之中,这种矛盾把自己展示为持续的进程。有机体是内部和外部的统一体,结果它:1. 作为内在的东西是构型的进程,而形态是一种被扬弃的东西,但它保持封闭在自身当中;或者说,这种外部、他者、产物被返回到生产者当中。有机的统一体自我生产,而不像在植物中那样自己变成另一个他者个体;这是一个返回自身的循环运动。2. 有机体的他在,或者作为外在东西的有机体,是自由存在的形态,是与进程相对立的静止。3. 有机体本身是最高的静止,作为前两者的统一,——这就是自我等同的不静止的概念。现在普遍的构型活动是血液在其发散中使自己降低为淋巴,但淋巴这种持续不确定的液体自我固定和分化,因为它一方面分化为构成内在形态之运动的肌肉对立,另一方面则把自己带回到骨骼的静止中。脂肪,骨髓是那种植物性的东西,它发展成为油并把中性物从自身排除,这个中性物不是作为水,而是作为一种土质的中性物,作为石灰,就像植物会发展成为硅土产物那样。骨骼就是这

[460]

412

种介于淋巴和骨髓之间的僵死的中性物。

但个体不仅这样使自己成为对象,而且同样观念化这种实在性。每一个部分都与其他部分相敌对,依靠另外一部分自我保存,但同样也让渡自己。这不是持续性的东西;一切都会被再生,甚至骨骼都没有从中被排除。因而关于骨骼的形成舍尔兰德(同上书,第 II 部分,第 256 页)说:"如果内部骨膜被探针破坏,那么外部的骨膜就与其覆盖的骨头分离,吸收分布在组织中的导管所带来的磷酸石灰,并在其他骨头周围形成新的骨头"。器官的规定性本身只是它使自己成为构成完整生命体这样一个普遍目的。每一个有机部分都从其他自在的部分撕开,因为每一个动物环节都分泌淋巴,这被送到脉管中并被转回到血液;从这种分泌中每一个部分都获得修复。因而,构型进程是以对构成物的消耗作为条件的。如果有机体被限制在进程中,例如像在生病状态中,向外的行动性被中断了,那么人就自我消耗,使自己成为生命材料。因为在生病状态中,有机体不再有力量吸收无机物,而只能是消化自己,所以人会消瘦。在布鲁毛艾尔[35]的《伊尼斯》中,伊尼爱斯的旅行同伴消耗了它们自己的胃,而且在饥饿的狗那里,人们确实发现胃已经被吃掉并且部分地被淋巴管所吸收。这种将自己置于自身之外和自我汇集于自身的进程是一种不断进行的进程。有人说,经过 5 年、10 年或者 20 年之后,有机体在自身中已经不再有什么东西了;所有物质性东西都被消耗掉了,只有实体性形式被留存。 [461]

一般而言,最高的统一体是这样的,一个系统的行动性以另一个系统的行动性为条件。在这方面现在做了很多的实验和研究,例如在多大程度上消化活动、血液循环等等是不依赖于神经活动性的,呼吸是不依赖于脑部的等等;反过来,如果这些功能中的某一个被阻碍了,生命是否还可以被维系;此外,呼吸过程对于血液循环起什么样作用等等。在这方面,特雷维拉努斯(同上书,卷 IV,第 264 页)引入了一个儿童的例子:"这个

　㉟　布鲁毛艾尔(Johann Aloys Blumauer):《维吉尔的伊尼斯讽刺》,3 卷,维也纳:1784 年及以后。

孩子出生时没有心脏和肺,尽管如此却有动脉和静脉"。这样,在母体中这个孩子的确可以健康地活着,但在母体之外却不行。从这个例子中人们现在得出结论说:哈勒尔[36]的论断"心脏是血液循环的唯一驱动"是错误的;而这曾经是一个主要问题。但问题是,如果心脏被切除,血液是否仍然循环流动。特雷维拉努斯(同上书,卷Ⅳ,第645页及以后)特别对青蛙心脏做了多重的研究,但在这些研究中他除了折磨这些动物以外什么也没发现。与哈勒尔的想法——单纯心脏搏动就可以导致血液循环——相对立,特雷维拉努斯现在认为,"血液具有自己的运动力量,这个力量依赖于神经系统,而且这个系统,特别是脊髓不受干扰的影响作用对这个力量持续存在是必需的"。因为当某个有机部分的神经干和脊髓

[462] 被切断后,那么在这个部分中的血液循环就终止了;这样从中可以得出"脊髓的每个部分以及从脊髓中生出的神经干的每个部分维持着器官中的血液循环,而血液循环是通过神经分支来控制这些器官"。与特雷维拉努斯相对立,莱卡勒瓦[37]"看起来根本不认为一个异于哈勒尔的血液运动理论是可能的",他建立了这样一个假设:"血液循环只依赖于心脏的收缩作用,神经系统的部分影响只有通过其对心脏器官的影响作用才削弱或完全停止血液循环";一般而言,他认为,心脏从整个脊髓中获取自己的力量。* 莱卡勒瓦在小兔以及冷血动物身上所做的实验使他得出下面结论:一份脊髓,例如颈部、胸部或者腰部的脊髓,与身体对应部分的血液循环最准确地联系在一起,而身体保留着这些部分的运动神经。但现在干扰这部分脊髓会对血液循环造成双重结果:1. 它会减弱普遍的循环,因为它剥夺了心脏从这部分受损害的脊髓中所获取的力量;2. 它首先减弱对应部分里的血液循环,继而迫使不再具有整个脊髓力量的心脏

* 特雷维拉努斯:同上书,卷Ⅳ,第653、272、266页及以后,第269页及以后,第273、644页。

———————————

36 哈勒尔(Albrecht von Haller,1708—1777年):解剖学家,近代生理学的奠基人;"阿尔卑斯山"这首诗的作者。

37 莱卡勒瓦(Julien Jean César Legallois,1770—1814):医生和生理学家。

完成对于整个血液循环领域来说同样多的工作。相反,如果在例如腰部这个部分的脊髓被损坏,动脉被结扎,那么它就不必有血液循环了;因为在身体其他部分都有脊髓,所以其中心脏和血液循环处于平衡中。的确,其他部分甚至存活的时间更长,或者说在莱卡勒瓦损坏了大脑和颈部脊髓时,血液循环通过颈动脉继续进行。这样当小兔的头被切下而且流血被阻止以后,它存活的时间超过 3/4 小时,因为这样出现了一个平衡;这个实验在 3 天、10 天直到最高 14 天的小兔身上进行,而年龄越大的小兔死亡就越快 *。也就是说,在这里生命具有更强的统一性;而在其他小兔那里生命还是类似水螅式的。现在,特雷维拉努斯主要通过下面这个经验拒斥了莱卡勒瓦的推论,即使血液循环由于脊髓的损坏已经停止,可心脏的搏动还会继续一段时间,由此,他在结束研究的时候,针对莱卡勒瓦做出下述结论:"哈勒尔的学说,心脏的搏动并不**直接**依赖神经系统的影响,因而是无法被反驳的"。** 不论这些规定和结论被认为有多重要,人们最多只认识到一些区分,例如当心脏终止的时候,消化功能仍然持存等等。但这种持存持续时间很短,以至于根本无法被认为两者是相互独立的。有机组织越完整,也即各种功能越是彼此分化,它们之间也就越彼此依赖;在不完整的动物中,这些功能具有更强的生命韧性。特雷维拉努斯(同上书,卷 V,第 267 页)为此引入两栖类动物作为例子,即"蟾蜍和蜥蜴,人们发现它们生活在完全封闭的石头缝里",——因而它们或许在创世的时候就已经出现在那里了!"最近有人在英格兰考察了两只蜥蜴,它们是在苏弗里克的艾里顿那里一块白垩岩底下 15 呎深的地方被发现的。开始的时候它们看起来是完全没有生命的;渐渐地它们开始表现出生命的迹象,尤其是当它们被暴露在阳光下以后。两只蜥蜴的嘴都被黏性物质封住了;因而它们的呼吸孔道被阻塞了。一只蜥蜴被放在了水里,另外一只蜥蜴被留在干燥的地方。前者使自己摆脱了黏性的物质;继而它又存活了数周,最后死去了。另外一只则在第二天晚上就死去了"。一

[463]

---

* 《综览》,第 312 期,1811 年(参考:特雷维拉努斯:同上书,卷 IV,第 273—275 页)。
** 特雷维拉努斯:同上书,卷 IV,第 651—653 页。

些软体动物、昆虫、蠕虫展示了更加引人注目的事实,它们可以数月和数年禁食。没有头的蜗牛可以存活一年以上。一些昆虫可以长期被冰冻而无损生命,其他一些动物可以比较长的时间隔绝空气,还有其他一些动物可以生活在十分烫的水里。人们可以在四年以后重新把轮虫召回到生命中等等 *。

[464]   **b. 吸收作用**

§ 357[38]

但个别性的自我感觉同样是直接**排外的**,而且既与无机自然也与其**外在**条件和物质处于紧张关系中。因为

α)在这种外在关系里动物组织**直接地**返回自身,所以这种**理论**进程之观念性活动是作为外在进程的感受性,更具体地说是作为**被规定的感觉**,它在无机自然的多种感性中区分出自身。

【**附注 1**】:向外的进程是**实在的**进程,在其中动物不再像在生病中那样让自己的本性成为自己的无机物;相反它也必须允许在有机体中构成环节的他者进入这种抽象活动——这个他者作为与之有关系的直接现成的外部世界而存在。生命性的立场正是这样一种本源的分化,即把太阳和一切东西从自身中抛出。生命的理念在自身中是这种无意识的创造,——在生命体中返回真理当中的自然扩展。但对个体而言,无机自然变成被假设的、被找到的东西,而且生命体的有限性由此构成。与此相反,个体是自为的,但其方式是两者的这种联系是绝对的、不可分割的、内

---

*   同上,卷 V,第 269—273 页(卷 II,第 16 页)。

38   米希勒版本把这一节分成 § 357(只有第一段)和 § 357a。在米希勒版本中,两个附注被相应地分在两节中。

在的和本质性的,因为有机体内在地具有否定性。这种外在的东西仅仅
被规定是为了有机体而存在,而有机体则是与其对立的自我保存之物。
可因为有机体既导向外部又内在地与之对立并处于紧张关系中,由此就
设定了一个矛盾,即在这种关系里两个独立的东西相互对立出现,而同时
外在性的东西必须被扬弃。因而,有机体并必须把外在性的东西设定为
主观性的,使它成为自己的,与自己相等同,而这就是**吸收作用**。这个进
程的形式分三种:**第一**理论进程;**第二**实在的实践进程;**第三**两者的统一, ［465］
观念—实在进程,为了生命体的目的对无机物进行转化,——也就是本能
和发育趋向。

【**附注**2】:有机体的自我是其血液或者纯粹进程与其形态的统一;因
为它的形态在前者的流动性中完全被扬起了,这个有机体的自我把存在
作为在其自身中被扬弃的东西。由此,有机体被提升到纯粹的观念性中,
这是完全透明的普遍性;有机体是空间和时间,而同时又不是空间的和时
间的:它直观某个空间的和时间的东西,即和它相区分的东西,一个他者,
并且直接与其不同。这种直观运动是**感官**的普遍要素。感受性正是规定
性在纯粹观念性中的消失,这种观念性作为灵魂或者自我在他者中却泊
守于自身;感受者因而是为了自我的自我。但因为动物会感受,它不仅感
受自我并且以特殊的方式自我规定;它感受自己的特殊性。动物变成自
己的特殊性,这把感受者和非感受者区分开来;因而在感受者中存在着与
他者的关系,这个他者被直接设定为是我自己的。硬、热等等是在外部的
独立者;但它同样被直接转化,被弄成观念性的,是我的感觉的规定性;在
我当中的内容与其在我外部的内容是一样的,只是形式有所差别。这样
精神不仅把意识作为自我意识,即当我和一个外部对象联系在一起的时
候,我同时是为我的。理论进程是自由的,无欲望的感受,它让外部保留
持存。我们在无机自然中已经看到的不同规定也是有机体与无机自然的
不同关系,是对感受的各种改变,而这些改变叫作感觉(Sinne)。

§358

因而感觉和理论进程是 1. 机械领域的感觉，——对**重力**、内聚性及其变化、和热的感觉，——**感觉**（Gefühl）本身；2. 对于**对立**、特殊化的气体性、同样被实现了的具体水的**中性**以及这种具体中性分解之对立的感觉，——**气味**和**味道**。3. 对于**观念性**的感觉同样是双重性的，因为在作为抽象自我关系的感觉中，其不可或缺的特殊化分成两个互相关的规定：αα）对于观念性的感觉，是为了外在性东西而对**外在性东西**的显现，是对一般的**光**的显现，进一步是对在具体外在性里被规定的光的显现，是对**颜色**的显现；以及 ββ）对**内在性**显现的感觉，而这种内在性本身出现在自己的表达中，是对于**声音**的显现；——**视觉和听觉**。

[466]

在此提供了一种方式，如何就数字而言让概念环节的**三重性转化为五重性**；这种转化在此出现的普遍性基础是动物有机体把彼此为外在的无机自然还原到**主观性**的无限统一体中，但在这种统一体中同时存在它被发展了的整全体，这个整全体的环节以特殊的方式实存，因为该整全体仍然是**自然的**主观性。

【附注】：存在和存在者的直接性统一——感觉（Sinn）——首先是机械性感觉（Gefühl），与对象的非对象性统一，但其中对象同样也自为地后退。这种统一体因而是双重性的：把形态感觉为形态以及对热的感觉。这里出现的只是模糊的区分，因为他者只是一般的他者，而无须它成为一个内在有区分的东西。肯定性的和否定性的这种区分因而相互外在，作为图形和热。这样，感觉就是对于土质的东西、对于物质的东西、对于有抵抗作用的东西的感觉，据此，我直接作为个别者实存而他者也作为个别者到我这里，也就是作为自为的物质性东西，因为我也感受它。物质性的东西渴望一个中心点，这种渴望只有在内在具有中心点的动物里被平息。我所感受的东西正是无我的物质被驱动向他者。此外这里还有各种特殊方式的抵抗作用：柔软、坚硬、有弹性、表面的平滑或者粗糙；另外图形和形态也正是在空间方面抵抗任何被限制的方式。在感觉里存在我们在不同领域中所处理的各种规定,就像被捆成一把花束一样;因为正如我们在前面(§355附注,本书第456页)所看到那样,感受的自然恰恰有这样的力量,把有些距离的领域连接起来。　　　　　　　　　　　　　　[467]

　　气味和味道也具有亲缘性,在器官方面也是如此;因为鼻子和嘴最为密切地联系在一起。如果说感觉是对于事物相互无关的定在的感觉,那么气味和味道则是实践性感觉,其对象是为了他者的事物之实在存在,由此事物被消耗。

　　在光里,某物只是直接地把自己显现为直接性的定在。但构成响声的内在性之显现则是被设定的、被产生的把内在性显现为内在性。在视觉中,物理性的自我显现为空间性的,在听觉中显现为时间性的。在听中,对象放弃作为一个事物存在。我们用两只眼睛来看同一个东西,因为它们看见同一个东西,把它们各自的看在对象那里汇成同**一个**看,就像许多支箭射中**一个**点一样;正是通过方向的统一性,感受的差异性就被扬弃了。但同样我也可以把一个对象看成双重的,如当对象在我们的视域中,但眼睛注意的是其他东西。例如当我专注一个远处的对象并且同时又注意到我的手指,那么我不用改变我的眼睛的方向就可以知道我的手指并且同时看到两者;这种整个视域之被意识是分散视觉。就此训导长舒尔茨[39]写过一篇有趣的论文,刊登在施魏格尔的【物理学和化学】杂志上(1816年)[40]。

　　作为在自然中被发展了的概念之整全体,四重性也发展成为五重性,因为差别不只是双重的而且本身显现为三重的。我们或许也可以从对于观念性的感觉开始;这种感觉因而显得是双重的,因为它是抽象的,但同时应该是整全体。这样,就像我们在自然中一般以观念性的相互外在作为开始,这是空间和时间,而它们是双重的,因为概念是具体的(它的环节完全出现了;但这些环节在抽象中显得相互外在分离,因为内容还没有

39　参见本书第227页,脚注42。
40　参见本书第312页,脚注80。

[468] 被设定在它们的具体化中),这样我们现在一方面具有对以物理方式规定的空间的感觉,另一方面具有以物理时间的感觉;在此,空间是按照光和暗的物理抽象来被规定,时间是内在的振动,是内在存在的否定性。在感觉的整全体里,第二个被分出来的环节,即气味和味道,保留自己的位置;而机械性感觉是第三个环节。这个位置或多或少是无关的;主要的问题是,理性的感觉构成一个整全体。这样,因为理论关系的范围要通过概念来被规定,所以尽管没有更多的感觉,但上述一些感觉可以在低等动物中缺失。

作为感觉的**感官**是表皮这个普遍感官:味觉是舌头的肌肉,是与嘴连接在一起的中性,即与开始变得内在的皮肤或者说整个表面的植物普遍性之收回联系在一起;鼻子作为嗅觉器官与气体和呼吸联系在一起。如果说机械性感觉是一般的对形态的感觉,那么味觉是对于作为外在东西内在化的消化的感觉;嗅觉属于作为气体的内部感官。视觉不是对于上述某种功能的感觉,而是如同听觉那样是大脑的感觉;在眼睛和耳朵中,感官自我关联,——但在眼睛那里对象的实在性是作为无关的自我,而在耳朵这里是作为自我扬弃的东西。作为活动性的听,声音是纯粹的自我,它把自己设定为普遍的,表达疼痛、欲望、喜悦和满意。每个动物在被迫死亡中都会发出声音,把自己表达为被扬弃的自我。在声音中,感官返回到它的内部并且是否定性的自我或者欲望;——在自身中把非实体性感觉为单纯的空间,而感官是饱和的、充满的空间。

§359

β.**实在进程**或者与无机自然的**实践关系**开始于内在的分化,开始于把外在性感觉为对主体的**否定**,这个主体同时既是肯定的自我关系又是其针对它的这种否定的**确定性**;——开始于对**缺乏**的感觉和扬弃缺乏的趋向,在这种趋向中,从外部被刺激的条件以及在其中以**对象**方式被设定的对主体的否定显现出来,而主体与对象处于对立的紧张关系之中。

[469] 只有生命体感觉**缺乏**;因为只有生命体在概念的本性里,概念是**它自**

己和它被规定的对立者之统一。在界限存在的地方,它仅仅对于第三者,对于外在的比较来说是否定。但它是缺乏,这是因为在一个东西中同样出现对于它的向外超越,矛盾本身是内在的并且被设定在这个东西里。一个可以内在地具有自我矛盾并承载该矛盾的东西是主体;这构成了它的无限性。——同样即使有人谈论有限的理性,这足以证明它是无限的,因为正是它把自己规定为有限的;因为否定是有限性,是缺乏,这仅仅是对于有限性被扬弃的存在,对于无限的自我关系而言(参考§60说明)。——无思想性停留在对界限的抽象中,而且在生命里,即概念本身进入实存之处,同样无法解释它;它坚持表象的规定,如趋向、本能、需求等等,而无须问这些内在规定本身到底是什么;对它们表象的分析会表明,它们是否定,被设定为是包含在主体自身的肯定中的。

对有机体而言,对受外部力能刺激的规定替代了起作用的外在原因,这是在对有机体真正表象中的重要一步。唯心论开始于,一般而言没有什么可以具有和生命体的肯定关系,生命体的可能性是这种非自在和自为的东西,即不受概念规定的东西,因而绝对内在主体的。在刺激理论中引入这种形式和物质关系很久以来被视为是哲学的,但它们和任何一种通过反思规定得来的科学大杂烩一样没有哲学性;例如接受性和作用能力的完全抽象的对立,据说这两者作为因素具有数量上的反比关系,由此所有在有机体里被把握的差别就掉入单纯量上的差别、提高和减少、增强和减弱的形式主义中,也就是掉入最高可能的无概念中。建立在这种枯燥的知性范畴上的医学理论通过半打命题来完成;毫不奇怪,它拓展很快并有很多追随者。导致这种混乱的原因在于这样一种基础错误,当绝对者已经被规定为主观和客观的绝对无差别以后,所有规定现在被假定为只是一种量上的差别。绝对形式,概念和生命性毋宁只把性质上的、自在的自我扬弃的差异,绝对对立的辩证关系作为灵魂。既然这种真正的无限否定性没有被认识,人们可以认为,就像在斯宾诺莎那里属性和样态出现在外在的知性里,如果不让差别成为一种反思的单纯外在性,生命的绝对同一性就不可能被固定;由此生命缺少自我性的飞跃点,缺少自我移动

[470]

的根源,缺少一般的自我内在分化。

此外,坚持下述做法是完全非哲学性的和粗糙—感性的,即径直用**碳**和**氮**,氧和氢替代概念的规定,并把其中强度差别进一步规定为一个或另一个物质的**多或者少**,而把外部刺激的效果性和肯定关系规定为对于所[471] 缺材料的**增补**。在虚弱的时候,如在患伤寒病的时候,有机体中**氮**是主导性的,因为头部和神经一般而言具有**加倍的氮**,因为化学分析显示氮为这些有机构成物的主要**构成部分**;因此这里应该补充**碳**,以便恢复**这些物质**的平衡,即健康。正是出于这个理由,经验上认为对于伤寒有效的中介物被视为属于**碳**这方面,而且提出这样肤浅的联系和意见作为**构造和证明**。——其粗浅在于极端僵死的骷髅、僵死的物质被当作一个有生命器官的**本质**,甚至被当成它的**概念**,而且化学还在这种僵死物质中再一次扼杀这个垂死的生命。

一般而言,对于概念的无知和误解构成了舒适的形式主义的基础,这种形式主义使用感性物质,如化学材料,以及属于无机自然领域的关系,如磁的北极和南极,或者还有磁和电的区别,而不使用各种概念规定;另外这种形式主义以下述方式理解和发展自然宇宙,即从这类物质中被制成的图式外在地附加在宇宙的各个领域和差别上。就此存在十分多样的可能形式,因为把这些在**化学**领域里出现的各种规定,例如酸、氢等等视为图式,把它们拓展到磁、机械、植物、动物等等中,或者接受磁、电、雄性和雌性生物、收缩和舒展等等,一般性地把它们理解为与任何其他领域相对立,然后把它们应用到其他领域中,这些做法都是随意的。

[472]   **【附注】**:尽管实践进程是外在无机自然在它们独立物质持存方面的变化和扬弃,但是却是一个不自由的进程,因为有机体被转回到朝向外部的动物欲望。只有作为意愿,人认为自己是自由的;但正是这样,人与实在的、外部物体有关系;只有在理论性的理性意愿中,如在感官的理论进程中,人是自由的。因而这里第一是对于主体依赖性的感觉,它不是自为的而必需另一个否定性者;这是对需求的不舒适感觉。一个椅子有三条

腿,我们会感觉它有缺陷;而在生命里存在着缺陷,但缺陷同样也被扬弃,因为生命把界限视为缺陷。因而,感受痛苦是更高级自然的特权。伟大的人物有伟大的需求以及扬弃这个需求的趋向。伟大的行为只来自心灵深处的痛苦;在这里,罪恶等等的起源获得了解答。在否定性的东西里,动物在自身中同时是肯定性的;而且作为矛盾实存,这也是更高级自然的特权。但同样动物也重建和平并内在地自我满足;动物欲望是关于对象性的唯心论,据此这种对象性不是陌生之物。

在这一节中所谈论过的理解的外在方式,已经在谢林哲学里发挥作用,因为他常常过多地使用类比。奥铿、特罗克斯勒[41]和其他人完全掉入了一种空洞的形式主义中,正如我们前面(见本书第 408 页,§346 附注)看到的,奥铿把植物的木质纤维称为它们的神经,或者根被称为它们的脑(参见本书第 420 页,§348 附注),同样脑据说是人的太阳。为了表达植物或动物生命器官的思想规定,名称没有来自思想领域而是来自其他领域。但我们不应该再次从直观中获得形式,想用它们来规定其他东西,相反这些形式必须从概念中被创造出来。

§360

需求是一种**被规定的东西**,而且它的**规定性**是其普遍概念的一个环节,尽管被以无限多样的方式来特殊化了。趋向是这样的行动性,它扬弃 [473] 这种规定性的**缺乏**,也就是说,扬弃首先仅仅作为**主观性的东西**这个**形式**。因为规定性的内容是本源性的,在行动性中自我**保存**并且只有通过行动性来被展示出来,这个内容就是**目的**(§204),而仅仅在生命体里的趋向是**本能**。那种形式性缺乏是内部的**刺激**,对这种刺激来说,就内容而言特殊的规定性同时显现为动物与自然领域所有特殊个体化活动的关系。

构成对本能加以理解的困难的秘密仅仅在于,目的只能被理解

41　特罗克斯勒(Ignaz Paul Vital Troxler,1780—1866):医生和哲学家。

为内在的**概念**,因而单纯的知性解释和关系对于本能来说很快就显得不合适了。亚里士多德认为生命体要被视为按照目的来发生作用的;他在解释生命体中的这个基础规定在近代几乎被丢失了,直到康德提出了**内在**合目的性,认为生命体应该被视为是**自我目的**的,这样他就以自己的方式再次唤醒了关于生命体的基础规定。在此首先的困难是,目的关系通常被认为是**外在的**,而且一种意见非常流行,认为仿佛目的仅仅以**意识的**方式实存。本能是以无意识的方式起作用的目的行动性。

【附注】:因为趋向只有通过完全被规定的行为才可以被满足,所以这显得是本能,因为本能看起来是一种按照目的规定的选择。但因为趋向不是被意识的目的,所以动物还没有把它的目的意识为目的,因而亚里士多德把这种无意识地按照目的行动的东西称为"自然"(φύσις)。

§361

[474]　　因为需求是与**普遍性**机械作用的联系和自然的各种抽象的力,本能只是作为**内在的**刺激存在,但它从来不是交感刺激(如在睡眠和清醒状态里,在气候和其他类变化等等)。但作为动物与**它无机的、个别化的**自然的关系,本能被一般地**规定**了,而按照更进一步的特殊性,只有有限范围的普遍无机自然是它的。本能与这种普遍无机自然有实践性关系,是与外部刺激的映现结合在一起的内部刺激,而它的行动性一部分是对无机自然的**形式吸收**,另一部分则是**实在吸收**。

【附注】:清醒和睡眠不是受到外部东西的刺激,相反是与自然及其变化不经过中介的并行,是内在的静止和与外部世界对立的分化。同样动物的迁徙,例如鱼游到其他海里,是内在于自然本身的一种共同生活,一个过程。睡眠不是因为需求,不是因为在先的缺乏感;人无需要睡眠的行动就进入了睡眠。人们或许会说动物是出于本能而睡眠,为了冬天聚集营养；这与清醒是同一类过程。有机体越低等，它就越多地与这种自然生命共生。原始民族感受自然进程，而精神从夜晚中制造白天；因而季节性情绪变化在更高级的有机组织里则更弱。在特定季节里人们在兔子和鹿的肝脏和大脑中发现的蛔虫是机体的虚弱，在这个机体里一部分把自己分离成为自己的生命性。——现在因为动物交感性地与自然的普遍进程共生，所以毫不奇怪会说到与月亮、地球和恒星生命的联系，并从鸟的飞翔中获得预兆（例如在地震的时候）。这样，特定的动物对于季节有预感，就像蜘蛛和青蛙尤其是季节的先知。在弱的部分，例如在伤疤中，人也感受到这样的变化；该变化已经有了，而且呈现在人中，即使只有后来它才作为季节变化进入实存。

在特殊动物里的趋向是完全被规定的趋向；每个动物只把有限范围作为自己的无机自然，这个自然只是为了它的，而且它必须通过本能在很多东西中找出这个无机自然来。在狮子那里并不是看见鹿就引起它对鹿的欲求，在鹰那里不仅仅是看到兔子就引起它对兔子的欲求，在其他动物那里，不仅仅看到谷物、米、草和燕麦等等就引起它们对此的欲求，这还是一种选择；相反趋向是如此的内在，以至于这种草的特殊规定是在动物本身的，而且就是这片草，这些谷物等等，所有其他东西对于它则不存在。人作为普遍的、思考动物，有一个更加拓展的范围，而且自己把所有对象弄成为自己的无机自然，而且也是为了自己的认识。不发达的动物仅仅把元素性的东西——水——作为它的无机自然。百合、柳树和无花果树都有自己的昆虫，这些昆虫的完全无机的自然就限于这些植物中。动物只能被**它的**无机自然所刺激，因为对立物只是**它的**对立物；不是一般的他者要被认识，而是每一个**它的**他者，这正是每个动物自己本性中的一个本质环节。[475]

§362

因为本能趋向形式吸收作用，它在外在性中建立自己的规定，并赋予作为物质的外在性一个**外在的**、吻合目的的**形式**，并让这些事物的客观性

持存(就像在建鸟巢和兽穴中那样)。但因为它要个别化无机的东西,或者与已经被个别化了的东西发生关联,并通过消化这些东西、否定它们的独特性质来吸收它们,本能是**实在**进程;——这个进程是与**空气**(呼吸和表皮进程)、与**水**(渴)以及与个体化的**土**,即土的特殊构型者(饥饿)相作用的进程。生命,整全体的这个环节的主体,作为概念和在作为外在于它的实在性的环节中内在地自我紧张,并且是一种持续的冲突,在其中它克服了这种外在性。因为在这里作为直接的个别物而自我关联的动物,只能在个别物中按照个别性的所有规定(这个位置,这个时间等等)来这样做,所以它的这种自我实现并不吻合它的概念,而且它不断地从满足状态中返回到需求状态里。

[476]　　**【附注】**:动物自我规定休息、睡觉的地方,以便生产幼兽;它不仅改变自己的位置,而且为自己制造位置。动物在其中是实践性的,而这种合目的的规定方式是被设定在行动性里的内在趋向。

　　实在进程首先是与元素相互作用的进程;因为外在性的东西本身首先是普遍性的。植物停留在元素进程当中;但动物则发展到个别性进程。**与光的关系**也可以被称为那种自然元素进程;因为这种关系也是一种外在的、元素性力能。但光本身对于动物和人来说并不是它对于植物所是的那种力量;相反因为人、动物可以看,所以它们有光,这种外在性的客观形式的自我显现,但在理论进程中以观念性方式与之相关联。光只对有羽毛的野兽的颜色和皮毛的颜色有影响;黑人的黑色头发也依赖气候、热和光;动物的血液和它们有颜色的汁液也是这样。关于羽毛的颜色,歌德做过这样一个观察,无论是光的作用还是内在的有机组织都规定了羽毛的颜色。一般性地谈论有机体的颜色,歌德说:"白色和黑色、黄色、橙色和棕色以多种方式交替变化,但它们从来不会通过让我们想起基础颜色的方式来显现。它们所有都是混合的、经过有机调配的颜色,而且或多或少地标记了它们所属的动物的程度高低"。皮肤上的斑点与它掩盖下的内部部分有关。贝类和鱼类有更多的基础颜色。较热的地区在水中也有影响,产生鱼的颜色,使它更加美丽和鲜艳。"福尔斯特在塔希提岛看到一种鱼,它的表面十分美丽,尤其是在这种鱼要死去的那一瞬间"。——在贝类中的汁液"具有一个特征,当它被暴露在光和空气中的时候,它首先显现为黄色,然后是绿色,继而转为蓝色,由此又转为紫色,但进一步则成为鲜红色,最后由于阳光的作用,特别是当它被涂在亚麻布上时,成为一种纯粹的鲜红颜色"。——"光对于鸟的羽毛及其颜色的作用是十分明显的。这样,例如某些鹦鹉的胸部羽毛是本来黄色的。但被光所照到的突起的鳞状部分则从黄色升为红色。这样这种动物的胸部看起来就是 [477] 鲜红的;但当我们往羽毛上吹一口气,黄色就显现出来。因而,羽毛未被遮盖的部分和在安静状态中被遮盖的部分十分不同,结果甚至只有未被遮盖的部分,例如在乌鸦那里,才展现出亮丽的颜色……以此为引导我们可以立即把尾部的羽毛重新理好"。*

如果说与光相互作用的进程始终是这种观念进程,那么与空气和水相互作用的进程是与物质性东西相互作用的进程。表皮进程是持续的植物进程,它长出毛发和羽毛。人的皮肤比动物表皮的毛发少;但鸟的羽毛尤其是植物进程向动物进程的上升。"羽毛杆……都是有分支的,由此它们真的变成羽毛,一些分支和羽毛还会进一步分叉,由此让人处处想到植物"。——"人的表层是光滑的、整洁的,在最完善的那里,除了少数地方比被遮盖的地方长着更多毛发以外,展示出美丽的形式……在胸部、胳膊和大腿上长的毛发过多意味着软弱而不是强壮;大概只有诗人被其他强壮的动物本性所诱惑,在我们当中赞颂这种毛发丛生的英雄"。**

呼吸进程是显现为间断的连续性。呼气和吸气是血液的蒸发,是蒸发性的应激性(§354附注,本书第452页及以后);向空气的转化被开始和被撤回。"泥鱼通过嘴呼吸,又通过肛门排气"***。鱼用以分解水的

---

* 　歌德:《论颜色学》,卷I,【第一,教学部分】,第664、645、641节,第660节及以后。
** 　歌德:同上书,第655、669段。
*** 特雷维拉努斯:同上书,卷IV,第146页。

鱼鳃也是一种附属性的、相当于肺的呼吸器官。昆虫把气管分布全身,向腹部的两侧开口;在水中生活的一些昆虫存储一些气,在翅鞘或腹腔的软毛里扬弃它*。为什么现在血液与抽象元素的观念性消化有关? 血液是这种绝对的渴望,是内在的和与自身对立的不静止;血液渴望激活,想要被分化。更准确地说,这种消化活动同时是同空气作用的一种有中介的进程,即把空气转变为二氧化碳、(深色含碳的)静脉血和含氧的动脉血。

[478]

我既不把动脉血的行动性和激活归因于物质性改变也不归因于它的满足,这就是说,像在其他消化作用中,动脉血总是平息自己的饥或渴(像人们想要称呼的那样),并且通过它的他在之否定性达到自为存在。空气是自在燃烧的和否定性的;血液是同样的,是发展了的不静止,——动物有机体燃烧的火焰,它不仅自我消耗而且也把自己保存为流动的,并在空气中找到滋养品。因此,注入静脉血替代动脉血会导致行为瘫痪。在死者那里,我们看到红色血液几乎被静脉血所替代;在中风的时候大脑中会出现静脉血。这并不是由于氧或碳的多一些或少一些。** 相反,在患猩红热的时候,静脉血也是猩红色的。但血液的真正生命是动脉血和静脉血之间始终相互转化,在这种转化中,小导管发挥出最大的作用***。

"在不同器官里存在着动脉血向静脉血较快的转化,而且常常是向这样一种静脉血的转化,它的独特属性(黑色,凝结时较小的浓度)比其他时候显著,例如像在脾脏里那样,而这里所有导管壁并没有展示比通常情况氧在动脉血里更高程度的影响,而是相反它们更加柔软,常常几乎是糊状的……总而言之,人体里甲状腺比任何其他部分具有更大的动脉。这种腺体通过一种捷径把大量动脉血转化为静脉血"****。既然甲状腺导管并不像假设的那样变得更硬,那么动脉血的氧去哪里了呢? 它恰恰不是以化学的方式外在地起作用。

---

* 　　同上,第 150 页。

** 　　参考:毕夏,同上书,第 329 页及以后。

*** 　　奥滕里特:同上书,第Ⅲ部分,附录第 370 页。

**** 同上,第Ⅰ部分,§512,§458 及以后。

同水相作用的进程是向中性物的渴求：一方面与内在抽象的热相对立，另一方面与人们要消除的特定味道相对立；正因此人会喝水。——这样当趋向与个体化者相关联时，那么它只是本能。可如果说由此瞬间满足的需求不断地自我产生，那么精神毋宁是以普遍的方式在对于普遍真理的认识中来自我满足。

§363

[479]

对于外在对象的**机械性掠取**是开端；**吸收作用**本身是把外在性转化为自我的统一性。既然动物是主体，是简单的否定性，这种吸收作用既不能是机械本性的也不能是化学本性的，因为在这些进程里各种材料和条件以及行动性始终**保持相互外在**，而缺乏有生命的、绝对的统一。

【附注】：欲望的有机体把自身意识为自己和对象物的统一，因而透视了他者的定在；这种有机体是转向外部的、武装起来的形态，它的骨骼使自己成为牙齿，它的表皮使自己成为爪子。这个凭借爪子和牙齿的进程仍然是机械式的；但唾液已经使这个进程成为有机的进程。长期以来是流行的是用机械的方式来说明吸收作用进程，还有血液循环和神经作用，好像神经是一些振动和绷紧的弦；但神经是完全松弛的。神经也被假定是一系列的小球，在受到压力的时候就相互碰撞和推移。但灵魂在身体里无处不在；在关于灵魂的唯心论中，骨头、神经和血管的相互外在没有任何意义。所以，要把有限的关系转移到生命中去，这种做法比我们在电中所看到的那种认为天上发生的过程类似于我们在房间里发生的过程的想法还要离奇。现在人们同样要把消化作用还原到撞击、汲取等等；但在其中包含的是内在和外在东西的外部关系，因为动物毕竟是生命性的绝对自我同一而不是复合在一起的东西。最近化学关系被使用了；但吸收作用也不可能是化学的，因为我们在生命体中有主体，它自我保存并否定他者的独特性；而在化学作用中，进程中的存在者如酸和碱失去了它们的性质，毁于盐这个中性产物当中，或者说返回到一种抽象的根中。在此行动性被熄灭了,而动物则在自我关系中始终是不停息的。诚然,消化活动可以被看作是酸和碱的中和;认为这些有限关系在生命中开始了,这是正确的;但生命中断了这些关系而且产生了一个异于化学产物的另外一种产物。这样,在眼睛里有折射光的水;因此人们可以把这种有限关系延续到一个特定的点,但此后就开始了一个完全不同的秩序。此外,如果用化学的方式进行分析,我们可以在大脑中发现很多氮;同样,如果我们分析被呼出的气体,我们会发现异于吸入气体的构成部分。这样,我们可以不断探索这个化学进程,甚至以化学方式分解生命体的个别部分。尽管如此,这个进程本身不应该被认为是化学性的,因为化学进程只出现在僵死之物里,而动物进程总是扬弃化学进程的本性。我们可以进一步探索和展示在生命进程和气象进程那里出现的中介作用;但这种中介作用不能被复制。

[480]

§364

因为生命体是其外在的、与之对立的自然的**普遍**力量,吸收作用首先是纳入内部的东西和动物性的**直接**融合;是受动物性影响和**简单转化**(§345说明,§346)。第二,作为**中介作用**,吸收作用是**消化**;——主体与外部的对立,被进一步区分为动物性**水**(胃液、胰液,一般的动物性淋巴)的进程和动物性**火**的进程(胆汁,在其中有机体的**自我返回**从自己在脾脏里具有的凝聚状态出发被规定为**自为存在**和能动的消耗);——但这些进程同样是被特殊化了的影响。

§365

但与**普遍性**和生命体简单的自我关系相对立,这种纳入外物,刺激和进程本身同样具有**外在性**的规定;因而,这种纳入本身实际上构成了与有机体主观性相对立的客体和否定者,有机体必须要克服它们并消化它们。这种视角的颠倒正是有机体返回自身的根源;这种自我返回是对其导向外部的行动性之否定。它具有下面的双重规定,一方面有机体从自身中

[481]

分离出其被设定在与客体外在性相冲突的行动性,另一方面作为与这种行动性的直接同一变成**自为的**,在这种媒介中自我繁殖。趋向外部的进程因而被转变成为第一种简单自我繁殖的形式性进程,成为它的自相结合。

在消化作用中的主要环节是生命的**直接性**作用,这是支配其无机对象的**力量**;它自己把该对象假设为其激发性刺激的方式是,生命自在地与该对象同一,但同时是后者的观念性和自为存在。这种作用是**影响和直接转化**;与之相对应的是在目的行动性的展示中被揭示出来的对于对象的**直接掠夺**(§208)。——斯巴兰让尼[42]和其他人的研究以及近代生理学也以经验的方式证明了这种直接性并揭示其是符合概念的;由于这种直接性,生命体作为**没有进一步中介的普遍者**,在自己的热和一般的领域里,通过自己单纯的接触和接纳营养物质,**使自己在这种营养物质中延续**;——这与下面这种想法是对立的:用单纯机械的、幻想的方式**选取**和**分离**出已经现成有用的部分和**化学**进程。但是,对于**中介性**作用的各种研究并没有得出这种转化**比较确定的**环节(例如像在植物性物质那里所展示出来的一系列**发酵**)。相反被揭示出来的是,例如很多东西甚至从胃里出来转化为汁液物质,而没有经历其他的转化阶段;胰液无非就是唾液而且胰腺的确是可以或缺的,等等。**胸管**所接受并**注入**血液的最后产物,即乳糜,是同一种淋巴,它被每一个单个内脏和器官所分离出,在直接的转化进程里到处被表皮和淋巴系统所获得并且到处是现成的。低等动物组织无论如何只是凝结成表皮点或细管(简单的肠道)的淋巴,它并没有超出这种简单的转化。在那些更高级的动物组织[43]中,被**中介**的消化进程就其自己**独特的**产物而言完全是一种**多余**,就像在

[482]

42　斯巴兰让尼(Lazzaro Spallanzani):《关于人和不同物种动物消化的实验,兼让·塞纳比耶的思考》,日内瓦:1783 年。

43　在 1817 和 1827 年版中缺少了定冠词从而写作"höheren Tierorganisationen"(更高级的动物组织),而在 1830 年版中则写作"Tierorganisationen"(动物组织)。

植物里它通过所谓的性别差异来中介的种子生产活动。——粪便表明，常常有大部分营养物质没有变化，主要是与**动物性**物质、**胆汁**、**磷**等等混合在一起，而且有机体主要功能是克服并排出自己独特的产物；这尤其表现在儿童的粪便里，因为在这里物质的增多在大多数情况十分明显。——这样，有机体的推理不是**外在合目的性**的推理，因为它并不停留在用自己的行动性和形式来反对外在对象，相反使由于自己的外在性随时准备变为机械性和化学性的进程自身成为对象。这种关系在目的行动性的普遍推理中被展示为第二个前提（§209）。——有机体是在自己外在进程中的自我结合；它从自身中获得和赢得的只是乳糜，它的那个普遍吸收作用，因而作为自为存在的有生命的概念同样是析取活动，它把进程从自身中排出，抽取掉反对对象的**愤怒**，抽取掉这种片面的主观性，由此变成自为的，这是它自在所是的东西——它的概念和实在性之主观的、非中性的同一；——这样其行动性的终点和产物被发现是有机体甚至从一开始并且本原就是的东西。由此，**满足**就是**理性的**；介入外在差异的进程转化为有机体自我作用的进程，而且结果并不是单纯的产生中介物而是产生目的，产生自我结合。

[483]

【附注】：在此**营养进程**是主要问题；有机体和无机自然处于紧张关系中，否定后者并且把它设定为与自己同一。在有机体和无机体的这种直接关系中，有机体仿佛是把无机体直接融化为有机液体。两者之间相互关系的基础恰恰是实体的这种绝对统一体，由此无机物对于有机物是绝对透明的、观念性的和非对象性的。营养进程只是这种无机自然向属于主体之身体性的转化，只是它也显现为经历很多环节的进程，不再是直接的转化，相反看起来要使用中介材料。动物性自然是反对特殊自然的普遍性之物，特殊自然在其中具有自己的真和观念性；因为动物性自然实际上是那些被构型物自在所是之物。同样因为所有人自在都是理性的，所以诉求理性本能的**那个**人就有支配他们的力量，因为他对他们所揭示的东西在本能中有对应物，这是同清晰的理性相吻合的；因为人民直接接受在自己这里出现的东西，所以理性在他们中显得是一种传播和影响，由此曾经一度存在的分离的表面和假象就消失了。这种动物性的力量是实体性关系，是消化活动中的主要内容。如果因此动物有机体是实体，那么无机物就只是偶性，其独特性只是一种它直接放弃的形式。"人们从经 [484] 验中知道，糖、植物胶、植物油滋养着很少含氮或根本不含氮的身体，而且尽管如此，它们还是被转化为包含很多氮的动物物质。有些民族整个只依靠植物生活，而其他民族则只依靠肉生活。前者的有节制性证明他们的身体不仅从他们的食物中只保留小的、在每个植物中出现的、类似于动物性物质的组成部分，而且把他们植物性食物中的大部分加工成为适合他们器官的营养物质"。* 动物及其所消耗的植物尽管已经是有机化了的东西，但对于动物而言，植物是它们相对的无机物。特殊的、外在的东西没有自为的持存，相反一旦它被生命体所接触，就成为一种否定性的东西，而且这种转化只是对于这种关系的揭示。

正是在这种直接的转变和转化中，所有的化学、力学都失败了，它们在此遇到了自己的边界，因为它们只是从已经具有外在相同性的存在物而来的概念把握。但两个方面在它们相互对立的定在中是完全自由的。例如面包在自身中同身体或者乳糜没有任何关系，面包完全是不同的东西。无论化学还是力学，不管它们怎样做，都无法经验性地探索营养物质到血液的转化。从两者中化学只能找出相似物，如蛋白物质，还有铁和类似物质，另外还有氧、氢和氮等等，或者从植物中找出同样也在水里存在的物质。只是因为两个方面同时是彻底相异的东西，所以木质、血液和肉并不始终是和那些物质一样的东西；而且人们这样所分解成为那些组成部分的东西不再是有生命的血液。探寻同样的东西并且在其中继续进行下去彻底停止了，因为定在的实体完全消失了。如果我把盐分解了，那么我又获得了那两种相同的物质，盐正是由它们的结合而生成；因而盐由此

---

* 奥滕里特：同上书，第 II 部分，§ 557。

被理解了,并且物质在其中没变成别的东西而是保持不变。但在有机体里,存在着的实体变成为别的东西。因为无机存在是在有机自我里仅仅被扬弃的东西,所以这里要被考察的不是它的定在而是它的概念;但在概念方面,这种无机存在就是有机物所是的东西。

[485]　　　有机吸收作用展示了这些。进入有机生命领域中的营养物质被浸入到这种液体里而且甚至成为这种溶解好的液体。就像一个事物变成气味、被分解物和简单的大气,同样它在那里变成为简单的有机液体,在其中不再可以发现它或者它的组成部分。这种自我保持相同的有机液体是无机物的火的本质,它在其中直接返回到自己的概念里;因为吃和喝使无机物成为其自在所是之物。这是对于无机物的无意识理解,而无机物之所以被扬弃,这是因为它自在地就是这样。这种转变同样必须把自己展示为有中介的进程,并且发展出自己对立的分化。但基础是有机物把无机物直接撕碎为自己的有机物质,因为它是作为简单自我的类属,因而是支配无机物的力量。如果有机物通过个别环节把无机物逐渐带到自我同一,那么这种通过许多器官中介的消化机构尽管**对于无机物而言**是多余的,但却是有机物的内在进程,它**出于自己目的而发生**,以便成为运动并由此成为实在的;精神所克服的对立越大,它本身就越强。但有机体的基础关系是这种简单的接触,其中他者被一下子直接地转化了。

　　低等动物还没有像胆汁、胃液那种特殊器官,以便进行吸收营养物质的特殊作用。水甚至在空气进程里就被表皮所吸收,就像在很多蠕虫和植虫那里显现的;因而水,例如被水螅作为营养物质,被直接转化为淋巴、胶状物。"我们在水螅、腕足虫和钟形虫那里发现了最简单的通过一张嘴进行的营养方式。水螅吃自己用触须捕捉的小的水生动物。构成它身体大部分的袋形容器张开自己并把猎物吞了进去。这些小的水生动物还没有被吞咽就已经被改变了;它们转变成同质的物质并由此不断地失去了自己的体积;最后水螅的嘴又张开了,被吃下去的东西的一部分通过原[486]　来进入水螅胃的途径被排泄出来。即使,而且这是少见的情况,被吞下去的动物是长的蠕虫,水螅的胃只能容纳它的一半,它对胃里东西的快速分解照样进行。这样,常常一半试图要逃跑而另一半已经被消化了。甚至,水螅也能够用它的外表皮进行消化。我们可以把它翻出来",就像翻手套那样,"把它的胃表面弄成外部的,上述提到的现象还会如先前那样发生"。*这种肠道是具有如此简单构造的单纯管道,以至于无法给出食道、胃和肠之间的任何区分。然而,"首先对营养管道而言没有任何内脏像肝脏那样普遍分布在整个动物界中。在所有哺乳动物、鸟、两栖动物、鱼和软体动物中都有肝脏。甚至在蠕虫类里的多毛环节动物看起来也有分泌胆汁的器官,它是含有深绿色苦汁的囊,它的肠道和这个囊一起分布在两侧。在海参的消化道那里也有类似的囊;在海星那里还有真正的肝脏。在昆虫里,可以被视为胆管的导管看起来替代了肝脏"**。其他人把这些导管视为其他的东西。"虽然在许多植虫那里没有任何可见的排泄物,但却毋庸置疑的是,在所有植虫中都出现与营养活动有关、通过皮肤和呼吸器官排泄出气状的物质。这样,营养和呼吸处在如此紧密的关系之中"***。

　　进一步,在更高级的动物中,同样有这种直接的消化作用。在捕捉画眉和鸫时,一个众所周知的经验是,如果它们是完全瘦的,那么在晨雾之后几个小时时间里就会完全胖起来;这是把水分直接转化为动物性物质,这种转化既无须进一步的分泌也无须经历吸收作用的个别环节就发生了。人也是直接进行消化的,就像一艘航海的英国船只的故事证明的那样:当他们用尽了淡水,而且辛苦搜集来的雨水也耗竭之后,他们弄湿自己的衬衣并把自己也浸泡到海水里,这样就平息了口渴,这说明皮肤从海水里只吸收水而没有盐。在具有中介性消化器官的动物那里,一方面这种普遍性的消化作用一般来说会出现,另一方面存在着自为特殊的消化作用,而在这里有机的热是吸收作用带来的。但胃和肠道本身无非只是外部皮肤,只是被翻转过来并被发展转变成为独特的形式罢了。特雷维 [487]

---

　*　特雷维拉努斯:同上书,卷 IV,第 291 页及以后。
　**　同上,第 415 页及以后。
　***　同上,第 293 页及以后。

拉努斯对于这些不同的膜做了最细致的比较(同上书,卷Ⅳ,第335页及以后)。在胃里外在地放入吐根、鸦片,效果和吞服一样;如果人们把吐根也涂到肩膀上,它也会被很好地消化。"人们已经看到,一些小肉块用小亚麻布带包裹起来,放入活猫的腹腔里,就会像在胃里那样,分解成为糊状的物质,甚至小的骨头块也会分解成为这样的糊状物质。如果这样的肉放到活动物的表皮下面,贴着纯粹的肌肉,一段时间过后也会出现同样的情况。这里看起来还包含,在骨折的时候,自然在骨折处流出大量的液体,软化了并完全溶解了尖的骨头;此外,在身体挫伤部位凝结的血液逐渐地溶解了,变成液体并被再次吸收了。胃液的作用并不是作为一种完全独特的、异于任何其他动物液体种类的液体,相反它只是作为这样一种液体,即含水的、由呼气的动脉大量沉积到胃囊里的液体。它从动脉血分离出来,而动脉血在分泌之前不久就在肺里受到氧气作用的影响"。*
同样特雷维拉努斯也注意到(同上书,卷Ⅳ,第348页及以后):"史密斯放到活的动物的腹腔里或表皮下面的骨头、肉以及其他动物部分,在此被完全分解了(普法夫与社勒编辑的《【自然科学、医学与外科手术】北方文库》,卷Ⅲ,第3期,1803年,第134页)。由此,居维叶对樽海鞘所做的一个值得注意的观察就可以被解释了。他在许多这样动物的体内,而且是在它们胃的外面,发现了鹅颈藤壶的一些部分,在此所有东西直到外皮都被溶解并消失了,它们可能是通过樽海鞘吸水的洞口进入的(《自然历史博物馆年鉴》,卷Ⅳ,第380页)。尽管这些动物有胃,但或许它们既在胃外也在胃里进行消化作用,并且构成向这样一些有机体的转化,在这些有机体中呼吸、消化和许多其他功能通过同一个器官进行"。

[488]

斯巴兰让尼的实验旨在回答这个问题:消化作用是通过溶解液还是通过有胃部肌肉的粉碎作用来进行,抑或通过两者。为了回答这个问题,他把食物通过带格子或细孔的管子或薄金属球塞到鹅、鸭和鸡等等中,以便胃液可以到达食物;因为以这样的方式谷物并不被消化而只是变得更苦,所以他得出结论:胃的内壁的挤压和碰撞导致了消化作用。既然最坚

---

* 奥滕里特:同上书,第Ⅱ部分,§597及以后。

硬的物体如铁管、玻璃球,甚至带刺的和锋利的东西都可以被这种动物的胃磨碎,因而人们相信常常在这些动物的胃中发现的大量小石头,甚至多到两百颗,是帮助磨碎食物的。为了拒斥这种假说,斯巴兰让尼拿了几只幼鸽作实验,这些幼鸽还无法从其父母的喙里接受任何石头;他还注意它们的饲料里没有一颗石头;他把它们关起来,以便它们无法自己找到石头。尽管如此,它们在没有石头的情况下消化了食物。"我开始在它们的食物中掺硬东西,一些铁皮管、玻璃球和小玻璃片,而在这些鸽子的胃里没有发现一块小石子。但那些铁皮管依然被磨碎,那些玻璃球和小玻璃片依然被粉碎并被磨得没有棱角,但没有在胃壁上留下丁点损伤"。*

尤其是在饮用物那里要区分两种消化作用。饮用物通过胃壁和细胞组织渗透到尿道并排出体外。对此我们有很多经验。啤酒是利尿的。天门冬植物会给尿液带来一种特殊的气味,而且甚至在吃下去几分钟以后就可以;这就是通过细胞壁的直接消化作用。这种气味很快就会过去,只有在 8 到 12 个小时以后,当真正的消化和排泄过程完成以后,才又再次出现。这种直接的消化作用还包括特雷维拉努斯所指出的现象(同上书,卷 IV,第 404 页):"把五盎司水灌给一条狗,其中两盎司又被吐了出来;一盎司仍留在胃里,因此另外两盎司必须通过胃壁找到出口"。食物 [489] 越均质,如肉食,直接消化作用就越容易。作为动物性之普遍者,动物淋巴是无机物直接所转化成的东西。动物既消化外部的营养物质也消化自己的内脏、肌肉、神经等等,它甚至吸收磷酸石灰质的骨头,例如吸收骨折时的碎骨。它剔除这些构型物的专有特殊性,把它们转变为普遍的淋巴、血液,然后又把这些东西分化为特殊的构型物。

消化作用的**另一种**形式是被中介的消化作用,它只出现在更高级的有机组织中。当然,它最初的环节也是有机体对外部的作用;但这不再是一种普遍性的作用,而是特殊动物构型物的特殊作用,如胆汁、胰液等等的作用。然而,这种中介作用不仅是移动如通过四个胃的反刍;也不是产生不同的活动和变化,不是食物通过不同的烹饪阶段,好像食物要变软或

* 斯巴兰让尼:同上书,第 1—27 页。

者有味道;它也不是一个特殊物质对另一个特殊物质施加作用造成的变化。因为那样的话,关系就只是化学式的而结果只是中性化。人们对于胃液和胆汁进行化学研究所得到的最高成果是,胃里的食糜是被酸性化的(不是腐烂,毋宁说是防腐的),并且又通过胆汁被脱酸。在胆汁与食糜混合中,"形成了一种白色的、类似于浓密黏液那样的沉淀物",它不再含有任何酸,而乳汁却在胃里凝固起来。* 然而这还并不确定,也根本不是什么特殊之物;因为那种沉淀物被再次脱酸以后,又和以前一样了。这样,胆汁同胃下最大的腺体——胰腺——所分泌的胰液相对立,胰液在更高等的动物中替代了腺体里的淋巴,但与之并不本质性差异。

消化活动的整体就在于,因为有机体把自己设定在与外部对立的愤怒中,它内在地自我分化了。消化活动的最后产物是乳汁,而这是动物性淋巴所是的东西;作为直接施加影响者、作为自我展示者或者说自我展示出来的东西,有机体转变成为动物性淋巴。正如在低等动物中是直接性[490] 转化占据统治地位,那么在高级动物里消化作用则是,有机体不通过自己直接的行动性而是通过自己特殊化了的行动性与外部发生关联。这里不再有大的阶段进程:首先食物与唾液、普遍的动物性混合起来;在胃里添加了胰液,最后是胆汁,它扮演了主要的角色而且是胶质的、可燃的。对于胆汁的化学分析并没有得出更多特殊的东西,而只是胆汁属于点燃作用这个方面。另外关于胆汁我们知道,在愤怒的时候胆汁流入胃里,而且胆汁、胃和肝脏的关联是众所周知的。生理学探寻这种关联的方式十分有趣:例如为什么人在害羞的时候脸部和胸部会发红。如果说愤怒是在受到让人内心起火的伤害时对于自为存在的感觉,那么胆汁是这样的自为存在,动物有机体用它来反对外在地设定在它当中的力能;因为胰腺和胆汁对于食糜起作用。有机体的这种能动消耗、这种返回自身的存在,构成了胆汁,通过脾脏自我规定。脾脏对于生理学家而言是一个难以理解的器官;它是这种模糊的、属于静脉系统的器官,它与肝脏有关系,而且它的规定看起来无非就是静脉惯性达到一个与肺对立的中心点。这种惯常

---

* 特雷维拉努斯:同上书,卷Ⅳ,第467—469页。

的内在存在,在脾脏中具有自己位置的东西,如果被点燃,就是胆汁。一旦动物发育,不只有直接的消化作用,不只处于淋巴的立场上,那么它们立即有肝脏和胆汁。

但主要的问题在于,尽管有机体以中介的、不同的方式具有活动性,然而却始终处于它的普遍性中,而与此同时它以化学的方式朝向外部;就像在破碎的时候晶体把自己独特的内部结构展示为其定在的特殊方式。因为动物以不同的方式自我关联,因而它**内在地**变得不同。因为动物纠缠在与外部的斗争中,它与后者的关系就是不真的,因为它的转变甚至自在地就是通过动物淋巴的力量发生;当动物转向营养物质的时候,它因而会曲解自己。而最直接的结果就是,因为动物来到自身并把自己认识为这种力量,它就敌视自己与外部力量的纠缠,从而自我与自身相对立并改变自己的错误观念,而由此它的朝向外部存在被放弃了并且返回到了自身。对于无机力能的克服不是把它作为一种无机力能来克服,而是对于动物自身的克服。动物的真正外在性不是外在性事物,而是它把自己投入到反对外物的愤怒中。根据这种自我不信任,与对象的斗争显现为主体的行动;主体必须摆脱这种自我不信任并且远离这种错误的方向。通过与外部的斗争,有机体在概念中是自我迷失;它错误地给出某物来反对无机物。有机体不得不克服的东西因而是它这种固有的进程,是与外部的纠缠。因此,它的行动性是与朝向外部方向相对立的,并且它是有机体把自己降低到的中介物,以便通过远离和抛弃这个中介物来返回自身。如果有机体是能动地与无机体相对立,那么它就没有达到自己的权利;但它同样是这种中介作用,有机体参与进去然而却返回自身。这种对朝向外部行动性之否定具有双重规定,有机体从自身中排除其与无机物对立的行动性并直接把自己设定为与自己同一,在这种自我保存中自我繁殖。

因而,消化的概念是,当消化作用的中介仅仅设定了自在存在着的东西以后——进入生命气息范围的营养物被克服之存在,——现在有机体从对立中返回到自身并在结果里自己把握了自己;与这个概念相对应的各个现象在前面已经出现过了。通过这种吸收作用进程,动物以一种实

[491]

439

在的方式变得自为;因为,通过它在自己与个体的关系里自我分化为动物性淋巴和胆汁的主要区分,它把自己作为动物性个体来保存并通过对于它自己的他者之否定来被设定为主观性、实在的自为存在。因为动物体变得实在的自为的,也即个体性的,所以这种自我关系是其直接分化和切分,对于主观性的构建是有机体直接的自相排斥。这样,分化不仅出现在有机体本身的内部,而且它是要把自己生产为自我外在的东西。就像植物在它的分化中会分解一样,同样动物体也自我区分,但却以这样的方式,即与其相区分的自立的东西不仅被设定为一个外在之物而且同时被
[492] 设定为与它同一。在实在的生产中,动物通过自相排斥来使自己双重化;这种实在生产是一般动物性的最后一个阶段。这种实在进程又有三种形式:α)抽象形式性排斥的形式,β)发育趋向以及γ)类属的繁殖。这三种看起来异质的进程在自然里是本质性地相互连接在一起的。排泄器官和生殖器官,动物有机组织的最高级的东西和最低级的东西,在很多动物那里最为密切地联系在一起,正如一方面语言和亲吻,另一方面吃、喝和吐,都被结合在一张嘴里那样。

通过抽象的自我排斥,动物使自己自相外在;这种抽象的自我排斥就是**排泄**,吸收进程的结束。因为动物使自己成为一种外在的东西,所以这是一种无机的东西,是一种抽象的他者,在其中动物并没有自己的同一性。因为有机体自相分离,它就讨厌自己,不再具有自我信赖;这就是当它放弃自己的斗争,放弃自己所释放出的胆汁时,它所做的。因而排泄物无非就是,当有机体认识到自己的错误后抛弃了自己与外在事物的纠缠;而且排泄物的化学构成证实了这一点。通常排泄环节只是这样来被考察,即无用的、不需要的东西被排放掉;但动物不需要摄取无用和多余的东西。而且即使有未被消化的东西,那么在排泄物中主要成分也是被吸收的物质,或者说,有机体自己为被接收到的物质所添加的东西:据说对此有作用的胆汁就与食物结合在一起。"动物越健康,被摄取的营养物质越好消化,越少未被粉碎的饲料通过直肠,排泄物也越均质。然而,在最健康的动物那里的粪便也总是包含被摄取食物剩余的纤维残渣。但粪

便的**主要构成部分**是来源于**胃液**,尤其是来源于胆汁的物质。柏采留斯在人类的排泄物中发现了未被粉碎的胆汁、蛋白质、胆汁酸和两种独特的物质,其中一种看起来类似黏液;另一种物质在空气中从胆汁酸和胆汁的蛋白质中形成……通过直肠从人体里排泄出去的东西是:胆汁、蛋白质、两种独特的动物物质、胆汁素、碳酸钠、盐酸钠、磷酸钠、磷酸镁和磷酸石灰;通过泌尿器官排泄出去的东西是:黏液、乳酸、尿酸、氨基酸、盐酸钠、盐酸氨、磷酸石灰和氟酸石灰等等。所有这些物质都不是纯粹异质的、无法被吸收的物质;动物器官正是由这些物质来构成的。我们首先可以在骨骼中找到尿液的组成成分。那些物质中的许多东西构成了毛发的组成成分,其他一些则构成了肌肉和大脑的组成成分。表面看来,这种外在的比较会导致这样的结论,在消化作用中,比在摄取营养的器官中所能吸收的东西更多的物质被摄取了,这些多余的东西不经改变就通过排泄器官被排出了体外。然而,在更加仔细的研究中,就会发现营养物质、被吸收的物质和被排泄的物质之间是不成比例的,它们的关系同那种假定不相符合"。下面的研究的确表明了营养物质和被吸收物质之间不成比例,但没有表明在被吸收的物质和被排泄的物质之间也不成比例。"这种不成比例的关系尤其显示在磷酸和石灰中。富克鲁阿[44]与伏凯林[45]在马粪里发现的磷酸石灰,在鸟粪中发现的碳酸石灰和磷酸石灰,都比从饲料中可以分离出来的要多。相反饲料中一定量的硅酸则在鸟粪中消失了"。人们在粪便中发现的"硫磺或许会显示相同的情况。但钠也出现在食草动物的身体里,虽然在它们的营养物质中没有明显数量的盐。相反,狮子和老虎的尿液中没有排泄出钠,倒是有大量的钾。这样,十分可能的情况是,一般而言在有生命的物体中都有分离和结合作用,它们超出了**迄今所知**的化学作用物的力量"。* 尽管如此,它们还是始终被认为是化学性的

［493］

---

*　特雷维拉努斯:同上书,卷 IV,第 480—482、614—618 页。

44　参见本书第 105 页,脚注 12。

45　伏凯林(Nicolas Louis Vauquelin,1763—1829):化学家。

而且并不超出此外！但实际上,有机体的行动性是一种合目的的行动性；因为这正在于,按照被达到的目的来排泄中介物。因而,胆汁、胰液等无非只是动物自己的固有进程,是它在物质形态里所抛弃的东西。该进程的结果是满足、自我感觉,它与先前的缺乏相对立感受到完整性。——知性总是要坚持中介作用本身,把它们看作外在关系,用机械和化学的方式来加以比较,但这是隶属于自由的生命性和自我感觉的事物。知性相比思辨知道更多的东西并且傲然蔑视思辨；但它始终停留在有限的中介活动里并且无法把握生命性本身。

[494]

发育趋向。发育趋向在此并不是在布鲁门巴赫[46]意义上所主要指的繁殖。**造型趋向**(Kunsttrieb)作为本能是第三个环节,——消化作用的观念性理论关系和实在性实践关系的同一,但首先只是一种相对的整全体,因为真正内在的整全体是在整体中的第三个环节,这是类属进程。属于动物无机本质的外在之物,在此被吸收,但以这样的方式,即它同时被保留作为外在对象。因而,像排泄作用那样,发育趋向也是一种自相外在的活动,但这种活动是作为对外部世界里有机体形式之构型。对象以某种方式被塑型,通过这种方式它可以满足动物的主观性需求；但这里并没有出现单纯的欲望对于外部世界的敌意性关系,而是与外部存在对立的一种平静。因而欲望是同时被满足和阻止的,而且有机体使自己成为客观性的,因为它把无机物质恰当地设定为自为的。实践性和理论性的关系因而在此统一了。通过这种形式,趋向得到了满足,而对象并没有被扬弃；但这只是发育趋向的一个方面。另一个方面是,动物从自身中排泄出构型物,但不是出于厌恶,为了自我创造,而是排泄物被弄成外在的,被塑型为是满足动物需求的。

这种造型趋向显得是一种合目的的活动,是自然的智慧,而且这种合目的性的规定使得对于它的理解很困难。一直以来合目的性都显得最令

46　布鲁门巴赫(Johann Friedrich Blumenbach,1752—1840):解剖学家和人类学家,提出了"发育趋向"学说。

人惊讶的,因为过去人们总是习惯把理性仅仅理解为外在的合目的性,而在生命性这方面一般来说停留在感觉直观的方式中。这种发育趋向**类比于**知性,类比于它的自我意识;可我们不应该把自然的合目的性活动思考为自我意识的知性。如果我们不理解目的,也就是先前被规定的东西,其作用是与他者关联并在其中自我保存,因为它吸收了他者,那么我们就无法在对自然的考察中做出任何进步。概念是这些环节的关系:形成与需求有关的外在东西或分泌物。而作为造型冲动,这种概念只是动物内部的自在,是没有意识的工匠;只有在思考中,在人类艺术家那里,概念才是自为的。因而居维叶说,动物所处的等级越高它的本能就越少,本能最多的就是昆虫。根据这种内在的概念,也就是所有中介物与一个统一体相关联,以至于这个统一体(这里是生命体)离开这种事物就不存在,而该事物同时只是整体里的一个环节,一个被扬弃的环节,而不是独立的、自在和自为的存在者,就像太阳对于地球而言是中介物,或者晶体里每根线对于它的内在形式是中介物一样。在生命体里有更高级的东西作为这样的行动性存在,它塑型外在事物并同时把它留在外在性中,因为该事物作为合目的的中介物绝对地与概念相关联。 [495]

　　造型冲动的**第一种**形式我们在前面已经接触到了,它是本能性地筑造巢、洞和驻地的活动,由此筑造动物环境的普遍性整体,尽管这仅仅就形式而言是属于动物的(参见:前面§362);此外,鸟类和鱼类的迁徙,这是它们对于气候的感觉,以及为了冬天提前储存食物,由此被动物所消耗的东西以前是属于它的栖身之所的(参见:前面§361)。这样,动物就与它们的栖身之所具有关系,想把它弄得舒适;因为它们要满足自己的栖居需求,事物不像营养物质那样被消耗掉而是被保存下来,因为单纯地被塑型。尽管营养物质也被塑型,但它要完全消失掉。按照发育冲动的理论侧面,欲望被阻止了;这在植物中是缺乏的,植物并不像动物那样可以阻止自己的冲动,因为它们还不是感受性的和理论性的。

　　造型冲动的**另一个**方面是,很多动物把自己**武装**起来,例如蜘蛛织网,借以捕捉营养物,而其他动物用爪子、脚,水螅用触手,给自己一个更大的范围以便感觉和捕捉猎物。这些自我武装起来的动物从自身中排泄出它们自己的产物,这些产物与它们分离,同时它们也与这些产物分离。[496] "在螃蟹和腕足虫的肠道里,盲孔的附属物(从脉、绒毛)替代了肝脏、胰脏以及一般的整个腺体组织,这些在更高级的动物种类中帮助消化和营养作用"。(食道、胃和肠道是**一根**长的管道,然而通过收缩和括约肌分成具有不同长度、宽度和组织的截。)"在昆虫那里不仅出现了这种情况,而且这里一般而言也找不到任何腺体的痕迹。这种"(内在的)"类似肠道的盲孔脉管在蜘蛛那里提供了织网的材料,在毛虫和类似的幼虫那里则提供了作茧的材料",以便成为蛹:"在木理蛾的幼虫那里,它们提供了在这种动物受刺激时喷出的汁液,在蜜蜂那里,则是这种昆虫的螫刺所释放出的毒液。此外,正是通过这种盲孔脉管,所有在昆虫那里为了生殖所必需的汁液被准备出来了。在雄性昆虫的身体两侧有一个物体,它由一种十分长的、但同时十分纤细和狭窄的、自相缠绕的管道构成,而正是这个物体和哺乳动物的附睾相一致。从这个物体中又发出一根导管通向雄性昆虫的阴茎。在雌性昆虫那里有一对卵巢……所有昆虫在它们的幼虫时期都完全没有生殖器官,而且有些昆虫,如工蜂,则终生都没有"。构筑蜂房,酿出蜂蜜,就是这种没有性别的蜜蜂自我生产的唯一方式;——这在一定程度上就像不结果的花,没有办法进行种的繁殖。"就这点而言有一个值得注意的规律:所有昆虫中没有性别的动物没有生殖器官但却有其他的某个器官,它会产生物质来做制品。然而这个规律不能被颠倒过来:例如蜘蛛用通过一个特殊器官分泌出的材料做制品,但并没有因此是没有性别的"*。毛虫只吃食和排泄,没有任何外在的生殖器官;第二阶段,毛虫所作的茧,属于发育趋向,而交尾时的生命是蛾的生命。"有一些昆虫,它们终其一生保持着它从卵中出来时的形态。这些昆虫[497] 是所有蜘蛛科和某些海蛆与壁虱类中的种类。所有这类昆虫都在生命中经受部分的或整体的变化。如果变形只是部分的,幼虫与蛹以及蛹与成虫的区别大多数情况在于它们器官数目更少或者器官发育更不成熟。

* 特雷维拉努斯:同上书,卷Ⅰ,第366【364】—367页,第369页及以后。

相反,在整体变形的情况,在成虫中不再有任何该动物在幼虫时期状态的痕迹。幼虫数不清的肌肉消失了,其他东西替代了它们;同样,头、心脏、器官等等具有完全不同的结构"。*

因为在发育趋向里,动物自我生产,而这还是直接性的,所以它只有在这里才获得自我享受,获得被规定的自我感觉。更早的时候,它仅仅是享受外部事物,直接性的感受只是抽象的内在存在,在其中动物只是如其所被规定的那样感受。一旦动物平息了饥渴,它就**是**被满足的;但它还没**有满足自己**,只有到现在它才获得这种自我满足。因为它把外物弄得与自身吻合,它在外部的当下中自我拥有并且自我享受。造型趋向还包含有**声音**,把自己构建在空气里,构建在这种观念性的主观性里,在外部世界中听见自己。鸟首先发展出这种快乐的自我享受;在鸟那里,声音不仅是对于需求的宣告,不仅是单纯的嘶喊,相反这种歌唱是毫无欲望的表达,其最终的规定是直接的自我享受。

§366

通过与外部自然相作用的进程,动物赋予自我确定性、其主观性概念以真理、客观性,是**个别**的个体。因而,它的这种**生产**是自我保存或者**繁殖**;但此外,自在的是这种主观性变成产物,同时作为**直接性之物**被扬弃;概念,这样自我吻合在一起,就被规定为**具体的普遍者**,类属,它进入与主观性之个别性相作用的关系和进程里。

【附注】:在此,被满足的欲望不意味着把自己生产为这种个别物的个体,而是作为普遍者,作为个体性的基础,在此它只是形式。因而,被满足的欲望是返回自身的普遍者,它直接在自身中具有个体性。(感觉)的理论性自我返回仅仅产生普遍缺乏,而个体性的理论性自我返回则产生肯定性的缺乏。这种缺乏者通过自身来被填充;它是一个双重化了的个体。——动物首先是限制在自身中的;然后它以无机自然作为代价自我 [498]

* 同上,第372—374页。

生产,因为它吸收了后者。第三种关系,即两者的统一,是类属进程的关系,其中动物既自我关联也与同类者相关联;它就像在第一种进程中与生命体关联,而同时又像在第二种进程中与那种现成的东西关联。

c. 种属进程

§367

种属处于与主体个别性的**自在存在的**、简单统一体中,它是该主体的具体实体。但普遍者是一种本原分化,以便从它这种在自身中的分化里变成**自为存在着的统一体**,把自己作为**主观性的普遍性**设定在实存里。这种普遍性之自我相连的进程既包含对于类属单纯内在普遍性的否定,也包含对于单纯直接个别性的否定,在这种直接的个别性中生命体还是自然性的;在前面进程里(上节)所展示的对于该进程的否定只是初步的、直接的。在类属进程里,单纯的生命体只会灭亡,因为它作为这样的东西没有超出自然性。但因为类属进程的各个环节还没有把主观性的普遍者,还没有把一个主体作为基础,所以它们相互外在,并且作为诸多以生命体死亡方式进行的特殊进程而实存。

【附注】:通过自我感觉被确证的个体是坚硬的,而且可以说变成宽广之物;它的直接个别性被扬弃了,而且个别物不再需要与无机自然有任何关系。因为对其排他的个别性之规定消失了,所以概念获得了进一步的规定,主体自我规定为普遍的。这种规定再次是本原分化的、再次是排他的,但也具有如下规定,为了他者是同一的以及作为同一的是为了他者而实存。这样我们就获得了类属,其规定是在与个别性区分中达到实存,而且这是一般的类属进程。尽管类属还没有在个体中达到自由的实存,还没有达到普遍性;但如果它在这里一方面也还只是与个体直接同一的,那么另一方面它也达到了个别主观性和类属的区别。这种区别是一种进

[499]

程,其结果是,类属作为普遍的东西来到自身,而直接性的单个性被否定
了。这种灭亡是个体的死亡;有机自然终结于此:因为个别物死亡,类属
来到了自身并由此变成**自己的**对象,这就是精神的产生。我们仍须考察
这种个别性在类属中的灭亡。但因为类属与个别物的关系具有不同的种
类,所以我们也不得不区分各种特殊的进程,它们是生命个体不同的死亡
方式。这样,类属进程再次获得三种形式。**第一种**形式是性别关系:性别
生产是通过同种里一个个体的死亡来生产另一个个体;当个体把自己再
生为另外一个个体,它就死亡了。**第二种形式**是,类属(Gattung)特殊化
自己,把自己分为各个种(Arten),这些种作为不同的个体相互对立,同时
又彼此对立地构成无机自然,这是与个体性对立的种属,——被迫的死
亡。**第三种形式**是,个体的自我关系,这是主观性内部的类属;一方面作
为在疾病中暂时的不成比例,另一方面终结于种属本身的自我保存,因为
个体转化为作为普遍者的实存,这就是自然死亡。

α. 属和各个种

[500]

§368[47]

在其自在存在的普遍性里,类属首先自我**分化**成为一般的**种**。动物
不同的构型物和纲目以普遍的、受概念规定的**动物原型**作为基础;自然一
方面通过自己从最简单的组织向最完备的、自己构成精神工具的组织**发
展**的不同**阶段**,另一方面通过**元素自然**的不同**环境和条件**来展示这个基
础。由于被发展成个别性,动物的种自在地并通过自身与其他种相区别,
并且通过对后者的否定成为**自为的**。这样,在把他者降低为无机自然的
敌对活动中,**被迫的死亡**就是个体的自然命运。

就像在一般自然科学中那样,在**动物学**中更多的是涉及要为主

47　米希勒版本调整了下面几节的顺序。这里的§368在米希勒版中是§370,§369
是§368,§370是§369。

观认识找出一个类或纲目等等的明确和简单的**标记**。只有当我们在对动物的认识中放弃了所谓的人造体系的目标,一个更大的视角才会敞开,它涉及构型物本身的**客观本性**;在经验科学中,很难有一门科学像动物学那样借助辅助性科学——**比较解剖学**在近代获得如此巨大的拓展;而且这个拓展并不首先是在观察的量上,因为任何一门科学都不缺这些,相反是在追求把材料按照概念来进行加工这个方面。就像感性的自然观察(主要是法国的自然研究者)把植物区分

[501]

为单子叶植物和双子叶植物,同样它也在动物界以有没有**脊椎**来对动物进行明确区分;以此方式,动物的基础划分就在本质上被带回到亚里士多德已经观察到的划分中。

由此更进一步,一方面个别形成物的**习性**,作为规定**所有部分**之构成的联系被作为主要问题,以至于比较解剖学的伟大奠基者居维叶[48]可以自豪地宣称,能够从一块个别的骨头中知道整个动物的本质本性。另一方面,动物的普遍原型通过不同的、尚不完善并显得类型不同的构型物来被探究,而且在几乎未开始的预兆中——以及在器官和功能混合中——认识它们的意义,而且借此动物的普遍原型就被提升出特殊性,进入到其普遍性中。这种考察的一个主要方面是认识,自然如何使有机物形成并依靠在它把有机物所抛进的特殊元素里、在气候里、在营养范围里或者一般而言在有机体并入的世界里(这也可以是个别植物或者其他动物种属)。但对特殊规定来说,正确的本能也在于从牙齿、爪子和类似的东西——从**武器**中获得各种区分规定,因为借助它们动物得以与作为自为存在者之他者相对立中设定自己并自我保存,也就是说,区分出自己。

生命理念的**直接性**在于概念本身并不**实存**于**生命**中,它的定在

[502]

因而屈从于外部自然的多重条件和环境并且能够通过最贫乏的形式显现出来;土地的**肥沃性**使生命到处并以各种方式生长出来。动物

48　居维叶(Georges Cuvier):《四足类化石骨头研究》,巴黎:1812 年。

世界几乎可以比其他自然领域更少地展示一个内在独立的、理性的有机组织系统,更少地固守受概念所规定的各种**形式**,并且保存它们,防止在不完善和混杂的条件中混合、萎缩和退化。——在一般自然界里,概念的虚弱不仅让发育服从外在偶然的个体——发育的动物(最主要是人)产生了畸形,——而且让所有的类属完全服从外部普遍自然生命的各种变化,其交替变化贯穿动物生命(参考:§392说明),由此仅仅是健康和疾病的交替变化。外在偶然性的环境包含的几乎只是异质性的东西;它持续对动物的感觉施加一种暴力和危险的威胁,这是一种**不安全的**、**恐惧的**、**不幸的**感觉。

【附注】:作为属于自然的生命,动物本质上仍然是直接性的定在,因而是被规定的、有限的和特殊的。与无机自然以及植物自然的无限多样的特殊化活动相结合,生命性总是作为一个受限制的种类实存,而且生命体无法克服这种受限制性。特殊的特征并不以实存的普遍性(这或许是思想)作为自己的规定,相反生命体在其与自然的关系里仅仅达到了特殊性。吸纳这种自然力能的生命可以对其发育进行最多样化的改变;它可以将就任何条件,而且仍在其中搏动,尽管普遍的自然力量在其中总是保持彻底的支配地位。

在对动物划分的研究方面,人们是这样来做的,他们探寻具体构型物所被还原到的共同方面,而且是在简单、感性的因而也是外在的规定性中。但并不存在这种简单规定。如果我们例如把普遍观念"鱼"作为我 [503] 们在这个名称下所有可以表象内容的共同性东西,并且现在问:什么是鱼的简单规定性,什么是它的客观属性,那么仅仅回答"在水中游动"是不够的,因为大量的陆地动物也可以做到这一点。无论如何,游动并不是一个器官,也不是一个构型物,一般而言它不是鱼这个形态的一个特定部分,相反是其行动性的一种方式。所以,像"鱼"这样的普遍物,正是因为作为普遍物,而不与自己外在实存的特殊方式相联接。因为人们现在认为,一个普遍性的东西必然以一种简单的规定性方式定在,如鱼翅,但却无法找到这种东西,所以就很难进行划分了。在划分中,有人把个别种属的方式和方法作为基础,将它们作为规则;但它们的多样性,生命之不受约束性却不允许任何普遍的东西。因此,动物形式的无限性不能被准确地看作是仿佛纲目的必然性被绝对地固定了。因此,我们必须反过来把各种普遍的规定作为规则并借此来比较自然产物。如果它们与这个规则不吻合,而是暗示了这个规则,它们一方面属于这个规则,一方面不属于,那么我们不应该改变规则、属或者纲的规定性等等,仿佛这些必须要适合那些现实存在物,而是相反这些现实存在物应该与那个规则相适合,而且如果实在性不是这样,那就是**它**的缺陷。例如,部分两栖动物把有生命的幼体带到世界,就像哺乳动物和鸟那样用肺呼吸,但像鱼那样没有乳房,心脏只有一个心室。如果我们现在已经承认人会做出坏的作品来,那么自然中坏的作品就更多,因为它是以外在性方式存在的理念。在人那里,做出坏的作品的原因在于他的随心所欲、主观武断和粗心大意;例如人把美术引入音乐,用石头装饰镶嵌物或者把史诗拓展进戏剧中。在自然那里,外部条件使有生命的构型物萎缩了;但这些条件之所以具有这样的作用,这是因为生命是不确定的,而且也包含着它对这些外在性的各种特殊规定。自然的各种形式因而没有被发展为一个绝对的体系,由此各种动物都暴露给偶然性。

[504]

在此的另一个方面是,尽管概念也使自己有效,但只是在一定程度上。只存在一种动物的原型(参见本书第436页,§352附注),而且所有差异只是对这个原型的改变。主要差别以我们前面在无机自然中视为元素的那些规定作为基础。这些阶段也是一般动物原型发展的阶段,以至于动物性别的所有阶段可以在那些规定中被识别出来。这样存在两个规定动物种属不同的原则。一个划分的原则近似理念,它是:进一步的阶段只是动物原型的进一步发展;另外一个原则是,有机原型发展的引导者本质上同动物生命被抛入进去的元素联系在一起。然而,这种联系只出现在发展得更高级的动物那里;低等动物很少与元素有关,而且对于这些巨大的差别是无所谓的。——除了在动物分类纲目里的这些主要环节,其他规定性被包含在气候当中,就像我们前面(参见本书第350页,§339附注)已经看到的,因为在北方世界的各个部分更加联系在一起,植物自然和动物自然在这里也更加要连接在一起;相反,越往非洲和美洲的南部走,那里的世界部分越相互分离,动物的类属也分成为越多的种。这样,如果说气候差别规定了动物,那么人则到处生活;但即使在人这里,爱斯基摩人和其他极端地带的人种也不同于常规地区的人的发展状况。动物更加服从这些规定和地点的影响,更加服从山脉、森林、平原等等的影响。这样,我们不必到处寻找各种概念规定,尽管它们的痕迹到处都有。

在属和种所形成的发展进程里,我们可以从尚未发展的动物开始,在它们那里差别尚未明确地存在于感受性、应激性和再生性这三个系统中。而人作为生命性最完善的有机体,构成了最高的发展阶段。这种按照发展进程来进行划分的形式最近尤其盛行于动物学中,因为从未发展的有机体到更高的有机体的发展进程是十分自然的事情。但为了理解较低的阶段,我们必须认识被发展了的有机体,因为它为那些较少发展的有机体提供了标准或者本原动物;这样,因为在发展了的有机体中一切都达到了其发展了的行动性,所以很清楚人们只有通过它来认识尚未发展的有机体。人们无法把纤毛虫作为基础,因为在这种含混的生命里有机体的开始仍然十分微弱,所以人们只有从发展了的动物生命里才可以理解它。 [505]但如果说动物比人更加完善,那么这就是一种愚蠢的想法。某个方面的确可以在动物里发育得更好,但是完整性只依赖于有机组织的和谐。而尽管构成基础,但普遍性原型本身不能实存;相反,普遍者,因为**实存**,就实存于**特殊性**中。同样,完整的艺术美必须总是被个体化。只有在精神中,普遍者作为理想或理念具有自己普遍性的定在。

我们现在要来认识这些特殊性,有机体是如何为此自我规定的。有机体是有生命的机体,其内脏受到概念的规定;但它也是自己完全适应这些特殊性。这种特殊规定渗透到形态的所有部分中并把它们设定在相互和谐中。这种和谐首先出现在有机部分当中(不是在内脏当中),因为特殊性正是朝外部的方向,是朝向被规定的无机自然的方向。然而,这种特殊性的渗透性越明显,动物就越高级而且也越完善。居维叶现在构造了这个方面,它受到他研究化石骨骼的引导;为了找出它们属于哪种动物,他必须研究它们的发育。这样他被引导去考察相互对立的个别有机部分之间的合目的性。在他的《四足类化石骨头研究》(巴黎:1812 年)"导论"部分中,他说(第 58 页及以后):

"每一个有机体都形成一个整体,一个固有的和封闭的系统,它的所有部分相互对应,而且通过相互交替作用帮助同一个结果行动性(Endtätigkeit)。这些部分中没有一个可以脱离其他部分而自我改变,所以它们中的每一个,自为地来看,都指向并得出所有其他部分"。

"因此,如果动物的所有内脏被如此地组织,以至于它们只能消化新鲜的肉,那么该动物的颌骨也必须适应吞咽猎物,爪子适应捕捉和撕碎猎物,牙齿适应咬断和嚼碎肉。此外,整个运动器官系统也必须是灵巧的,以便追逐和捕获动物,同样眼睛必须可以从远处看见动物。自然必须在该动物的大脑中放置一个必需的本能,以便自我隐藏以及给它的猎物设[506] 置圈套。这些是**食肉动物**的普遍性条件;它必须把其中每一个条件都毫无遗漏地内在结合。而一些特殊的条件,如猎物的尺寸、种类和出没,也来源于普遍形式内部的特殊环境,以至于不仅动物的纲,而且它的目、属、甚至种都在每一部分的形式中表达出来"。

"事实上,为了颌骨可以捕食,腺",也就是使颌骨移动并在其上固定着肌肉的器官,"必须具有特殊形态。太阳穴的肌肉必须具有一定的范围;它们因而要求嵌入它们中的骨头以及它们从下面通过的颧骨突有一定的深度。这个颧骨突也必须具有一定强度以便给咀嚼肌提供充分的支持"。

这同样也适用于整个有机体:"为了动物可以拖走猎物,支撑头部的肌肉"(颈肌)"必须具有特别的强度;与之相联系的还有上面固定着肌肉的脊柱的形式,以及这些肌肉嵌入其中的枕骨的形式。牙齿必须锋利以便切割肉,而且必须具有稳固的牙床以便可以压碎骨头。爪子必须具有特定的移动性"——它们的肌肉和骨骼由此形成了;足等等也同样如此。

另外,这种和谐也指向了一个具有其他内在关联的吻合点,这种关联并不总是很容易被识别出来:"例如我们确实看到,有蹄类动物必然**吃草**,因为它们没有捕捉其他猎物的爪子。我们也看到,因为它们只用前足支撑身体,所以它们无须很大的肩胛骨。它们的植物性食物要求牙齿有平面齿冠,以便嚼碎谷粒和青草。因为这种齿冠在嚼碎时做水平方向运动,所以颌骨的关节就不像食肉动物那样是绷紧的铰状关节"。特雷维拉努斯(同上书,卷 I,第 198 页及以后):"有角动物的下颌通常有八颗门齿;相反上颌则由一个软骨垫替代门齿。这些动物多数缺少犬齿;在所有这些动物中,白齿被剪裁成锯齿形的横面凹槽,而且它们的齿冠不是水平的,相反是倾斜的,结果在上颌外边最长,而在下颌朝向舌头的内侧最长"。 [507]

下面这些居维叶所引入的现象也很容易被解释:"复合的消化系统属于牙齿不完整的动物种类";这就是**反刍类**动物,它们之所以需要这种复合的消化系统,主要是因为植物饲料很难被消化。"但我怀疑,人们是否没有从观察中获得教益就得出结论说,所有反刍动物都有偶蹄,因而在不反刍的偶蹄动物那里比在偶蹄动物里或者说比在反刍动物里的牙齿系统更加完整。同样人们注意到,牙齿的形成同足的骨骼系统的巨大发展是完全平行的"。按照特雷维拉努斯(同上书,卷 I,第 200 页),大多数有角的动物都缺少腓骨(柯伊特《四足类骨骼》第二章;堪倍尔《猩猩自然生活史》【杜塞尔多夫:1791 年】第 103 页)。居维叶接着上述援引的位置补充道:"不可能为这种关联提供理由;但它们不是偶然的,这从下面现象中可以明显看出,偶蹄动物的牙齿方向常常接近非反刍动物,另外它们的蹄也相互近似。骆驼上颌有些犬齿甚至有两颗或四颗门齿,它"比其他牙齿系统尚未发育的动物"在跗骨中多一块骨头"。同样在孩子那里,牙齿、行走和语言的发育都在同一个时间,从两岁的时候开始。

因此,规定的特殊性为动物的所有构型物带来了和谐:"在与它所属的纲、目、属、种的关系中,最细小的骨面、最微小的骨突都具有确定的特征,以至于人们常常只具有一块保存完好的骨尖,通过类比和比照可以如此确信地规定其他部分,就仿佛人们看到了整个动物似的";——因而就像俗话所说的,一爪知狮。"在我把我对于这种方法的信任用于化石骨骼之前,我常常在熟知动物的构成部分中尝试这种方法;而它总是得到圆满的结果,以至于我对于它所提供给我的结果之确信性不再有丁点怀疑"。

[508]　　可如果自然在动物中制作的普遍性原型也构成基础,以至于这种制作是与特殊性相吻合的,那么我们就不应该把在动物那里出现的所有东西都视为是合目的的。在很多动物中都有仅仅属于普遍原型而不属于该动物特殊性的器官之开端,因为该动物的特殊性不需要这种器官;因而人们也无法在低等有机体中理解这些器官之开端,相反它们只能从高等动物中被认识。这样,我们在爬行动物、蛇和鱼那里会看到足的萌芽,它们是完全没有意义的;同样在鲸鱼那里牙齿没有被发展而且也没有任何意义,因为只是牙齿的萌芽藏在颌骨里。反过来,同样在人这里却有一些只对低等动物必要的器官:例如人的喉咙那里有一种腺体,即所谓的甲状腺,它的功能并未被看到而且实际上已经废止和消失了;但在母体的胚胎中,在低等动物种类中更是如此,这个器官还是有活性的。

　　进一步,就为动物普遍区分提供主要划分依据的发展进程导向而言,因为动物一方面是自己非中介性的产物(在内在发育中),另一方面又通过无机自然来中介的产物(在朝向外部的发展中),所以动物界构型物的差别就依赖于,或者这两个本质方面处于平衡当中,或者动物更加按照其中的一个方面实存,结果当一个方面被发展了的时候,另一个方面则退化了。由于这种片面性,一种动物比另一种动物要低等一些;但在任何一种动物中都不会出现某一方面完全缺失。在作为有机体主要原型的人当中,因为它被用作精神的工具,所以各个方面都获得了完善的发展。

　　亚里士多德就已经有了古老的对于动物的划分,他把所有动物分成主要的两组,即有血液的和没有血液的动物,而且在此他还通过观察提出了一个普遍定律:"所有有血液的动物都具有骨质或骨状的脊柱"。* 这是真正重要的区分。诚然,对此可以提出很多反驳,例如按照它们的习性

---

* 　　亚里士多德:《动物史》,Ⅰ,4;Ⅲ,7。

没有血液的动物,如水蛭和蚯蚓,也是有血液的,或者有红色的汁液。一般而言问题在于:什么是血液;因而最终是颜色造成了区分。因为这种划分是不确定的,所以它被抛弃了,相反林奈提出了众所周知的六个纲。可正如法国人反对林奈纯粹死板的、知性的植物体系从而采纳了裕苏的分类法[49],即把植物分成为单子叶植物和双子叶植物;同样他们通过拉马克这位富于思想的法国人又返回到亚里士多德式的划分并以这样的形式替代血液来对动物加以区分,并把动物分成有脊椎动物和无脊椎动物。居维叶结合了这两种划分的根据,因为实际上有脊椎动物就有红色的血液,其他动物则有白色的血液并且没有内在的骨架,或至少只有一个没有分化的骨架,或是分化了但却是外在的。在匕鳃鳗那里首次出现了脊椎,但这仍然是皮质的,而且它仅仅通过一些皱纹来被暗示。有脊椎的动物是哺乳动物、鸟、鱼以及两栖动物,它们不同于软体动物、从肉皮中分离出甲壳的甲壳动物、昆虫以及蠕虫。对于动物界的一般性观察立即可以解释这种巨大差别,这个差别支配着动物被分成的两个组。

　　这种差别也与前面提到的划分相对应,即按照内脏有机体与朝向外部的有机分化之间的关系来划分;这种关系又依赖于**有机生命**和**动物生命**这个漂亮的区分。"在无脊椎动物中由此也缺乏一般骨架的基础。它们也没有真正的由细胞构成的肺;因而它们也没有任何声音和发声器官"。* 业里士多德按照血液进行的划分在这里也完全得到证实:"无脊椎动物",拉马克在前面援引的位置继续说,"没有真正的血液,这是红色的"而且是温热的;相反它们的血液更像是淋巴。"血液的颜色是由于动物化的强度",这在无脊椎动物那里同样是缺失的。"在全部这类动物中也完全缺乏真正的血液循环;它们没有眼睛里的虹膜,没有肾。它们也没有脊髓和大量的交感神经"。有脊椎动物则有更大的构型,有内部和外

[509]

[510]

---

　　* 拉马克(Larmarck):《动物学原理》,卷 I,第 159 页(参考:《动物学哲学》,2 卷,巴黎:1809 年,第 VI 章)。

49　参见本书第 133 页,脚注 11。

部的平衡;相反在另外一组动物中,一方面是以另一方面为代价来被发展的。因此,无脊椎动物中尤其有两个纲,蠕虫和昆虫要被提出;前者比昆虫具有更大的内脏构型,而后者相反在外部更加优雅。另外还有水螅、纤毛虫等等,它们显得是完全没有发展起来,因为它们只是皮和胶状物。像植物那样,水螅是诸多个体的汇集体而且可以被切开;另外在庭院蜗牛那里也又长出了头。但再生功能的增强是有机体实体性之虚弱。在无脊椎动物那里,我们逐步看到心脏、大脑、鳃、循环管道、听觉器官、视觉器官、性器官、最后一般的感受活动,甚至运动都消失了。* 在内在性自为地起支配作用的地方,消化器官和繁殖器官作为不包含任何差别的具体普遍者被发展了。只有在动物界落入外在性的情况下,随着感受性和应激性的出现产生了分化。因此,如果说无脊椎动物中有机生命和动物生命相互对立,那么在这两个环节相统一的脊椎动物中必然出现另外一种本质性规定基础,这是按照动物所偏好的元素,即它是否是陆生、水生还是空气中的动物;相反,无脊椎动物并没有展现它们的发展与这些元素之间的关系,这是因为它们已经从属于最初的划分根据。可自然地也有作为中间物的动物,它们的基础在于自然的软弱无力;这些中间物无法保持忠实于概念并且无法纯粹地坚持各种思想规定。

a)在**蠕虫**、**软体动物**和**贝壳类动物**等等那里,内部有机体是被发展了的东西,但朝外它们却是没有形式的:"不考虑软体动物同高等动物的外部差异,我们仍然在它的内部部分地找到后者的组织。我们看到待在食管上的大脑,带有动脉和静脉的心脏,但没有看见脾脏和胰脏。血液是白色或蓝色的,而且纤维物质不形成血块,相反它的纤维在血浆里自由游动。雄性和雌性的性器官分布在少数不同的个体中,而且在这些个体中 [511] 那些器官的构造也是如此独特,以至于它们的规定常常无法被推测"。** ——"它们通过鳃呼吸,具有神经系统,但没有结成节的神经,也即没有那种展现一系列神经节的神经,具有一个或多个心脏,它们虽然只

---

* 拉马克:同上书,第214页。
** 特雷维拉努斯:同上书,卷Ⅰ,第306页及以后。

有一个心室,但却得到了发展"*。相反,外部构造的系统在软体动物那里比在昆虫那里更加没有发展:"头部、胸部和下腹的区分,在鱼和两栖动物那里还尚有痕迹,在这里则完全消失了。软体动物也没有鼻子;绝大多数软体动物缺乏所有外部肢体,而且它们或者通过它们腹部肌肉的交替收缩和舒张来进行移动,或者完全不能进行任何前行运动"**。

b)在运动器官方面,昆虫远比软体动物要高级,后者一般而言只有很少的运动肌肉;而昆虫有足、翅膀,此外还有头部、胸部和腹部的明确区分。相反,昆虫在内部看起来是尚未发育的。呼吸系统遍及全身并与消化系统重合,像在一些鱼类中那样。同样血液系统也很少具有发育了的器官,而且这些器官几乎无法同消化系统区分开来;而外部的形态,例如咀嚼器官等等,则被更加确定地塑型了。"在昆虫和其他低等动物纲那里,汁液的运动不是循环的而看起来是以下面这种方式进行,即汁液总是只从食道表面出来,然后被吸收到身体里去,这些汁液被用于身体部分的生长,然后又逐渐通过表皮或其他途径作为废弃物排出体外"***。——这些就是无脊椎动物主要的纲;按照拉马克(同上书,第 128 页)它们可被分为十四目。

c)就进一步的区分而言,**脊椎动物**按照无机自然的元素,如土、气和水进行更加简单的划分,因为它们或是陆生动物,或是鸟类,或是鱼类。这种区别在此是决定性的,而且可以被毫无偏见的自然感官直接认识;而在之前这种区别只是成为无关的东西。因为例如像很多甲虫有游水的足,但同样生活在陆地上,而且也有飞翔的翅膀。然而,在高等动物这里也有从一个纲向另一个纲的转化,这否定了那种区分。生命在不同元素里自我统一,这正是因为在对陆生动物的表象中没有成功找出那个据说包含其简单本质特征的个别确定性。只有思想、知性可以固定区别,只有精神,因为是精神,可以产生吻合那些严格区分的作品。艺术或者科学作

[512]

---

* 拉马克:同上书,第 165 页。
** 特雷维拉努斯:同上书,卷 I,第 305 页及以后。
*** 奥滕里特:同上书,卷 I,第 346 页。

品是如此抽象并且本质上是如此个体化,以至于它们始终忠实于它们的个体规定而且并不把混杂本质区别。如果人们在艺术中也进行混杂的话,例如在诗性的散文或散文诗中,在戏剧化的历史中,或者当人们把绘画引入音乐或诗歌艺术中,或者用石头来绘画并且例如在雕刻艺术里表现卷发(浅浮雕也是一种雕刻绘画),那么独特性由此就被丢失了;因为只有通过确定的个体性进行自我表达,天才才可以创造出真正的艺术作品。如果**一个人**要成为诗人、画家和哲学家,那么也会出现那种乱套的情况。在自然里不存在这种情况:一个构型物可以向两个方面发展。但现在陆生动物也通过鲸鱼的方式中重新回到水里,鱼也通过两栖动物和蛇的方式重新爬上陆地而且造成蹩脚的构型物,因为例如在蛇那里出现了没有意义的脚的萌芽,鸟变成了游水的鸟,直到鸭嘴兽变成陆生动物,或者通过鸵鸟的方式鸟变成骆驼类的覆盖有更多毛发而不是羽毛的陆生动物;陆生动物,还有鱼类可以飞翔,前者见于叶口和蝙蝠,后者见于飞鱼;——尽管如此,所有这些现象没有否定那种据说非共同物的根本区分,相反是自在和自为被规定之物。与那些仅仅由这类规定之混杂构成的不完整自然产物相对立,正如湿气和湿土(即粪土)那样这些重要区分必须被坚持,而且各种转化要作为区分之混合来被插入。真正的陆生动物,哺乳动物是最完善的;由此得出,鸟类和鱼类是最不完善的。

α)正如它们的完整构造所显示的,**鱼类**归于水中;它的形态受到水[513] 这个元素的限制并因此集中于自身。它的血液几乎没有热度;因为它与自己生活环境的温度相差不大。鱼的心脏或者只有一个心室或者具有多个心室,在后一种情况中这些心室处于直接的相互联系中。在上面援引的位置(从第 140 页起),拉马克描述了四种高级动物的纲,关于鱼类他说:"它们通过鳃呼吸,具有平滑或者鳞片状的表皮,有鳍,没有气管,没有喉,没有触觉,很可能也没有嗅觉"。鱼和其他动物直接把它们的幼体排出,它们的这些产物立即就完全不再与它们有任何关系;因此,这种动物还没有达到与其幼体相统一的感受。

β)**爬行动物**或者**两栖动物**是中间构型物,它们部分陆生,部分水生,正因为如此是某种令人反感的东西。它们只有一个心室,具有不完整的肺部呼吸,具有平滑的表皮或者覆盖有鳞片。青蛙在幼小的时候还没有肺而有鳃。

γ)像哺乳动物那样,**鸟类**有对它们雏鸟的感受。它们在卵中供给雏鸟以营养:"它们的胚胎被包含在一个无机的外壳(蛋壳)里,而且很快就不再与母体有任何关联,相反可以在蛋壳里自己发育,无须从母体吸收营养"。*鸟用自己的体温来温暖它们的雏鸟,用自己的食物来喂它们,也喂雌鸟;但它们不会让渡自己的个体,而昆虫会为了自己的幼虫而死去。鸟通过自己的筑巢来证明造型和发育趋向,以此来达到一种肯定性的自我感受,与此同时它为了他者使自己成为无机自然;第三个环节,雏鸟,是由它们直接排出的。拉马克(同上书,第 150 页)想通过这种关系来确定下面这个鸟类的发育顺序:"如果人们认为,水鸟(如有蹼的鸟)、滨鹬类的鸟和鸡类比其他的鸟类具有优势,即它们的雏鸟破壳而出以后可以立即行走并自己进食,那么人们要看到它们一定是构成初始的三个目,而鸽类、麻雀类、猛禽类以及攀禽类一定形成这个纲中的后四个目,因为它们的雏鸟破壳出来以后既不能自己行走也不能自己进食"。但我们可以看出,正是这种情况使拉马克把这些鸟类置于上面那些鸟类之前,因为无论如何有蹼的鸟类是杂种。——鸟类通过连接之肯定性方面区别自身,其中它们的肺与表皮的气槽以及它们骨头的大骨髓腔积极地联系在一起。[514] 鸟没有乳房,因为它们无须哺乳,它们有两支爪子;鸟的两个臂膀或者说前臂膀转变成为翅膀。因为在此动物的生命被置于空气当中,而且在鸟当中生活着如此抽象的元素,所以它们往复于植物性优势中,这在它们的表皮上形成了羽毛。由于鸟属于空气,它的胸部系统此外也特别发达。因此很多鸟不仅像哺乳动物那样可以发出声音而且还可以歌唱,因为内在的振动本身就在作为其元素的空气中形成了。如果说马会嘶鸣,公牛会哞叫,那么鸟则把这种叫喊发展成为观念性的自我享受。而鸟是没有

* 拉马克:同上书,第 146 页。

在地上打滚这种粗鲁的自我感觉的;它仅仅沉湎于空气中并在其中获得自我感觉。

δ)**哺乳动物**发育出了乳房,有形态的四肢以及所有器官。因为它们有乳房,所以它们自己为幼仔哺乳和喂食。这样,这种动物达到了一个个体和另一个个体统一的感觉,达到了类属的感觉,该类属在被生产的幼仔中获得了实存。在被生产的幼仔中,恰恰两个个体作为类属而存在,即使在自然中个体与类属的统一又会落回到个体性中。但所有完整的动物仍会和这个作为类属的实存关联,因为它们在其中找到了自己的普遍性;这就是哺乳动物以及鸟类中仍旧孵卵的鸟类。猴子是发育最好的而且最爱它们的幼仔;被满足了的性趋向对于它们而言仍然是客观的,因为它们本身转化为他者,而且在对传播自己东西的关注中获得对这种统一没有欲望的直观。——在哺乳动物那里,尽管皮肤也发展成植物性的东西,但植物性生命很久就不像在鸟类中那样具有如此大的力量了。在哺乳动物中,表皮发展成羊毛、毛发、鬃毛、芒刺(在刺猬那里)、甚至直到鳞片和甲(在犰狳那里)。相反,人具有平滑、干净、更加动物化了的皮肤;皮肤在此脱离了任何骨质性的东西。在雌性动物中毛发生长更加旺盛。在男性那里,胸部和其他部位毛发重被视为强壮;但它是皮肤组织的相对软弱(参见本书第477页,§362附注)。

对于更进一步的本质划分来说,人们把作为个体的动物之间的相互作用当作基础,因而把牙齿、足、爪子、它们的喙作为基础。人们采纳这些[515]部分是通过正确的本能而出现的,因为动物由此与他者相区别;但假如差别是真正的,那么它就不应该是我们通过标志进行的区分而一定是动物自身的区分。通过动物借助自己的武器与其无机自然进行个体性的对立,它证明自身是自为存在的主体。据此,哺乳动物十分准确地区分为四个纲:1. 足变成**手**的动物,如**人**和**猴子**(猴子是对人的一种讽刺,如果人对这种讽刺并不认真,相反想自我嘲弄一番的话,那么人必然乐意看到这种讽刺);2. 四肢成为**爪**的动物,如**狗**、**食肉动物**,像狮子这个兽中之王;3. **牙齿**尤其发达的**啮齿类动物**;4. 脚趾间有薄膜的**蝙蝠**,一些啮齿类动物也有这种薄膜(它们更接近狗和猴子);5. **树懒**,它一部分脚趾完全缺失并且转化为爪子;6. 带有**鳍状**四肢的动物,如鲸鱼;7. 有**蹄**的动物,如**猪**,有长鼻子的**大象**,有**角**的**牲畜**,马等等。这些动物的力量集中在上部,它们大多能驯服干活;而且它们四肢的发育展示出与无机自然的一种特殊关系。如果我们把 2、3、4、5 这四类动物统一当作**有爪的动物**,那么我们就有四个纲:αα)**有手的动物**,ββ)**有爪**的动物,γγ)有用来干活的有**蹄**的动物,δδ)**有鳍**的动物。拉马克(同上书,第 142 页)据此给出了下面这个哺乳动物退化顺序:"**有爪子的**哺乳动物具有四肢,脚趾的末端袒露有扁平或尖锐的爪。这些四肢普遍适宜于捕捉对象或至少钩住对象。在这些动物中有组织发育得最完善的动物。**有蹄的**动物具有四肢,它们的脚趾末端完全被一个圆形角状的物体包裹起来,人们把它称为蹄。它们的足只用于在地上行走或者奔跑,无法被用来攀援树木,也无法被用来捕捉对象或者猎物,也无法进攻或撕碎其他动物。它们仅以植物类的东西为生。**无蹄的**哺乳动物只有两肢,而且它们十分短和扁平,并且形状像**鳍**。它们被表皮覆盖的脚趾既没有爪也没有蹄;在所有哺乳动物中,它们是发育得最不完善的动物组织。它们既没有骨盆也没有后足;它们不经咀嚼就吞咽;最后它们通常生活在水里,但来到水面呼吸空气"。——就更进一步的次级划分而言,我们在此必须给予自然游戏和偶然的权利,也就是从外部来被规定的权利。但气候仍然是最重要的决定者。因为动物界在南方比在北方更加按照气候和地狱差异来被分化,所以亚洲和非洲的大象本质上是不同的,而美洲则根本没有象;同样狮子、老虎等等也是不同的。

[516]

β. 性关系

§369

类属向种的第一步分化以及后者进一步被分化为直接排他的个别性之自为存在,只是一种反对他者的否定和敌对性关系。但类属本质上同样是个别性在类属中的肯定性自我关系,以至于因为个别性是排外的,是与另一个个体对立的个体,它在这个**他者**中自我构建并且在这个**他者**中感受自己。这种关系是开始于**需求**的**进程**,因为作为**个别物**的个体与内在的类属不匹配而且同时是在**一个统一体里同一**的自我关系;因而它具有对缺乏的**感觉**。个体中的**属**同其个别实在性之不满足具有紧张关系,因而是这样一种趋向,即在其同一个属的他者中获得自我感觉,通过与他者的统一来自我整合,而且通过这种中介作用把类属与自身相结合并把类属带入到实存中。——这就是**交配**。

【附注】:因为通过与无机自然相作用的进程后者的观念性被设定了,所以动物的自我感觉及其在动物自身中的客观性得以保持。它不仅是自在存在的自我感觉而且是实存的自我感觉,是自我感觉中的生命性。

[517] 两个性别的分离包含自我感觉的极端整全体;动物的趋向是对它作为自我感觉、作为整全体的生产。但不像在发育趋向中那样有机体成为一个僵死的产物,该产物尽管脱离了有机体但只是外部物质的表面形式,因而并不作为自由的、无关的主体而自我对象化;所以现在两个方面都像在吸收进程中那样是独立的个体,但不作为有机体和无机体来进行相互作用,相反两者都是有机体并且属于同一个类属,以至于它们仅仅作为**一个物种**而实存。它们的结合是性别的消失,其中简单的类属生成了。动物具有对象,它按照自己的感觉与该对象具有直接的同一性;这种同一性是第一个进程(构型进程)的环节,而这个环节又添加进对第二个进程(吸收进程)的规定中。一个个体和另一个同种个体的关系是类属的实体性关系。每一个本性都贯穿两者,两者都处于这个普遍性领域的内部。这个进程是它们把它们自在所是之物、**一个类属**、同一个主观生命性也设定为这样的东西。在此,自然的理念因而在雄性和雌性的成对中是实在的;它们的同一性和它们的自为存在迄今为止只是为我们的、在我们的反思中的,现在则在两种性别的无限自我返回中被它们自己所感受。这种对于普遍性的感觉是动物可以具有的最高级的感觉;但直观的理论对象对它们来说始终还没有变成它们的具体普遍性;否则只有在思考、意识里类属才成为自由的实存。所以,矛盾就在于类属的普遍性,个体的同一性异于

它们的特殊个体性;个体只是两者之一而且并不作为统一体实存,相反只是作为个别性。动物的行动性就是要扬弃这种区别。构成基础的类属是推论中的一个端项,因为每一个进程都具有推论的形式。类属是包含着想要自我生产之生命性的驱动的主观性(treibende Subjektivität)。该推论的中介、中项是这种个体本质同它们个别实在性不满足相对立的紧张关系,由此它们恰恰被推动去仅仅在他者中获得自己的自我感觉。因为类属自我赋予现实性,但该现实性正由于自己直接性实存的形式仅仅是一个个别物,所以类属由此和另一个端项、个别性结合在一起。

不同性别的发育必然是不同的,它们彼此对立的规定性是作为通过 [518]
概念设定的东西而实存,因为它们作为差异之物是趋向。但两个侧面不仅像在化学中那样自在地是中性的,相反由于构型的本原同一性同一个原型构成了雄性和雌雄性别器官的基础,只是在它们中一个或另一个部分构成了本质性内容:在雌性中必然是无差别的东西,在雄性中则是分化、对立。在低等动物中这种同一性是最为明显的:"一些蝗虫(例如多疣蝗虫)有巨大的睾丸,由卷成束状的脉管所构成,这类似于同样大的卵巢,它由类似的卷成束状的输卵管所构成……另外在雄性牛虻那里,睾丸不仅在轮廓上同较粗、较大的卵巢形态一样,而且它也由几乎卵形的、长的、纤细的膀胱组成,膀胱的底部粘连在睾丸体上就像卵在卵巢中一样"。* 在雄性器官中发现雌性的子宫是最为困难的。人们曾经愚蠢地把阴囊当作子宫** ,因为睾丸确实显示被规定为是雌性卵巢的对应物。在雄性体中与雌性卵巢对应的是前列腺;子宫在雄性体中下降为腺体,下降为无关的普遍性。阿凯尔曼[50]在他研究的两性体中很好地证明了这一

---

　　*　舒伯特(Gotthilf Henririch von Schubert):《对生命普遍史的想法》(2 卷,莱比锡:1806/1820 年),卷 I,第 185 页。

　　**　同上,第 205 页及以后。

　　50　阿凯尔曼(Jakob Fidelis Ackermann,1765—1815 年):法医学、植物学和解剖学教授;《生命力的阐释》,2 卷,法兰克福:1797/1800 年。

点,这个两性体有一个子宫,尽管在其他部分具有雄性的形式;但这个子宫不仅是在前列腺的位置上,而且输精管也穿过这个子宫并在鸡冠那里向尿道敞开。此外,这种雌性的阴唇是收缩在一起的阴囊,因而在阿凯尔曼的两性体中雌性的阴唇充满了一种睾丸式的构型物。最后,阴囊的中线在雌性体那里是分裂的并形成阴道。以此方式,我们就完全理解了一个性别向另一个性别的转化。就像在雄性体中子宫降为单纯的腺体,同样反过来雄性睾丸在雌性体中被包含在卵巢中而并没有出来进入对立中,没有自为地成为脑,而且阴蒂是一般的没有活性的感觉。相反在雄性体中它是能动性感觉,是跳动的心脏,是海绵体充血和尿道海绵组织的充血;与这种雄性充血活动对应的是雌性月经。以此方式,子宫受孕这个简单行为在雄性体那里分化成为生产性的脑和外在性的心脏。这样,雄性体通过这种区分成为能动者;而雌性体是受孕者,因为雌性体停留在其尚未发育的统一体中。

[519]

我们不应该把**生殖**还原为卵巢和雄性精子,仿佛新的构型物只是来自这两方面形式或部分的结合,相反在雌性体中有物质性元素,而在雄性体中包含有主观性。**受孕**是整个个体收缩到简单的、自我放弃的统一体中,收缩到其观念中,而精子则是这个简单的观念本身,——它完全是**一个点**,就像名字和完整的自我。因而,受孕无非就是对立物、这些抽象的观念变成**一个统一体**。

§370

产物是不同个别性的**否定性同一**,作为**被生成的类属**是没有性别的生命。但就自然方面来说,它只**自在地**是这种类属,不同于个别物,个别物的差异在其中消失了;尽管如此,它本身是一个直接的**个别物**,其规定是自己发展到相同的自然个体性,相同的差异和消逝性中。由此,这种发展进程走向了进程的坏无限性中。类属只有通过个体的消失来自我保存,而个体在交配的进程中兑现了这个规定,而且因为它没有更高的规定,就由此走向了死亡。

【**附注**】：这样动物有机体就经历了它的循环，而且现在成为被生产出来的没有性别的普遍者；它变成为绝对的类属，但这个类属是个体的死亡。低等动物有机体，例如蝴蝶，在交配以后就立即死亡了，因为它们在类属中扬弃了自己的个别性，而它们的个别性就是它们的生命。更高级的有机体则仍然保存自己，因为它们具有更高级的独立性，而它们的死亡是在它们形态中发展的过程，我们后面要把这个过程视为疾病。可通过否定它们差异而出现的类属并不是自在和自为地实存的，相反只实存于一系列个别的生命体中，因而对于矛盾的否定总是一个新矛盾的开始。在类属进程中，所有的差别都消失了，因为它们仅仅在其统一之外是有差异的，而它们的统一是真正的实在性。相反，爱是感受，其中个别物的自我寻找和它分离出来的持存被否定了，因而个别形态消失了并且无法自我保存。因为只有那个作为绝对的、自我同一的东西才自我保存，而这是普遍性的东西，是为了普遍性的东西。而类属并不实存于动物中，相反只是自在的；只有在精神里它才自在和自为地处于自己的永恒性中。自在地、在理念中、在概念里，也就是在永恒的创造里发生了向实存类属的转化；但在那里自然就结束了。

[520]

γ. 个体的疾病

§371

在被考察的两种关系里，类属自我中介的进程通过它向个体的分化以及对个体差别之扬弃来进行。但此外（§357）因为类属与个体相对立采纳了外在普遍性、无机自然的形态，它在个体中以抽象否定的方式把自己带到了实存中。个别有机体在其定在之外在性的那种关系里既不与它的类属相匹配，也不在类属里以自我返回的方式自我保存（§366）。——如果个别有机体的系统或器官之一，在与无机力量的冲突中被**刺激**，自为地固定自己，并在与整体的行动性相对立中停留在自己特殊的行动性中，从而使整体的流动性和贯穿所有环节的进程被阻止，那么个别有机体就处于**疾病**状态。

[521]　　**【附注】**：如果说动物界的划分是动物自我分化的原型，那么现在在疾病状态里个别有机体也能够进行分化活动，但这与它的概念，也就是它的整全特殊性是不匹配的。因此，这里与类属对立的个别主体之缺陷也还没有被消除，而个体在自身当中是与自我自身相对立的类属；它自己本身就是类属而且在自身内部具有类属。这就是动物现在所服从的、并随之结束的分裂。

　　健康是有机自我与其定在的这种**比例关系**，即在普遍者中所有器官都是流动的；健康由有机体与无机体之间的均匀关系所构成，以至于没有一个无机体对于有机体而言是不能被克服的。疾病并不在于一个刺激对有机体的感受性而言过大或者过小，相反疾病的**概念**是有机体的存在和它的自我之间**比例失调**，——这不是在有机体内部相互外在的两个因素之间的比例失调。因为因素是抽象的环节而且无法相互外在。当我们谈论提高刺激和减少被刺激可能性的时候——以至于一个大，另一个就小，一个提高另一个就减少——，那么这种大小的对立必然立即是可疑的。也不应当埋怨**气质**（Disposition），仿佛人没有实际被传染，没有感到不适，就会在自身中生病；因为有机体制造了这样的返回，即自在之物也是现实的。当有机体作为现实存在者与内部——不是因素，而是完全实在的方面——相分离时，疾病就出现了。疾病的原因部分在于有机体本身，如年龄、死亡、先天性缺陷，部分是有机体能够受外在的影响，以至于一个方面被增强了，而内部的力量与之不匹配。这样，有机体处于存在和自我之间的各种对立形式中，而且自我就是这样的东西，自我的否定者为它存在。石头无法生病，因为它在自我的否定者中消失了，被以化学的方式分解了，它的形式不再保留，它不是跨越其对立面的自我之否定者，就像在身体不适与自我感觉中那样。欲望、缺乏感对自我自身也是否定者，同作为否定者的自身自相联系，——它是自我而且是缺乏性自我；只有在欲望那里这种缺乏是外在的，或者说自我并不与其形态本身相对立；而在疾病当中这种否定之物就是形态本身。

因此疾病是**刺激和作用官能之间的比例失调**。因为有机体是个别 [522]
物,所以它可以被固定在其外在方面,在一个特殊方面超过自己的限度。
赫拉克利特说:"热的过度就是发烧,寒冷的过度就是麻痹,空气的过度
就是窒息"。*有机体可以超出它的可能性来被刺激,因为它正是一种或
另一种形式的可能性和现实性(实体和自我)之完全统一。性别对立分
离了效应和刺激,并把它们分成为两个有机个体。可有机个体本身就包
含两者,而且这是它在自身中死亡的可能性,即它本身以这些形式相互外
在分离。因此疾病的可能性在于个体包含着这两者。在性关系中,个体
扬弃了它朝向外部的本质规定性,因为这个规定性在关系中;现在它自在
地具有这个规定性,仿佛自己同自己交配。在类属当中结合并没有被完
成,因为生命性被绑定在个别性上,就像在很多动物那里交配也是实存的
最后一点。但其他动物也从交配中存活下来,以至于这种动物克服了无
机自然和它的类属,尽管如此类属保持对于该动物的支配。在这种转变
中就有疾病。如果说在健康状态中生命的所有功能被保持在这种观念性
中,那么在疾病状态里,例如血液会被变热、点燃,继而它就自为地活动。
同样胆汁的活性可以增生并且产生例如胆结石。如果胃部负担过重,那
么消化活动就被孤立出来,使自己成为一个中心点,不再是整体的环节而
成为具有支配地位的。这种孤立可以进展得如此远,以至于在肠道里会
生虫;所有动物的心脏、肺和大脑(参考§361附注)在特定时间会有蠕
虫。一般而言,动物比人要更弱,人是最强壮的动物;但这是一个不正确
的假设,在人体内出现绦虫是源自吞食了这种动物的卵。健康的恢复只
能依赖于这种分化被扬弃。

有位歌戴(Göde)博士先生在《伊西斯》里(卷 Ⅶ,1819 年,第 1127
页)提出一番空话来反对上述见解,这据说要以深刻的哲学方式甚至"来
拯救理念的统一体、**本质**以及在本质中对生命和疾病的理解"。要通过 [523]
真理通常的傲慢和大胆来反对关于单纯**现象和外在性**的阐释,这是一个

---

* 赫拉克利特:144b。

多么大的雄心:"疾病的规定是错误的,关于发烧只把握了它的外在现象和征兆"。他在1134页继续说:"在生命里是统一和融化了的东西以及在其中内在地隐藏的东西,在特殊性的现象中出现,也就是说,以独特的方式发展和展示有机体及其理念的本质。这样,生命的内部本质从外部看来就是它的特征。在所有事物存在的地方,在所有事物通过**一个理念**、**一个**本质生存的地方,所有的对立只是表面的和外在的,是为了显现和反思的,而不是内在地为了生命和理念的"。恰恰生命体本身毋宁说是反思,是区分。所有自然哲学家们仅仅考虑一种外在的反思;但生命是那种要显现的东西。那些自然哲学家们没有达到生命,因为他们没有获得生命的显现,相反停留在僵死的重物那里。歌戴先生看起来尤其认为,生病的构型物并不与有机体相冲突,而首先是同**它的固有本质**相冲突:"整体的所有行动性就是阻止个别物中自由运动的结果和反射"。由此他认为已经讲了十分思辨的东西。但什么是本质?正是生命性。而什么是现实的生命性?正是完整的有机体。这样,同自己本质、同自己相冲突的器官就意味着同整全体相冲突,这个整全体在它当中是作为一般的生命性、作为普遍者本身存在。但这个普遍者的实在性是有机体本身。就是这样一些哲学家们,认为他们在本质中获得了真,而且当他们总是谈论真时,仿佛这就是内在的东西和真正的东西!我根本不尊重他们的本质—说法,因为这恰恰只是一种抽象的反思。而解释本质就是使它作为定在来显现。

由于缺乏行动性的观念性,主观性受到干扰的方式各不相同。一方面空气和水分,另一方面是胃和表皮进程构成了本质原因,从中导致疾病的产生。进一步而言,**疾病的种类**可以被归结为下面几种。

1. 作为一种干扰方式的**有害性**,**首先**是一种**普遍的**规定性,它普遍存在于无机自然当中。这种有害物质是一种简单的规定性,尽管它可以被认为来自外部并对有机体产生作用,但它也可以显得同时既被设定在[524] 有机体中也被设定在自然这个外部领域中。这类疾病是**流行病**或**传染病**,它们不应该被视为特殊者,相反作为包含有机体的外部自然之规定性整体;我们可以把它们称为有机体的感染。这种有害的规定包含不同的环境,这是元素性的、气候性的自然,并因此在有机体的元素规定性中也有它们的位置——最初的萌芽;因此,它们首先通过有机体普遍基础的模糊方式出现,这些基础还不是被发展了的、发达的系统,而且首先在表皮、淋巴和骨骼当中。这类疾病不仅是气候性的而且也是历史性的,因为它们属于历史中的特定时期并且后来又消失了。它们也可以通过下面条件出现,即适应一种气候的有机体被带到了另外一种气候中。历史性研究没有得出透彻的结论,例如关于梅毒或者花柳病。在这种病的产生中确实出现过欧洲和美洲有机体的接触;但尚未证实的是这种疾病是否是被传来的;相反这种看法还不过是一种想法而已。法国人把梅毒称为那不勒斯病,因为当他们攻占那不勒斯的时候,这种病出现了,没有人知道它是从哪里来的。在希罗多德那里出现过,一个民族从里海迁到米太以后,在那里得了一种病;正是居住地的变化带来了这种疾病。同样在我们这里当牲畜从乌克兰迁到德国南部后,尽管它们曾经是健康的,但只是由于居留地的改变出现了瘟疫传染病。很多神经疾病来自德国有机体和俄国气体的接触;同样,通过上千名曾经健康的俄国战俘产生了可怕的斑疹伤寒。黄热病在美洲和一些沿海地区,如在西班牙,本地流行,但是不传播到其他地区,因为当地居民为了防止被传染,就向内陆迁入若干哩。这些就是人类有机体参与的元素自然之潜质(Dispositionen),没有人会说人类有机体被传染是因为在该有机体内部也有变化。因此争论疾病是自为产生的还是通过传染,这是空洞的。两种情况都出现过;如果说疾病是自为产生的,那么当疾病侵入到淋巴系统里以后,它也通过传染产生。

2. 疾病的**另一种**普遍方式是,它通过**特殊的外在有害性**产生;有机 [525] 体与这些有害物相接触,结果它的某个特殊系统卷入其中——例如表皮或者胃部——这些器官被特别地占据并由此自为地自我孤立出来。这里要区分两种疾病的方式:一种是急性病,另一种是慢性病;关于前一种病医学知道如何最好地治疗。

αα)如果一个有机体系统病了,那么对于治疗而言主要问题是整个有机体会患病,因为那样的话自为的有机体之整个行动性本身还可以变得自由,而由此对于疾病的治疗也就更容易;这就是**急性病**。这里,有机体对外封闭,没有食欲,没有肌肉运动,而且因为它活着,它也在消耗自己。因为急性病现在正是以这样的方式处在整体中而不是处于整体外部的**一个**系统中,相反是在所谓的体液里,所以有机体可以摆脱急性病。

ββ)可如果疾病没有成为整体的疾病,那么我就把它视为是**慢性的**,例如肝硬化和肺结核等等。在类似的疾病中存在着很好的食欲和消化活动;性欲也始终具有力量。因为这里**一个**系统自为地使自己成为行动性的中心点,而且有机体不再能够被提升超出这个特殊的行动性,所以疾病就驻留在一个器官中,有机体也不再能够作为整体自为地来到自身中。可因此治疗就会很困难,而且这个器官或者系统受到的作用和改变越多,治疗就越困难。

3. 疾病的**第三种**方式是它来自普遍性主体,特别是在人当中。这是**灵魂的疾病**,这源自震惊、悲伤等等,从中还有可能导致死亡。

§372

因此,疾病的独特**显现**是整个有机进程之同一性把自己展示为生命运动通过其不同环节——感受性、应激性和再生性,的**序列**过程,也就是把自己展示为**发烧**,但它作为与**个别化的**行动性相对立的**整体**过程同样是**治疗**的探索和开始。

[526] **【附注】**:如果现在疾病的概念是,有机体自在地相互外在分离,那么我们必须在**更进一步的过程**中来考察疾病。

1. 疾病的**第一阶段**是,它**自在地**出现,没有不适感。

2. **第二个阶段**是,疾病变得为了自我;也就是说,与作为普遍者的自我相对立,一个确定性在其中确立自身,这个确定性把自己弄成为固定的自我,或者说有机体的自我变成为一个固定的定在,整体的一个确定部分。这样,如果有机体系统迄今只有一个没有自我的持存,那么现在疾病的**实际开始**是,因为有机体的刺激超过了它的作用官能,那么个别系统从该部分的任何一个方面都可以赢得一个反对自我的持存。疾病可以在整体中开始,是一般性地丧失消化功能(因为问题毕竟在于消化),或者在某个自我固定的个别方面,如胆汁或者肺的进程。这种现实存在的确定性是一个个别的东西,它支配的不是自我而是整体。这样疾病直接就是孤立出现的,就像医生所说的,还处于它的**最初阶段**;它还完全只是最初的冲突,个别系统的增生。但由于确定性变成整体的中心点、自我,一个被规定的自我替代自由的自我起支配作用,真正的疾病就被设定了。相反只要疾病还属于某个特殊的系统而且限制在该系统的发展中,因为只有**一个**器官被刺激或者抑制,那么疾病就比较容易被去除。只需要把该系统从其与无机物的纠缠中拉出来并节制;在那里外在的物质也起帮助作用。一般而言,在这种情况中,中介物把自身限制在这种特殊的刺激中;这里包括例如催吐药、泻药、放血以及类似的东西。

3. 但疾病也转入到有机体的普遍生命中;因为当某个特殊器官患病时,毋宁是整个有机体被感染了。因此整个有机体参与其中并且自己的行动性被干扰了,因为其中的**一个**齿轮把自己弄成为中心点。但同时整个生命性也与之相对立,结果被孤立出来的行动性不再是一种增生而应该成为整体的环节。因为,例如如果消化作用自我孤立出来,那么血液循环、肌肉力量等等也会受到影响;在黄疸病中,整个身体把胆汁排出,彻头彻尾的是肝脏等等。因此,疾病的**第三个阶段**是**化脓**,一个系统受到的伤害成为整个有机体的问题;在此,疾病不再是在一个个别中而外在于整体,相反整个生命凝聚于其中。就像我们在急性疾病那里看到的,这里疾病的治疗也总是比在慢性疾病的情况下要更容易一些,例如肺不再能变成整体的疾病。——这样因为带有特殊性的整个有机体被感染了,一种**双重生命**就开始被设定了。与静止的、普遍的自我相对立,整体变成**不同的运动**。有机体把自己设定为与特殊性对立的整体;在此医生做不了什么,因为一般来说全部医术只是用来支持自然的力量而已。相反,因为个别的致病性感染转化到整体当中,所以这种整体的疾病本身同时就是治

[527]

疗;因为正是整体陷入运动当中,而且在必然性范围内自我分离。因而,疾病的真正构成是有机进程现在以这种被固定的形态运行,处于这样的持续存在中;也就是说,有机体的和谐进程现在形成一种**前后相继的序列**,而且各种普遍的系统,相互分离,不再是直接的统一体,相反这种统一体通过一个系统转化为另一个系统来得以展现。而同时在有机体中,被阻碍了的健康只能通过行动性的连续序列来存在。整个进程,健康自在地并不是朝向异常的方式或系统,而只是通过这个连续序列。现在这种运动是发烧。这是真正的纯粹的疾病或者患病的个体有机体,它摆脱了自己的特定疾病,就像健康的有机体摆脱了自己被规定的进程一样。因此,就像发烧是患病的有机体之纯粹生命那样,同样人们也只有在发烧出现的时候才真正知道一种正式的疾病。同时,作为这种连续序列的功能,发烧是它们的流动,结果通过这种运动疾病同时被扬弃了、被消化了;这是一个转向与其无机自然对立的内在过程,是对于药物的一种消化。因此如果说发烧一方面是病态和疾病,另一方面它也是有机体自我治疗的方式。但是,只有发烧很严重,很厉害并且彻底侵袭了整个有机体时,它才如此;相反潜伏的、消耗性的发烧不是真正意义的发烧,在慢性病中却是一个非常危险的信号。因此慢性疾病不是通过发烧可以克服的规定性;在潜伏的发烧中,这种过程没有任何优势,相反所有进行消化的有机体之个别进程只是互不相连地自我产生,而且每一个自为地运行。这里发烧因此只是表面性过程,它并没有征服这些部分。在高热、剧烈的发烧中,主要力量落在导管系统中,而在微弱的发烧中落在神经系统中。在真正的发烧中,整个有机体现在首先进入神经系统,进入普遍有机体,继而进入内部,最后进入形态。

[528]

αα)发烧**首先**是**发冷**、头重、头疼、背部酸疼、皮肤痉挛以及打战。在这些神经系统的行动性中,肌肉被释放了,因此它在自己的应激性里产生不可约束的颤动和无力。出现了骨头沉重、四肢乏力、皮肤血液减退、感觉冷。有机体简单的、完全返回自身的持存把自我孤立出来,掌控着整体。有机体内在地把自己所有部分分解成为神经的简单性并感觉自己返回到了简单的实体中。

ββ）而这毋宁正是**第二个阶段**，对于整体的分解，否定性的力量；通过这个概念这种神经性有机体转入到高热的血液有机体中，——神志昏迷。那种回归正是向**热**，否定性的转化，在此血液现在是支配性的。

γγ）**第三个阶段**，这种分解最终转入到形态，转入到产物中。有机体在繁殖中落入淋巴；这是汗，是液体性的持续存在。这种产物的意义在于，其中分离、个别物，规定性停止了，因为有机体把自己作为整体生产出来，一般性地消化自己；汗是**煮过了的疾病物质**，就像古代医生所说的那样，——这是一个很好的概念。汗是**关键分泌物**；有机体通过汗达到自身的排泄，由此它把异常从自身中排出了，把自己病态的行动性排除了。**危象**（Krise）是有机体成为自己的掌控者，它自我再生并通过这种排出施加力量。诚然被排出的不是**疾病物质**，仿佛是如果这些物质不在身体中或者可以用勺子舀出来，那么身体就会是健康的。相反，就像一般的消化作用那样，危象同时是一种排出。因此该产物是双重性的。因此，关键的排出是非常不同于无力的排出，后者不是真正排出，而是对于有机体的分解，因而具有完全相反的意义。

恢复健康是寓于发烧中的，它是具有活性的有机体之整全体。由此，[529]有机体把自己从向特殊性的沉落中提升出来；它作为完整的有机体是有生命的。它让特殊的行动性服从自身，继而也排除掉它。到达这种状态的有机体变成为普遍者，而不是作为患病之物。确定性首先转变为运动，必然性，整个过程，而整个过程转变为产物，以及由此同样转变为完整的自我，因为产物是简单的否定性。

§373

治疗物刺激有机体，以便扬弃固定整体的形式行动性之**特殊**刺激，并在整体中建立特殊器官或体系的流动性。治疗物通过下述条件造成这种效果，即它是一种刺激物，但难以被吸收和克服，而且由此一个外在的东西被提供给了有机体，有机体必然展示自己的力量来与这个外在之物相对立。与一个外在的东西相对抗,有机体走出了与它变得同一的限制性;既然外在的东西对于它来说不是作为对象存在,它就陷入在这个限制性中而无法反抗。

考察药物必需的视角是,它是**不被消化的东西**。但不被消化性这个规定是相对的,尽管这并不意味着未被规定;也就说那种容易被消化的东西意味着弱的体质可以承受,而不被消化的东西是对于有力量的个体性都是不可被消化的。这个**概念**的内在**相对性**在生命中具有其现实性,是质的本性,——而就其量的方面来说,因为在此有效,它由一种**均质性**构成,并且内在对立物越**独立**,这种均质性就越强。对于低等的、没有达到任何**内在差别**的动物构型物来说,只有没 [530] 有个体性的**中性物**,水(例如对植物而言)是可消化的;对儿童来说,可消化的东西一部分是完全**均质的**动物性淋巴,母乳,一种已经被消化过了的东西,或者毋宁说只是直接和普遍地向动物性转化的东西,这种东西在其自身没有任何更多的差别;——另一部分则是不同的物质,它们极少成熟为个体性的东西。这种物质相反对于强壮的体质而言是无法消化的。对于这种体质的动物来说,作为个体化了的动物性物质或者通过光被生成更强自我并由此被称为**精神性的**植物汁液是可被消化的东西,例如这时仍然处于中性颜色并且接近独特化学物质的植物性产物。通过它们强的自我性,那些物质造成一个更加强的对立;但正是由此它们是均质的刺激物。——因此,药物是**否定性的**刺激物、毒药;一个刺激的并且同时不可消化的东西被作为**外在**陌生物呈现给一个在疾病中自我异化的有机体,与此陌生物相对立,该有机体必然自我汇聚并且介入进程,由此它再次获得自我感觉和自己的主观性。所以,**布朗主义**[51]是一种空洞的形式主义;据说它是医学的完整体系,而且它把疾病规定归结为亢进和虚弱,后者进而又归结为直接和间接的虚弱,把药物的有效性归结为强和弱,此外

51　参考:布朗(John Brown):《医学原理》,1780 年。

这种区分归结为碳和氮、氧和氢或者磁、电、和化学环节,归结为要使其成为自然哲学的这类公式;这样它的确也做出了贡献,扩大了对于疾病和药物之特殊性和专门性的看法,而且在两者中毋宁把**普遍者**认识为是本质的东西。它与前面整体而言更加具有减弱作用的方法之对立,表明有机体并不是通过一种如此对立的方式,而是通过至少在最终结果上相同的因而**普遍的**方式来对抗最为对立的治疗方式,而且它的**简单**自我**同一性证明**自己是反对自己的个别系统陷于特殊刺激中的实体性和真正有效的行动性。——虽然在这一节及其说明中所展示的各种规定如此普遍地,因而与如此多样的疾病现象相较而言是不充分的,但只有概念的固定基础可以既引导我们通过特殊的东西,又能使我们完全理解疾病现象和治疗方法,而这对于那些习惯于特殊东西之外在性的人而言是夸张的和奇怪的。 ［531］

【附注】:治疗要像我们考察消化活动那样来被表象。有机体不会强迫一个外在之物,相反治疗是有机体放弃了它同那种其必然视为低于自己价值的特殊东西的纠缠,而来到自身当中。这可以通过不同的方式来进行。

1. 一种方式是,在有机物中起支配作用的确定性被提供给有机物作为一个无机物,作为一种没有自我的东西,有机体是与其相作用的;被展示为一种与健康对立的确定性,这种规定性对于有机体而言就是**药物**。动物的本能感觉确定性被设定在自身中;自我保存的趋向,完全自我关联的有机体,对自己的缺乏具有确定感觉。因而有机体要去耗尽这种规定性,它寻找这种规定性作为要被消耗的东西,作为无机自然;这样这种规定性以更加没有力量的形式为有机体而存在,是简单的现实存在者。特别在**顺势疗法**理论中,人们给出一种药物,它能够在健康的身体里带来同样的疾病。通过这种毒药,某种被带入有机体并对它不利的东西出现了下面这种情况,有机体被设定在其中的特殊性对它来说变成了外在的东西,而作为疾病特殊性仍然是有机体本身的某个属性。这样尽管因为药 ［532］

物是同样的特殊性,但具有下面的差别,即它现在使有机体与其作为外部之物的确定性相冲突,于是健康的力量现在被激活并促使成为朝向外部的能动性东西,自我振作,从沉溺于自身中出来,不仅凝聚于自身而且消化那种外在的东西。因为每一种疾病(而特别是急性病)是有机体病态的忧郁,在其中它拒斥它所厌恶的外部世界,因为它限制在自身之中并在自身中具有自己自我的否定者。但因为药物现在刺激它去消化药物,所以它由此又被转移到吸收作用的普遍行动性里,这种转移的条件是为有机体提供一个远比它的疾病还不容易消化的东西,为了克服这个东西它必须集中全力。这样,有机体内在地分化了;因为最初内在性的沉溺现在成为一种外在性,所以有机体内在地把自身弄成为双重性的东西,即作为生命力量和生病的有机体。我们可以把这称为药物的**神奇**作用,就像在动物性的磁性中有机体从属于另一个人的支配;因为通过药物,有机体整体上被设定在这种特殊的规定下,因而屈服于一位魔法师的支配下。但如果有机体通过自己有病的状态屈服于另一个有机体的支配,那么它就像在动物的磁性中那样同时也具有一个彼岸的世界,这个世界摆脱了它的疾病状态,而且通过这个世界生命可以再次来到自身。这就是说,有机体可以在自身中沉睡;因为在**睡眠**里有机体是泊守于自身中的。这样因为有机体自己已经内在地自我分化了,所以它按照自己生命性的力量自为地被设定了;而且如果它这样被设定,那么它由此一般性地拯救了自己普遍的生命性并消除了它在特殊性中的沉溺,这不再有任何坚实性来对抗它的内在生命,而该内在生命通过这种分离自我恢复,就像在磁性作用中那样内在生命在与沉溺对立中是有生命的。正是这种从沉溺中拉出来的活动允许并因此同时导致有机体消化性地返回自身,而且愈痊正是有机体在这种自我撤回中内在的自我消化活动。

要说什么是正确的药物,这是困难的。关于疾病和药物之间的这种联系,药物学还没有给出一个理性的词汇,相反经验在这里据说是唯一决定性的东西。服用鸡粪的经验不亚于任何服用不同药用植物的经验;因为为了使药物成为产生呕吐的东西,人们曾经使用过人尿、鸡粪和孔雀

[533]

粪。每种特殊的疾病并没有专门的药物。否则的话,我们就会找到这样的关联,即形式,因为在有机体中存在规定性,因为该规定性在植物自然中或者普遍而言是作为僵死的外在的刺激物。金鸡纳霜、叶子、绿色的东西看起来针对血液有如此的清凉作用。对强的应激性来说,看起来必须提供可溶性盐和硝石作为对立物。因为有机体在疾病中还是有生命的,只是被阻碍了,所以易于消化的食物也足以维持该生命性,因而常常本身就可以治病。当疾病不在特定系统中而在一般的消化活动中,那么就会出现呕吐,就像孩子尤其十分容易呕吐。服用无机物,例如水银,局部的行动性会异常加剧;该作用一方面是特殊的,但同样也是对于有机体的普遍刺激。疾病和药物之间的关系一般而言是神奇的。——我们可以像布朗那样,把药用的刺激或者毒药称为一种**肯定刺激物**。

2. 但药物也可以具有更多的**否定刺激物**的作用方式,例如盐酸。这种刺激物的目的是抑制有机体的行动性,结果当所有行动性从有机体中除去时,它在生病状态所具有的那些行动性也就消失了。因此,一方面由于有机体必须朝向外部,它据说要竭尽自己的行动性;另一方面,通过放血或者发热时敷冰,或者用盐来麻痹消化作用,冲突的行动性会被减弱;由此如果不再有外在对象,就开始赋予内在生命性以空间。这样,**饥饿疗法**就被视为减弱方法,而且因为顺势疗法主要关注**饮食**,它也属于一种减弱方法。最简单的营养,就像孩子在母体中所获得的,应该导致有机体消耗自身从而克服异常。一般而言,药物具有一种普遍性方向。在很多情况下,只有一种普遍性震动是必需的,而且医生们本身同意一种药物和它的对立物有同样好的作用。因此,尽管减弱和增强方法相互对立,但以这样的方式证明自己是有效的;而且从布朗开始人们通过鸦片、石油精和烧酒来治疗的疾病,以前则是用呕吐药和泻药来治疗。

3. 与第三种疾病(参见本书第 525 页, § 371 附注)对应的**第三种**治 [534] 疗方式是,它也作用于有机体的普遍方面。**催眠疗法**就属于这种方式。因为有机体是内在普遍的,它被提升出自身并被带回自身中,所以这是以外在的方式在有机体那里出现的。这样,因为自我作为简单的东西落在有病的有机体之外,所以是催眠师的指尖对有机体进行周身按摩,以这样的方式使有机体流动起来。只有病人能够被催眠并以外在的方式被带入到睡眠中,而睡眠正是有机体汇集到自己的简单性中,由此它被带到内在的普遍性感觉里。但同样,不仅催眠可以带来这种睡眠,而且患病时的健康睡眠也会带来这种转变,也就是说,有机体纯粹自己汇集到自己的实体性中。

§374

在疾病中,动物和无机力能纠缠在一起,而且驻留在自己的特殊系统或器官里,与自己生命性的统一相对立。动物有机体是具有强度量的定在,而且既要克服自己的分化但同样也服从这个分化,并且在其中能够具有一种**死亡的方式**。一般而言,个别不适应性的克服和消逝并没有扬弃普遍不适应性;当个体的理念是**直接的**,作为**自然内部**的动物,并且其主观性只**自在**是概念而不是**自为**的时候,它就具有那种普遍不适应性。因此,与生命体的自然个别性相对立,内部的普遍性始终作为**否定性**力量,生命体遭受这种力量的强制而且消失了,因为它的定在本身并不内在具有这种普遍性,因而不是其对应的实在性。

【附注】:被自我抛弃的有机体是自行在自身中死亡的。但真正的疾病不是死亡,而是从个别物到普遍物之外在的、实存的运动过程。死亡之必然性并不在于个别的原因,因为一般而言有机体中不存在个别原因;而存在着外在原因,这本身寓于有机体当中。总会获得帮助来反对个别物;它是虚弱的而且无法构成基础。这就是个体性向普遍性转化的必然性;因为生命体作为有生命的东西是作为自我的定在之片面性,而类属则是运动,它来自对于个别当下存在之自我的扬弃并返回到该自我当中,——这是一个进程,其中当下存在的自我毁灭了。由于年龄的原因死亡一般而言是丧失力量,是一种普遍的、简单的减弱状态。其外在的现象是骨骼变硬并且肌肉和筋腱松弛,消化不良,感觉衰退,从个体生命返回到单纯

[535]

478

的植物生命。"如果年迈使心脏的坚固性有一定程度的增加，那么受刺激的可能性就会降低而且最终完全停止"。*人们还注意到"高龄者的身体收缩"**。但这种单纯量的作用，作为性质的、被规定的进程，就是真正的疾病，——不是虚弱或者亢进，这些是完全表面性的东西。

δ. 个体的自行死亡

§375

根据普遍性，动物作为个别物是**有限的**实存；这种普遍性在动物中表现为本身抽象的、在动物内部进行的进程之终结中的抽象力量（§356）。与普遍性的不相匹配是动物**本源性疾病**以及天生的**死亡萌芽**。对于这种不匹配的扬弃本身就是这种命运的实现。由于个体把自己的个别性想象为普遍性，它就扬弃了这种不匹配；可这样，因为该普遍性是抽象的和直接的，个体仅仅获得了**抽象的客观性**，其中个体的行动性变得迟钝和僵化，而且生命变成没有进程的**习惯**，以至于个体就这样自行死亡了。

【附注】：有机体可以从疾病中愈痊；但因为它生来就是会患病的，所 [536]
以其中蕴含着死亡、解体的必然性，一系列进程成为空洞的、不返回自身的进程。在性别对立中，只是被分离出来的性别组成部分——所有的植物部分会直接死亡；在此死亡是由于它们的片面性而不是作为整体；作为整体，它们死于雄性和雌性对立，这两者中的每一个都在自身中包含着这个对立。正如那个在植物中雄蕊发育为被动的花托，雌蕊的被动方面发育成为生殖性的东西，同样现在每个个体本身都是两种性别的统一。而这就是它的死亡；因为它只是个体性，这是它本质规定性。只有类属以统一体的方式包含完全整体的统一。因此，就像雄性和雌性的对立并没有首先在有机体中被克服，现在同样可以很确定地说整体的抽象形式之对

---

*　奥滕里特:同上书,卷 I, §157。
**　同上,卷 II, §767。

立存在于有机体中,它们在发烧中出现而且被整体充满。个体性无法这样来切分它的自我,因为它不是一个普遍的东西。在这种普遍的不匹配中寓居着灵魂和肉体的可分性,而精神是永恒的、不朽的;因为精神作为真理是自身的对象,所以它与自己的实在性不可分离,——它是把自己展示为普遍者的普遍者。相反,在自然里,普遍性仅以这种否定性的方式出现,主观性在其中被扬弃。分离所完全实现的形式正是个别物的完成,它使自己成为普遍的东西,但无法承受这个普遍性。尽管动物在生命里自我保存,反对它的无机自然和类属,但是类属作为普遍者最终保持着支配地位。作为个别物的生命体在生命的习惯中死去,因为它把自己注入身体、它的实在性中。生命性自为地使自己成为普遍的东西,因为行动性变得普遍了,而且恰恰在这种普遍性里生命性死亡了,生命性是需要对立的,因为它是进程,而现在生命性所需要克服的他者不再是它的他者了。就像在精神性方面,年迈的人越来越内在并越来越在其类属中,他们的普遍观念越来越为他们熟悉,特殊性越来越少,而由此紧张关系、**兴趣**(居中存在)消失了,并且它们在这种没有进程的习惯中被满足了,这在物理方面也是一样。有机体所发展到对立的丧失,这是死者的安息,而这种死者的安息克服了疾病的不匹配,这曾是死亡的最初起源。

[537]

§376

但这种被达到的与普遍者的同一是对于**形式性对立**、**直接的**个别性以及个体性之**普遍性**的扬弃,而且这只是**自然物死亡**的一个抽象方面。而主观性在生命的理念中是概念,它因此自在地是**实在性**之绝对**内在存在**和具体的普遍性;通过被阐释的对其实在之**直接性**的扬弃,主观性就自我结合在了一起;自然最后的**外在自身存在**就被扬弃了,而且在自然里仅仅**自在**存在的概念由此变得**自为**了。——由此自然转入到它的真理当中,转入到概念的主观性当中,这个主观性的**客观性**本身是个别性被扬弃的直接性,是**具体的普遍性**,结果概念被设定了,它具有与之对应的实在性,把概念作为自己的**定在**,——这就是**精神**。

【附注】:超出这种自然的死亡,从这种僵死的外壳中出现了一个更美妙的自然,**出现了精神**。生命体终结于内在的这种分离和抽象的结合。但一方是与另一方相矛盾的:α)结合在一起的东西因此是同一的,——概念或类属与实在性,或者说主体与客体是不可再分离的;β)自我排斥和自我分离的东西因而恰恰不是抽象地同一的。真理是它们作为差异者的统一,结果在这种统一和这种分离中只是形式性对立自我扬弃了,这正由于自在存在的同一性,同样由于分离,只是形式性的同一性自我否定了。更加具体来说,这意味着生命概念、类属、在其普遍性中的生命自我排除了其内在变为整体的实在性,但它自在地与之同一,是理念,绝对地自我保存,是神性的,永恒的,因而停留于其中,而且被扬弃的只是形式,自然的不匹配,时间和空间仍然只是抽象的外在性。尽管生命体在自然 ［538］里是概念实存的最高方式,但这里概念也只是自在的,因为在自然里理念只是作为个别物而实存。在位移中,动物尽管把自己完全从重力中摆脱出来,它在感受中感觉自己,在声音中聆听自己;在类属进程中实存的是类属,但也只是作为个别物。因为这种实存现在仍总是与理念的普遍性不相匹配,所以理念必须突破这个圈子并通过突破这种不匹配使自己成为气。因此不是类属进程中的第三个进程又降落为个别性,而是另一方面,死亡,成为对个别物的扬弃,由此是类属、精神的出现;因为对于自然物、直接的个别性的否定是普遍者、类属被设定,而且是以类属的形式被设定。在**个体性**中,双方的运动就是这样一个过程,它自我扬弃并且**其结果是意识**;统一体,双方自在和自为的统一体作为自我而存在,而不只是作为个别物内部概念里的类属。由此,理念实存**于这个**独立的主体里,对该主体而言,所有事物作为概念的器官都是观念性和流动性的;也就是说,这个主体在**思想**,把所有空间和时间的东西弄成为它自己的,这样在其中具有普遍性,即自我。因为普遍者现在是为了普遍者的,所以概念是自为的;这只有在精神里才展现出来,其中概念使自己成为对象性的,而由此作为概念之概念的实存被设定。思想作为这种自为存在的普遍者是**不朽的**;有朽的东西是理念、普遍者并不自我匹配。

这就是**自然物向精神的转化**；在生命体中，自然完成了自己，而且由于它转向更高级的东西所以结束了自己的和平。因此，精神从自然中出现了。自然的目标是自我扼杀而且突破直接性、感性物体的表皮，像凤凰那样自我燃烧以便从这种外在性中重新作为精神出现。自然变成了自己的他者，以便把自己再次认识为理念并且自我和解。但这样让精神作为从自在存在仅仅来到自为存在的**变化**，这是片面的。尽管自然是直接性的，——但同样作为精神的他者，它只是一个相对的东西并因此作为否定者，只是一个被设定的东西。这就是自由精神的力量，它扬弃了这种否定性；自由精神既在自然之前又在自然之后，并不是自然单纯的形而上学理念。作为自然的目的，自由精神因此恰恰是在自然之前的，自然从自由精神中出来，然而不是以经验的方式，而是以下面的方式，即精神总是已经被包含在自己所假设的自然中。但它无限的自由释放了自然，而且把理念与自然对立的行为（Tun）表象为自然中一种内在的必然性，正如世界的自由人确信，他的行为是世界的行动性。因此，精神本身**首先**从直接性的东西中产生，**然后**通过抽象地自我把握，它要解放自己，从自身中塑造自然；精神的这种行为就是哲学。

[539]

由此我们就把我们的自然考察带到了它的边界。自我把握的精神也要在自然中认识自己，再次扬弃自我的迷失。这种精神与自然以及现实性的和解就是它真正的解放，在其中它去除掉了自己特殊的思想方式和直观方式。这种从自然及其必然性中的解放就是自然哲学的概念。自然的所有形态只是这个概念的形态，然而是在外在性的元素里，其形式尽管作为自然的阶段被奠基在概念中，但在这个概念汇集于感受之处，它也一直还不是作为概念之概念的泊守自身存在。自然哲学的困难一方面正在于物质性的东西是如此地抵抗概念的统一，而且精神不得不对付越积越多的细节。可尽管如此，理性必须具有对于自己的这种信任，即在自然中概念对概念说话，而且隐藏在无限多样形态之相互外在中的概念真正形态将会向理性展示出来。——如果我们简略地看一下我们所经历的领域，那么理念首先在重力中被自由地释放给了一种有形体的东西，它的组成部分是天体;然后外在性把自己塑型为属性和性质,它们属于个体性的统一体,在化学进程中具有一个内在的和物理性的运动;最后在生命性中重力被释放给了主体性统一体寓居的有机部分中。这些课程的目的是提供一个自然的图景,以便制服这个普罗米修斯,在这种外在性中仅仅找到我们自己的镜子,在自然中看到对精神的自由反射;——也就是认识神,不在对精神的考察中而在其这种直接的定在中。

主要译名德汉对照及索引[①]

（说明：下列页码为本书德文版页码，见本书边码。）

A

Abstrahieren 抽象 49

Achill 阿奚里 51

Ackermann，Jakob Fidelis 阿凯尔曼 518

Affirmative 肯定性的/肯定的 31

Aldini，Giovanni 阿尔迪尼 314

Alexander(der Große) 亚历山大大帝 51

Allgemeines 普遍/普遍性/普遍者 19，
51，137，142，222，269，345，369，498，
537

Allgemeinheit 普遍性 176，430，499，517，
534，535，536

Allix，Jacques Alexandre François 阿利可
斯 116，148

Amici，Giovanni Batista 阿米契 404

Anderes 他者 216

Anfang 起点/开端 26f.

Anschauen 直观 18

Arbeit 工作 360

Archimedes 阿基米德 293

Aristoteles 亚里士多德 12，14，133，146，
434，473，501，508，509

Arithmetik 算数 52

Art 种 500

Assimilation 吸收/吸收作用 464—498，
479

Attraktion 吸引/吸引力 60f.

Außereinander 彼此外在 41

Äußerlichkeit 外在/外在性 491

Autenrieth，Hermann Friedrich 奥滕里特
391

Autenrieth，Johann Heinrich Ferdinand von
奥滕里特 441，444f.，456，478，484，
487，511，535

B

Base 碱 324ff.

Bedürfnis 需求 472f.

Befreiung 解放 539

Begierde 欲望 498

Begriff 概念 15，27，31，36，80，192，202，

---

① 中文索引根据德文版《黑格尔全集》（共 20 卷）所附德文索引编选和翻译而成。
参考：G.W.F.Hegel，*Werke in zwanzig Bänden Register*，Helmut Reinicke 编辑，Frankfurt a.M.：
Suhrkamp，1986.

215,246,277,287,318,333,336,360,
429,435,436,471,501,502,529,538

Berthollet,Claude Louis,Graf von 伯叟莱
276,322,324

Berzelius,Jöns Jakob 柏采留斯 306ff.,
326,492f.

Besonderes 特殊 222

Bestimmtheit 规定性 259

Bewegung 运动 55—60,58f.

Beweis 证明 75,87

Bibel 圣经 345

Bichat,Marie François Xavier 毕夏 445,
446,455,457,458,459,478

Bildung 发育 494

Biot,Jean Baptiste 毕奥 138,175,183,
230,238,239,241,248,255,280,281,
305,313,315

Blumauer,Johann Aloys 布鲁毛艾尔 461

Blumenbach,Johann Friedrich 布鲁门巴
赫 494

Bode,Johann Ebert 波德 130

Brechung 折射 231ff.

Brown,John 布朗 530,533

Brugmans,Anton 布鲁格曼 209

C

Camper,Peter 堪倍尔 507,

Chamisso,Adalbert von 夏米索 364

Chemie 化学 135,328,361

Chemischer Prozeß 化学进程 287—336,
288ff.,295,301,330f.

Chemismus 化学作用 211

Chladni,Ernst Florenz Friedrich 克拉尼
175

Coiter,Volcher 柯伊特 507

Cuvier,Georges 居维叶 487,501,505ff.,
509

D

Dalton,John 道尔顿 326

Darcet,Jean Pierre Joseph 达赛 294

Denken 思/思想 18,114,517,538

Descartes,René 笛卡尔 107,237

Dialektik,Dialektisches 辩证/辩证的 31,
58,143,168,312,336,470

Differenz 差异 274,329

Dreiheit 三一体 30,394

E

Ebel,Johann Gottfried 埃贝尔 345,353

Einheit 统一/统一体 18,361

Eins 统一体 375

Einzelheit 个别性 476

Elastizität 弹性 168ff.

Elektrizität 电 211,213,272—287,288ff.

Element 元素 133—143,134ff.,139—
142,142—143,272,295f.,329

Emanation 流溢 32f.

Empedokles 恩培多克勒 135

Empfindung 感受 432

Empirie 经验研究 275f.

Empirisch 经验的 15,242f.,290

Endlichkeit 有限性 158,299f.

Erde 地球/土 130,131,143,155,289,
342,352

Erman,Paul 爱尔曼 214,446

Ernährungsprozeß 营养进程 483

Erscheinung 145,210

Euler,Leonhard 欧拉 120

Evolution 演进 32f.

F

Fall 落体运动 75—82

Farbe 颜色 263f.

Feuer 火 139

Feuerprozeß 火的进程 318—321

Form 形式 28f., 106f., 110, 156f., 170, 171, 195, 198, 199ff., 210, 211, 212, 213, 215, 216, 217, 218, 219, 226, 228, 241, 265, 266, 336, 373

Formalismus 形式主义 471

Formbestimmung 形式规定 109, 222

Fourcroy, Antoine François de 富克鲁阿 105, 493

Francoeur, Louis Benjamin 弗兰开尔 73, 87

Frei 自由的 66

Freiheit 自由 27, 66

Fürsichsein 自为存在 128, 228, 241

G

Galilei, Galileo 伽利略 78f.

Gall, Franz Joseph 加尔 326,

Galvani, Luigi 伽伐尼 313

Galvanismus 电流 302ff.

Gattung 属 369, 371, 373, 395, 419, 424, 498—539

Gadanke 思想 217, 512

Gedankending 思想之物 169

Gefühl 感觉 517

Geist, Geistiges 精神/精神的 23, 113, 266, 345, 512, 537f., 538, 539

Geognosie 地球构造学 344

Geologie 地质学 351f.

Geruch 气味 269

Geschichte 历史 345, 347, 348

Gesetz 定律 93

Gestalt 形态 199—221, 226, 288, 436f., 436—463

Gestaltung 构型 407, 459

Gesundheit 健康 521

Goethe 歌德 21, 22, 121, 151, 153f., 161f., 227, 229, 240f., 244, 246ff., 253, 256ff., 262, 266, 380, 385ff., 387ff., 411, 443, 476f.

Gott 神 23

Gravitation 万有引力 82f.

Guyton, Louis Bernard de Morveau 吉顿 296

H

Haller, Albrecht von 哈勒尔 458, 461

Hamann, Johann Georg 哈曼 19

Haüy, Abbé René Just 奥伊 220, 280, 285

Hegel, Georg Wilhelm Friedrich 黑格尔 9

Heim, Johann Ludwig 海谋 126, 354,

Heraklit 赫拉克利特 146, 336, 522

Hermbstädt, Siegmund Friedrich 黑尔姆施泰德 377

Herodot 希罗多德 524

Herschel, Friedrich Wilhelm 赫谢耳 82

Humboldt, Wilhelm von 洪堡特 148, 208, 312, 314, 346, 366

I

Ich 我 49, 113, 132

Idealismus 唯心论 18f., 42, 338f., 430, 469

Idealität 观念性 56, 116, 168, 170f., 176, 277, 279, 372, 431, 516

Idee 理念 12,24,37,337,344,431,435,
436,538

Identität 同一性 20,69,125,210,213,277

Identitätsphilosophie 同一哲学 20

Identitätssystem 同一性体系 138

Individualität 个体性 109f., 110—156,
156—197, 197—336, 338, 378, 430,
535,537

Individuum 个体 51,155,289,371,373,
419,423,464,535—539

Insichsein 内在存在 185,332

Irritabilität 应激性 439ff.

J

Jetzt 当下 52

Jussieu, Antoine-Laurent de 裕苏 133,
398,509

K

Kant, Immanuel 康德 41f., 46, 61, 82,
160,339,473

Kepler, Johannes 开普勒 86ff., 92ff.,
96ff.,131,133

Klang 声音 171—185

Kohäsion 内聚性 163—171

Kontinuität 连续性 43

Kopernikus, Nikolaus 哥白尼 94

Körper 物体 64, 110—133, 167, 187,
221—287,331,335

Körperlichkeit 物体性 269—272

Kraft 力 239ff.

Krankheit 疾病 520—535

Kreis 圆 10,310,318,368

Kronos 克洛诺斯 49

Krug, Wilhelm Traugott 克鲁格 35

Kunsttrieb 造型趋向 494f.

L

Lamarck, Jean Baptiste 拉马克 509ff.

Lavoisier, Antoine Laurent 拉瓦锡 297

Leben 生命 292, 333, 338f., 340, 342,
464,501

Lebendige 生命体 212,339,538

Legallois, Julien Jean César 莱卡勒瓦 462

Leibniz 莱布尼茨 43

Licht 光 111—126,226—269,277

Lichtenberg, Georg Christoph 李希滕贝格
147,152

Link, Heinrich Friedrich 林克 379f., 393,
396ff.,403,406ff.,420ff.

Linné, Karl von 林奈 132,398,403,509

Livius, Titus 李维 154

Logik 逻辑学 313

Luc, Jean André de 德吕克 147,152

Luft 空气 136—139

M

Magnetismus 磁性 164,202ff.,204,213,
215,218f.,288ff.,534

Malus, Etienne Louis 马吕斯 121,248,
276

Mangel 缺乏 469

Mann 雄性体 519

Martius, Karl Friedrich Philipp von 马齐乌
斯 186,403

Maß 量度 54

Masse 质量 60

Materialität 物质性 172

Materie 物质 28, 29, 56f., 60—82, 84f.,
106, 109, 111, 119, 156, 164ff., 177,

185,191,195,197,212,338

Materielle 物质性东西 270

Mathematik 数学 52ff.,248

Mechanik 力学 41,60—82,82—108,156

Mechanismus 机械过程 199

Mensch 人 24

Metaphysik 形而上学 19,20,43,328

Methode 方法 38,88

Mikrokosmos 微观宇宙 435

Mitte 中项 217,313,442

Möller,N.J.莫勒尔 201

N

Natur 自然 10,11—23,24—37,42,113,
116,202,217,265,313,334,336,
342—371,371—429,430,464,483,
197,502,536,537,538,539

Naturbetrachtung 自然的研究 11—23,
25,539

Naturgesetz 自然律 77,96

Naturphilosophie 9,10,11,15,20,24,
37—40,41—108,109—336,337—539

Naturwissenschaft 自然科学 96,145

Negation 否定 48,170,498

Neutralisation 中和作用 321ff.

Neutralität 中性 323ff.

Newton,Isaac 牛顿 59,70,93,96ff.,117,
120,131,246f.,249ff.,257ff.,261

Notwendigkeit 必然性 30,34,318,334

O

Oken,Lorenz 奥铿 402,408,420,443,472

Organisches 有机物/有机的 186,337—
539

Organismus 有机体 342,361,367,430—

539

Ort 位置 55—60

Oryktognosie 矿物学 352

P

Paracelsus,Theophrastus von Hohenheim
帕拉采尔苏斯 133

Parry,Sir William Edward 帕里 150,154,
209,289

Pflanze 植物 374,378

Philon 斐洛 24

Philosophie 哲学 10,106,213,347,438,
539

Physik 物理学 11,20,107,108,109—
336,337—539

Pictet,Marcus Auguste 皮克泰德 189

Platon 柏拉图 19,23,256,286

Plinius Gajus Secundus 普利尼 428

Pohl,Georg Friedrich 鲍勒 282,304

Positives 肯定的 190

Praktisches 实践性的 13f.,468

Produkt 产物 321

Produzieren 生产活动 411,512

Prozeß 进程 143—156,149,287—336,
288,292,298,310,318—321,323—
327,344,361,393,394,459,464,468,
476

Pythagoras 毕达哥拉斯 47,178

Q

Qualitatives 质的内容 42

Quantitatives 量的内容 42

Quantum 限量 190

R

Raum 空间 41—47,48,64,78,171

Raumer, Karl Georg von 落默尔 356

Realismus 实在论 438

Realität 实在性 56

Reflexion 反思 70, 112f., 162, 340

Religion 宗教 24, 119, 355, 356, 361, 370, 371, 372—378, 379ff., 408f., 411

Reproduktion 繁殖 440ff.

Repulsion 排斥 60f.

Revolution 革命 20f.

Richerand, Authelm Balthasar 里舍尔兰德 445, 460

Ritter, Johann Wilhelm 里特尔 148, 175, 291, 312, 315, 317

Roth, Albrecht Wilhelm 罗特 382

Rückgang 返回 199

Rückkehr 返回 412

Rumford, Sir Benjamin 伦福德 188—190

S

Säure 酸 324ff.

Saussure, Horace-Bénedict de 索修尔 147

Scheidung 分解 327—336

Schein 映现 189

Schelling, Friedrich Wilhelm Joseph von 谢林 9, 25, 132, 165, 266, 284, 311, 374, 472

Schelver, Franz Joseph 舍尔维 417f., 425ff.

Schiller, Friedrich 席勒 269

Schluß 推论 320, 517

Schranke 界限 469

Schubert, Gotthilf Heinrich von 舒伯特 518

Schultz, Christoph Ludwig Friedrich 舒尔茨 227

Schweigger, Johann Salomo Christoph 施魏格尔 312, 327, 467

Schwere 60f., 62, 158f., 159—163, 332

Seele 灵魂 479

Sein 存在 189, 521

Selbstbewegung 自我运动 431, 450

Selbstgefühl 自我感觉 379

Selbstischkeit 自我性 226

Selbstzweck 自我目的 339

Sensibilität 感受性 439ff.

Setzen 设定 36

Sexualität 性 518f.

Sinneswerkzeuge 感觉器官 443, 468

Snellius, Willebrord 斯涅尔 237

Sömmerring, Samuel Thomas von 索梅林 451

Sonnensystem 太阳系 83

Sophokles 索福克勒斯 13

Spallanzani, Lazzaro 斯巴兰让尼 423, 481, 488

Spinoza 斯宾诺莎 339, 470

Spix, Johann Baptist von 斯皮克斯 186, 403

Steffens, Henrik 施特芬斯 132, 165, 296, 311, 322, 353, 359

Stoff 材料 191

Stoß 碰撞 66—75

Subjekt 主体 155, 372, 479, 499

Subjektives und Objektives 主观性内容与客观性内容 19, 339f., 372

Subjektivität 主观性 176, 340f., 367, 371, 420, 430, 431, 466, 480

Subjekt und Objekt 主体与客体 17, 340f., 491

Swinden, Jan Hendrik van 范·施文登

209

System 体系 31,32,290

T

Tartini,Guiseppe 塔尔忒尼 177,183

Tätigkeit 行动性 277,312

Theoretisches 理论性的 16,224,432,472

Tier 动物 374,434,479,497,502

Tod 死亡 535—539

Ton 音 173

Totalität 196f.,197f.,272—287,298,318, 323—327,335,337,455,468

Trebra,Friedrich Wilhelm Heinrich 特莱 布拉 357

Treviranus,Gottfried Reinhold 特雷维拉 努斯 376ff.,382ff.,446,461ff.,477, 486ff.,493,496f.,506f.,511

Trommsdorff,Johann Bartholomäus 特劳姆 斯多夫 296,311,313

Troxler,Ignaz Paul Vital 特罗克斯勒 472

Tycho Brahe 第谷 94

U

Übergang 转化 107,199,270,334,336, 429,485,538

Unmittelbarkeit 直接性 395,501

Unterschied 差别 269—272,299

Ursache 原因 450

V

Vanini,Lucilio 梵尼尼 28

Vergleichen 比较 239

Vernunft 理性 17,469

Verstand 知性 20,138,169,190,192, 216,349

Volta 伏达 213,303

Voltaire,François de 伏尔泰 96,346

W

Wahlverwandtschaft 选择亲合性 323ff.

Wahres 真的东西 338

Wärme 热 184f.

Wasser 水 141,321ff.

Weltteile 世界的部分 351

Werden 变化 49

Werner,Abraham Gottlob 韦尔纳 220, 344,348,351

Widerspruch 矛盾 28,34,168,338

Willdenow,Karl Ludwig 维尔德诺夫 375, 383ff.,397,413,416ff.,421ff.

Wille 理性意愿 472

Winterl,Jakob Joseph 温特尔 292,319

Wissenschaft 科学 15,89,106,143f.,328, 500

Wollaston,Wiliam Hyde 渥拉斯顿 313

Z

Zeit 时间 32,41—60,78,139

Zenon 芝诺 58,168

Zoologie 动物学 500

Zufälligkeit 偶然性 34

Zweck 目的 14,204

译 后 记

本书依据德国苏尔坎普出版社出版的《黑格尔著作集》第 9 卷翻译而成。根据这套著作集编者（Eva Moldenhauer 和 Karl Markus Michel）引述的米希勒（Karl Ludwig Michelet）统计，从耶拿时期开始黑格尔先后共计 8 次讲授自然哲学这门课程。① 黑格尔生前分别于 1817、1827 以及 1830 年出版了三个版本的《自然哲学》。黑格尔逝世后，米希勒负责重新编辑《自然哲学》并于 1842 年在《黑格尔全集》第 7 卷中出版了第四个版本。作为黑格尔主义者，米希勒在自己的版本中添加了大量的"附注"，使得这部作品内容过度膨胀。米希勒所添加的"附注"内容有些来自不同时期课程中学生的课堂笔记，另一些则来自黑格尔在不同时期、不同语境中所写的相关内容。在我们翻译的这个著作集版本中，编者并未删除这些"附注"而只是对它们进行必要的编辑修订；书中其他部分内容则依据上述《自然哲学》的不同版本以及霍夫迈斯特（Johannes Hoffmeister）编辑的黑格尔《耶拿实在哲学》手稿进行编辑修订。

这个译本并不是黑格尔《自然哲学》的第一次中文翻译。早在 1980 年，梁志学先生及其团队就在商务印书馆出版了质量上乘的《自然哲学》中文翻译。② 根据梁先生的自述，他们的译本是根据格洛克纳编辑的《黑格尔全集》第 9 卷翻译而成。其中，有些部分的翻译初稿是从英文和俄文译本转译成中文。梁先生根据德文本对这些转译部分进行了校阅。这

---

① Cf. G. W. F. Hegel, *Enzyklopädie der philosophischen Wissenschaften III*, in *Werke 10*, Frankfurt a.M.: Suhrkamp, 1986, p.426.

② 黑格尔:《自然哲学》,梁志学、薛华、钱广华、沈真译,商务印书馆 1980 年版。

次对《自然哲学》的重新翻译则完全依据苏尔坎普出版社《黑格尔著作集》第9卷的德文原文进行。黑格尔《自然哲学》中包含大量近代自然科学的专业术语,有些今天仍然通行,另一些则已被淘汰而且在自然科学界并无旧译可供参考。由于自然科学概念的确定性特征,这个新译本基本直接采纳梁先生译本中自然科学术语的中文翻译,个别地方根据所涉及的自然科学理论背景有所修正。这个新译本同时采纳梁先生译本中对近代科学家人名的中文翻译。另外,黑格尔的作品大多已经有中文翻译,其中很多独特的哲学概念已形成约定俗成的译法。尽管这些哲学概念的中文翻译中有些仍值得商榷并且令人不甚满意,但是中文学界目前并无相关的修改定论。出于翻译的审慎原则,这次《自然哲学》的翻译仍然基本沿用学界通行的黑格尔哲学概念的中文翻译,个别地方做了表述风格的细微调整。最后,《自然哲学》中的个别诗篇段落基本沿用梁先生译本中所引或所做翻译并做了适当的细微调整。

黑格尔的《自然哲学》构成其"Enzyklopädie"中的第二部分,其第一部分是《逻辑学》,第三部分是《精神哲学》。19世纪中叶以后,德国黑格尔主义者把黑格尔的"Enzyklopädie"塑造为其哲学理论的"封闭体系"。为了建立其哲学体系的大全特征,黑格尔的直接追随者不惜在其著作集编纂中大量插入来源不同的补充内容。这些不但无法帮助我们更好地理解黑格尔的哲学体系反而造成了深刻的误解。根据既有的研究成果,黑格尔的"Enzyklopädie"包含如下三重功能:公共文化圈功能、大学教学功能以及对思辨唯心论哲学理论的塑形功能。① 根据黑格尔自己出版著作的惯常命名方式,他在这里既借用了德国学院派哲学流传下来的传统术语"Enzyklopädie",同时又在康德哲学精神的引导下赋予其全新的理论含义。18世纪的德国大学把"Enzyklopädie"固定为一种教学形式,按照学

---

① 关于黑格尔"Enzyklopädie"概念史的详细研究,Cf. Hans Friedrich Fulda, "Hegels Heidelberger Enzyklopädie", in *Semper Apertus Bd.Ⅱ*, Berlin: Springer, 1985 以及他的专著 *Georg Wilhelm Friedrich Hegel*, München: C. H. Beck, 2003, pp. 126—133. 以下关于黑格尔"Enzyklopädie"概念的澄清来自 Fulda 的研究。

科主题划分来从整体上讲授所有学科。在有序的知识整全含义上,这种教学形式的确可以被刻画为"Enzyklo"。黑格尔追随康德要把整全知识及其内在有机部分先天建立在纯粹理性基础上并在此意义上把"Enzyklopädie"视为哲学式的。另一方面,在教学和教程含义上,德国学院派哲学传统把"Enzyklopädie"等同为"纲要"或"大纲"。对黑格尔而言,"Enzyklopädie"作为教学使用(Pädie-paideia-教育)的教程并不试图详尽处理其中不同部分的具体问题而仅局限在各门科学的起点和基础概念上。黑格尔的"Enzyklopädie"概念不仅展示出同德国学院派哲学传统在教学含义上的联系,同时也通过康德哲学引发的"思想方式革命"来在纯粹理性或纯粹思之基础上建立哲学式的"Enzyklopädie"。在后康德的哲学语境中,黑格尔一方面坚持康德主义信念,通过科学知识之终极原理不仅在哲学中而且在具体科学中先天地建立有机整体和内在体系。然而,既不同于康德的直接追随者也不同于费希特和谢林,黑格尔并不认为所有科学的具体内容都可以被纳入哲学这门理性科学的反思中。根据黑格尔异常谦逊和审慎的立场,哲学真正有能力把握的仅仅是科学中"为真"(wahrhaft)的内容。由于篇幅所限,我们在此无法详细分析和阐释黑格尔"Enzyklopädie"的全部理性含义。对我们而言,上述的这些概念历史背景足以帮助我们指出,中文学界把黑格尔"Enzyklopädie"概念翻译成"百科全书"是完全错误的理解。鉴于黑格尔"Enzyklopädie"概念与其哲学式教学的密切关联,同时为了避免继续加深既有的误解,在这个新译本中我们把包含《自然哲学》的这个所谓黑格尔哲学体系改译为"哲学科学教学纲要"(Enzyklopädie der philosophischen Wissenschaften im Grundrisse)。

这个新译本的初稿早在译者 2010 年圣母大学访学期间就已经完成。由于第 24 届世界哲学大会的组织工作和各种突如其来的事情,我始终无法获得足够的时间校订之前的译稿。承蒙人民出版社始终不渝的信赖以及北京大学哲学系和外国哲学研究所的长期支持,这部译稿才最终得以面世。2020 年是黑格尔诞辰 250 周年。世界各地哲学界在新冠病毒肆虐中以不同方式纪念这位伟大哲学家。这个新译本也可以视为我们的一份纪念。同样在 2020 年，人民出版社中文版《黑格尔著作集》主编张世英先生驾鹤西归，令人伤痛不已。2018 年，黑格尔《自然哲学》第一部中译本的译者梁志学先生也已离我们而去。虽然自己再没有机会把这个新译本呈现给两位老先生并当面受教，但在这样一个特殊年份及时完成全书翻译并付梓出版也算是告慰前辈先哲的在天之灵，聊以自慰。这个译本的翻译工作不仅从梁志学先生的出色译本中获益匪浅，而且其中的导论部分更经受了北京大学研究生课程的理性洗礼。脚注中个别可疑的拉丁文书名翻译请教了北京大学哲学系吴天岳老师。在此，我对以上机构、师友和课程中的同学表达自己诚挚的感谢。任何翻译都难免各种错误和不足。这些错误和不足当然由我个人负责，也恳请广大读者批评指正。

刘　哲

北京大学外国哲学研究所

北京大学哲学系

2020 年 11 月 12 日

责任编辑:安新文
装帧设计:薛　宇

图书在版编目(CIP)数据

哲学科学百科全书.II,自然哲学/[德]黑格尔 著;刘哲 译. —北京:
　　人民出版社,2021.11(2025.10 重印)
(黑格尔著作集;9)
ISBN 978－7－01－022981－2

Ⅰ.①哲⋯　　Ⅱ.①黑⋯②刘⋯　　Ⅲ.①黑格尔(Hegel,Georg Wilhelm
　　Friedrich 1770—1831)-自然哲学-研究　　Ⅳ.①B516.35

中国版本图书馆 CIP 数据核字(2020)第 272507 号

哲学科学百科全书 II
自然哲学
ZIRAN ZHEXUE

[德]黑格尔 著　刘哲 译

人民出版社 出版发行
(100706　北京市东城区隆福寺街 99 号)

北京新华印刷有限公司印刷　新华书店经销

2021 年 11 月第 1 版　2025 年 10 月北京第 2 次印刷
开本:710 毫米×1000 毫米 1/16　印张:31.75
字数:460 千字　印数:5,001-7,000 册

ISBN 978－7－01－022981－2　定价:98.00 元

邮购地址 100706　北京市东城区隆福寺街 99 号
人民东方图书销售中心　电话 (010)65250042　65289539